O Mundo dos Sentidos em Português

Polissemia, Semântica e Cognição

Augusto Soares da Silva
Doutorado em Linguística Portuguesa
assilva@braga.ucp.pt

O Mundo dos Sentidos em Português
Polissemia, Semântica e Cognição

O MUNDO DOS SENTIDOS EM PORTUGUÊS
POLISSEMIA, SEMÂNTICA E COGNIÇÃO

AUTOR
AUGUSTO SOARES DA SILVA

EDITOR
EDIÇÕES ALMEDINA, SA
Rua da Estrela, n.º 6
3000-161 Coimbra
Tel: 239 851 904
Fax: 239 851 901
www.almedina.net
editora@almedina.net

EXECUÇÃO GRÁFICA
G.C. GRÁFICA DE COIMBRA, LDA.
Palheira – Assafarge
3001-453 Coimbra
producao@graficadecoimbra.pt

Dezembro, 2006

DEPÓSITO LEGAL
252048/06

Os dados e as opiniões inseridos na presente publicação
são da exclusiva responsabilidade do(s) seu(s) autor(es).

Toda a reprodução desta obra, por fotocópia ou outro qualquer processo,
sem prévia autorização escrita do Editor,
é ilícita e passível de procedimento judicial contra o infractor.

À memória do
Professor José G. Herculano de Carvalho

ÍNDICE

Prefácio xi
Introdução 1

1. **O lugar da polissemia: uma história de paixão e desprezo** 9
   1.1. Polissemia, monossemia, homonímia e outros conceitos correlatos 10
   1.2. A polissemia na estrutura semântica do léxico 13
   1.3. A polissemia na tradição filosófica e linguística: de Aristóteles a Bréal ... 15
   1.4. Bréal e a polissemia 20
   1.5. A polissemia na linguística moderna 23
      1.5.1. A polissemia no desenvolvimento da semântica lexical 23
      1.5.2. A minimização ou eliminação da polissemia: linguística estrutural e linguística generativa 27
      1.5.3. A redescoberta da polissemia: linguística cognitiva e linguística computacional 31

2. **Mil problemas para os linguistas e nenhum para os falantes: paradoxos e problemas da polissemia** 35
   2.1. Os problemas da polissemia 35
   2.2. Polissemia vs. monossemia/vaguidade 38
      2.2.1. Testes de polissemia: resultados contraditórios 38
      2.2.2. Outras tentativas: modulação e derivação 41
      2.2.3. Da hipótese do "significado unitário" à hipótese do "potencial de significado" 44
   2.3. Polissemia vs. homonímia 46
   2.4. Problemas estruturais 49
   2.5. O problema da representação mental 51
   2.6. A questão das formas linguísticas 53
   2.7. Problemas computacionais 53
   2.8. Porquê os problemas? – *modelos cognitivos* da polissemia 54

3. **Olhando para a flexibilidade do significado: evidências da polissemia** .. 59
   3.1. Flexibilidade do significado e da polissemia 59
   3.2. Continuidade e discrição de sentidos 65
   3.3. Puxando o significado para cima e para baixo 69
   3.4. Redes esquemáticas, radiais e multidimensionais 71
   3.5. Variação, polissemia e contexto: acomodação, zonas activas, facetas, coerção 75
   3.6. Evidências da polissemia 81

4. **Por que e como é que surgem novos significados? Prototipicidade, eficiência e subjectivização** 85
   4.1. Mudança semântica e cognição 85

VIII   O Mundo dos Sentidos em Português

    4.2. Distinções prévias 86
    4.3. Motivações da mudança semântica 87
    4.4. Mecanismos (lexicogenéticos e sociolexicológicos) da mudança semântica . 92
    4.5. Prototipicidade e mudança semântica 100
    4.6. Gramaticalização, subjectivização e caminhos de lexicalização 102
    4.7. Semântica Histórica e cognição 108
5. **Gerando polissemia: metáfora e metonímia** 111
    5.1. Metáfora e metonímia: fenómenos conceptuais 111
    5.2. Do literal ao figurado 114
    5.3. Contrastando metáfora e metonímia 119
    5.4. Metáfora 126
        5.4.1. Esquematicidade e metaforicidade 127
        5.4.2. Produtividade, restrições e esquemas imagéticos 128
        5.4.3. Direccionalidade 131
        5.4.4. Tipologias 132
        5.4.5. Corporização e metáfora 133
        5.4.6. Metáfora, cultura e ciências 135
    5.5. Metonímia 136
        5.5.1. Regularidade e produtividade 137
        5.5.2. Metonímia, zonas activas e ponto de referência 139
        5.5.3. Metonímia e inferência 140
        5.5.4. Tipologias 141
        5.5.5. Motivações da metonímia 143
    5.6. *Metaftonímia*, ou a interacção entre metáfora e metonímia 144
    5.7. Integração conceptual e metáfora/metonímia 147
    5.8. Metáfora e não-metáfora 151
    5.9. Convencionalização e formação de conceitos 152
6. **Monossemia, polissemia e homonímia: medindo a semelhança/
diferença de sentidos** 157
    6.1. Medir a similaridade de sentidos de uma mesma forma 157
    6.2. O inquérito 157
    6.3. Resultados 161
        6.3.1. Frequências dos valores de SS, IL e RD 161
        6.3.2. Correlação entre SS e IL, e as outras correlações 163
        6.3.3. Grau de acordo 164
        6.3.4. Polissemia vs. homonímia 165
    Anexo 168
7. **Polissemia no Léxico: o verbo *deixar*** 185
    7.1. Os significados de *deixar* 185
    7.2. Esquemas imagéticos de *deixar* e suas transformações 191
    7.3. Elaborações metafóricas de esquemas imagéticos, prototipicidade e relações semânticas 196
    7.4. O desenvolvimento semântico de *deixar* 207
    7.5. Polissemia do verbo 214

8. **Polissemia na Morfologia: o diminutivo** 219
   8.1. Uma categoria radial universal 219
   8.2. Significados centrais do diminutivo 221
   8.3. Conotação afectiva e outros usos avaliativos 223
   8.4. Uso intensivo 229
   8.5. Usos discursivo-pragmáticos 231
   8.6. Lexicalização e formação de entidades 232
   8.7. Linhas de subjectivização e gramaticalização 236
   8.8. A estrutura semântica do diminutivo 237
   8.9. Polissemia dos afixos 241

9. **Polissemia na Sintaxe: o objecto indirecto e a construção ditransitiva** .. 245
   9.1. O protótipo do objecto indirecto 245
   9.2. Extensões metafóricas 247
   9.3. Extensões por generalização 248
   9.4. Extensões metonímicas 253
   9.5. Subjectivização: o dativo ético 256
   9.6. Mudança de perspectiva: transferência invertida/bloqueada 256
   9.7. A estrutura multidimensional do OI em Português 258
   9.8. Polissemia das construções 261

10. **Polissemia na Pragmática: o marcador discursivo *pronto*** 265
    10.1. O paradoxo das partículas 265
    10.2. Usos denotacionais de *pronto* 266
    10.3. Usos discursivos de *pronto* 270
    10.4. Gramaticalização ou pragmatização 276
    10.5. Polissemia dos marcadores discursivos 280

11. **Polissemia na Fonologia: a entoação descendente e ascendente** 283
    11.1. O problema do significado entoacional 283
    11.2. Os sentidos das curvas descendente e ascendente 284
    11.3. A estrutura semântica da entoação descendente e ascendente 289
    11.4. A polissemia da entoação 294

12. **O que é que a polissemia nos mostra acerca do significado e da cognição?** 297
    12.1. Protótipos, flexibilidade e multidimensionalidade 297
    12.2. Significado e conceptualização 301
    12.3. Significado e experiência 307
    12.4. Significado e intersubjectividade 311
    12.5. Polissemia na mente? 314
    12.6. Implicações metodológicas 319
    12.7. Implicações filosóficas e epistemológicas 321

13. **Implicações lexicográficas e computacionais** 325
    13.1. Implicações lexicográficas 325
    13.2. Implicações computacionais 330

Referências Bibliográficas 335
Índice de Autores 373
Índice de Assuntos 379

PREFÁCIO

Reunimos na presente obra estudos inéditos e outros já publicados, mas agora ligeira ou substancialmente alterados, da nossa investigação sobre polissemia e significado linguístico, com incidência na língua portuguesa, de há uns 15 anos. São inéditos os estudos correspondentes aos capítulos 1, 2, 3, 12 e 13. A proveniência e o grau de alteração do original dos restantes são os que se indicam a seguir (além disso, a cada um dos estudos correspondentes aos capítulos 7 a 11 foi adicionada a respectiva secção final):

capítulo 4: substancial alteração de
> (2001) Por que e como é que surgem novos significados? Prototipicidade e eficiência cognitiva e comunicativa. In: Brian Head *et al.* (orgs.), *História da Língua e História da Gramática. Actas do Encontro*. Braga: Universidade do Minho, 421-433.

capítulo 5: versão parcial de
> (2003) O poder cognitivo da metáfora e da metonímia. *Revista Portuguesa de Humanidades* 7, 13-75.

capítulo 6: revisão de parte de
> (1990) *Polissemia e Homonímia. Contribuições para um estudo funcional*. Trabalho de síntese para Provas de Aptidão Pedagógica e Capacidade Científica. Braga: Faculdade de Filosofia da Universidade Católica Portuguesa, cap. 4.

capítulo 7: adaptação de
> (2003) Image schemas and category coherence: The case of the Portuguese verb *deixar*. In: Hubert Cuyckens, René Dirven & John R. Taylor (eds.), *Cognitive Approaches to Lexical Semantics*. Berlin/New York: Mouton de Gruyter, 281-322.
> (versão parcial e revista de: 1999. *A Semântica de* Deixar. *Uma Contribuição para a Abordagem Cognitiva em Semântica Lexical*. Lisboa: Fundação Calouste Gulbenkian e Fundação para a Ciência e a Tecnologia. Dissertação de doutoramento, 1997)

capítulo 8: ligeira alteração de
(2000) A estrutura semântica do diminutivo em Português. *Volume de Homenagem ao Professor José G. Herculano de Carvalho*. Coimbra: Faculdade de Letras da Universidade de Coimbra, no prelo.
capítulo 9: substancial alteração de
(2000) A estrutura semântica do objecto indirecto em Português. In: Rui Vieira de Castro & Pilar Barbosa (orgs.), *Actas do XV Encontro Nacional da Associação Portuguesa de Linguística*. Braga: Associação Portuguesa de Linguística, 433-452.
capítulo 10: adaptação de
(2006) The polysemy of discourse markers: The case of *pronto* in Portuguese. *Journal of Pragmatics* 38, 2188-2205.
(substancial alteração de: 2002. Da Semântica Cognitiva à Pragmática Lexical: a polissemia de *pronto*. In: Isabel M. Duarte et al. (orgs.), *Encontro Comemorativo dos 25 Anos do Centro de Linguística da Universidade do Porto*. Porto: CLUP, 83-97)
capítulo 11: ligeira alteração de
(2002) Da Semântica Cognitiva à Fonologia: a polissemia da entoação descendente e ascendente. In: Anabela Gonçalves & Clara Nunes Correia (orgs.), *Actas do XVII Encontro Nacional da Associação Portuguesa de Linguística*. Lisboa: Associação Portuguesa de Linguística, 457-467.

Várias pessoas contribuíram, ao longo destes 15 anos, para a elaboração destes estudos. Em primeiro lugar, quero agradecer ao Professor Dirk Geeraerts, da Universidade Católica de Lovaina, de quem aprendi, aquando do meu doutoramento, e continuo a aprender vários dos instrumentos teóricos e metodológicos e das maravilhas da semântica lexical e da semântica cognitiva, em geral, e da polissemia, em particular. Os meus agradecimentos vão também para o saudoso Professor José Herculano de Carvalho, de quem recebi o ímpeto e o gosto pelo estudo da polissemia, e para o Professor Mário Vilela, que acompanhou com entusiasmo e ensinamentos etapas decisivas do meu percurso. Dos Professores Brygida Rudzka-Ostyn, John Taylor, Ronald Langacker, Len Talmy, Per Aage Brandt, Wolfgang Wildgen, Enrique Bernárdez, Isabel Hub Faria e Ataliba Castilho recebi preciosos comentários e sugestões. Quero ainda agradecer a vários colegas e amigos os comentários críticos e as conversas animadas sobre polissemia e afins: José Luis Cifuentes Honrubia, Maria Josep Cuenca, Stef Grondelaers, José García-Miguel, Ricardo Maldonado, Nicole Delbecque, Victoria Vázquez Rozas, Gitte Kristiansen, Hanna Batoréo, José Pinto de Lima, Margarida Salomão, Lilian Ferrari, Maria Lúcia Almeida, Clotilde Almeida, José Teixeira, Cristina Macário Lopes, Graça Rio-Torto, Miguel Gonçalves, Ana Margarida Abrantes. Uma palavra também para os meus alunos, pelo que me obrigaram a reflectir e pela ajuda na recolha de dados linguísticos. Finalmente, um agradecimento especial à Joana e à Olívia, pela paciência infinita e pelo apoio constante.

Braga, Setembro 2006.

Introdução

> Tudo são sentidos, na linguagem e na mente.

A *polissemia* ou associação de dois ou mais sentidos relacionados numa única forma linguística é um fenómeno endémico e ubíquo das línguas naturais, como qualquer um pode rapidamente verificar ao olhar para os diferentes usos de determinada palavra. Facto paradoxal! Como sistemas semióticos, as línguas aspiram a uma relação biunívoca entre forma e significado (ideal expresso no famoso slogan "uma forma, um significado"), qual garantia da inexistência de ambiguidades ou equívocos e, neste sentido, da máxima eficiência comunicativa. Mas uma língua sem polissemia seria realmente um sistema não só excessivamente pesado, com um número incomensuravelmente superior de formas, como inevitavelmente estático, funcional apenas num mundo sem variação nem inovação. A polissemia é pois uma realidade natural, conceptual e linguisticamente necessária.

Aparentemente simples e inequívoco, o conceito de polissemia encerra, porém, toda uma série de problemas, alguns dos quais permanecem sem resposta. São os problemas de definição e demarcação entre polissemia e monossemia (ou vaguidade, indeterminação, generalidade) e entre polissemia e homonímia; ou seja, a questão da *diferenciação* de sentidos (quando é que dois usos de uma palavra constituem sentidos diferentes? quantos sentidos diferentes tem uma palavra polissémica?) e a questão da *relação* entre sentidos (sincrónica ou diacrónica? não passará da imaginação do falante ou do engenho do linguista?). São problemas estruturais (que relações associam sentidos diferentes ou que mecanismos geram polissemia? como estão organizados os diferentes sentidos e como se processa a categorização de uma forma polissémica?). E problemas categoriais (a polissemia é uma propriedade das palavras, como tradicionalmente se reconhece, ou também de outras expressões linguísticas, tais como morfemas, categorias morfo-sintácticas, construções sintácticas ou mesmo a entoação?). Problemas, estes, teóricos, descritivos e metodológicos, da própria teoria semântica, mas também de aplicação, seja a nível lexicográfico (definições, determinação e ordenação das acepções nas entradas dos dicionários) ou a nível computacional (processamento da linguagem natural, identificação/desambiguação automática de sentidos, tradução automática).

São ainda problemas mais profundos, directamente relacionados com a natureza do *significado* ou *sentido* (doravante, aqui utilizados como termos sinónimos) linguístico (a sua ontologia, determinabilidade, variabilidade, (inter)subjectividade, explicabilidade); a relação entre significado e realidade, conceptualização, experiência humana, interacção social; a relação entre o significado de uma palavra e o significado de uma expressão complexa (construção gramatical) em que aquela é usada; a questão da *representação mental* ou armazenamento dos usos de uma forma linguística na mente dos falantes (estarão os diferentes sentidos permanentemente armazenados ou serão, pelo menos alguns, gerados *online*, no processo de produção e recepção?); a aquisição dos diferentes sentidos de uma forma linguística pela criança (apreenderá a criança, primeiramente, esses diferentes sentidos ou um significado global relativamente indeterminado?); a concepção minimalista (abstraccionista, *monossemista*, puxando o significado 'para cima') ou maximalista (contextualista, *polissemista*, puxando o significado 'para baixo') do significado e da análise semântica. Facto (ainda mais) paradoxal: se é verdade que a polissemia coloca tantos e tão complicados problemas ao linguista, não é menos verdade que ela não causa nenhum problema ao falante!

Por tudo isto, o estudo da polissemia é de importância fundamental para qualquer estudo semântico da linguagem, da cognição e da cultura. Ela é, nas palavras de uma autoridade clássica, o linguista e semanticista Ullmann (1951: 117), "o pivô da análise semântica"; é, como já a reconhecera o filósofo Ricoeur (1975: 148), o fenómeno central da semântica lexical; é crucial na lexicografia e na linguística computacional; e é de muito interesse para a psicolinguística, a psicologia cognitiva, a Inteligência Artificial e as neurociências, e igualmente para semioticistas, filósofos e antropólogos. A polissemia é efectivamente uma janela bem colocada para uma vista sobre as questões do significado, importantes capacidades e mecanismos cogn(osc)itivos, o estabelecimento e o desenvolvimento das sociedades e das culturas, as questões recorrentes das interfaces entre linguagem, cognição e cultura. Além disso, dá acesso à rede de teorias semânticas e cognitivas desenvolvidas ao longo do séc. XX e nos inícios do séc. XXI, mas também anteriores, e indica caminhos de investigação futura sobre a linguagem e a cognição. A sua conceptualização e (in)compreensão revelam verdadeiros 'modelos cognitivos' (tanto populares como científicos) sobre a linguagem e a cognição (Taylor 2003a). E a polissemia tem mesmo uma função *meta-teórica* de validação da teorização linguística e cognitiva.

A centralidade da polissemia foi estabelecida há pouco mais de um século pelo semanticista francês Michel Bréal, baptizando-a com o nome que hoje tem, e reconhecida pela tradição histórico-filológica dos finais do séc. XIX e princípios do séc. XX e, já antes, pela tradição semântico--retórica do séc. XVIII; mas as raízes do conceito, com outros nomes, e dos seus problemas remontam muito longe, pelos menos aos Estóicos e a Aristóteles. Paradoxalmente (uma vez mais!), um fenómeno linguístico tão essencial, tão evidente e tão problemático foi minimizado e até eliminado pelas duas grandes correntes linguísticas do séc. XX que deram à Linguística todos os créditos de cientificidade e de modelo das ciências humanas: a linguística estruturalista de Ferdinand de Saussure ou Leonard Bloomfield e (mais ortodoxamente dos) seus continuadores e a linguística generativa de Noam Chomsky e seus discípulos. A polissemia é aí menosprezada e negada em nome do ideal semiótico "uma forma, um significado", da pretensa existência de "significados invariantes" ou "significados fundamentais" abstractos e unívocos, da proclamadíssima tese da autonomia da linguagem (*sistema autónomo*, que se basta a si mesmo, ou *faculdade autónoma*, inata e independente de outras faculdades mentais), da ideia de língua e de gramática como sistema de regras formais, dos requisitos científicos de formalização e economia, ou ainda de famosas dicotomias como "conhecimento linguístico" vs. "conhecimento enciclopédico", gramática (regras) vs. léxico (listas), estrutura da língua vs. uso da língua, "langue" (sistema social) vs. "parole" (uso) ou "competência" (conhecimento individual do sistema) vs. "performance" (uso) – dicotomias com as quais, invariavelmente, se quis secundarizar ou mesmo desprezar o seu segundo elemento.

Só com o advento da Linguística Cognitiva nos inícios dos anos 80 e sua institucionalização na década seguinte, é que a importância da polissemia é restabelecida, e o que fora um obstáculo à teoria linguística torna-se uma oportunidade para (re)ligar a linguagem à cognição e à cultura, para colocar a categorização linguística no centro das atenções (e oferecer uma alternativa à abordagem "clássica", isto é, em termos de "condições necessárias e suficientes"), para centralizar o significado e a semântica nos estudos linguísticos e na arquitectura da gramática, para *recontextualizar* o significado e a linguagem. É deste interesse pela polissemia e, concretamente, do estudo emblemático da polissemia da preposição inglesa *over* 'sobre, em cima de' da autoria de Brugman (1981) e Lakoff (1987) que vem, provavelmente, o maior ímpeto para o desenvolvimento da própria Linguística Cognitiva, inicialmente focalizada na semântica lexical e na categorização linguística e desenvolvendo, com base nos resultados da investigação psicológica sobre a categorização (Rosch 1978), a teoria ou semântica do protótipo (Taylor 1995a [1989]; Geeraerts 1985a, 1997), rapidamente estendida às categorias gramaticais. Para este novo paradigma, que tem como figuras mais representativas Ronald Langacker (1987, 1991, 1999), George Lakoff (1987; Lakoff & Johnson 1980, 1999) e Leonard Talmy (2000), os itens lexicais, bem assim como as classes e construções gramaticais são categorias conceptuais que têm que ser estudados em função, não de princípios linguísticos estritamente formais, mas de princípios cognitivos gerais – para uma breve apresentação da Linguística Cognitiva, ver Silva (1997, 2004a); para uma introdução, ver Ungerer & Schmid (1996), Cuenca & Hilferty (1999), Dirven & Verspoor (2004), Croft & Cruse (2004), Batoréo (2004b) ou o guia de Geeraerts (2006); para um manual, ver Geeraerts & Cuyckens (no prelo). As categorias conceptuais e linguísticas (tanto lexicais como gramaticais) são entendidas e estudadas como típica e naturalmente polissémicas (Langacker 1987: 50), redes ("networks") de sentidos associados por "parecenças de família" (Wittgenstein 1953), radialmente organizados à volta de um centro prototípico e inter-relacionados por meio de princípios cognitivos gerais, tais como a metáfora, a metonímia, a generalização, a especialização e transformações de esquemas imagéticos (ver os volumes organizados por Cuyckens & Zawada 2001 e Nerlich, Todd, Herman & Clarke 2003, inteiramente dedicados à polissemia, e por Cuyckens, Dirven & Taylor 2003).

Os estudos cognitivos da polissemia vêm revelar que, e relativamente à tarefa tão necessária quanto complicada de diferenciação de sentidos, não existe uma dicotomia entre polissemia e monossemia, mas antes um *continuum*, não é possível determinar exactamente quantos sentidos diferentes uma palavra (polissémica) tem; o que explica a inconsistência de todos os diversos testes diagnósticos de polissemia que têm sido propostos e a instabilidade inerente da própria polissemia (Geeraerts 1993a, Tuggy 1993). E revelam uma verdade ainda mais profunda e consequente: a falácia da nossa concepção *reificada* do significado (os significados como coisas bem definidas, com propriedades fixas e determinadas), popularmente enraizada e cientificamente elaborada pelas correntes linguísticas formalistas (estruturalista e generativista), e a sua necessária substituição por uma concepção *processual* e *experiencial* do significado, como processo de criação de sentido fundamentado na experiência humana, e, deste modo, o reconhecimento daquilo que o torna cognitiva e comunicativamente eficiente – a sua *flexibilidade* intrínseca e, consequentemente, a polissemia como rede flexível de sentidos flexíveis.

Nesta recente redescoberta e recentralização da polissemia participam também outras áreas. Para além da psicolinguística (Williams 1992, Gibbs *et al.* 1994, Simpson 1994, Gibbs & Matlock 2001, Rice 2003, Verspoor & Lowie 2003, entre outros), da psicologia cognitiva e da Inteligência Artificial, destaca-se a linguística computacional, confrontada com o problema maior da polissemia nos seus esforços de construção de algoritmos para a identificação/desambiguação automática de sentidos de palavras (ver o respectivo "estado de arte" nos volumes organizados por Ravin & Leacock 2000 e Agirre & Edmonds 2006 e os estudos de Kilgarriff 1992, 1997, Pustejovsky & Boguraev 1993, 1996, Pustejovsky 1995 e Stevenson 2001).

Mas a sedução da Linguística Cognitiva pela polissemia, a sua tendência para análises polissémicas em termos dos modelos da *rede esquemática* ("schematic network") e da *rede radial* ("radial network"), popularizados por Langacker (1987) e Lakoff (1987), respectivamente, e a mesma tendência para postular idênticas *representações mentais*, enfim, o papel fundamental e extensivo que a polissemia aí desempenha, têm sido motivos para ser acusada de banalizar a polissemia, promover o excesso de sentidos ou a chamada polissemia *violenta* (Cuyckens & Zawada 2001: xv). As críticas e a polémica têm-se instalado, nos últimos anos, no interior da própria Linguística Cognitiva. Em artigo publicado na revista *Cognitive Linguistics*, Sandra & Rice (1995) afirmam que as evidências a favor ou contra a polissemia na linguagem e, sobretudo, na mente só poderão ser psicolinguísticas, e Sandra (1998), no mesmo lugar, chega a afirmar que a Linguística Cognitiva tem caído na *falácia da polissemia*; mas a verdade é que os resultados das experiências psicolinguísticas têm-se mostrado inconclusivos (cf. Williams 1992, Gibbs *et al.* 1994, Frisson *et al.* 1996, Raukko 1999a, Gibbs & Matlock 2001, Brisard, Rillaer & Sandra 2001). Ainda a mesma revista abriu espaço para um debate, protagonizado por Croft (1998), Sandra (1998) e Tuggy (1999), sobre a questão da representação mental e dos tipos de evidência que devem ser considerados como mais válidos nos estudos da polissemia. Estudos publicados no recente volume dedicado a abordagens cognitivas em semântica lexical (Cuyckens, Dirven & Taylor 2003), pertencente à série *Cognitive Linguistics Research*, relançam o debate relativo à concepção *polissémica* (vários sentidos relacionados) vs. *monossémica* (um único significado geral e abstracto) do significado lexical e questionam a visão cognitivista generalizada de que a polissemia é a norma dos itens lexicais. Allwood (2003), Zlatev (2003) e Janssen (2003) tendem a favorecer a existência de significados gerais e abstractos das palavras e os dois primeiros esboçam uma teoria do *potencial do significado*, entendido como toda a informação que pode ser expressa numa palavra, quer por um indivíduo quer pela comunidade (Allwood 2003: 43). Em contrapartida, outros contribuidores do mesmo volume, como Silva (2003a) e, sobretudo, Tuggy (2003), continuando a sua posição vigorosa tomada em Tuggy (1999), argumentam em favor de uma concepção polissémica do significado lexical, na medida em que a hipótese de um único significado geral não permite predizer todo o conjunto de usos específicos convencionalizados de uma palavra. Ou seja, e como notam os autores da introdução ao mesmo volume, Taylor, Cuyckens & Dirven (2003: 2), a *polissemia* é hoje, no seio da própria Linguística Cognitiva, uma questão bem mais controversa e complexa do que o fora nos anos 80 e 90. Saber a que nível de generalidade ou abstracção se encontram diferentes sentidos relacionados e associados numa única forma linguística, mais simplesmente, a que nível de generalidade ou abstracção existe a polissemia; saber como estão armazenados e representados na mente dos falantes os vários usos de uma palavra ou outra expressão linguística; e saber, em linguística computacional, como conseguir a identificação/desambiguação automática dos sentidos de uma forma linguística, são questões que permanecem sem resposta.

É neste contexto de (re)problematização da polissemia e do significado linguístico, de escrutínio de noções tão fundamentais e tão implicativas como estas mesmas, de questões sem resposta e de novas ou renovadas questões semânticas emergentes, mas também de redescoberta e continuada procura, com a Linguística Cognitiva e, mais particularmente, com a Semântica Cognitiva, da polissemia e do muito que ela nos pode mostrar sobre o significado, a linguagem e a cognição, que se situa o presente estudo.

As seguintes razões justificam este trabalho. Primeiro, pretendemos evidenciar a importância e ubiquidade da polissemia na língua portuguesa, como propriedade essencial não apenas das palavras como também de outras categorias, morfológicas (morfemas), sintácticas (construções) ou mesmo prosódicas (entoação), analisando o *mundo de sentidos* do verbo *deixar*, do marcador discursivo *pronto*, do diminutivo, do objecto indirecto e da construção ditransitiva, da entoação descendente e ascendente, e mostrando a *coerência* semântica e cognitiva destes mundos. São escassos os estudos sobre polissemia lexical e (menos ainda) gramatical do Português. E é prática corrente em estudos sobre categorias do Português (sobretudo gramaticais) focalizar o 'valor' considerado fundamental ou, então, fazer um levantamento dos seus 'valores' ou sentidos/funções mas sem analisar a respectiva estrutura. Segundo, com base nos resultados descritivos da análise das referidas categorias do Português – categorias bem distintas, complexas, fundamentais e até reveladoras de aspectos da cultura portuguesa –, procuraremos elaborar uma visão integrada e fundamentada da problemática da polissemia; argumentar em favor de uma concepção equilibradamente polissémica das categorias conceptuais e linguísticas, defendendo uma posição de compromisso entre a abordagem maximalista ou polissemista e a abordagem abstraccionista ou minimalista, entre a ideia da continuidade e a ideia da discrição de sentidos, entre protótipos e esquemas; encontrar pistas de respostas para algumas das grandes questões da polissemia; enfim, propor elementos para uma teoria da polissemia. Terceiro, esperamos contribuir para, a partir do estudo da polissemia, compreender mais e melhor a natureza do significado linguístico e o funcionamento da mente humana. Crucialmente, esperamos contribuir para evidenciar, com a Linguística Cognitiva e no que esta tem de especificamente mais *cognitivo*, que *toda a linguagem é acerca do significado* e que o significado é *perspectivista* (não reflecte objectivamente o mundo, mas modela-o, constrói-o de determinada maneira ou perspectiva e, assim, de muitas perspectivas diferentes), *enciclopédico* (intimamente associado ao conhecimento do mundo e, por isso mesmo, não autónomo nem separado de outras capacidades cognitivas), *flexível* (dinâmico e adaptável às mudanças inevitáveis do nosso mundo e das nossas circunstâncias) e *baseado na experiência e no uso* (na nossa experiência individual corpórea ou biológica e na nossa experiência colectiva, social e cultural e, sempre, na experiência do uso actual da língua). E queremos contribuir também para o reconhecimento da centralidade da Semântica – especificamente da Semântica Cognitiva – nos estudos linguísticos, pouco explorada em termos não formais (e esta última pouco conhecida) entre nós. Finalmente, o nosso próprio interesse pela polissemia, de há já uns 15 anos, iniciado em Silva (1990), consolidado em Silva (1999a) e continuado em estudos sobre categorias polissémicas do Português (Silva 2000a, b, 2002a, b, 2003a, 2006b), aqui reunidos.

A presente obra compõe-se de 13 capítulos, que se podem distribuir por três partes. A primeira, compreendendo os capítulos 1 a 6, é de enquadramento, problematização e explicação da polissemia: o lugar que ela tem ocupado nos estudos linguísticos modernos e antigos (cap. 1), os muitos problemas que coloca (cap. 2), mas também as suas evidências e a perspectiva para as compreender (cap. 3), as motivações e os mecanismos cognitivos de extensão de sentido (capp. 4 e 5) e a sua realidade psicológica, expressa nos resultados de um inquérito (cap. 6). A segunda parte, nos capítulos 7 a 11, é descritiva: análise de categorias polissémicas complexas da língua portuguesa, nas diferentes áreas da estrutura da língua (léxico, morfologia, sintaxe, pragmática, fonologia), designadamente o verbo *deixar*, o diminutivo, o objecto indirecto e a construção ditransitiva, o marcador discursivo *pronto* e a entoação descendente e ascendente. A última parte, nos dois últimos capítulos, é de teor conclusivo e extensivo: conclusões sobre a natureza e o funcionamento do significado linguístico e sobre a mente humana, no que esta tem de mecanismos cognitivos envolvidos no significado e na polissemia e partilhados por outros sistemas cognitivos, e implicações metodológicas (para a análise semântica), filosóficas e epistemológicas (cap. 12); e ainda implicações para a construção de dicionários e para a engenharia e computação da linguagem (cap. 13).

CAPÍTULO 1

O lugar da polissemia: uma história de paixão e desprezo

> A polissemia é o pivô da análise semântica. (Ullmann 1951: 117)
>
> Uma língua sem polissemia seria útil apenas num mundo sem variação ou inovação, em que os falantes não tivessem de responder a novas experiências nem encontrar símbolos para novas conceptualizações. (Taylor 2002: 471)
>
> Uma semântica que não tem sentidos não tem sentido.

Fenómeno omnipresente nas línguas naturais, a polissemia ou sentido múltiplo de uma expressão linguística, constitui, por isso mesmo, um tema fundamental de qualquer estudo semântico da linguagem. Apesar de assim ter sido reconhecida na tradição histórico-filológica – depois de Michel Bréal, há pouco mais de um século, a ter baptizado com o nome que hoje tem – e da longa tradição de reflexão sobre o conceito correspondente, que remonta, pelo menos, aos Estóicos e a Aristóteles, a polissemia esteve fora das atenções de duas correntes linguísticas modernas (a estruturalista e a generativista), e só nos últimos 15 ou 20 anos voltou a ser uma questão central na semântica linguística, graças sobretudo à Linguística Cognitiva e a estudos de psicologia cognitiva e de linguística computacional. Percebe-se hoje melhor que, como observam Brown & Witkowski (1983) e reiteram Nerlich & Clarke (1997), a compreensão da polissemia exige um olhar para o tríptico linguagem, cognição e cultura, e portanto estudos interdisciplinares.

Sem pretendermos fazer aqui a história completa do conceito de polissemia, apresentaremos a seguir alguns dos principais marcos do seu desenvolvimento, desde a Antiguidade até à actualidade – uma história de amores e desamores, de paixão e de desprezo, mas sempre e ainda com muitos e complicados problemas, centrais, aliás, em qualquer estudo do significado. Tornar-se-á claro que a polissemia dá acesso privilegiado à rede de teorias semânticas e outras teorias da linguagem e da cognição, propostas com maior fundamentação ao longo do séc. XX e nos inícios do séc. XXI, e indica caminhos de investigação futura sobre a linguagem, o significado e a cognição.

1.1. Polissemia, monossemia, homonímia e outros conceitos correlatos

Polissemia é um dos termos mais controversos em linguística, como veremos neste e, sobretudo, no capítulo seguinte. Apesar disso, o respectivo conceito é aparentemente simples e perfeitamente intuitivo. A seguir, apresentamos o que geralmente se entende por polissemia e conceitos correlatos, sem deixar de fazer algumas precisões terminológicas e conceptuais. Os vários problemas que estes conceitos encerram serão analisados no capítulo 2.

Polissemia é a associação de dois ou mais sentidos relacionados entre si a uma única forma linguística. Uma palavra ou uma outra expressão com vários sentidos, tal como *papel* 'matéria fabricada com fibras vegetais', 'folha, pedaço de papel', 'documento', 'acção, função, influência', etc., é denominada *polissémica*. O conceito diametralmente oposto é o de *monossemia*: uma palavra ou outra expressão linguística com um só significado. Este mesmo fenómeno pode também ser nomeado por *vaguidade, indeterminação* ou *generalidade*. Por exemplo, a palavra *avô* não é polissémica, mas *monossémica, vaga, indeterminada* ou *genérica* relativamente às duas leituras de 'pai do meu pai' e 'pai da minha mãe'.

Em oposição à polissemia está também o conceito de *homonímia* ou associação de sentidos inteiramente distintos, não-relacionados a uma mesma forma linguística, tal como *banco* 'instituição de crédito' e 'espécie de assento'. Neste caso, considera-se estarmos perante duas ou mais palavras ou outras expressões linguísticas que, acidentalmente, partilham a mesma forma fonológica – *banco* 'instituição de crédito' e *banco* 'espécie de assento' são pois duas palavras *homónimas*, isto é, com 'o mesmo nome', a mesma forma fonológica. O reconhecimento da existência ou não de uma relação entre os diferentes sentidos associados a uma mesma forma linguística é o que geralmente se toma como critério para estabelecer a distinção entre polissemia e homonímia. Ainda em relação à homonímia, a identidade da forma linguística pode envolver a fonia e a grafia ao mesmo tempo, como no caso de *banco*, ou apenas uma destas duas componentes. Este último caso dá lugar à distinção entre o que costuma designar-se por *homofonia* e *homófonos*, isto é, palavras diferentes com a mesma forma fonológica e diferentes formas gráficas, como *coser* e *cozer*, e *homografia* e *homógrafos* ou diferentes palavras com a mesma forma gráfica e diferenças fonológicas, como *pregar* [prə'γar] e *pregar* [prɛ'γar]. Diferenças fonológicas (e, eventualmente, gráficas) podem também ocorrer do lado da polissemia, mas este caso não é geralmente reconhecido, não havendo por isso a respectiva denominação. Ainda quanto à homonímia, costuma distinguir-se entre homonímia *absoluta* ou *perfeita*, quando os homónimos pertencem à mesma classe gramatical, e homonímia *parcial* ou *imperfeita*, sempre que os homónimos pertencem a classes gramaticais diferentes, como *colar* (substantivo) e *colar* (verbo), ou apresentam paradigmas flexionais diferentes, como *pata* (/*pato*) e *pata* (do animal). O mesmo pode também acontecer do lado da polissemia, como *pobre* ou *vermelho* (substantivos e adjectivos), mas também aqui esta variação não costuma ser reconhecida.

Existem outros conceitos correlatos, outros fenómenos de multiplicidade semântica de uma mesma forma, que não devem ser confundidos com os anteriores e cuja identificação implica o reconhecimento de duas distinções. Primeiro, a distinção entre o plano dos sentidos e o plano dos referentes ou, em termos lógico-semânticos, entre *intensão* e *extensão*. A polissemia – bem como os outros conceitos acima identificados – situa-se no plano *intensional* dos sentidos. Dela difere a variação a nível *extensional*, envolvendo diferentes (tipos de) referentes de um sentido. Por exemplo, o sentido básico de *papel* (folha, pedaço de papel) compreende todo um conjunto de entidades que inclui papel de escrever, papel pautado, papel quadriculado, papel de embrulhar e outros tipos de folha de papel; igualmente o sentido básico de *fruto* compreende as maças, as laranjas, as bananas e muitos outros tipos de fruto. A esta variação ou multiplicidade poderá dar-se o nome de *polireferência*. A mesma distinção deve aplicar-se ao conceito de *vaguidade*, separando-se a vaguidade *semântica* ou não-especificação intensional do significado, como no exemplo acima referido de *avô*, da vaguidade *referencial* ou indeterminação extensional da aplicação aos referentes, ora relativamente a uma entidade individual de uma categoria – por exemplo, em *joelho* é impossível dizer com precisão onde é que acaba o joelho e começa o resto da perna –, ora em relação a uma categoria como um todo – por exemplo, é impossível traçar uma linha dentro do espectro separando os matizes que são membros de *vermelho* e aqueles que o não são.

A segunda distinção é a que se dá entre o plano do sistema linguístico e o plano do acto de fala. Embora os conceitos anteriores possam e devam ser considerados em ambos os planos, é primeiramente como fenómenos de multiplicidade semântica de formas do sistema de uma língua que eles são considerados. Pelo contrário, outros fenómenos de multiplicidade são geralmente entendidos a nível do acto verbal. É o caso da ambiguidade e outros conceitos afins, como a plurissignificação ou poli-isotopia e a ambivalência. Mas também há quem, como Ullmann (1962), para citar apenas uma autoridade clássica, utilize o termo ambiguidade como hiperónimo de polissemia e homonímia.

Ambiguidade designa a presença de significados alternativos, resultante de um caso de polissemia ou homonímia (ambiguidade lexical) ou de factores sintácticos, morfológicos ou fonéticos (ambiguidade sintáctica, morfológica, fonética), a nível do acto verbal. Assim, enquanto *papel* é uma palavra polissémica e *banco* 'instituição de crédito' e *banco* 'espécie de assento' são duas palavras homónimas, enunciados como "Este é o teu papel" e "Deixei as chaves no banco" serão ambíguos sempre que o contexto desse acto verbal não for suficiente para desambiguar entre os diferentes significados de *papel* e de *banco* presentes nesses enunciados. Ao contrário da ambiguidade, a *plurissignificação* ou *poli-isotopia* envolve, não uma disjunção, mas uma integração ou interacção dialéctica de significações, tão característica de certos textos, como o literário. Distinta também é a *ambivalência*, cuja solução interpretativa não está na negação de um dos significados, como na ambiguidade, mas na decodificação simultânea de ambos. Por exemplo, no slogan "impressão de qualidade", publicitando uma certa fotocopiadora, espera-se que *impressão* seja interpretado, não apenas no sentido de *imprimir*, mas também no de *impressionar*. Em oposição a ambiguidade está ainda a vaguidade: enquanto a ambiguidade implica uma escolha entre significações alternativas impossível de se realizar, porque o contexto não fornece informação suficiente para essa escolha, *vaguidade* (ou *indeterminação*) designa uma falta de conteúdo relativamente a diferentes especificações não dadas e neutralizadas no contexto. Por exemplo, o enunciado "A Ana partiu a jarra" não é ambíguo, mas vago relativamente à intencionalidade ou não-intencionalidade do acto de partir a jarra.

1.2. A polissemia na estrutura semântica do léxico

Que lugar específico ocupa a polissemia na estrutura semântica do léxico? E que relação mantém com outras formas de estruturação do significado das palavras?

A polissemia é o fenómeno típico, a estruturação principal da dimensão *semasiológica* das palavras, isto é, a dimensão que parte da componente formal da palavra ou, em termos de Saussure, do *significante* para os sentidos e referentes que podem estar associados a essa forma e, logo, a essa palavra ou item lexical. Aí, ela ocupa o nível intensional da dimensão semasiológica. Na dimensão inversa, a *onomasiológica*, que parte do conceito, *significado* ou referente para as diferentes formas e, logo, diferentes palavras ou itens lexicais que o podem designar ou nomear, funcionam outros tipos de estruturação, como o campo lexical, a hierarquia lexical, relações de sinonímia, antonímia, hiponímia. A polissemia é assim o fenómeno semasiológico primordial, sendo a sinonímia o inverso onomasiológico mais directo e o campo lexical, a taxionomia e o enquadramento ("frame", Fillmore 1977, 1985) as estruturas onomasiológicas mais relevantes.

Uma outra distinção igualmente fundamental para desenhar o domínio da semântica lexical é a que opõe os aspectos de ordem estrutural ou *qualitativos* (entidades e suas relações) aos aspectos funcionais do uso ou *quantitativos* (diferenças de saliência) das estruturas lexicais tanto semasiológicas como onomasiológicas. A dimensão qualitativa da polissemia compreende os vários sentidos que uma palavra pode ter e as diferentes relações que podem unir esses sentidos, designadamente a metáfora, a metonímia, a generalização e a especialização de sentido. Saber que sentidos tem uma palavra e como é que eles estão semanticamente relacionados são, pois, as grandes questões qualitativas da polissemia. Por outro lado, a dimensão quantitativa da polissemia envolve as diferenças de saliência ou *efeitos de prototipicidade* entre os vários sentidos de uma palavra. A outra grande questão da polissemia consiste, pois, em saber se os diferentes sentidos de uma palavra têm o mesmo peso estrutural ou se, pelo contrário, estão estruturados de forma *radial,* em que uns são mais centrais (*prototípicos*) do que outros. Do lado onomasiológico, a dimensão qualitativa envolve os diferentes agrupamentos de itens lexicais diferentes, na forma de campos lexicais, taxionomias e enquadramentos, e as várias relações semânticas que podem associar esses itens, como as relações de sinonímia, antonímia, hiponímia e ainda metáforas e metonímias *conceptuais* (Lakoff & Johnson 1980), ao passo que a dimensão qualitativa tem a ver com as diferenças de saliência ou *fixação, incrustamento* conceptual ("entrenchment", Langacker 1987) entre diferentes categorias conceptuais e a hipótese do *nível básico* das taxionomias lexicais.

Sintetizando, a polissemia ocupa os dois pólos semasiológicos do mapa conceptual da semântica lexical, tal como está representado no Quadro 1, adaptado de Geeraerts (2002a).

	QUALIDADE: entidades e relações	QUANTIDADE: diferenças de saliência
SEMASIOLOGIA	**polissemia** sentidos e relações (metáfora, metonímia, generalização, especialização)	**polissemia** prototipicidade (centro vs. periferia)
ONOMASIOLOGIA	itens lexicais e relações (campos lexicais, taxionomias, enquadramentos, sinonímia, antonímia, metáforas conceptuais, etc.)	incrustamento e nível básico

Quadro 1. A polissemia no mapa conceptual da semântica lexical

Esta síntese requer alguns esclarecimentos adicionais. Primeiro, uma outra distinção fundamental é a que se dá entre a dimensão sincrónica e a diacrónica: a polissemia é o "output" sincrónico de mudanças diacrónicas. Segundo, os princípios estruturantes de ambas as dimensões semasiológica e onomasiológica são (curiosamente) idênticos: relações conceptuais de similaridade (metáfora), contiguidade (metonímia) e hierárquicas; diferenças de saliência; e problemas de delimitação ou vaguidade entre elementos. Terceiro, há condicionamentos recíprocos entre semasiologia e onomasiologia, pelo que ao estudo da polissemia de uma palavra ou outra expressão não pode ser estranho o estudo das relações entre essa palavra e outras semanticamente próximas. Finalmente, as duas distinções que aqui estruturam o domínio da semântica lexical podem igualmente aplicar-se ao significado gramatical e, desse modo, à polissemia gramatical.

1.3. A polissemia na tradição filosófica e linguística: de Aristóteles a Bréal

Foi apenas há pouco mais de um século que o filólogo francês Michel Bréal, no seu famoso *Essai de Sémantique* de 1897, criou o termo *polissemia*, do grego πολύς 'muitos' e σημεῖον 'significação' (e também o termo *semântica*), mas o respectivo conceito remonta à antiguidade grega, pelo menos aos Estóicos e a Aristóteles, sob a designação de *homonímia* ou outros termos correlatos. É verdade que a investigação concreta sobre a multiplicidade do significado começou no séc. XVIII e continuou no séc. XIX, graças ao interesse pela mudança semântica, mas também é verdade que o estudo das relações complexas entre palavras e significados está já patente na tradição grega. Nesta secção e nas seguintes, são apresentados alguns marcos da história destes conceitos, desde a Antiguidade Clássica ao séc. XXI – informação mais completa pode encontrar-se em Rosier (ed.) (1988), Silva (1990: cap. 1; 1996a) e Nerlich & Clarke (1997).

Na filosofia grega antiga, os conceitos de polissemia e homonímia surgem no contexto dos debates sobre a naturalidade e a arbitrariedade da linguagem. No *Crátilo* de Platão, Demócrito apresenta quatro argumentos em favor da arbitrariedade, entre os quais estão, sob o nome de *homonímia*, a polissemia e a homonímia (Householder 1995: 93). Mas é em Aristóteles que se encontra uma profunda reflexão sobre o que até Bréal se continuará a designar de *homonímia*, que constitui uma verdadeira síntese da problemática da polissemia e vai fecundar importantes reflexões semânticas entre os seus comentadores.

O termo ὁμωνυμία encontra-se em várias passagens da obra de Aristóteles, quer aplicado às coisas, como "coisas com o mesmo nome e definições essenciais diferentes", em oposição aos *sinónimos* ou "coisas com o mesmo nome e a mesma definição",[1] em *Categorias* (1a 1ss); quer aplicado às palavras, como um dos seis elementos de que se servem os Sofistas nos seus paralogismos "ligados à expressão", em *Elencos Sofísticos* (cap. IV); ou ainda como "termos homónimos" que importa descobrir mediante determinados testes (categorização, antonímia e derivação), em *Tópicos* (I, 15). Apesar da dispersão e de algumas dificuldades terminológicas e de tradução, pode dizer-se que o Estagirita utilizou

---

[1] Mas na *Retórica* Aristóteles dá dos sinónimos uma definição próxima da de hoje: "nomes diferentes para coisas com a mesma definição".

este termo em vários sentidos e, implicitamente, estabeleceu uma tipologia do significado múltiplo. Vejamos: Aristóteles distingue entre a homonímia "casual" e a homonímia "intencional" ou "racional" e, nesta última, entre "dizer em relação a um princípio único" e homonímia "por analogia". Ora, a homonímia "casual" corresponde ao que hoje se entende por *homonímia*, e a homonímia "intencional" à *polissemia*. É da homonímia "racional" (ou polissemia) que Aristóteles mais se ocupa, e para isso podemos apontar três razões. Primeiro, no referido capítulo dos *Tópicos*, muitos dos "termos homónimos" são exemplos de polissemia. Segundo, a homonímia "por analogia" corresponde à polissemia metafórica, sendo bem conhecido o seu interesse pela metáfora, sobretudo na *Poética*. Terceiro, a homonímia do tipo "dizer em relação a um princípio único" assume um papel capital no pensamento de Aristóteles: ela designa a pluralidade de significados, o "dizer de várias maneiras" de termos como ὄν 'ente', ἕν 'uno' e ταὐτόν 'o mesmo'. Na verdade, era sua preocupação constante "distinguir de quantas maneiras se diz cada termo": todo o livro V da *Metafísica* destina-se a distinguir e precisar os diferentes sentidos de trinta palavras-chave para a discussão filosófica, entre as quais estão estas três palavras; e é nesta obra da maturidade que Aristóteles fundamenta a pluralidade de sentidos de palavras como estas na "relação a um princípio único".

Para além de problemas tão actuais como a diferenciação de sentidos, a unidade da palavra polissémica, a diversidade de tipos de polissemia, a distinção entre polissemia e homonímia, há ainda lugar na reflexão de Aristóteles para uma explicação acertada da origem da polissemia. Escreve Aristóteles: [2]

> Os nomes são em número limitado, bem como a pluralidade dos enunciados, ao passo que as coisas são infinitas em número. É, por conseguinte, inevitável que o mesmo enunciado e que uma única e mesma palavra signifiquem várias coisas". (Aristóteles, *Elencos Sofísticos* 165a 10-13)

---

[2] Esta passagem tem suscitado polémica entre os que vêem nela uma clara referência à polissemia ou *homonímia* no sentido lato de Aristóteles e os que defendem que o Estagirita se refere à relação entre o nome e a coisa e portanto à *polireferência*, isto é, à situação em que um mesmo nome se pode aplicar a uma série de coisas diferentes, sem que isso implique que ele tenha sentidos diferentes. De qualquer modo, a concepção geral de Aristóteles sobre a *homonímia* diz respeito, não apenas a diferentes propriedades reais das *coisas* referidas por um mesmo nome, mas sobretudo a diferentes *significados* com um mesmo nome. Ver Silva (1990: 11-14; 1996a).

Os autores latinos estudam a homonímia e a sinonímia de várias maneiras, consoante as diferentes disciplinas – dialéctica, retórica e gramática. Nos tratados de retórica, a *homonymia* figura como uma espécie de *amphibolia* (ambiguidade), dependente da *inventio*, e a *synonymia* é uma figura de palavras, dependente da *elocutio*. E nos tratados de gramática, a *homonymia* encontra-se, ora no capítulo sobre as espécies do nome, ora no capítulo sobre a *amphibolia*, como um dos "defeitos do discurso". É em Varrão que a homonímia e a sinonímia encontram definições mais claras, graças a uma dissociação no interior da palavra, próxima da oposição moderna entre significante e significado: considera o gramático latino, no seu *De Lingua Latina* (9, 89), que há homonímia quando uma mesma forma (*vox*) se liga a vários significados, e sinonímia quando uma mesma palavra "se flexiona de várias formas". O objectivo de Varrão é contrariar os adversários da analogia linguística, que pretendiam negar esta tese apoiando-se precisamente na homonímia e na sinonímia: argumenta Varrão que a regularidade linguística existe independentemente destes dois fenómenos, visto que a analogia é um fenómeno puramente intralinguístico.

Mas é na dialéctica que vamos encontrar uma reflexão mais profunda, partindo das definições de *homónimos* e *sinónimos* que se encontram no princípio das *Categorias* de Aristóteles. Os termos gregos são agora traduzidos por *aequivoca* e *unívoca*, distinguindo-se assim entre coisas com um nome *igual* (*aequi-*) e coisas com um *único* (*uni-*) nome. Boécio estabelece uma tipologia dos *aequivoca* decalcando-a da tipologia de Aristóteles para a homonímia. E Santo Agostinho, seguindo uma tradição diferente (provavelmente a estóica), apresenta, no seu *Principia Dialecticae* ("Ambiguitas ex aequivocis varia"), uma longa e fina classificação da homonímia das palavras. Distingue três tipos gerais de homonímia: (i) metalinguística (isto é, autónimos); (ii) no emprego usual, subdividida entre com a mesma origem, ora por *translatio* (catacreses e metáforas) ora por flexão (*homo*, nominativo e vocativo), e com origem diferente (*nepos* 'neto' e 'devasso'); e (iii) homonímia simultaneamente metalinguística e dependendo do emprego usual (*Tullius*, nome de pessoa e exemplo de dáctilo).

Na Idade Média, a reflexão semântica central incide na oposição *aequivocatio* vs. *univocatio* e na distição entre *significatio* (significação) e *suppositio* (referência). Os comentadores dos *Elencos Sofísticos* dividem a *aequivocatio* em vários tipos, entre os quais figuram os três modos descritos por Aristóteles (*ibid*. 166a 15) como comuns à *homoní-*

mia e à *amfibolia*, e que passam agora a constituir a tripartição canónica da *aequivocatio*:

(i) *aequivocatio* "ex diversis institutionibus": um mesmo nome é "imposto" (*impositio*) a várias coisas diferentes e significa diversas coisas. São exemplos canónicos *canis* 'cão', 'cão-marinho' e 'canícula' e *Alexander* 'filho de Príamo' e 'filho de Filipe'. Em palavras como estas, os diferentes sentidos existem a título principal (*principaliter, aequaliter*).

(ii) *aequivocatio* "ex usu locutionum": os diferentes sentidos são hierarquizados (*secundum prius et posterius*). Geralmente, um sentido primeiro, principal, original opõe-se a um sentido segundo, derivado, metafórico; ou um sentido "próprio" opõe-se a um sentido "impróprio". O exemplo canónico é *prata rident* 'os prados riem' por *prata florent* 'os prados florescem'.

(iii) *aequivocatio* "ex diversis adiunctis": a origem do sentido diferente da palavra é contextual. Exemplos: adjectivos como *bonus* ou *simplex*, cujo sentido depende do substantivo que qualificam.

Nesta tripartição, podemos ler a distinção actual entre, respectivamente, *homonímia, polissemia* e *vaguidade*. Se se juntar à distinção entre os dois primeiros modos de *aequivocatio* a oposição *aequivocatio* "casual" vs. "intencional" – conhecida na época, mas mais utilizada nos comentários sobre as *Categorias* –, a oposição actual *homonímia* vs. *polissemia* fica evidenciada. Uma outra noção que figura entre os mesmos comentadores dos *Elencos Sofísticos* e com a qual se analisa o problema da existência de enunciados que parecem "unos", sendo de facto "múltiplos", portadores de vários sentidos, é a *multiplicitas*. No quadro lógico da obra de Aristóteles, ela está mais próxima da noção actual de polissemia do que da de ambiguidade.

Os textos de Aristóteles são assim o lugar privilegiado de uma profunda reflexão semântica. Todavia, a riqueza destas reflexões semânticas medievais, continuando e alargando as perspectivas dos comentadores gregos e latinos, parece ter-se perdido, devido sobretudo à falta de uma teoria unificadora e à orientação distinta da gramática, bem mais sintáctica do que semântica.

Segundo Nerlich & Clarke (1997: 353), o primeiro a usar o termo *polissémico* num sentido relativamente moderno foi Dante, ao afirmar que o poema "não tem um único significado; pelo contrário, pode ser polissémico, isto é, ter vários significados".

Na Idade Média e no Renascimento, as questões práticas do significado e da polissemia estiveram ao serviço do pensamento religioso, na interpretação das Sagradas Escrituras, e no centro de debates acerca do significado literal ou figurado, único ou múltiplo dos textos bíblicos e, ainda, na procura do significado original e verdadeiro da palavra ou *etimologia*. A emancipação do estudo do significado do pensamento religioso, por um lado, e da etimologia, por outro, dá-se nos sécs. XVIII e XIX, com o estudo das figuras ou tropos, dos sinónimos, neologismos e mudanças semânticas e com as necessidades lexicográficas de registar os vários usos que uma palavra pode ter. Locke chama a atenção para a natureza metafórica de certas noções abstractas e acaba por reconhecer que as metáforas, que considera obscurecerem a ligação directa entre palavras e ideias, são inevitáveis na linguagem e no pensamento. Leibniz reforça a importância dos tropos, especialmente metáfora, metonímia e sinédoque, nas mudanças de significado, e chega também à conclusão, de um ângulo não apenas filosófico mas também etimológico, de que a linguagem está repleta de metáforas – uma ideia que se torna popular. Condillac, no seu dicionário de sinónimos, dá também lugar à polissemia, procurando mostrar como um sentido se desenvolve a partir de outro.

E Du Marsais estuda a multiplicação do sentido através das figuras no seu célebre tratado de retórica *Des Tropes, ou des différents sens dans lesquels ou peut prendre un même mot dans une même langue*, de 1730. Aí, analisa sincronicamente o significado de uma palavra a nível do *sistema* da língua, bem como o *valor* de uma palavra no *uso*; diacronicamente, estuda o efeito das figuras em variações no valor e significado de uma palavra ao longo do tempo. Para ele, não há nada de mais natural e comum do que o uso das figuras na linguagem quotidiana. O seu conceito de tropo ultrapassa o que na tradição e nos nossos dias se entende por *tropo, figura* ou *sentido figurado*. De um conjunto de 30 tropos, o primeiro é a *catacrese* ou "extensão de sentido", que "reina sobre todas as outras figuras". A origem do sentido figurado das palavras encontra-a em dois factores: por um lado, a necessidade decorrente da "penúria" de palavras; por outro, o movimento espontâneo da imaginação que leva a representar os objectos "com mais circunstâncias ou mais energia" através dos nomes das "ideias acessórias" do que através dos nomes próprios desses objectos. Por tudo isto, o Tratado de Du Marsais está mais próximo de um tratado de polissemia do que de um tratado de figuras.

Nos princípios do séc. XIX, o classicista Reisig explora a afinidade entre as "leis da retórica", como a metáfora e a metonímia, e as mais científicas "leis de associação" de ideias, como a similaridade, a contiguidade ou a causa-efeito; e desenvolve um programa de semântica histórica baseado numa teoria representacional do significado, em que os significados são identificados a representações mentais e associações entre essas representações e as mudanças de significado correspondem a mudanças nas associações. Reisig considera que os três mecanismos básicos de associação de ideias, e portanto de significados, já identificados na retórica – sinédoque, metonímia e metáfora –, são frequentes na linguagem de todos os dias e governam as mudanças graduais de significado que podem ser observadas nos dicionários; por outras palavras, eles constituem as leis lógico-retóricas da mudança semântica e da polissemização. A semântica de Reisig, que o próprio designou de *semasiologia*, é pois uma síntese das abordagens retórica, filosófica e histórica da linguagem e do significado.

Nos finais do séc. XIX, a polissemia é sistemática e coerentemente estudada de ângulos diferentes mas complementares (Nerlich & Clarke 1997: 360-370):

- de um ângulo biológico, darwiniano e na base das "leis naturais" da mudança semântica: Darmesteter e o seu influente estudo sobre *La vie des mots étudiée dans leurs significations*, de 1887;
- de um ângulo psicológico e cognitivo e no contexto das "leis intelectuais" da mudança semântica: Bréal, como veremos a seguir;
- de um ângulo sociológico e no contexto das "leis sociais" da mudança semântica: Meillet, autor do famoso ensaio *Comment les mots changent de sens,* de 1905, e que fora aluno de Saussure e de Bréal e colaborador de Durkheim.

1.4. Bréal e a polissemia

Bréal criou o termo *polissemia* nos finais do séc. XIX como expressão do seu próprio esforço de fundação da *semântica*, cujo termo também cunhou, como nova área da linguística geral, independente da etimologia e da lexicografia (Nerlich & Clarke 1997: 364). No *Essai de Sémantique* (1897) do filólogo francês e noutros seus trabalhos, encontra-se o ponto de partida para toda uma nova tradição de estudos da polissemia: a polissemia é estudada não só como fenómeno de mudança linguística, mas também como fenómeno do uso linguístico, da aquisição da linguagem e do *progresso* da linguagem, do pensamento e da sociedade. A polissemia é para Bréal uma das melhores respostas às necessidades cognitivas e sociais dos falantes, e é no uso e na psicologia dos falantes, na relação com a cognição e com a cultura que ela deve ser estudada. Em suma, Bréal não só criou o termo próprio para o conceito que recebera nomes impróprios, como lançou as bases teóricas do estudo da polissemia como fenómeno linguístico, histórico e cognitivo.

> Acabámos de ver algumas das causas que levam uma palavra a adquirir um sentido novo. Não são certamente as únicas, dado que a linguagem, para além do facto de ter as suas próprias leis, também recebe o impacto de eventos exteriores que escapam a qualquer classificação. Mas, sem prosseguir este exame, que será infindável, queremos apresentar aqui uma nota essencial. O sentido novo, seja ele qual for, não põe em causa o antigo. Ambos coexistem. O mesmo termo pode utilizar-se ora no sentido próprio ou metafórico, ora no sentido restrito ou alargado, ora no sentido abstracto ou concreto ... À medida que uma significação nova é dada à palavra, esta parece multiplicar-se e produzir exemplares novos, similares na forma, mas diferentes quanto ao valor. A este fenómeno de multiplicação damos o nome de *polissemia*. Todas as línguas das nações civilizadas participam neste processo: quanto mais um termo acumula significados, mais devemos supor que representa diversos aspectos da actividade intelectual e social. (Bréal 1924: 143-4)

Bréal reconhece assim que, diacronicamente, a polissemia é o resultado da inovação semântica (e, segundo o próprio, ocorre através da extensão e restrição de sentido, da metáfora e do uso por diferentes grupos sociais) – o novo significado e o antigo existem paralelamente – e, sincronicamente, ou melhor, no uso linguístico, a polissemia propriamente não existe – no discurso, a palavra apresenta geralmente um único significado. Deste modo, o semanticista francês vê no *contexto* o factor mais importante que, diacronicamente, produz a multiplicação do significado e, sincronicamente, reduz a multiplicidade de significados, permitindo seleccionar um de entre os vários sentidos de uma palavra.

Fascinava Bréal o facto de que na conversação nem os falantes entram em confusões ou equívocos resultantes da multiplicidade de sentidos que uma palavra pode ter, vários dos quais são listados nos dicionários de uso, nem se preocupam com a ancestralidade etimológica de uma palavra, traçada nos dicionários históricos.

Num estudo anterior, intitulado "Comment les mots sont classés dans notre esprit", de 1884, Bréal opõe a classificação *social* (abstracta e descontextualizada) dos significados, feita pelos dicionários, à classificação dos significados na mente dos falantes, que tem que ser *individual* (concreta e contextual). Observa que, na maior parte das vezes, é o último, o mais moderno significado de uma palavra que primeiramente se torna familiar. A compreensão da linguagem e a aquisição da linguagem seguem pois o caminho inverso ao da mudança linguística. Assim, para se saber como é que os significados das palavras estão organizados na mente, há que observar, diz Bréal, o modo como as crianças adquirem os significados das palavras: a criança que ouve pela primeira vez determinada palavra retém o significado actualizado nesse contexto e se, mais tarde, encontra a palavra aplicada a objectos semelhantes, generaliza o significado adquirido; neste processo, afirma Bréal que se as duas aplicações não estão muito afastadas uma da outra, a criança toma-as como representando a mesma palavra, apreende a conexão entre elas e alarga o conceito inicial; no caso contrário, a criança não tenta conectar os diferentes sentidos e toma o novo significado como se se tratasse de uma nova palavra. Curiosamente, Bréal não opõe aqui, nem em nenhum outro lugar, a polissemia à homonímia (termo totalmente ausente na sua obra), e o que aqui e noutros passos evidencia é o processo de *afastamento* dos sentidos de uma palavra, para a análise do qual chega a sugerir determinados critérios.

O conceito de polissemia como uma das forças maiores da mudança linguística conduziu Bréal a explorar o domínio em que linguagem e mente e linguagem e sociedade interagem, num período em que o estudo das mudanças linguísticas estava centrado nos sons e nas formas. Para Bréal, o significado é a força real da evolução das línguas e a polissemia é um indicador do progresso intelectual e social.

Na viragem do séc. XIX para o séc. XX, as novas teorias psicológicas que competem com a psicologia associacionista, designadamente a psicologia fisiológica e cultural de Wundt, a psicologia do inconsciente de Freud e a psicologia da *gestalt*, vão influenciar a maneira como o linguista estuda o significado da palavra, a polissemia, a metáfora e a mudança semântica (Nerlich & Clarke 1997: 370-378). Linguistas como Erdmann (*Die Bedeutung des Wortes*, 1900) e Sperber (*Einführung in die Bedeutungslehre*, 1923) estabelecem a distinção entre o valor semântico fundamental de uma palavra e os seus sentidos secundários de ordem emotiva. Erdmann elabora uma concepção do significado como algo de inerentemente flexível e advoga a tese da "vaguidade do significado". O sueco Stern procura integrar as abordagens psicológica e linguística do significado, no seu livro de 1931, sobre a mudança semântica, e desenvolve uma longa tipologia da polissemia, discutindo a tese da vaguidade do significado e defendendo a ideia de *flutuações* (variações contextuais) do significado. Esta *psicologização* é acompanhada por uma *sociologização*, pela qual a polissemia é explicada pelo modo como diferentes grupos sociais usam uma mesma palavra para diferentes propósitos. Um exemplo, já referido por Bréal, e retomado agora por Meillet, é a palavra *operação*, cujos sentidos são socialmente diferenciados, conforme seja utilizada por um matemático, um general ou um cirurgião. O ponto final e a súmula desta tradição de estudo da polissemia de um ponto de vista conjunturalmente linguístico, conceptual, psicológico e sociológico, com origem em Bréal, é a obra do semanticista britânico Ullmann (1951).

1.5. A polissemia na linguística moderna

1.5.1. *A polissemia no desenvolvimento da semântica lexical*

À centralização da polissemia na tradição histórico-filológica dos finais do séc. XIX e princípios do séc. XX, seguiram-se dois períodos opostos, de sombra e luz, na história da polissemia: um período de *despolissemização* da linguagem, de minimização dos problemas da polissemia, enfim, de desprezo pela polissemia, a qual passa até a ser vista como *obstáculo* à teoria linguística, com a linguística estruturalista e a gramática generativa; e um período de *re-polissemização* da linguagem, de redescoberta da polissemia, tomada como uma *oportunidade* para restabelecer a ligação, instaurada já por Bréal, do significado com a cognição e a cultura, com o advento da linguística cognitiva nos anos 80. Obviamente que subjazem a estas duas atitudes concepções bem distintas do significado e da linguagem.

Vejamos o lugar da polissemia nos 100 anos de semântica lexical, observando o lugar que ela ocupa nas cinco principais teorias semântico--lexicais, a saber: semântica diacrónica pré-estruturalista, semântica estrutural, semântica generativa, semântica formal e semântica cognitiva. Tomando a interpretação de Geeraerts (1988a, 1999a, 2002a) do desenvolvimento da semântica lexical – um desenvolvimento caracterizado, no plano teórico, por mudanças e oposições e, empiricamente, por complementaridade e acumulação –, a Figura 1, adaptada de Geeraerts (1999a: 133), mostra, através dos rectângulos destacados, que a polissemia ocupa um lugar central no primeiro e no último ou últimos estádios da história da semântica lexical, designadamente na semântica pré-estruturalista e na semântica cognitiva e, com amplitude menor, na semântica neo-generativa formalizada.

A semântica diacrónica pré-estruturalista, dominante entre 1870 e 1930, orientada por uma concepção psicológica do significado e virada para o estudo da mudança semasiológica, foi o berço da polissemia, como vimos, com Bréal e outros como Darmesteter, Reisig, Paul, Nyrop e, no final do período, Erdmann e Stern; e estudou-a de uma perspectiva cognitiva, explicando-a como resultado de processos psicológicos, embora com um foco mais diacrónico. Para estes fundadores do estudo sistemático da polissemia, a mudança semântica é a evidência da existência da polissemia e esta é o resultado de capacidades cognitivas da mente humana. O grande contributo da tradição pré-estruturalista situa-se, pois, a nível dos mecanismos semântico-genéticos de formação de novos sentidos, como a metáfora, a metonímia, a generalização e a especialização.

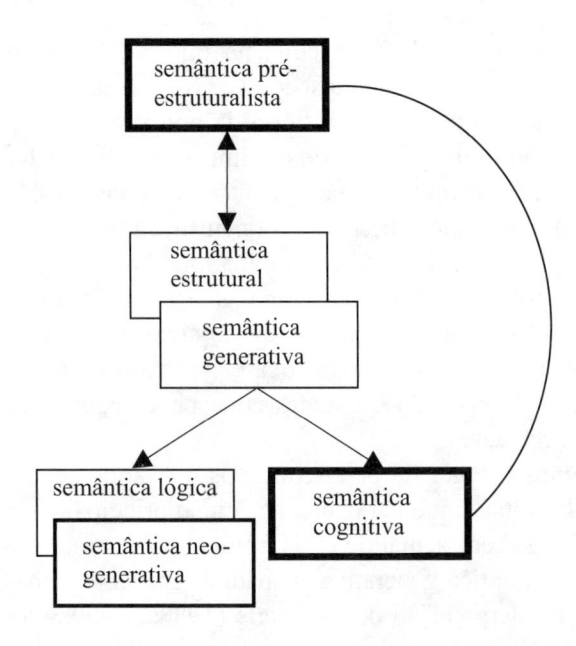

Figura 1. A polissemia na história da semântica lexical

A semântica estrutural, predominante entre 1930 e 1960 e representada nos trabalhos de Trier, Weisgerber, nos anos 30, e, mais tarde, Coseriu, Lyons, Pottier, Geckeler e outros teóricos dos campos lexicais, assumindo princípios sincrónicos, não-psicológicos e autonomistas no estudo do significado, em oposição explícita à tradição historicista (rotulada de atomística e pouco linguística) – esta oposição está indicada na seta dupla da Figura 1 –, centrou-se na onomasiologia, explorando três tipos de relações estruturais entre os itens lexicais – a de similaridade entre os itens de um campo lexical; as relações lexicais de sinonímia, antonímia, hiponímia; e as relações lexicais sintagmáticas –, e pôs de lado a semasiologia. Veremos, adiante, motivos particulares e estratégias de minimização ou mesmo eliminação da polissemia.

A polissemia esteve também ausente na semântica lexical trabalhada no enquadramento da gramática generativa de Chomsky e seus discípulos, em voga nos anos 60 e 70, inicialmente introduzida por Katz & Fodor (1963) e depois desenvolvida por Katz (1972) e outros teóricos da análise componencial – uma semântica naturalmente mais "interpretativa" do que "generativa" (lembremos as "guerras linguísticas" à volta da semântica no interior do generativismo). A semântica de Katz (1972) integra as três vertentes da semântica estrutural – dando assim a esta a maior relevância possível e, por outro lado, cabendo ao modelo generativo de semântica lexical o epíteto de *neo-estrutural*; daí a sobreposição destas duas teorias representada na Figura 1 – e acrescenta-lhes dois elementos intrínsecos ao programa generativo e novos em relação à metodologia estruturalista: a formalização e o mentalismo, em consonância com os requisitos de Chomsky para a teoria linguística, respectivamente, de formalização algorítmica e de modelo da "competência" (ver Geeraerts 1988b). Estas duas características vão estar na origem de duas tendências da semântica lexical, afastando-se ambas das posições da semântica estrutural e desenvolvendo-se em direcção, de um lado, à semântica lógica ou formal, pela força da formalização, e, do outro, à semântica cognitiva, pelo impulso do mentalismo.

A evolução para a semântica lógica ou formal, através da lógica dos predicados e da lógica das condições-de-verdade e na perspectiva da gramática de Montague, representada nos trabalhos de Dowty (1979) e outros, deixou também no limbo a polissemia, bem como praticamente a semântica lexical no seu conjunto (limitando-se apenas à descrição dos itens lexicais em termos de operadores lógicos e à descrição do significado sintáctico das classes de palavras: ver Chierchia & MacConnell 1990), dada a inevitável mudança de foco para a semântica da frase (as condições-de-verdade são propriedades das frases e não das palavras isoladas).

Todavia, nos anos 90 Pustejovsky (1995) vem dar um novo ímpeto ao ideal de Katz de representação semântica formalizada e, ao mesmo tempo, vem enfatizar a necessidade de construir um léxico que seja verdadeiramente *generativo*, no sentido de poder formalmente derivar novos sentidos a partir de sentidos já armazenados. É assim que neste desenvolvimento *neo-generativista*, com ligações estreitas aos trabalhos de Jackendoff (1983, 1990, 1997, 2002), a polissemia, melhor, parte do fenómeno polissémico – aquele que costuma ser designado por *polissemia regular* (Apresjan 1974) – volta a ganhar o seu lugar.

Finalmente, a semântica cognitiva, que emerge no início dos anos 80 e tem nos trabalhos de Lakoff, Langacker e Talmy as suas referências mais representativas, redescobre a polissemia. Explorando a tendência mentalista aberta por Katz, mas rompendo com o princípio, tanto generativista como estruturalista, da autonomia do significado e da linguagem e com o modelo chomskyano de competência, a semântica cognitiva redescobre a importância da polissemia, quer nos seus aspectos qualitativos, quer, e sobretudo porque praticamente ignorados até então, nos seus aspectos quantitativos. E não só a redescobre como a coloca no centro da sua investigação, a qual, ao contrário de outras correntes linguísticas, começou justamente pela semântica lexical. Esta recentralização, a par do desenvolvimento de todas as áreas da semântica lexical, cujo mapa conceptual foi representado acima no Quadro 1, é feita graças aos vários programas de semântica cognitiva, nomeadamente a teoria do protótipo e do nível básico (Taylor 1995a, Geeraerts 1997), a teoria da metáfora conceptual (Lakoff & Johnson 1980, 1999) e a teoria dos enquadramentos (Fillmore 1977, 1985; Fillmore & Atkins 1992, 2000). Como observa Geeraerts (1988a), a semântica cognitiva representa um *regresso* às questões e interesses da semântica histórica pré-estruturalista (contra a qual a semântica estrutural se afirmou): ambas partilham de uma concepção *psicológica* do significado e de uma concepção *enciclopédica* do mesmo, no sentido de que este é considerado, não como autónomo, mas como intrinsecamente conectado com a experiência individual, cultural, social e histórica dos falantes. E, por consequência, ambas reconhecem na polissemia a naturalidade e a primariedade semântica, a sua importância linguística, cognitiva e cultural – o que é indicado, na Figura 1, pela linha que liga a semântica pré-estrutural e a semântica cognitiva. É isto que falta à semântica lexical de Pustejovsky e ao seu estudo da polissemia regular, o qual mantém uma distinção estrita entre o significado linguístico e o conhecimento do mundo, pelo que o seu modelo generativo de semântica é também, tal como o de Katz, neo-estrutural.

Há, assim, um claro contraste teórico, metodológico e descritivo no desenvolvimento da semântica lexical entre, por um lado, a semântica pré-estrutural e a semântica cognitiva pós-estrutural e, por outro lado, a semântica estrutural e a semântica neo-estrutural (de carácter generativo): a nível teórico e metodológico, a concepção psicológica e não-autonomista do significado partilhada pela semântica pré- e pós-estrutural, contra a proclamadíssima tese da autonomia do significado (e da linguagem) por parte da semântica estrutural e neo-estrutural; a nível descritivo, a paixão pela mesma na semântica pré- e pós-estrutural, contra o desprezo pela polissemia na semântica estrutural e neo-estrutural. Curiosamente, a história secular da semântica lexical começa e acaba, até certo ponto, do mesmo modo no que se refere a interesses, questões e perspectivas do significado e da polissemia.

1.5.2. *A minimização ou eliminação da polissemia: linguística estrutural e linguística generativa*

A polissemia é "persona non grata" à teoria linguística *formalista*, tanto estruturalista como generativista, porque incomoda princípios fundamentais, sendo aí pois minimizado o seu papel ou mesmo eliminada de um certo nível da significação e da língua. Sintomático desta hostilização é o facto de célebres manuais de semântica, como os de Palmer (1976: 100--108), Lyons (1977: 550-569) e Kempson (1977: 85-88), nas pouquíssimas páginas que dedicam à polissemia, utilizarem um tom invariavelmente problemático e negativo.

Para a semântica estrutural, bem como para outros modelos semânticos de "dois níveis", como é assim conhecido o dos linguistas alemães M. Bierwisch e E. Lang (Bierwisch 1983, Bierwisch & Lang 1987, Bierwisch & Schreuder 1992, Lang 1991) – que postulam a distinção entre *semântica* (plano linguístico, em que cada item lexical possui um único significado) e *conceptualização* (plano não-linguístico, domínio das significações das palavras e das frases, tais como são usadas pelos falantes) –, os significados linguísticos das palavras são entidades unitárias, e portanto a esse nível das *significações* a polissemia simplesmente não existe (ver as críticas certeiras de Taylor 1994, 1995a: 268-281,

1995b à teoria dos "dois níveis", e Taylor 1999, com uma interessante discussão da questão da polissemia na semântica estrutural). Não se nega que uma palavra possa ser usada numa variedade de sentidos, mas esses sentidos estão fora do nível do *sistema* linguístico – tomado como o nível próprio e essencial das línguas. É assim que Coseriu (1952, 1977, 1981), com a sua célebre distinção entre *sistema, norma* e *fala* (ou discurso), proclama, como princípio axiomático, que a polissemia é um fenómeno da *norma* e da *fala* (um "fait de parole"), mas não do *sistema*, constituído este último por significações unitárias – posição inalterada em Coseriu (1990), no seu ataque à semântica cognitiva. Já antes, Jakobson (1936), ao estudar as categorias casuais do russo, propõe para cada caso uma significação global ("Gesamtbedeutung"), abstracta e unitária. Assumem a mesma tese do significado unitário também psicolinguistas, como Caramazza & Grober (1976), e filósofos, como Searle (1983). Recentemente, Wunderlich (1993) defende que a polissemia não passa de um efeito de elaborações *conceptuais* de representações *semânticas* unitárias, monossémicas. E para Kirsner (1993) os efeitos de polissemia surgem do uso que os falantes fazem das "invariantes de significado". Idêntica minimização e eliminação da polissemia, em favor de uma concepção *abstraccionista*, encontra-se também no bem conhecido estudo de Ruhl (1989) e em trabalhos mais recentes, como os de Victorri (1997), Kleiber (1999) e, num enquadramento coseriano, Muñoz Núñez (1999), ou ainda, e de forma algo inovadora e inversa, Rakova (2003), postulando a distinção entre *conceitos* (por natureza, não polissémicos) e *significados* linguísticos (lugar da polissemia).

A minimização ou eliminação da polissemia tem sido levada a cabo através de três estratégias:[3]

(i) a *homonimista*, negando (a relevância de) a *relação* entre os sentidos e convertendo a polissemia em homonímia;

(ii) a *artefactualista*, negando (a relevância de) a *diferenciação* de sentidos, mais especificamente considerando-a como um artefacto do linguista, e convertendo a polissemia em vaguidade;

---

3 Estas estratégias, particularmente a primeira e a última, correspondem a alguns dos modelos alternativos de *representação mental* (Croft 1998), que referenciaremos na secção 5 do capítulo 2.

(iii) a *monossemista*, negando o *estatuto semântico* (linguístico) quer das diferenciações quer das relações e, de novo, convertendo a polissemia em vaguidade, com a particularidade de considerar os diferentes usos como predizíveis a partir de princípios gerais pragmáticos.

A estratégia *homonimista* caracteriza o hábito da análise distribucionalista e generativista de descrever e representar os diferentes usos de um item lexical em termos de listas de entradas independentes homónimas. Um exemplo paradigmático é a análise de Postal (1970) sobre o verbo *to remind*. A mesma estratégia homonimista está, até certo ponto, também presente na análise estruturalista do campo lexical (Coseriu & Geckeler 1981). Por exemplo, na célebre análise de Geckeler (1976) do campo lexical dos adjectivos de idade em francês, *vieux* 'idade própria' e *vieux* 'idade da função particular' (*meu velho amigo*) constituem duas unidades lexicais distintas.

A estratégia *artefactualista*, sustentada no facto – já observado por Bréal – de que a polissemia não causa problemas aos falantes, está bem delineada e solidamente argumentada nos trabalhos dos linguistas franceses Victorri (1997) e Kleiber (1999).

A estratégia *monossemista* ou *abstraccionista* – a mais rica e eficaz, pelas diferentes configurações que toma – é típica da teoria e da prática estruturalistas, estando também presente na prática generativista, especificamente na solução alternativa de descrever e representar os diferentes sentidos de um item lexical em termos de regras de derivação, de natureza linguística (semântica) ou pragmática. Um exemplo paradigmático da análise estruturalista é o de Weydt sobre o adjectivo *épais*, dando como significação unitária 'há dificuldade em penetrar'. Domínios em que a abordagem abstraccionista é mais facilmente proposta incluem, como faz notar Sweetser (1986), as preposições, as conjunções ou os verbos modais. Mas a exploração mais consistente da redução da polissemia à monossemia ou significado unitário abstracto está patente no trabalho de Ruhl (1989). Um exemplo anterior é o modelo derivacional pragmático de Nunberg (1979), segundo o qual a polissemia é predizível na base de princípios gerais – ideia partilhada também por Norrick (1981), no seu estudo semiótico da polissemia, e, mais tarde, num enquadramento generativo e computacional, por Pustejovsky (1995). Mas fora dos quadros estruturalista e generativista, também se podem encontrar defensores do modelo monossemista: é o caso, no interior da semântica cognitiva, de Van der Leek (2000), Janssen (2003) e, de certa forma, também Allwood (2003) e Zlatev (2003), sob a ideia de "potencial de significado/uso", que discutiremos no capítulo 3. No fundo, a estratégia monossemista ou abstraccionista está reflectida em todos (linguistas, filósofos e psicólogos) os que, levados pelo *preconceito monossémico* (Geeraerts 1994) e sob o argumento (falacioso) da cientificidade e da economia, procuram significações genéricas e abstractas, as *invariantes* de significado ou o "core meaning", como ideal de definição e como assunção do desenvolvimento cognitivo dos falantes.

As razões destas estratégias de eliminação da polissemia[4] estão na própria concepção formalista de significado e linguagem do estruturalismo e do generativismo, a que se opõem as teorias funcionalista e cognitivista. Podemos apontar três razões principais: o princípio da autonomia da linguagem, a estratégia de descontextualização da gramática e o postulado "uma forma, um significado".

O princípio da autonomia da linguagem é expresso, no estruturalismo, pela ideia da linguagem como *sistema autónomo* e, no generativismo, pela ideia da linguagem como *faculdade autónoma*. O estruturalismo linguístico entende e estuda a linguagem como um *sistema que se basta a si mesmo* (com a sua própria estrutura, os seus próprios princípios constitutivos, a sua própria dinâmica) e, por conseguinte, o mundo que ela representa e o modo como através dela o percebemos e conceptualizamos considera-os como aspectos "extra-linguísticos". Por seu lado, a gramática generativa defende que a *faculdade da linguagem* é uma componente autónoma da mente, específica e, em princípio, independente de outras faculdades mentais; por conseguinte, o conhecimento da linguagem é independente de outros tipos de conhecimento. Destes dois modos sinónimos, o significado é desligado daquilo que é a sua essência – o conhecimento do mundo – e sacrificado num altar sistémico, idealista e monista de significações unitárias e abstractas. Para este mesmo efeito, ambos os modelos autonomistas defendem uma separação rígida entre "conhecimento linguístico" e "conhecimento enciclopédico".

A descontextualização da gramática é exemplarmente empreendida por Chomsky: a assunção chomskyana de uma concepção genética da

---

[4] Outros exemplos destas estratégias de eliminação da polissemia, particularmente das estratégias homonimista e monossemista, podem encontrar-se em Silva (1990: capp. 1.2 e 2.1).

linguagem, alicerçada na ideia da faculdade da linguagem *inata e universal* e configurada na *teoria da modularidade* do funcionamento cognitivo e linguístico, conduziu a (i) uma descontextualização social, com a mudança de perspectiva da *langue* saussuriana para a *competência*; (ii) uma descontextualização cognitiva, com a ênfase nos aspectos genéticos da linguagem e a consequente des-semantização da gramática; e (iii) uma descontextualização situacional ou interaccional, com o foco nos sistemas de regras formais e a consequente marginalização do uso da língua (Geeraerts 2003, Silva 2005d).[5] Desligando o significado destas três dimensões do *contexto* – cultura, cognição e uso –, deixa de haver interesse ou até lugar para a polissemia!

Finalmente, a tese de um significado único para cada item lexical – um significado descontextualizado, genérico e abstracto, constituído por um conjunto de propriedades individualmente necessárias e conjuntamente suficientes – foi a solução encontrada para salvar o sistema semiótico ideal, como um dos principais "modelos cognitivos" da linguagem (Taylor 2003a e cap. 2 deste estudo), expresso no slogan "uma forma, um significado". Neste mundo monista, monossemia e homonímia são a regra, e a polissemia é a excepção!

1.5.3. *A redescoberta da polissemia: linguística cognitiva e linguística computacional*

Provavelmente, uma das primeiras razões da afirmação ou mesmo do sucesso da Linguística Cognitiva terá sido o reconhecimento explícito da polissemia. A partir dos trabalhos pioneiros, nos princípios dos anos 80, de Langacker (p. ex. 1978), Brugman (1981), Lakoff (p. ex. 1982) e Talmy (p. ex. 1983), descrevendo estruturas altamente polissémicas, a tendência para o estabelecimento de diferenciações e de relações entre os usos de uma expressão tornou-se uma constante e a descrição da

---

5 Geeraerts (2003) caracteriza o desenvolvimento da linguística do séc. XX em termos de uma sucessão de movimentos descontextualizadores, com expressão mais elaborada na gramática generativa, e recontextualizadores, nas duas últimas décadas e com expressão mais consistente na linguística cognitiva, através da reintrodução do léxico na gramática, da assunção da centralidade do significado, do restabelecimento da ligação entre gramática e *performance* e do interesse dado à construção sócio-cultural do significado (ver também Silva 2005d).

polissemia quase uma obsessão, a tal ponto que se poderia perguntar o que é que resta a este novo paradigma sem a polissemia. Esta sedução pela polissemia está bem expressa nos inúmeros trabalhos cognitivistas sobre categorias polissémicas, principalmente preposições – desde a preposição emblemática e ainda hoje popular *over* 'sobre, em cima de' (Brugman 1981, Lakoff 1987, Deane 1992, Geeraerts 1992b, Dewell 1994, Kreitzer 1997, Tyler & Evans 2003, entre outros) –, mas também outras categorias, como o nosso estudo sobre o verbo *deixar* (Silva 1999a), e em vários volumes recentes que a linguística cognitiva a ela tem dedicado: Cuyckens & Zawada (eds.) (2001), Nerlich, Todd, Herman & Clarke (eds.) (2003), Riemer (2005) e vários estudos de Cuyckens, Dirven & Taylor (2003). A polissemia é foco de atenção também nos muitos estudos de semanticistas cognitivistas sobre metáforas e metonímias conceptuais, integração conceptual ("blending"), protótipos, enquadramentos ("frames") semânticos, redes ("networks") semânticas.

As razões deste interesse pela polissemia são contrárias às que, como vimos na secção anterior, levaram estruturalistas e generativistas a menosprezar a polissemia. E, por outro lado, confundem-se com alguns dos próprios princípios fundamentais da Linguística Cognitiva (ver síntese de Silva 2004a). Apontamos três ordens de factores. Primeiro, a reacção contra as estratégias homonimista, artefactualista e monossemista de minimização da polissemia, referidas anteriormente, e a denúncia de duas falácias que as suportam: a que Langacker (1987: 29) designou como *falácia da regra/lista*, que, como vimos, caracteriza o hábito dos generativistas de resolverem os problemas da descrição e da representação mental dos usos de um item em termos de uma escolha entre ou regras de derivação ou listas de entradas independentes (homónimas); e a *falácia da generalidade*, pela qual, como também vimos, se procuram significações genéricas e abstractas, como ideal de definição e assunção do desenvolvimento cognitivo dos falantes.

Uma segunda razão tem a ver com a própria orientação não-autonomista e recontextualizadora da linguística cognitiva, recuperando as várias dimensões contextuais rejeitadas pela gramática generativa, nomeadamente o contexto social, o contexto cognitivo e o contexto situacional. De modo mais específico, a assunção da natureza *enciclopédica* do significado linguístico (e consequente rejeição da distinção entre "conhecimento linguístico" e "conhecimento enciclopédico": Haiman 1980, Langacker 1987: 154-166) e a metodologia empírica de observação do uso real das expressões linguísticas, revelador da sua flexibilidade e variabilidade semânticas – precisamente um *modelo baseado no uso* (Langacker 1987: 46, 1988c, 2000a; Barlow & Kemmer 2000), em oposição ao abandono chomskyano da "performance" e estruturalista da "parole".

Terceiro e último, o próprio interesse da linguística cognitiva pela categorização – donde a primazia conferida à semântica, já que sendo a função básica da linguagem a categorização, então a significação será o fenómeno linguístico primário –, e a explicação da categorização com base no fenómeno da *prototipicidade*, de que a polissemia é justamente um dos efeitos. Isto é, a teoria do protótipo, com origem na psicolinguística (Rosch 1978) e que se desenvolve no quadro da semântica cognitiva (Taylor 1995a, Geeraerts 1997), vem mostrar que as categorias linguísticas geralmente não se podem definir em termos de propriedades individualmente necessárias e conjuntamente suficientes, mas como agrupamentos por similaridades parciais ou "parecenças de família" de elementos uns mais salientes ou prototípicos do que outros e de limites imprecisos. Quer isto dizer que o conteúdo semântico de uma categoria não tem que ser único ou unitário, mas antes um conjunto de sentidos e/ou referentes *radialmente* interrelacionados.

Todavia, esta forte oposição aos modelos não-polissémicos de representação mental e esta sedução por "análises de tipo *rede*", chegando a propiciar distinções entre usos muito semelhantes e relações entre usos muito distintos, estão na origem das acusações, feitas fora ou mesmo dentro da linguística cognitiva, de esta, por vezes, praticar a banalização da polissemia, promover o excesso de sentidos ou a *polissemia violenta* (Cuyckens & Zawada 2001: xv), ou ainda, nas palavras um tanto excessivas de Sandra (1998), cair na *falácia da polissemia*. Ou seja: no interior da linguística cognitiva, há também lugar para o debate interno, como o que foi protagonizado por Croft (1998), Sandra (1998) e Tuggy (1999). Os trabalhos de Allwood (2003), Janssen (2003) e Zlatev (2003), todos publicados no recente volume sobre abordagens cognitivas em semântica lexical (Cuyckens, Dirven & Taylor 2003), testemunham bem que a polissemia é actualmente uma questão bem mais controversa do que o era na tradição cognitivista dos anos 80 e 90. E tudo isto se torna mais compreensível quando se reconhece que a polissemia é, como veremos no capítulo seguinte, um conceito intrinsecamente problemático.

A importância do estudo da polissemia não está, obviamente, confinada à linguística (semântica) cognitiva, embora seja aqui que ela encontra um estudo mais sistemático e integrado. Na verdade, a polissemia tem estado também no centro das atenções de outros semanticistas de diferentes quadrantes (citando apenas trabalhos recentes, Victorri & Fuchs 1996, Kleiber 1999 e Muñoz Núñez 1999) e, particularmente, em psicolinguística e psicologia cognitiva, em estudos sobre o processamento, a aquisição e o desenvolvimento da linguagem (Frazier & Rainer 1990, Williams 1992, Gibbs *et al.* 1994, Johnson 1997, 1999, Nerlich, Todd & Clarke 1998, 2003, Gibbs & Matlock 2001, Rice 2003, Verspoor & Lowie 2003) e, ainda de modo mais evidente, em Inteligência Artificial e linguística computacional (Kilgarriff 1992, 1997; Pustejovsky & Boguraev 1993, 1996; Pustejovsky 1995; Ravin & Leacock 2000; Agirre & Edmonds 2006). Para a linguística computacional em particular, a polissemia constitui efectivamente um desafio muito concreto, já que a identificação/desambiguação automática dos sentidos das palavras no processamento natural da linguagem é meta ainda não alcançada, como se pode verificar no "estado da arte" de Ravin & Leacock (2000: 23-27) e de Agirre & Edmonds (2006).

  Concluindo, a duas tradições de identificação do fenómeno da polissemia, uma lógico-filosófica, bastante antiga, e a outra histórico-filológica, iniciada por Bréal há pouco mais de um século, seguiu-se um período de "latência polissémica" (Nerlich & Clarke 1997: 352) ou, melhor, de hostilização, equivalente a uma despolissemização da linguagem, com a linguística estruturalista e a gramática generativa; ao que se seguiu, há apenas uns 15 ou 20 anos, um período de redescoberta da polissemia, com a linguística cognitiva e a linguística computacional. Nesta redescoberta, a um momento de sedução, que gerou importantes estudos descritivos e teóricos sobre a polissemia, seguiu-se um momento de reproblematização e de controvérsia, que é o que se está a viver, sobretudo no quadro da linguística cognitiva, nestes primeiros anos do séc. XXI. É dos problemas da polissemia, de sempre e de agora, que nos ocuparemos no capítulo seguinte. Hoje como ontem, a polissemia continua efectivamente a ser um verdadeiro teste à teoria semântica!

CAPÍTULO 2

Mil problemas para os linguistas e nenhum para os falantes: paradoxos e problemas da polissemia

> Como é que esta multiplicidade de sentidos não produz nem obscuridade nem confusão? [...] Coisa notável! Há apenas um sentido, não só para aquele que fala, mas também para aquele que ouve. (Bréal 1924: 287)

> O conceito aparentemente inequívoco de polissemia [...], quando examinado com maior rigor, coloca toda uma série de questões conceptuais e metodológicas, muitas das quais permanecem sem resposta. Se uma certeza existe, é a de que em polissemia ainda não está tudo dito. (Taylor 2003b: 653)

2.1. Os problemas da polissemia

Aparentemente simples, a polissemia é um conceito intrinsecamente problemático em toda a linha, e os seus problemas confundem-se com problemas de semântica. A sua própria definição geralmente aceite – associação de dois ou mais sentidos relacionados numa única forma linguística – encerra várias e complicadas questões práticas, metodológicas e teóricas. Os problemas da polissemia situam-se, fundamentalmente, a dois níveis: *definição* e *estrutura* da palavra polissémica.

Os problemas de definição ou demarcação dizem respeito a duas distinções: a distinção entre polissemia e monossemia e a distinção entre polissemia e homonímia.

No primeiro caso, a questão básica e imediata é a da *diferenciação* de sentidos: determinado uso de uma palavra ou outra expressão constitui um sentido distinto de outros ou uma mera especificação contextual de um sentido? Por exemplo, comer sopa, comer um bife e comer um gelado, ou pintar um quadro, pintar a cozinha, pintar listas brancas na estrada e pintar as unhas constituem sentidos diferentes de *comer* e *pintar* ou um mesmo e único sentido? Metodologicamente, que critérios operacionais ou *testes* utilizar na distinção entre diferentes sentidos e meras especificações contextuais, o mesmo é dizer, na determinação e delimitação dos sentidos de uma palavra? Teoricamente, de que falamos quando falamos em *significados* ou *sentidos* de uma palavra, ou quando queremos saber *quantos significados/sentidos tem* uma palavra? Estaremos a falar de entidades fixas e delimitáveis? Se não, poderemos manter a distinção entre polissemia e vaguidade? Ou, no caso de uma palavra presumivelmente polissémica, será alguma vez possível determinar com precisão quantos sentidos diferentes tem essa palavra?

No segundo caso, a questão é a da *relação* entre os diferentes sentidos associados a uma mesma forma, presente na polissemia e ausente na homonímia. De que natureza é essa relação que une diferentes sentidos de uma palavra: histórica e, portanto, apenas do conhecimento dos filólogos e das pessoas com formação filológica; ou então sincrónica e, assim, do conhecimento de todos os falantes? Se é sincrónica, será psicologicamente real e, principalmente, intersubjectivamente partilhada? Por exemplo, os dois sentidos de *porto* – 'abrigo para embarcações' e 'vinho do Porto' – estão historicamente relacionados: o vinho está associado à cidade do Porto, cujo nome deriva de *porto* 'abrigo para embarcações'. Será que esta relação é percebida por todos os falantes? Estaremos perante um caso de polissemia ou de homonímia? Metodologicamente, que testes utilizar para distinguir entre polissemia e homonímia? Teoricamente, de que falamos quando falamos em *relação de/entre* sentidos de uma palavra? Não dependerá da imaginação ou engenho do linguista? Será intuitivamente reconhecida pelos falantes e, se for, terá alguma consequência no uso desses sentidos? Poderá estabelecer-se com clareza a distinção entre polissemia e homonímia? Mais ainda: servirá para alguma coisa esta distinção?

Os problemas estruturais da polissemia envolvem quer os aspectos *qualitativos* quer os aspectos *quantitativos* da estrutura do complexo polissémico.

Do ponto de vista qualitativo, a questão é saber que relações são as que unem os diferentes sentidos de um item lexical, que tipos de relações semânticas são psicologicamente naturais e, portanto, capazes de gerar polissemia. Apenas as relações que estão na base da metáfora e da metonímia, ou também outras relações? Relações não-hierárquicas (como a metáfora e a metonímia), ou também hierárquicas, ou ainda outras relações? Que papel aqui têm o que em semântica cognitiva se designa por *transformações de esquemas imagéticos*? Haverá princípios gerais de extensão de significado que, tal como os processos morfológicos regulares, possam ser aplicados a diferentes itens? E como lidar com as extensões semânticas *irregulares* (continuando a analogia com a morfologia)? Como distinguir significado *literal* e significado *figurado*? Ou significado *básico* e significados dele *derivados*? Como estão, no fundo, relacionados os diferentes elementos de um complexo polissémico? Serão as *redes* ("networks") *esquemáticas* ou *radiais* de representação do complexo polissémico, popularizadas pela semântica cognitiva, psicologicamente reais?

Do ponto de vista quantitativo, a questão tem a ver com a identificação das diferenças de saliência e dos *efeitos de prototipicidade* na estrutura do complexo polissémico. Quais os sentidos centrais ou *prototípicos* e como os determinar? Poderá uma palavra possuir mais do que um centro prototípico? Como compatibilizar significados *esquemáticos* e significados *prototípicos*? Ou como compatibilizar a procura desejável de significações esquemáticas e a realidade inevitável de usos contextualmente específicos? Quando é que o significado esquemático é mais saliente do que as suas instanciações? E quando é que se observa o inverso? A estrutura geral de um complexo polissémico será tipicamente bidimensional, como parecem sugerir algumas representações em Semântica Cognitiva, ou multidimensionais? Se não forem bidimensionais, como dar conta da multidimensionalidade de um complexo polissémico?

Outras questões adicionais: que tipos de unidades linguísticas são candidatas a uma análise polissémica?; será a polissemia predizível?; será a polissemia uma propriedade exclusiva das palavras, ou extensiva a qualquer outra categoria linguística?; como lidar com o facto de que também a forma fonológica pode apresentar variação em grau até idêntico ao do pólo semântico?

Naturalmente que todas estas questões encerram em si ou implicam outras mais vastas, a saber: qual a natureza dos sentidos ou significados das palavras ou, repetindo a questão clássica fundamental, "o que é o significado?"; qual a realidade psicológica da polissemia, como é que os diferentes usos de uma palavra estão armazenados ou representados na mente dos falantes, qual o papel do contexto, qual a relação entre léxico mental e interpretação textual, qual o melhor nível de análise semântica e em que nível se encontra a polissemia?

Enfim, mil problemas para um fenómeno aparentemente simples! Mas tem sido precisamente o reconhecimento desta problemática da polissemia um dos contributos maiores da linguística cognitiva para o estudo do significado.[1] Apesar dos avanços já alcançados, há ainda várias questões sem resposta definitiva. É o que a seguir passaremos a ver.

2.2. Polissemia vs. monossemia/vaguidade

2.2.1. Testes de polissemia: resultados contraditórios

Para a difícil tarefa de diferenciação de sentidos de uma palavra (ou outra categoria linguística) têm sido propostos, desde há quase meio século, vários testes diagnósticos: uns *intuitivos*, como o teste lógico dos "valores-de-verdade" ou os testes linguísticos da identidade semântica através da anáfora e da coordenação; outros *analíticos*, como o teste aristotélico da definição. Na última década, principalmente a Semântica Cognitiva, desde os trabalhos seminais de Geeraerts (1993a) e Tuggy (1993), e passando também pelos estudos de Cruse (1986, 1995, 2000, 2004), tem demonstrado que todos estes meios heurísticos são problemáticos, na medida em que conduzem a resultados contraditórios.

Segundo o teste lógico dos "valores-de-verdade", proposto por Quine (1960), um item é polissémico se puder ser simultaneamente "verdadeiro" ou "falso" em relação a um mesmo referente. Por exemplo: a polissemia de *café* 'fruto do cafezeiro' e 'estabelecimento comercial onde se toma a respectiva bebida' pode ser comprovada assim: *Delta é um café, e não um café*. O próprio Quine observou ser necessário estender este teste a situações em que as condições-de-verdade nem são verdadeiras nem são falsas, como quando o enunciado tem uma leitura anómala, como em *o livro está triste*. Uma variação deste teste consiste em usar frases nas quais ambos os sentidos de um item podem ser verdadeiros mas não redundantes. Por exemplo, *Carlos mudou a sua posição*, discutido por Cruse (1986), pode designar quer o lugar de Carlos na sala, quer o seu ponto de vista sobre determinado assunto.

Os testes linguísticos baseiam-se em juízos de aceitabilidade e consistem em restrições semânticas sobre frases com duas ocorrências de

---

[1] Como esclarece Geeraerts (1992a), não é a "viragem" da teoria do protótipo para a polissemia que, como afirma Kleiber (1990), a enfraquece (como teoria da categorização) ou a torna pouco inovadora (como teoria de semântica lexical), mas a *re*descoberta dos problemas da polissemia que a fortalece e constitui a sua fundamental inovação.

um dado item em análise (uma das quais pode estar implícita ou subjacente): se a relação gramatical entre as duas ocorrências exigir a sua identidade semântica, então a frase resultante é sinal da polissemia desse item. É o chamado "teste da identidade", descrito por Zwicky & Sadock (1975), e inicialmente proposto por Lakoff (1970), sob a forma da construção *and so*. Assim, uma frase como *O Zé deixou o café, e o mesmo fez o empregado* só pode significar que o Zé e o empregado deixaram de tomar café, ou então que tanto um como o outro saíram do café ou abandonaram esse estabelecimento. Ela é pois inaceitável numa leitura cruzada, designando *café* a 'bebida' e o seu anafórico o 'estabelecimento' (ou vice-versa); o que mostra que estes dois empregos representam dois significados distintos de *café*. Mas a frase *Os grãos que acabo de colher são café, e igualmente o são estes grãos torrados* mostra que 'grãos do cafezeiro não-tratados' e 'grãos do cafezeiro torrados' constituem um caso, não de polissemia, mas de vaguidade.[2]

O critério da definição, informalmente apresentado por Aristóteles em *Segundos Analíticos* (II, xiii), diz que uma palavra possui mais do que um significado se para ela não se puder encontrar uma definição minimamente específica que cubra toda a sua extensão, e que essa palavra possui tantos significados diferentes quantas as definições maximamente genéricas necessárias para dar conta de toda a sua extensão. Por exemplo, 'grãos do cafezeiro não-tratados' e 'grãos do cafezeiro torrados' não representam duas *definições*, nem portanto dois sentidos diferentes de *café*, já que esses valores podem ser subsumidos numa única definição – 'fruto do cafezeiro'. Mas uma definição maximamente genérica para 'bebida feita do fruto do cafezeiro' e 'estabelecimento comercial onde se toma essa bebida', tal como 'coisa, entidade', é inadmissível, na medida em que ela não dá conta da especificidade de *café* relativamente a outros substantivos concretos; o que mostra que estes dois usos constituem duas *definições*, dois sentidos diferentes de *café*.

Todavia, e como foi detalhadamente demonstrado por Geeraerts (1993a) e discutido também por Cruse (1995, 2000, 2004) e por nós experimentado sobretudo em Silva (1999a), estes testes são inconsisten-

---

2 Outros testes linguísticos, não sintagmáticos mas paradigmáticos, são a sinonímia, a antonímia e a derivação morfológica: diferentes sinónimos, diferentes antónimos ou diferentes derivados morfológicos de um mesmo item são tomados como sinal da polissemia desse item. Trata-se, porém, de testes bastante insuficientes – testes "indirectos", tal como os classifica Cruse (1986: 54-57).

tes, na medida em que conduzem, muitas vezes, a resultados contraditórios: o que é polissemia pelo teste lógico pode ser vaguidade pelo teste linguístico ou vice-versa, ou o que é polissemia pelos testes lógico e linguístico pode ser vaguidade pelo teste da definição ou vice-versa.[3]

Por exemplo, e tomando o verbo *deixar*, o uso espacial de 'ir embora, retirar-se' (*O Zé deixou a sala, quando ela entrou*) e o funcional de 'abandonar' (*O Zé deixou a sua mulher / o emprego*) representam dois sentidos diferentes ou duas especificações contextuais de um mesmo e único sentido? Ora bem: o resultado do teste linguístico da anáfora é a polissemia: uma frase como *O Zé deixou o hospital às 12h e o seu médico fez o mesmo* exige a identidade semântica das acções do Zé e do seu médico (ou tanto um como o outro o que fizeram foi sair do hospital a essa hora, ou então ambos abandonaram o cargo que aí ocupavam). E o mesmo é o resultado do teste lógico: *Retirar-se de junto de alguém é deixá-lo, mas não é deixá-lo* (isto é, não é abandoná-lo) mostra que *deixar* é simultaneamente verdadeiro e falso para o mesmo referente 'retirar-se'. Mas o resultado do teste linguístico da coordenação pode ser a vaguidade: *O Zé deixou Coimbra e os estudos* também pode ler-se como coordenando, sem zeugma, o sentido estritamente espacial e o sentido funcional. E o mesmo resultado obtém-se com o teste aristotélico da definição: 'suspender activamente a interacção' compreende estes dois usos e distingue-os dos usos de 'passividade' do sujeito de *deixar*.

Ainda quanto ao teste da definição – que não é apenas um teste diagnóstico mas um critério explicativo, trazendo consigo uma das tendências da categorização no sentido da generalidade ou abstracção –, há autores como Wierzbicka e seu discípulo Goddard que o consideram válido e consistente e, consequentemente, o utilizam na determinação dos sentidos das palavras (ver Goddard 2000 e, muito recentemente, Riemer 2005: cap 3, que assume a mesma posição). A questão está, advertem estes autores da concepção de análise semântica conhecida como "metalinguagem semântica natural", em construir definições com cuidado e rigor; observada esta condição, as dificuldades desaparecem – garantem os mesmos. Mas observa Geeraerts (1993a) que a polissemia ou vaguidade de uma palavra pode estar escondida na polissemia ou vaguidade

---

3 Recentemente, Riemer (2005: cap 3) tenta mostrar que, mais do que as inconsistências, todos os testes são inadequados nos seus próprios termos, isto é, como indicadores da estrutura semântica, embora salvaguarde o teste analítico da definição como o único que é capaz de dar acesso ao conteúdo semântico das palavras.

das palavras utilizadas para a definir. Como exemplo, dá uma das próprias definições de Wierzbicka (1990) da famosa palavra (muito discutida em semântica) *bachelor* 'celibatário' como 'homem não casado considerado como alguém que poderia casar'. Face às dificuldades, apontadas por Lakoff (1987), de acomodar nesta definição casos como os de Tarzan e do Papa, ambos não casados mas por diferentes razões, Wierzbicka (1996) altera a sua definição para 'homem que nunca casou considerado como homem que pode casar se quiser'. Observa Geeraerts (1993a) que nesta definição o verbo *poder* mantém a polissemia entre o sentido de permissão e o sentido de possibilidade física. Sendo importante assegurar que sejam utilizadas apenas palavras monossémicas nas definições, não parece porém haver, como conclui Geeraerts (1993a), uma metodologia capaz de garantir esse desiderato.

Pode concluir-se daqui que estes testes simplesmente não servem e há que procurar outros? Ou então que há que abandonar a distinção entre polissemia e vaguidade? Não. O que realmente tudo isto mostra, como esclarecem Geeraerts (1993a) e Tuggy (1993), é que a distinção entre polissemia e monossemia ou vaguidade, de si legítima e necessária (em qualquer teoria semântica e em qualquer nível de abstracção: ver Riemer 2005), é *instável*, não constitui uma dicotomia, mas antes um *continuum*. Consequentemente, não é possível em muitos casos determinar exactamente quantos sentidos uma palavra tem. Mais ainda, e como veremos no final deste capítulo e no seguinte, tudo isto mostra que o que temos que abandonar é o nosso modelo cognitivo *reificado* dos significados como entidades contáveis e, assim, distintas e estáveis.

Sintomático destes resultados é já o facto de os dicionários poderem diferir quanto ao número de sentidos que listam para determinada palavra polissémica. E não só os lexicógrafos, como também os linguistas: o célebre e emblemático estudo cognitivo de Brugman (1981) sobre *over* 'sobre, em cima de' fez disparar uma série de análises alternativas ou outras "histórias de *over*", como as de Lakoff (1987), Dewell (1994), Deane (1992), Geeraerts (1992b), Kreitzer (1997) e Tyler & Evans (2003).

2.2.2. *Outras tentativas: modulação e derivação*

Examinemos algumas propostas particulares de tentativa de solução do problema da distinção entre polissemia e vaguidade.

Cruse (1986: cap. 3), embora questione a ideia de uma dicotomia clara, propõe três critérios de polissemia ("ambiguidade", na sua terminologia): (i) "os sentidos de uma palavra ambígua não deveriam em todo o caso ser condicionados pelo contexto em que ocorrem, ao contrário das interpretações que resultam da modulação contextual" (*ibid.*, p. 58), (ii) "os sentidos diferentes devem ser maximizáveis de forma independente" (*ibid.*, p. 60), por exemplo: "A: Isso é um cão? B: – Sim, é um *spaniel*. – Não, é uma cadela" (*ibid.*, p. 61), e (iii) "sentidos independentes de uma forma lexical são opostos entre si, isto é, não podem ocorrer simultaneamente sem causar estranhamento" (*ibid.*, p. 61). Ora, pouca ou nenhuma novidade encontramos aqui. O teste (ii) corresponde ao teste de tipo lógico, visto acima, e o teste (iii) ao teste de tipo linguístico. Quanto a (i), embora conceptualmente pertinente, é incapaz de na prática solucionar o problema, visto poder dizer-se que a interpretação de um sentido pressupostamente distinto depende também da informação contextual.

Mais interessante, porém, é verificar que estes três critérios reflectem a distinção que Cruse (1986: 50-54) estabelece entre dois efeitos do contexto na variação semântica de um item lexical: a *selecção* contextual de significados e a *modulação* contextual de um único significado. O que diz Cruse é que o contexto ora *selecciona* um significado de entre outros que um item possui, ora *modula* determinado significado, promovendo ou despromovendo determinados aspectos. Como exemplo do seu conceito de *modulação*, Cruse apresenta o caso de *carro*, nas frases *o carro precisa de uma revisão* e *o carro precisa de uma lavagem*. Diz Cruse que as duas frases realçam aspectos diferentes de um carro, designadamente a componente mecânica, na primeira, e a carroçaria, na segunda. Mas o que Cruse não vê é que há contextos em que estes dois aspectos se tornam incompatíveis. Por exemplo, um carro muito antigo, peça de um museu, ou então um carro de uma sucata, sem motor ou sem outras componentes mecânicas, serão carros no sentido de *o carro precisa de uma lavagem*, mas não no sentido de *o carro precisa de uma revisão*. Ou seja, a distinção de Cruse acaba por cair no mesmo impasse dos testes anteriores, na medida em que pressupõe uma separação estável entre polissemia e vaguidade.

Em trabalhos posteriores, Cruse (1995, 2000, 2004) desenvolve o seu conceito de modulação contextual, identificando um novo fenómeno de sentido múltiplo, a que dá o nome de *facetas*. Veremos, adiante (cap. 3, secção 5), que este novo conceito não resolve o problema da distinção entre polissemia e vaguidade.

Deane (1987: 36-42, 132-147), baseando-se na teoria de Norrick (1981: 118 ss.) sobre a *polissemia derivada*, estabelece uma ampla distinção entre polissemia e *alossemia* (distinção implícita em Deane 1988), que passamos a resumir: (i) a polissemia compreende diferentes identidades semióticas ou *signos* (no sentido saussuriano), ao passo que a alossemia envolve variantes de uma mesma identidade semiótica (de um mesmo *signo*); (ii) a polissemia é de natureza *lexical*, isto é, envolve diferentes "entradas lexicais", que estão registadas de uma maneira permanente no léxico e na mente, ao passo que a alossemia é um processo interpretativo (não um fenómeno puramente *pragmático*, como defende Nunberg 1979, mas semântico, com uma componente pragmática, como defende Norrick 1981), que diz respeito a variações de significação, não propriamente de palavras individuais, mas de sintagmas e frases inteiras; (iii) a alossemia relaciona referentes particulares, contextualmente identificados, ao passo que a polissemia relaciona tipos de referentes; (iv) a polissemia é idiossincrática (os vários sentidos pressupõem diferentes domínios de conhecimento), a alossemia é *predizível*, podendo pois ser inteiramente derivada através de regras. Deane propõe a seguinte regra de *predizibilidade*: S2 é predizível a partir de S1 se e somente se (i) a relação de S2 para S1 está implícita em S1, BK1 ("background knowledge" comum aos falantes de uma mesma comunidade) e/ou SK1 ("situational knowledge"), e (ii) se BK1 e SK1 são idênticos a BK2 e SK2 (Deane 1987: 139-140).

Ora, esta proposta de Deane, aparentemente atraente, não só é pouco operatória, como levanta sérios problemas teóricos. A nível prático, dificilmente esta "regra de predizibilidade" poderá ser aplicada com a objectividade pretendida. Teoricamente, Deane dá forma a uma estratégia bastante frequente de resolver o problema, a saber: a polissemia compreende significados permanentemente "armazenados" e o que puder ser derivado desses significados, através de princípios gerais, não precisa de ser "armazenado" (cf. a ideia da polissemia regular, no sentido de predizível). Ora, esta estratégia é um bom exemplo da *falácia da regra/ /lista* (Langacker 1987: 29) – escolha entre ou regras de derivação ou listas de entradas independentes – e dos impasses do modelo *derivacional* da polissemia.[4] Por exemplo, os usos da palavra *café* como 'estabe-

---

4 Observa Geeraerts (1993a: 256-258) que esta estratégia se fundamenta numa falsa analogia com a fonologia, nomeadamente entre alofonia e alossemia: enquanto os alofones são não-funcionais ("não-distintivos"), já o mesmo não se pode dizer dos

lecimento' e 'bebida' seriam, aplicando esta estratégia, tanto 'sentidos' distintos, porque prototípicos e portanto permanentemente armazenados na mente dos falantes, como 'não-sentidos', porque deriváveis do sentido primário 'fruto do cafezeiro'. Outro exemplo: os usos não-espaciais do verbo *deixar* como 'abandonar' e 'não intervir' seriam, contraditoriamente, 'sentidos' distintos, porque prototípicos, e 'não-sentidos', porque deriváveis dos usos espaciais do mesmo verbo.

O mesmo se pode dizer de um sucedâneo recente deste modelo derivacional da polissemia, altamente formalizado e actualmente muito em voga: o modelo do *léxico generativo* e do mecanismo de *coerção*, desenvolvido por Pustejovsky (1995), que discutiremos adiante (cap. 3, secção 5).

Ainda mais um exemplo: a longa série de critérios morfológicos, lexicais, sintagmáticos e o critério derradeiro da frequência e da "competência linguística generalizada", propostos por Muñoz Núñez (1999: cap. 7) para a distinção entre "variantes e invariantes de conteúdo", para além dos problemas da concepção estruturalista da polissemia aí assumida, desemboca nos mesmos impasses.[5]

2.2.3. Da hipótese do "significado unitário" à hipótese do "potencial de significado"

Não serão as palavras fundamentalmente monossémicas e secundária e contextualmente polissémicas? Não será que no léxico mental cada palavra tem apenas um único significado? Não será a polissemia senão

---

alossemas, pois podem ser funcionalmente tão importantes quantas as ditas *invariantes* de significado. Por exemplo, a 'negação metalinguística' expressa por *não*, e que Horn (1985) e Sweetser (1986) consideram como um uso pragmaticamente derivado, é importante para a interpretação de enunciados como *Ele não é rico, ele é um milionário*. Para uma boa crítica à tese da predizibilidade da polissemia, ver também Lehrer (1990).

5 Muñoz Núñez (1999: 315) conclui que são "invariantes de conteúdo" "1) aquelas acepções qualificadas como diastráticas e/ou diafásicas que apresentam frequência elevada [...] e 2) as de uso comum, ou generalizadas, que manifestam um comportamento paradigmático e sintagmático distinto do de outras da mesma entrada"; no caso contrário, trata-se de "variantes de conteúdo". Embora a frequência e a intersubjectividade sejam importantes, a distinção posta nestes termos cai nos mesmos problemas dos demais testes de polissemia.

um epifenómeno? Puxando o significado 'para cima', isto é, para um nível de generalização e de abstracção, encontraremos o tal "core meaning", a tal definição ideal, seguiremos a trajectória do desenvolvimento cognitivo e da própria actividade científica. Esta é a posição assumida por muitos filósofos, psicólogos e linguistas, como Searle (1983: 145 ss.), Caramazza & Grober (1976), Jakobson (1936), Bierwisch (1983), Wunderlich (1993), Kirsner (1993), e exemplarmente defendida por Ruhl (1989).

Tomemos alguns exemplos e puxemos então o seu significado para cima. Definir o verbo *deixar* como um 'operador negativo' ou postular um outro qualquer super-esquema é de facto puxar demais e ficar com algo que não é nem semasiologicamente *unitário* – porque é muito difícil rever nele e dele 'derivar', não apenas todas como as próprias significações mais importantes de *deixar*, e porque ele não é com certeza a 'condição necessária e suficiente' para o conhecimento, o uso e a interpretação que os falantes fazem deste verbo –, nem onomasiologicamente *distintivo* – porque incapaz de o distinguir de outros verbos.

Definir monossemicamente o diminutivo, como faz Wierzbicka, através da fórmula "pensar numa entidade como algo pequeno, e pensar nisso como alguém pensaria em algo pequeno" (Wierzbicka 1980: 53-60), ou de um conceito abstracto baseado em 'pequeno/criança' (Wierzbicka 1984), é cair nos mesmos impasses: tanto a fórmula como o conceito, aquela que não define e este que não chega a ser definido, não só não podem explicar a diferenciação entre os vários sentidos do diminutivo e a sua ocorrência ou não em determinada língua, como não conseguem distinguir o diminutivo de outras categorias com essa mesma "base" semântica.

Um outro exemplo aparentemente mais simples: o verbo *correr*. É perfeitamente possível pensar num sentido abstracto de *correr* que dê conta do que há de comum a todas as instanciações de movimento rápido com duas pernas realizado pelos humanos e, ao mesmo tempo, diferencie correr de caminhar, saltar, nadar, etc. Mas se alterarmos esse sentido abstracto de maneira a poder acomodar outros usos de *correr*, como quando o verbo é aplicado a gatos, torneiras de água, rios, carros, empresas comerciais, políticos procurando ser eleitos, corremos o risco de não conseguir excluir a possibilidade de também se dizer que os melros correm ou que o microondas corre.

Tais significados abstractos ou esquemáticos tornam-se assim incontroláveis, porque difíceis de interpretar e verificar a sua pertinência; muito poderosos, porque se podem aplicar a outros itens; e, enfim, desnecessários. A hipótese do significado 'unitário', esquemático e monossémico, não pode pois descurar, não só a *generalidade semasiológica* ou requisito da generalidade máxima, como também e sobretudo a *distintividade onomasiológica* ou requisito da especificidade mínima, e ainda a *relevância psicológica* ou realidade da representação mental. Caso contrário, o já *preconceito monossémico* (de que o abstracto é o melhor) redunda na referida *falácia da generalidade*, no sentido de que não se pode fazer a equivalência entre a abstracção do linguista e a representação mental dos falantes.

Recentemente, o cepticismo na utilidade da noção de 'sentido separado' ganhou nova forma e, no quadro da Linguística Cognitiva, novo alento. Allwood (2003) procura transcender a reificação do significado implicada na questão polissemia/monossemia, postulando um *potencial de significado* da palavra, entendido como "toda a informação que a palavra transmite ao ser usada, quer por um indivíduo quer, a nível social, pela comunidade linguística" (Allwood 2003: 43). As palavras possuem, então, um "continuum de significados (determinações de significado), em vez de um pequeno conjunto de significados" (*id.* 2003: 55). Tentar diferenciar entre monossemia e polissemia é pois, adverte Allwood, cair numa falsa dicotomia.

Embora esta nova hipótese evite alguns problemas da anterior, parece criar outros. Esse *potencial de significado* é monossémico ou polissémico? Como fazer a necessária definição do sentido ou sentidos de uma palavra com base nesse *potencial*? Valerá a pena abandonar a distinção problemática monossemia/polissemia em favor desta noção um tanto vaga de *potencial de significado*? Discutiremos esta hipótese no capítulo seguinte.

2.3. Polissemia vs. homonímia

Admite-se como critério geral de distinção entre polissemia e homonímia a *relação* semântica entre os sentidos associados numa mesma forma. Mas esta relação pode ser tomada, ou numa perspectiva diacrónica, ou numa perspectiva sincrónica. Resultam daqui dois critérios de distinção. Segundo o critério diacrónico, dois ou mais sentidos estão relacionados entre si se remontarem à mesma origem, ao mesmo étimo, ou se um tiver derivado historicamente do outro. Neste sentido, uma palavra polissémica envolve apenas um único étimo, ao passo que duas ou mais palavras homónimas têm diferentes etimologias. Segundo o critério sincrónico, dois ou mais sentidos estão relacionados entre si se assim puderem ser reconhecidos pelos falantes. Agora, a polissemia implica a existência de uma relação semântica reconhecida pelos falantes, ao passo que duas ou mais palavras homónimas são reconhecidas como não estando semanticamente relacionadas.

Todavia, nem sempre estes dois "relacionamentos" coincidem e, por conseguinte, podem estes dois critérios conduzir a resultados contraditórios. Por um lado, significados sincronicamente não-relacionados, o mesmo é dizer, palavras sincronicamente homónimas podem ter divergido de um mesmo étimo: por exemplo, *cabo* 'acidente geográfico' e *cabo* 'posto militar' procedem ambas do mesmo étimo latino *caput*. Por outro lado, significados etimologicamente não-relacionados e, portanto, itens etimologicamente homónimos podem vir a fundir-se numa mesma palavra: um exemplo clássico (dado por Ullmann 1962, que o cita de Bloomfield) é o do inglês *ear* 'orelha, ouvido' (etimologicamente relacionado com o alemão *Ohr* e o latim *auris*) e *ear* 'espiga de cereal' (relacionado com o alemão *Ähre* e o latim *acus-aceris*). Para muitos falantes do inglês, *ear* 'espiga do cereal' é visto como uma acepção metafórica, baseada na semelhança de formas entre a espiga e a orelha. Outro exemplo: nós próprios podemos verificar que *vago* 'impreciso, indeterminado' e *vago* 'não ocupado' – do latim *vagum* e *vacum*, respectivamente – são reconhecidos por alguns falantes do português como semanticamente relacionados e até como representando uma mesma palavra.[6]

Além disto, tanto o critério diacrónico como o critério sincrónico levantam, individualmente, sérios problemas. O critério diacrónico é inaceitável do ponto de vista do uso e do saber semântico-lexical dos falantes. Que os falantes intuitivamente distinguem entre sentidos relacionados (polissemia) e sentidos não-relacionados (homonímia), independentemente da sua origem e evolução históricas (de que geralmente não têm conhecimento, ou se têm podem prescindir dele), embora o façam nem sempre consensual e univocamente, sobretudo no que diz respeito à polissemia, é um facto, comprovável através de inquéritos, como veremos adiante, no capítulo 6. Por outro lado, o critério diacrónico não é tão operatório como

---

6 Resultado apresentado em Silva (1990: 176, 191) e que retomaremos aqui, mais adiante, no capítulo 6 (ver Anexo, exemplo 17).

à primeira vista pode parecer: palavras há cuja etimologia é desconhecida (ou hipotética) e, além disso, tudo depende, como observa Lyons (1977: 551) com o exemplo de *porto* (abrigo e vinho), referido acima, de quão longe é preciso e é possível recuar na história para estabelecer uma relação etimológica.

Por seu lado, o critério sincrónico é potencialmente subjectivo: o reconhecimento de uma relação entre dois ou mais significados pode ser influenciado pela imaginação e/ou pela formação do indivíduo. E pode variar de indivíduo para indivíduo, e no mesmo indivíduo, de contexto para contexto. Em relação a resultados de inquéritos, há que ter em conta a tendência de os inquiridos verem similaridades que podem mais não ser do que o resultado da sua imaginação individual.

Portanto, se há fortes razões contra o critério diacrónico, também há sérios problemas em relação ao critério sincrónico. Mas, e apesar da sua potencial subjectividade, é preferível e aconselhável optar pelo critério sincrónico. É que polissemia e homonímia não são constructos teóricos, nem são apenas fenómenos históricos; são realidades (até certo ponto, pelo menos) psicológicas.

Mas levanta-se agora outro problema: como objectivar, como formalizar a distinção sincrónica? Aqui, a variedade de testes diagnósticos e a falta de consenso são enormes.[7] Alguns, procurando evitar a subjectividade da distinção, advogam testes *formais*, de natureza morfológica (por exemplo, diferentes séries de derivados morfológicos como sinal de homonímia) ou sintáctica (diferentes construções sintácticas, diferentes "distribuições" ou diferentes "valências sintácticas" como critério de homonímia). Mas acabam por converter grande parte da polissemia em homonímia. Outros propõem testes *semânticos*: entre outros, e à parte os testes insuficientes da sinonímia e da antonímia (diferentes séries de sinónimos e/ou de antónimos como sinal de homonímia), o teste da derivação semântica (um significado básico e significados dele derivados por metonímia ou por metáfora como critério de polissemia), o do campo lexical (a pertença a um mesmo campo lexical: polissemia; a pertença a campos lexicais diferentes: homonímia) e o teste componencial ou sémico (semas "específicos" comuns: polissemia; nenhum sema "específico"

---

7 Para uma exposição e discussão crítica dos critérios que têm sido propostos para a distinção entre polissemia e homonímia, veja-se Silva (1990: 26-33, 153-158).

comum: homonímia). Mas o teste da derivação semântica exclui alguns factos polissémicos (aqueles cuja relação entre os sentidos não corresponde a uma "derivação" metonímica nem metafórica) e, além disso, padece dos erros e falácias referidos acima a propósito da distinção polissemia/vaguidade (cf. a *falácia da regra/lista*). Por seu lado, o critério do campo lexical acaba por revelar-se pouco operatório, em virtude da não-discrição (típica) entre diferentes campos lexicais e, consequentemente, por diferentes sentidos de uma mesma palavra poderem pertencer a diferentes campos lexicais, ou então não pertencerem a nenhum campo lexical bem definido. Finalmente, o critério componencial ou sémico, mesmo aquele que se fundamente numa análise que reconheça diferenças de saliência entre os semas, como a que é defendida, por exemplo, por Rastier (1987), não é satisfatório, já que uma relação semântica entre sentidos só incompletamente, e muitas vezes nem mesmo assim, pode ser descrita na base da identidade ou similaridade de semas.

A somar a tudo isto está o facto de que a distinção entre polissemia e homonímia não tem qualquer relevância no uso efectivo dos respectivos significados/palavras por parte dos falantes. Mais especificamente, o facto já referido de os falantes poderem reconhecer que dois sentidos de uma mesma forma estão relacionados ou não, não tem nenhuma consequência no modo como usam essa forma ou esses sentidos.

Deve então concluir-se que a distinção entre polissemia e homonímia é inútil? Não. Além do mais, porque a polissemia é um fenómeno de motivação, que introduz uma certa redundância no léxico mental, ao passo que a homonímia é um fenómeno acidental. O que daqui se pode concluir é que polissemia e homonímia não constituem uma dicotomia estrita, mas antes fazem parte de um *continuum* de relação de sentidos. E metodologicamente, como evidenciaremos na parte descritiva deste estudo, uma análise *polissémica* será preferível a uma análise *homonímica* sempre que se encontrarem factores de coerência semântica num complexo de sentidos associados a uma mesma forma.

2.4. Problemas estruturais

Passemos às questões qualitativas e quantitativas da estrutura do complexo polissémico. Qual a natureza desta estrutura? E quais os factores de coerência semântica? Haverá diferenças essenciais entre a estrutura das categorias lexicais e a estrutura das categorias gramaticais?

Tornou-se bastante frequente e atractivo em Semântica Cognitiva descrever a estrutura de um complexo polissémico sob a forma de uma *rede* ("network) de sentidos *esquemáticos* e suas *elaborações* ou *instanciações* e sentidos *prototípicos* e suas *extensões* – modelo da *rede esquemática* ("schematic network"), popularizado por Langacker (1987) – ou de uma rede de sentidos emanando, por extensão, de um centro prototípico e a ele radialmente ligados – modelo da *rede radial* ("radial network"), popularizado por Lakoff (1987) e introduzido por Brugman (1981).[8] Comparativamente, o modelo esquemático acrescenta ao modelo radial uma dimensão hierárquica de *esquematização*.

Apesar da eficácia descritiva, algumas questões devem ser colocadas. Uma das grandes questões é saber como podem ser avaliados estes modelos. Pensemos na seguinte situação perfeitamente real: para os mesmos dados linguísticos, diferentes linguistas apresentam, independentemente, redes diferentes. É precisamente o caso, já referido, da preposição *over*. Com que critérios se poderá dizer que uma rede é "melhor" ou "mais correcta" do que outra? Uma poderá ser mais elegante e económica, ao passo que outra poderá ser cognitivamente mais real. Outra questão complicada, que explanaremos mais adiante, é saber se os sentidos múltiplos de um item polissémico são adquiridos e mentalmente armazenados em termos dos modelos de rede esquemática e rede radial.

Ainda outra questão tem a ver com o tipo de estrutura polissémica. Tanto o modelo esquemático como o modelo radial parecem sugerir uma estrutura bidimensional: um centro prototípico (ou mais do que um) e usos mais ou menos próximos desse(s) centro(s), dele(s) directa ou indirectamente derivados. Ora, não deixando de ser necessário estabelecer as ligações entre os usos derivados e o seu centro prototípico, isso não é, porém, suficiente; é preciso analisar também, e antes de mais, as dimensões coocorrentes que estão na base dessas ligações semânticas. A ser assim, e como procuraremos comprovar na parte descritiva deste trabalho, a verdadeira natureza da estrutura semântica de um complexo polissémico tem a forma de um espaço multidimensional.

---

8 Uma outra forma de representação em Semântica Cognitiva é o modelo de *grupos sobrepostos* ("overlapping sets model"), introduzido por Geeraerts (1989). Sobre modelos de representação da estrutura semasiológica de itens lexicais e outras categorias, ver Geeraerts (1995) e Silva (1999a: 37-44).

Relacionada com esta questão está uma outra: a questão da arquitectura dos *domínios* semânticos – os espaços próprios da construção do significado. Uma arquitectura *vertical*, generalizada em linguística cognitiva (cf. Lakoff & Johnson 1980, 1999), no sentido da existência de um domínio básico, cujos conteúdos estão directamente ligados ao corpo humano e seu meio, e do qual surgem os outros domínios, por projecções metafóricas? Ou uma arquitectura *horizontal* ou, melhor, *transversal*, teorizada por Brandt (1998, 2000, 2004) na perspectiva *morfogenética* da teoria das catástrofes (de R. Thom), consistindo num mapa de diferentes domínios igualmente básicos (*físico, social, mental* e *intersubjectivo* – cf. secção 4 do cap. seguinte), dos quais surgem, por processos de integração conceptual (Brandt 2001), domínios mais abstractos de nível superior de cognição suportados pelo discurso?

Finalmente, a questão dos tipos de relações que podem associar diferentes sentidos de um item lexical, o mesmo é dizer, os mecanismos cognitivos que estão na base da extensão semântica de uma categoria. Por outras palavras ainda, quais os factores de *coerência* de um complexo polissémico? A resposta envolve, como veremos nos capítulos 4 e 5, o quarteto clássico formado pela metáfora, metonímia, generalização e especialização. E neste quarteto, metáfora e metonímia destacam-se pelo seu grande e natural poder cognitivo de geração de sentidos. Existirão outros mecanismos, outras relações de polissemia? Por exemplo, a coerência semântica do verbo *deixar* reside sobretudo em *transformações* (de inversão) de *esquemas imagéticos*, como procurámos mostrar em Silva (1999a) e veremos no capítulo 7. E que papel tem aqui a *subjectivização* – objecto de amplo estudo tanto em linguística cognitiva como em linguística funcionalista?

2.5. O problema da representação mental

Será que os vários usos de uma mesma forma linguística estão *polissemicamente* representados na mente dos falantes? Serão as análises do tipo *rede esquemática* ou *rede radial* psicologicamente reais, isto é, reflectirão idêntica aquisição e idêntico armazenamento no léxico mental dos falantes? Será, afinal, que a polissemia existe na mente? Estas questões sobre a problemática da *representação mental* têm sido discutidas vigorosamente, nos últimos anos, no quadro da Linguística Cognitiva. Os resultados, porém, são inconclusivos. São exemplo disso três artigos publicados na revista *Cognitive Linguistics*, da autoria de Croft (1998), Sandra (1998) e Tuggy (1999).

Croft (1998) argumenta que os dados introspectivos, nos quais se baseiam muitas análises linguísticas, não são suficientes para os linguistas poderem optar, não por dois, mas por quatro modelos de representação mental, ordenáveis num *continuum* de aumento de generalidade ou abstracção: (i) o *modelo de entradas independentes* (ou *modelo da homonímia*), (ii) o *modelo da polissemia*, (iii) o *modelo derivacional* e (iv) o *modelo pragmático*. Ou seja: (i) simples armazenamento mental de diferentes usos e, portanto, representações mentais distintas (homonímia); (ii) armazenamento tanto dos diferentes usos como das relações entre eles e, portanto, representações mentais distintas mas relacionadas (polissemia); e (iii)-(iv) armazenamento da regra que permite derivar os diferentes usos e, portanto, uma única representação mental (monossemia), com a diferença entre (iii) regras especificamente linguísticas (modelo derivacional) e (iv) regras gerais (modelo pragmático).

Em resposta a Croft (1998), Sandra (1998) vai mais longe e defende que os linguistas nada podem dizer sobre a representação mental, remetendo a questão para a psicolinguística e classificando como *falácia da polissemia* a tendência da linguística cognitiva para análises e representações mentais polissémicas (ver também Sandra & Rice 1995). Mas também do lado da psicolinguística os estudos têm-se mostrado inconclusivos: ver Williams (1992), Gibbs, Beitel, Harrington & Sanders (1994), Sandra & Rice (1995), Frisson, Sandra, Brisard & Cuyckens (1996), Raukko (1999a, b, 2003), Gibbs & Matlock (2001) e Brisard, Rillaer & Sandra (2001). Enquanto uns sugerem representações mentais polissémicas, outros defendem representações monossémicas. Brisard, Rillaer & Sandra (2001) concluem que as representações semânticas mentais dos itens lexicais são sub-especificadas.

Em resposta a ambos, e em particular à posição radical de Sandra (1998), Tuggy (1999) apresenta três evidências *linguísticas* para justificar "uma preferência imparcial ou pré-expectativa por/de análises polissémicas": (1) a natureza *negativa* (negação da diferença ou da relação) tanto da homonímia como da monossemia, de mais difícil justificação do que a natureza *positiva* da polissemia; (2) a não-discrição dos factos semânticos e, assim, a sua localização em posições intermédias do *continuum* homonímia-polissemia-monossemia; e (3) a maior facilidade em encontrar evidências linguísticas para a polissemia do que para a homonímia e a monossemia (Tuggy, 1999: 355-56). Mas não haverá aqui um certo *preconceito* polissémico?

Julgamos que o tratamento desta questão (bem como de qualquer outra questão sobre *representação mental*) requer a confluência de três tipos de dados, que correspondem, aliás, aos três métodos empíricos em Linguística Cognitiva (ver González-Márquez *et al.*, no prelo, para uma introdução): dados psico-experimentais, dados neurofisiológicos e dados linguísticos de observação de *corpora*.

2.6. A questão das formas linguísticas

Costuma pensar-se em polissemia como uma propriedade das palavras. Mas haverá alguma razão que justifique que outras formas linguísticas, tais como morfemas presos, categorias morfo-sintácticas, categorias sintácticas ou mesmo a entoação não possam ser polissémicas? Digamos já que não. É o que procuraremos mostrar na parte descritiva deste estudo, analisando a polissemia do diminutivo, do objecto indirecto e da entoação ascendente e descendente.

Por outro lado, os estudos sobre polissemia focam a variação de conteúdo semântico de determinada forma linguística, assumindo geralmente a invariabilidade dessa forma. Ora: assim como determinada palavra pode ter diferentes sentidos, assim também pode ter diferentes pronúncias. Por exemplo, a palavra *económico* pode ser pronunciada de diferentes maneiras. E por vezes também a ortografia varia, como *acção* na variedade europeia e *ação* na variedade brasileira. A variação na forma de uma unidade linguística pode ser ainda maior em categorias morfo-sintácticas e sintácticas.

Poderemos então ter casos de unidades linguísticas que associam um conjunto de diferentes formas fonológicas a um conjunto de diferentes sentidos. A questão que se põe é a de saber se, nesses casos, estamos perante uma única categoria linguística, unificada tanto a nível fonológico como semântico, ou duas ou mais categorias linguísticas, diferenciadas semântica e fonologicamente. Ou seja, a questão é a da determinação das unidades linguísticas.

2.7. Problemas computacionais

A polissemia revela-se também um quebra-cabeças no domínio do processamento da linguagem natural, seja na extracção automática de dados, no parseamento ou na tradução automática. Esta problemática foi já identificada, há bastante tempo, por Bar-Hillel (1960), com a frase *the box is in the pen*. Para compreender esta frase, é preciso seleccionar o sentido de 'cerca (tipicamente para animais ou para crianças a brincar)' da forma *pen*. Pelo contrário, para compreender *the pen is in the box* é necessário seleccionar o sentido de 'esferográfica' da mesma forma.

A abordagem padrão da polissemia no âmbito do processamento da linguagem natural tem equacionado o problema do ponto de vista de duas tarefas inevitáveis (ver síntese de Ravin & Leacock 2000: 24-25). Uma é determinar, para cada palavra, os diferentes sentidos a ela associados. A outra é a da selecção de sentido ou desambiguação. Dado que determinada palavra tem *n* sentidos diferentes, torna-se necessário um procedimento de selecção daquele sentido que é apropriado ao contexto no qual a palavra é usada. Ora, ambas as tarefas estão cheias de dificuldades.

Poderá, porém, pensar-se que a primeira tarefa será resolvida através de uma boa análise semântica de lexicógrafos e semanticistas. Só que os dicionários são inconsistentes relativamente aos sentidos a identificar para uma palavra altamente polissémica. E também os semanticistas nem sempre concordam na identificação dos sentidos de uma palavra, como o comprova a já referida discussão em aberto sobre a semântica da preposição *over*. O que se passa de facto é que a questão da diferenciação de sentidos não pode, como vimos, ser posta em termos de quantos sentidos tem uma palavra.

Todavia, estes problemas da polissemia não devem dissuadir os linguistas computacionais de construirem algoritmos de desambiguação e selecção de sentido (ver Stevenson 2001 e Agirre & Edmonds 2006). Há, porém, que incorporar todo o tipo de conhecimento enciclopédico necessário para a caracterização dos sentidos.

2.8. Porquê os problemas? – *modelos cognitivos* da polissemia

Afinal, quais as razões de tantos problemas? Como se explica este paradoxo de a polissemia colocar tantos problemas teóricos, metodológicos e descritivos aos semanticistas, tantas questões práticas aos lexicógrafos e a todos os que trabalham em processamento da linguagem natural e tradução automática, quando raramente os falantes encontram dificuldades nela? Como se explica este paradoxo de a diferenciação de sentidos, na análise linguística, e a desambiguação, no processamento da linguagem natural, serem tão problemáticas, quando para os falantes nem a diferenciação nem a desambiguação trazem qualquer problema?

Num estudo estimulante, Taylor (2003a, b) explica que a origem destes problemas e paradoxos está justamente no modo como conceptualizamos a polissemia e, em última instância, os significados das palavras. Um dos resultados maiores da Linguística Cognitiva é a ideia de que os conceitos só podem ser compreendidos dentro de extensas configurações de conhecimento, variavelmente designadas como *domínios, enquadramentos, cenários* ou *modelos cognitivos idealizados* (Lakoff 1987, Taylor 1995a). Será portanto útil aplicar a noção de *modelo cognitivo* a conceitos técnicos como é, neste caso, o conceito de polissemia.

Taylor (2003a, b) identifica três *modelos cognitivos* da polissemia: (i) o *modelo semiótico* da linguagem como sistema semiótico, (ii) a *metáfora dos blocos de construção* da combinação sintagmática e (iii) a *metáfora do conduto* da comunicação. Os três veiculam uma mesma ideia: a *reificação dos significados*. Tendemos, na verdade, a pensar nos sentidos das palavras como objectos que podem ser vistos independentemente dos meios linguísticos da sua expressão, que se podem identificar e distinguir perfeitamente e que, quando combinados, permitem que o significado de uma expressão complexa seja computado a partir dos significados das suas partes. Ora o problema está precisamente no facto de estas concepções generalizadas, em vez de ajudarem, dificultarem a compreensão correcta destes fenómenos. E mesmo que estes modelos cognitivos sejam inevitáveis e até propiciem uma visão das palavras mais polissémica do que monossémica, o problema está no facto de, tal como qualquer modelo cognitivo idealizado, também estes se aplicarem apenas aos dados altamente idealizados: a polissemia é um conceito (mais) problemático naqueles casos em que os dados linguísticos não se ajustam aos modelos idealizados.

O *modelo semiótico* diz que uma língua é um conjunto de signos linguísticos (prototipicamente, palavras), cada um dos quais associa uma estrutura fonológica a uma estrutura semântica. Este modelo, descrito por Saussure (1916) como um dos princípios fundacionais da sua teoria e amplamente consensualizado na linguística moderna, leva-nos a imaginar um sistema semiótico ideal em que cada *significante* forma um par com um único significado. Este ideal está consignado no bem conhecido slogan "uma forma, um significado". Polissemia (juntamente com a vaguidade e a homonímia) e sinonímia constituirão, então, desvios deste ideal semiótico, com efeitos diferentes: enquanto a polissemia vem minar a eficiência comunicativa, pela ambiguidade que pode gerar, a sinonímia não passa de uma mera extravagância, no sentido de recursos fonológicos limitados serem desbaratados na designação de um mesmo conceito. Eis um outro paradoxo: o presumível fenómeno disfuncional da polissemia é endémico em todas as línguas, ao passo que o fenómeno funcionalmente inofensivo da sinonímia (absoluta) é extremamente raro.

Em sintonia com o modelo semiótico, muitos linguistas de enquadramentos teóricos diferentes procuraram, como vimos acima e no capítulo anterior, minimizar o papel da polissemia e até eliminá-la de determinado nível do funcionamento das línguas, utilizando para o efeito estratégias homonimistas, artefactualistas e monossemistas.

Todavia, o modelo semiótico não é em si incompatível com a polissemia. Na sua Gramática Cognitiva, Langacker (1987) subscreve a concepção saussuriana do signo linguístico (1987: 11), ao mesmo tempo que afirma que a polissemia constitui o estado de coisas mais natural e esperado em semântica lexical (1987: 50). Os alegados "custos" da polissemia são contrabalançados por outros factores, cujo papel realça o potencial semiótico da linguagem. O número de estruturas fonológicas estabelecidas é bem menor do que o número de categorias conceptuais e, além disso, estas últimas alteram-se ao longo do tempo com mais naturalidade e necessidade do que aquelas. A possibilidade de novos sentidos se acumularem a formas já existentes torna, como evidencia Geeraerts (1985b, 1997), um sistema de comunicação que tolera a polissemia ecologicamente mais viável do que um sistema de comunicação rigidamente isomórfico, em que a cada significante se associasse um único significado e vice-versa.

O *modelo dos blocos de construção* postula que as expressões complexas são formadas por junção de unidades mais pequenas e, inversamente, podem ser exaustivamente segmentadas nas suas partes componentes. Esta metáfora cria a expectativa de que o significado de uma expressão complexa corresponderá aos significados dos seus constituintes, tal como a forma fonológica de um todo resultará do alinhamento das formas fonológicas das suas partes. Além disso, pressupõe que cada bloco constituinte tem um conteúdo semântico e fonológico fixo e determinado que contribui para o todo.

A metáfora dos blocos de construção é recorrente nas nossas concepções sobre a linguagem e a sua estrutura, e até inevitável para "fins explicativos" do conceito de morfema, como observa Langacker (1991:

186). A aplicação desta metáfora às expressões complexas conduz, na verdade, a uma explosão de sentidos. Por exemplo, o adjectivo *bom* terá tantos sentidos quantas as diferentes categorias de substantivos com que se combina; a ser assim, uma expressão como *rapaz bom* seria tantas vezes ambígua quantos esses diferentes sentidos de *bom*, o que de todo não se confirma.

A questão aqui implicada tem a ver com o processo pelo qual uma palavra de determinado tipo semântico selecciona uma leitura específica de outra palavra com que se combina. Esta questão tem sido tratada por Pustejovsky (1995) em termos de *coerção* mútua de interpretações: por exemplo, *começar um livro* força uma leitura de *livro* como 'livro-como--texto' e, ao mesmo tempo, este sentido de *livro* desencadeia uma interpretação alargada de *começar*, como 'começar a ler'. Ora, dificilmente aceitaríamos que estas leituras de *começar* ou de *livro* constituem factos de polissemia.

Um problema ainda maior da metáfora dos blocos de construção está na possibilidade de o todo poder ser organizado de forma que vai para além, ou entra em variação com, as propriedades das partes. Particularmente a nível das construções sintácticas, torna-se evidente que o significado particular do verbo (ou de outra parte) depende do significado da própria construção, como veremos no capítulo sobre o objecto indirecto. O reconhecimento do significado das construções reduzirá certamente a necessidade de postular uma polissemia extensiva a nível das palavras. Mas, por outro lado, a polissemia e os seus problemas ressurgirão aí, a nível das próprias construções. Como Goldberg (1995, 2006) demonstra, também as construções sintácticas são tipicamente polissémicas.

Por trás da metáfora dos blocos de construção e do modelo semiótico está a *metáfora do conduto*, que especificamente enforma a nossa concepção geral de comunicação. Brilhantemente descrita por Reddy (1979), esta metáfora constrói as expressões linguísticas como contentores de determinado conteúdo semântico (as palavras são contentores de ideias); a comunicação como envio de pacotes linguísticos, através de um conduto, a um receptor, a quem cabe desempacotar os contentores e recuperar o seu conteúdo. Entre outros efeitos perniciosos, a metáfora banaliza o papel do receptor, encoraja-nos a associar palavras a unidades discretas de significado e confia ao semanticista e ao lexicógrafo a tarefa de identificar e caracterizar com precisão e rigor essas unidades de significado.

Enfim, haverá maneira de abandonar estes modelos cognitivos ou, melhor, de evitar os seus efeitos nefastos? Sendo necessário abandonar a ideia de que as palavras têm um número fixo de significados determinados e que esses significados contribuem para o significado das expressões complexas nas quais essas palavras ocorrem, qual a alternativa de concepção do significado e da polissemia? É o que procuraremos ver no capítulo seguinte.

CAPÍTULO 3

Olhando para a flexibilidade do significado: evidências da polissemia

> Contar os sentidos de um item lexical seria o mesmo que contar os picos de uma cordilheira: determinar quantos são depende de quão salientes eles têm de ser antes de os contarmos; eles parecem-nos discretos apenas porque ignoramos a forma como passam de um para outro a altitudes mais baixas. (Langacker 2004: 48)

> ver a polissemia como (o resultado de) padrões de flexibilidade no significado (lexical), da mesma forma como se aceita que o significado situacional (a nível do enunciado ou discurso) não é fixo, mas inexacto e negociável. (Raukko 2003: 161)

3.1. Flexibilidade do significado e da polissemia

Ver a polissemia como uma colecção de vários sentidos inter-relacionados estáticos e de não difícil diferenciação é ver algo que realmente pouco ou, mesmo, não existe. Mas ver a polissemia como uma rede de sentidos flexíveis, adaptáveis ao contexto e abertos à mudança, de impossível diferenciação precisa é ver algo que real e inevitavelmente existe e existe em abundância. A questão última está, portanto, na concepção de significado. Temos que abandonar a nossa concepção *reificada* de significado, alimentada pelos *modelos cognitivos* que temos da linguagem e a que nos referimos na última secção do capítulo anterior – modelo semiótico, metáfora dos blocos de construção e metáfora do conduto (Taylor 2003a, b).

O significado não é estático mas dinâmico, não é dado mas construído no conhecimento *enciclopédico* e configurado em feixes de conhecimento ou *domínios*, não é platónico mas corporizado, encarnado nas necessidades, nos interesses e nas experiências dos indivíduos e das culturas. Mas esta flexibilidade inerente do significado não significa caos; tem os seus limites e as suas restrições; não é incompatível, ou melhor, até exige uma certa estabilidade. Flexibilidade e estabilidade são ambas essenciais em qualquer sistema que pretenda ser eficiente: ambas contribuem para a eficiência cognitiva e comunicativa da linguagem.

É assim que Geeraerts (1993a) denuncia o fiasco da nossa concepção *reificada* dos significados como coisas fixas e estáticas, e substitui-a por uma concepção *processual* da significação como processo de criação de sentido:

> A extrema flexibilidade que se observa na semântica lexical sugere uma concepção procedimental (ou talvez 'processual') do significado, em vez de uma concepção reificada; em vez de significados como coisas, o nosso foco de atenção primário poderia ser o significado como um processo de criação de sentido. (Geeraerts 1993a: 260)

Geeraerts ilustra este processo com a *metáfora do holofote*: em cada utilização de uma palavra, é 'iluminada' determinada porção particular do seu domínio de aplicação; o número de porções que podem ser iluminadas não é determinado mas também não é infinito, sendo que algumas são preferenciais. Quer isto dizer que os sentidos de um determinado item são essencialmente *interpretações* que surgem de um contexto particular, mas em que alguns (os sentidos prototípicos) são a *perspectiva interpretativa* para outros.

É a *prototipicidade* ou categorização com base em protótipos que está na origem tanto da *flexibilidade*, pela qual os falantes podem adaptar uma categoria a novas circunstâncias e experiências e nela integrá-las, quanto da *estabilidade estrutural*, pela qual os falantes interpretam novos factos através do conhecimento já existente (o centro prototípico da categoria) e conseguem assim evitar que aquela flexibilidade torne a categoria comunicativamente ineficiente (cf. Geeraerts 1985a, 1988c, d, 1989, 1997). Os protótipos, pelos quais os seres humanos geralmente categorizam, têm assim efeitos, simultaneamente, centrífugos de adaptação flexível e centrípetos de estabilidade categorial. Em última análise, e como veremos no capítulo seguinte, são as próprias características do sistema cognitivo humano que explicam estes efeitos de prototipicidade, esta flexibilidade inerente do significado apoiada numa certa estabilidade.

Veremos, nos capítulos seguintes, particularmente na história semântica do verbo *deixar*, exemplos claros deste efeito duplo. Como exemplos mais simples – de uma flexibilidade semântica sem polissemia ou a caminho da polissemia –, atente-se no significado de palavras como *fotografia*, *piano* ou *árvore*. Uma fotografia pode ser entendida como imagem visual, como em *fotografia desfocada*, ou pedaço de papel, em *rasgar a fotografia*. Um piano é um instrumento musical, mas pode ser tomado como peça de mobiliário. Uma árvore pode ser designada apenas nos ramos e nas folhas (*fazer piquenique debaixo da árvore*) ou também no tronco e raiz (*o túnel passa por baixo da árvore*). Sem que estes exemplos, sobretudo o último, representem factos de polissemia, não deixam, porém, de mostrar claramente a flexibilidade do significado, a sua acomodação e adaptação a diferentes contextos, a sua variabilidade. Mas a impressão geral no uso de cada uma destas três palavras é a de possuírem um significado estável e invariante. Esta estabilidade aparente resulta, neste caso, de diferentes factores particulares – interligação das diferentes facetas, no caso de *fotografia*; sobreposição de uma faceta, no caso de *piano*; efeitos de *zona activa* (Langacker 1984), no caso de *árvore* –, mas é sempre consequência da dominância e saliência de tipos particulares de uso destas palavras.

É a flexibilidade inerente do significado que explica a instabilidade característica da polissemia, exposta no capítulo anterior, concretamente as dificuldades na demarcação entre polissemia e monossemia/vaguidade, de um lado, e entre polissemia e homonímia, do outro. É a mesma flexibilidade que explica que dois usos de uma palavra possam ser considerados, em determinado contexto, como dois significados diferentes (polissemia) e, noutro contexto, como um único significado não especificado (vaguidade) e, ainda noutros mas sempre como casos extremos, como significados completamente distintos que de algum modo se associam (de homonímia a polissemia) ou, então, como significados perfeitamente interligados que se dissociam completamente (de polissemia a homonímia). É ainda a mesma flexibilidade que explica que os diferentes testes de polissemia possam, como vimos no capítulo anterior, produzir resultados contraditórios.

Em relação à questão da diferenciação de sentidos, a solução não está em procurar melhores testes, mas em saber ler as inconsistências dos que existem como sinal da instabilidade da polissemia e da flexibilidade do significado. A ideia de critérios ou testes de diferenciação de sentidos, em si legítima, será errada enquanto esses procedimentos forem tomados como testes de identificação de sentidos estáveis. E a resposta à questão de saber se dois usos são distintos ou não é mais do género, como observa Tuggy (1993), "são um tanto idênticos e um tanto diferentes".

A polissemia é instável. As tradicionais dicotomias rígidas entre polissemia e monossemia e entre polissemia e homonímia simplesmente não existem. Homonímia, polissemia e monossemia/vaguidade são três regiões sem fronteiras num *continuum* de diferenciação/similaridade de significado associado a uma mesma forma linguística (Tuggy 1993). Por outras palavras, homonímia, polissemia e monossemia formam o que Lewandowska-Tomaszczyk (2002) designa como um *continuum de multissemia*.

O modelo de categorização que combina protótipos e esquemas, conhecido como modelo da *rede esquemática* ("schematic network") e popularizado por Langacker (1987) – que retomaremos mais adiante, na seacção 4 –, permite representar bem este *continuum* (ver Tuggy 1993 e Taylor 1995b, 2002: 461-470). Atente-se na Figura 1, adaptada de Tuggy (1993). Se o conteúdo esquemático é mais saliente do que as suas instanciações, a forma em questão será monossémica, indeterminada ou vaga. Se protótipo e suas extensões são tão salientes quanto o conteúdo esquemático (ou até mais do que este), então a forma será polissémica. Se as instanciações são mais salientes do que o presumível esquema e entre elas não há nenhuma relação válida, então teremos duas unidades homónimas. Todavia, o contexto pode aumentar a saliência quer das instanciações quer do esquema, tornando difícil decidir se a forma em questão é polissémica ou não.

Um caso claro de polissemia é a palavra *árvore*, aplicada, primeiramente, a determinados seres vegetais que crescem do solo e têm determinado porte e, depois, a redes genealógicas. Estes dois sentidos estão fortemente convencionalizados e, por isso, são salientes. O conteúdo

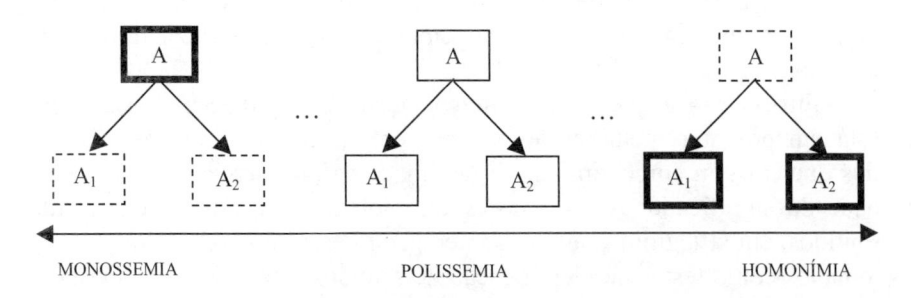

Figura 1. *Continuum* monossemia-polissemia-homonímia

esquemático unificador não é saliente, por várias razões. Primeiro, o que há de comum a estes dois sentidos é ténue. Depois, estes dois sentidos funcionam em domínios conceptuais perfeitamente distintos (seres biológicos e redes de parentesco). Finalmente, a distância conceptual entre esquema e instanciações é grande. Com efeito, o modo pelo qual o esquema é elaborado é idiossincrático em relação às instanciações, já que nem tudo o que apresente uma estrutura com ramos é designado de árvore.

Um caso claro de monossemia, indeterminação ou vaguidade é a palavra *avô* relativamente às duas leituras de 'pai do meu pai' e 'pai da minha mãe'. Estes dois usos estão perfeitamente subsumidos no significado 'pai dos meus pais'. A distância conceptual entre esquema e suas instanciações é agora bastante pequena. Além disso, nem as instâncias possuem traços 'idiossincráticos', nem pertencem a domínios conceptuais diferentes. Consequentemente, o esquema é bastante saliente, ao passo que a diferença entre os dois tipos de avô não o é de todo.

Um caso claro de homonímia é o de *banco* 'instituição de crédito' e 'espécie de assento'. O possível conteúdo esquemático a estes dois significados não vai além de 'coisa', o que manifestamente não diz nada dos dois significados. A distância conceptual entre 'coisa' e estes dois significados é de facto enorme. E entre os dois significados não há nenhuma relação válida. Para todos os efeitos, 'coisa' não existe como esquema e os dois significados são percebidos como complemento distintos.

Se estes são casos claros de polissemia, monossemia e homonímia, muitos há, se não mesmo a maior parte, que são (mais ou menos) difíceis de classificar. Um exemplo é o verbo *pintar*. Este verbo pode ser aplicado a vários tipos de actividade: pintar um quadro, pintar a cozinha, pintar listas brancas na estrada, pintar as unhas, etc. Embora a actividade de pintar envolva sempre colocar uma substância colorida ('tinta') numa superfície, diferentes subcategorias podem ser identificadas. Por exemplo, é clara a distinção entre 'pintura artística' e 'pintura utilitária': as respectivas actividades são realizadas para diferentes fins, requerem diferentes técnicas e são avaliadas segundo critérios diferentes. Além disso, o objecto directo do verbo no caso da pintura artística (paisagem, figura humana, etc. ou, metonimicamente, um quadro) designa uma entidade que é criada na e pela respectiva actividade ("objecto efectuado"), ao passo que na pintura utilitária designa uma entidade já existente cuja superfície passa a estar coberta de tinta ("objecto afectado"). Estas diferenças conceptuais reforçam a separação destes dois usos do verbo.

E a aplicação do teste linguístico da identidade semântica dá também polissemia. Uma frase como *Estou a pintar a casa e o mesmo faz a Joana* só pode significar que a Joana e eu, ou estamos envolvidos numa pintura artística, criando uma representação da casa, ou estamos envolvidos numa pintura utilitária, colocando tinta nas paredes e no tecto da casa. Todavia, é possível encontrar contextos que especificamente foquem o que há de comum a pintura artística e pintura utilitária. Por exemplo: *Quando estou a pintar, tento distribuir a cor uniformemente, e o mesmo faz a Joana.* Esta frase permite uma leitura cruzada (pintura artística da minha parte e pintura utilitária da parte da Joana, ou o inverso), sugerindo assim que *pintar* não é polissémico, mas monossémico.

Um exemplo mais complexo é o verbo *deixar*, e a questão põe-se agora num outro lado do *continuum*, nomeadamente a distinção entre polissemia e homonímia. O verbo envolve duas categorias conceptualmente bem distintas, designadamente 'abandonar' e 'não intervir': elas opõem-se entre si por *esquemas imagéticos* (imagens conceptuais esquemáticas, neste caso de movimento) distintos, apresentam centros prototípicos diferentes e são funcionalmente diferentes (a segunda categoria resulta de uma gramaticalização para a expressão de um tipo especial de causação). Razões bastantes para se sentir estarmos perante dois verbos homónimos. Todavia, uma análise mais profunda, como veremos no capítulo 7, permite verificar que as duas categorias estão sistematicamente ligadas entre si por uma *inversão* do participante dinâmico que realiza o movimento. Razão suficiente para uma abordagem polissémica do verbo *deixar*.

A polissemia é pois um fenómeno graduável, *prototípico*, no sentido de se estruturar, como a maior parte dos conceitos, com base num protótipo e em extensões mais ou menos distantes desse centro. Não é pois estranho, antes uma consequência natural, podermos encontrar vários casos que se situam em zonas intermédias e imprecisas do *continuum* – casos *entre* a polissemia e a monossemia ou *entre* a polissemia e a homonímia.

Finalmente, se o significado é flexível e a polissemia é instável, então mais fácil se torna defender a ideia de que quase todas as palavras (e outras unidades linguísticas) são *mais ou menos* polissémicas, com sentidos ligados entre si e a um centro prototípico por diferentes mecanismos cognitivos, incorporando sentidos e relações em quantidade maior ou menor de flexibilidade.

3.2. Continuidade e discrição de sentidos

Todas as teorias linguísticas envolvem concepções ora discretas ora contínuas acerca da linguagem, e esse pensamento metalinguístico é metafórico por natureza. Na linguística estruturalista e na gramática generativa predominam *metáforas de discrição*: a linguagem como "sistema" que se basta a si mesmo ou "órgão"/"faculdade" mental distinto; a linguagem como estrutura monolítica (tal como um edifício); níveis distintos (sintaxe, léxico, semântica, fonologia) numa arquitectura linear; a gramática como máquina de geração de frases bem construídas, etapa por etapa; as estruturas sintácticas como árvores invertidas; as expressões compostas como combinação de blocos de construção; os significados como conjuntos de traços discretos; as categorias como contentores de capacidade limitada, etc. Estas metáforas da discrição garantem o "ideal científico" de formalizações da linguagem rigorosas, económicas e elegantes. Pelo contrário, na linguística cognitiva e na linguística funcionalista predominam *metáforas de continuidade*: a linguagem como colecções de elementos flexíveis participando em várias e muitas vezes transitórias coligações (tal como as pessoas numa sociedade); as categorias linguísticas como colecções de elementos ligados entre si por parecenças-de-família e estruturados na forma de um centro (prototípico) e uma periferia (extensões); a estrutura das frases como cadeias de acção; a ideia de "gramática emergente" (Hopper 1998); as redes ("networks") de estruturação das categorias complexas, mas também dos espaços mentais e da mesclagem ou integração conceptual (Fauconnier & Turner 2002), da representação dos domínios cognitivos (Langacker 1987), etc. Como temos defendido, são mais adequadas as metáforas da continuidade do que as metáforas da discrição para a compreensão da estrutura e do funcionamento da linguagem e da cognição, e neste caso particular da própria polissemia.

Sendo mais verdadeiras as metáforas da continuidade, daí não se segue que não haja limites a essa continuidade, o mesmo é dizer, que não haja discrição na linguagem e na cognição. Realizamos processos quer de *discretização* quer de *continuização* na nossa linguagem e no nosso pensamento, isto é, impomos discrição em algo contínuo ou o contrário, realizando mentalmente um acto de "zooming out" ou de "zooming in", respectivamente. Mais ainda: uma mesma entidade pode ser conceptualizada em termos discretos ou em termos contínuos, consoante a perspectiva e o propósito da sua conceptualização. Por outras palavras, a conceptualização discreta ou contínua de uma mesma entidade é função do que Langacker (1987, 1991) designa como *perspectivação conceptual* ("construal"). Num estudo recente sobre o recorrente debate acerca da oposição discrição vs. continuidade, Langacker (2006) identifica vários mecanismos conceptuais de discretização (metáforas constitutivas, respostas tudo-nada, pontos de referência, emergência) e de continuização (massivização, pluralização, esquematização, bacias de atracção).

À força da flexibilidade junta-se, como vimos na secção anterior, a força da estabilidade. Esta é a dupla face, o duplo efeito dos protótipos: adaptamos as categorias a novos contextos e interpretamos novas realidades com base no conhecimento já existente. Os protótipos são, assim, *modelos de interpretação*.

Recentrando-nos na flexibilidade do significado e da polissemia, importa considerar de perto alguns estudos recentes em Semântica Cognitiva que reforçam a ideia da continuidade do significado lexical, designadamente os estudos de Allwood (2003) e Zlatev (2003), ambos publicados num volume dedicado a abordagens cognitivas em semântica lexical.

Allwood (2003) argumenta contra a concepção 'reificada' e 'atomizada' do significado, postulando a ideia de *potencial de significado*, entendido como toda a informação que pode ser expressa numa palavra, quer por um indivíduo quer pela comunidade, e que corresponderá à união dos seus usos individual ou colectivamente recordados. Os significados actualizados em determinado contexto são produtos da activação da memória e da aplicação de operações cognitivas e/ou linguísticas sobre potenciais de significado.

> a unidade básica do significado lexical é o "potencial de significado" da palavra. O potencial de significado é toda a informação que a palavra transmite ao ser usada, quer por um indivíduo quer, a nível social, pela comunidade linguística (Allwood 2003: 43).
> uma diferença entre uma abordagem reificante da polissemia e a abordagem do potencial do significado seria que nesta última os vários significados não são vistos como uma característica constante de uma determinada palavra (*id.*, p.46)
> A presente abordagem prevê que haja um continuum de significados (determinações de significado), em vez de um pequeno conjunto de significados, conduzindo assim à expectativa constante e à pronta disponibilidade de novas nuances de significado. Os significados que são efectivamente construídos são sempre o produto da activação da memória e da aplicação de operações cognitivas e/ou linguísticas, sensíveis ao contexto, aos potenciais de significado. (*id.*, pp. 55-56)

Também Zlatev (2003) desenvolve idêntica concepção *contínua* do significado lexical, falando de *potencial de uso* e argumentando que a alegada dicotomia entre polissemia e generalidade é falsa.

> A variação semântica envolve um número de *sentidos lexicais* diferentes, ou está antes relacionada com as diversas interpretações contextuais? As análises em Linguística Cognitiva optam geralmente pela primeira resposta, maximizando a polissemia a custo da generalidade semântica. (Zlatev 2003: 448) saber o significado de um item lexical [...] é conhecer o seu potencial de uso (*id.*, p. 458)
> A questão sobre se as expressões espaciais são polissémicas ou antes semanticamente gerais surge de uma concepção *reificante* e *atomística* desadequada do significado lexical [...] uma concepção alternativa do significado lexical em termos do potencial de uso, uma noção não reificante e holística. (*id.*, p. 490)

Estes desenvolvimentos são, em princípio, correctos, na medida em que salientam a natureza contínua do potencial de significado ou de uso associado a uma palavra ou outra unidade linguística.[1] Dito de outro modo, deve entender-se que a semântica de uma unidade lexical ou gramatical não é efectivamente um saco de sentidos, mas sim um potencial de sentido (prototípica e esquematicamente) estruturado e sensível a efeitos contextuais.

Todavia, os mesmos desenvolvimentos poderão conduzir ao extremo oposto ao da discrição, reificação e atomização do significado. A ideia do significado lexical como um campo contínuo de potencial semântico é um tanto vaga e, mais importante do que isso, não parece conseguir acomodar aquilo que é estável, aquilo que serão os limites ou restrições da continuidade. E quais são estes limites/restrições? Justamente a existência inquestionável dos graus de centralidade ou saliência, o facto de certos usos estarem bem ancorados no léxico mental dos falantes e convencionalmente estabelecidos, o facto de determinadas relações de extensão e associação de sentidos serem bem evidentes.

Langacker (2006) responde às críticas de Allwood e Zlatev às "análises polissémicas" da Semântica Cognitiva mostrando que tanto a *metáfora da rede* como a *metáfora do campo contínuo* focam aspectos complementares de um fenómeno complexo e advertindo que ambas se

---

1 Esta noção de *potencial de significado* encontra eco na noção semiótica e linguística de *significação virtual* proposta por Herculano de Carvalho (1973: 145-147).

tornam inadequadas se tomadas literalmente – a primeira, por ser excessivamente discreta, e a segunda, por ser insuficientemente discreta. Ao mesmo tempo, e como resposta mais concreta àquelas críticas e aos limites da continuidade, propõe uma metáfora alternativa – a *metáfora do cume da montanha*:

> Em vez disso, poderíamos distorcer menos as coisas comparando a variedade de significados de um elemento a uma cadeia montanhosa, que ocupa uma superfície contínua, mas é muito pouco uniforme devido às elevações, depressões, picos e vales. Contar os sentidos de um item lexical seria o mesmo que contar os picos de uma cordilheira: determinar quantos são depende de quão salientes eles têm de ser antes de os contarmos; eles parecem-nos discretos apenas porque ignoramos a forma como passam de um para outro a altitudes mais baixas. É, pois, de prever a incerteza que por vezes experienciamos ao determinarmos qual o sentido particular que uma expressão instancia em dada ocasião. Os usos em questão são como pontos no vale entre as montanhas. É essencialmente uma questão arbitrária saber se fazemos corresponder esses pontos a um pico ou a outro, a ambos ou a nenhum. (Langacker 2004: 48)

Virando de cabeça para baixo, a metáfora do cume da montanha é equivalente ao modelo topográfico de um terreno, representado na Figura 2, sendo o diagrama (b) mais adequado (quer como modelo topográfico quer como modelo do processamento do sistema de rede neuronal) do que o diagrama (a).

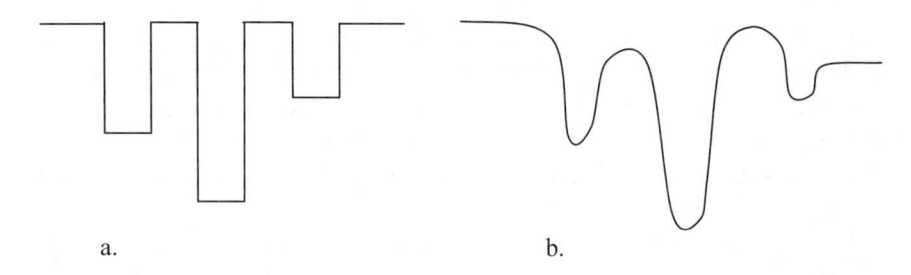

Figura 2. Modelo topográfico

O conjunto de depressões representa os sentidos salientes de um item lexical polissémico. A depressão maior (se houver alguma) corresponde ao protótipo da categoria. A bacia rasa que eles ocupam corresponde ao conteúdo esquemático da categoria. Numa depressão, o sistema está também na bacia rasa que o contém. É assim que um esquema é imanente às suas instanciações. Visto que a topografia da paisagem é apenas um dos factores que dirige o sistema (a par do contexto, da motivação, etc.), este pode entrar na bacia sem necessariamente cair em nenhuma das depressões. É assim que uma categoria é efectivamente contínua. Conclui Langacker que a metáfora do cume da montanha possui a mistura adequada de discrição e continuidade.

3.3. Puxando o significado para cima e para baixo

Até que ponto se deve estender ou encolher a polissemia? Em que nível de generalidade se encontra ou deixa de encontrar a polissemia? Vimos, no capítulo anterior, que a hipótese do significado fundamental unitário pode redundar na falácia da generalidade. E que um conteúdo unitário tem que responder a três requisitos: o da generalidade máxima, mas também o da especificidade mínima ou distintividade e o da relevância psicológica. Mas uma reacção radical à hipótese do significado unitário pode cair no extremo oposto – a falácia da polissemia.

A flexibilidade do significado e a instabilidade da polissemia implicam que puxemos o significado tanto para cima como para baixo. *Puxar o significado para cima* é procurar o significado esquemático de um item, mesmo que ele não exista. Foi justamente puxando o significado do verbo *deixar* para cima que pudemos encontrar os principais factores da sua coerência semântica: as suas dimensões estruturantes, as suas imagens conceptuais esquemáticas (Silva 1999a e capítulo 7 do presente estudo).

Mas não devemos nem precisamos de entender esses conteúdos esquemáticos como as significações unitárias e essenciais de um item, nem, por outras palavras, como as condições individualmente necessárias e conjuntamente suficientes da sua definição. É, aliás, esta neutralidade que caracteriza a noção de *esquema* ou de *esquematização* (como processo de categorização) proposta por Langacker e o nível superior do modelo da *rede esquemática* pelo mesmo introduzido. Por isso, nem uma *rede* se constrói no sentido descendente, mas ascendente, isto é, do mais particular para o mais geral; nem o *esquema* funciona como 'gerador' de valores específicos, mas como "uma estrutura integrada que incorpora a generalidade dos seus membros" (Langacker 1987: 371).

Puxar o significado para baixo é puxá-lo para o nível dos usos contextuais específicos, psicologicamente (mais) 'reais', para o nível dos usos periféricos, mas importantes para se apreender a flexibilidade característica dos itens polissémicos. Mas se a análise privilegiar este nível, corre também sérios riscos: o da explosão de sentidos, o de perder a 'estrutura' da categoria, o da falácia da polissemia. Para os evitar, deverão os diferentes nós do modelo da *rede* representar, não necessariamente sentidos distintos ou representações mentais distintas, mas diferentes áreas em sobreposição num determinado espaço semântico.

Em suma, nem o nível 'superior' é mais importante do que o 'inferior', ao contrário da ideia tradicional de que "o abstracto é o melhor", nem o nível 'inferior' é mais importante do que o 'superior', ao contrário do que certas análises cognitivas podem sugerir em nome da adequação psicológica. Ambos os níveis são necessários. E a transição entre os dois níveis faz-se através do *centro prototípico*: é este que mostra o modo como o centro relativamente estável de uma categoria se transforma em múltiplas interpretações.[2]

Se, por diferentes razões, mas todas redutíveis à razão fundamental da flexibilidade do significado, devemos puxar o significado tanto para cima como para baixo, então a questão central da diferenciação de sentidos e da consequente distinção entre monossemia e polissemia depende do nível específico de abstracção. Se a abstracção for maior, menor será a polissemia, e vice-versa. Mas, inversamente, o *nível de abstracção* depende da determinação apriorística dos possíveis sentidos diferentes de uma palavra: quantos mais sentidos, mais níveis de abstracção, e vice-versa. Defendemos a hipótese de que abstracções de baixo nível, em grande número e ricas em detalhe contextual, serão mais adequadas do que um pequeno número de abstracções de alto nível. Responde Taylor (1992) que o nível preferencial da diferenciação de sentidos corresponde ao nível 'intermédio' de uma *rede*, isto é, ao nível intermédio de abstracção.

---

[2] Não confundir esta análise em dois níveis (superior e inferior) com o chamado *modelo de dois níveis* ("two-level approach") do significado ou divisão entre significação e conceptualização, proposto pelos linguistas alemães M. Bierwisch e E. Lang (Bierwisch 1983, Bierwisch & Lang 1987, Bierwisch & Schreuder 1992, Lang 1991), que criticamente referenciámos na secção 5.2 do capítulo 1.

3.4. Redes esquemáticas, radiais e multidimensionais

A polissemia é um fenómeno de categorização *prototípica*, isto é, baseia-se em protótipos e não em "condições necessárias e suficientes"; o que quer dizer que os vários usos de um item estão organizados à volta de um centro prototípico e por *parecenças de família* com esse centro e entre si. Mais especificamente, a estrutura de um complexo polissémico é configurada por diferentes *efeitos de prototipicidade* (Geeraerts 1989), designadamente diferentes graus de representatividade entre os sentidos, agrupamento de sentidos por *parecenças de família* e sobreposições, ausência de limites precisos entre os sentidos, impossibilidade de uma definição em termos de condições individualmente necessárias e conjuntamente suficientes, discrepâncias entre as concepções *intuitiva* e *analítica* do que são diferentes sentidos e do que são especificações de um mesmo sentido, etc.

A estrutura de um complexo polissémico constitui uma *rede* ("network"), contendo *nós* (sentidos) interligados entre si por determinadas *relações de categorização*. Determinados nós são *esquemáticos* relativamente a outros, estando estes ligados àqueles por relações de *elaboração* ou *instanciação*. Outros nós são mais *centrais* ou *prototípicos* do que outros, estando estes ligados àqueles por relações de *extensão*. Cada nó e cada relação de categorização (elaboração, extensão) têm um certo grau de fixação ou incrustamento ("entrenchment") e de convencionalização, expresso na facilidade da sua activação. Este é o modelo da *rede esquemática* ("schematic network") de concepção e representação da estrutura das categorias, cuja forma básica está representada na Figura 3, introduzido por Langacker (1987) e explorado por Rudzka-Ostyn (1989,

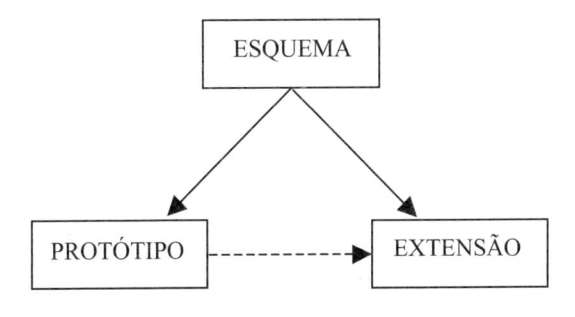

Figura 3. Rede esquemática

1995) e Taylor (1995a), entre muitos outros, muito próximo do qual estão o modelo da *rede radial* ("radial network"), desenvolvido por Brugman (1981) e Lakoff (1987), e o modelo de *grupos em sobreposição*, introduzido por Geeraerts (1989, 1995).

O modelo da *rede esquemática* combina esquemas e protótipos, isto é, categorização por esquemas e categorização por protótipos. O esquema *abstrai* o que há de comum às suas instanciações. E uma instanciação *herda* as especificações do esquema, mas elabora-o com mais detalhes. Diferentes instanciações elaboram o esquema de modos contrastivos. O esquema é *imanente* às suas instanciações: a actividade de processamento que constitui aquele é inerente à actividade de processamento destas. O protótipo é a imagem mental das propriedades mais representativas. As extensões a partir do protótipo fazem-se por relações de similaridade metafórica ou contiguidade metonímica. Os nós são discretos no sentido de que cada um representa uma rotina cognitiva ancorada no léxico mental dos falantes. Embora os vários nós se sobreponham, cada um possui a sua própria identidade e o seu próprio potencial de activação independente. No entanto, há diferenças de saliência entre esses nós, havendo os mais ancorados e os mais periféricos ou os que exigem mais esforço de processamento. Typicamente, a estrutura de uma categoria e, mais ainda, de uma categoria polissémica é uma rede altamente complexa, com vários níveis de esquematicidade e várias cadeias de extensão.

Os modelos da rede de descrição das categorias complexas têm sido objecto de várias críticas: questões pertinentes têm sido colocadas relativamente a detalhes descritivos e à sua realidade psicológica (por exemplo, Sandra & Rice 1995). Argumenta-se, por exemplo, que não há critérios claros de estabelecimento dos nós e das relações, que análises da mesma categoria podem ser bem diferentes e que o próprio modelo propicia a multiplicação de sentidos. Mais importante ainda, são os resultados de trabalhos empíricos sobre aquisição: analisando a aquisição de sentidos múltiplos de nove preposições por parte de duas crianças inglesas, Rice (2003) verificou que cada uma das crianças adquiriu e armazenou os diferentes usos das preposições polissémicas de um modo fragmentado, idiomático e baseado na construção (tendo, cada uma, o seu próprio ponto de partida dentro da categoria lexical, não necessariamente coincidente com o uso conceptualmente básico), e não por extensão semântica (uni)direccionada e conduzida por processos como a metaforização ou a esquematização.

Todavia, a questão essencial é a correcta interpretação e manipulação do modelo da rede. A metáfora da rede torna-se inadequada se se entenderem os sentidos como ilhas bem delimitadas representando os únicos significados linguísticos que um item pode assumir. Ou se se pretender colocar ou ver na rede todos os detalhes específicos. Sobre a indeterminação característica de uma *rede*, afirma Langacker:

> Não deixamos de ter recursos potenciais para elucidar a estrutura de uma categoria complexa. Raramente, porém, podemos esperar uma base precisa para determinar todas as características específicas de uma [...] rede; na prática, muitos aspectos de pormenor estão destinados a permanecer incertos, senão mesmo indeterminados. Contudo, a importância desta limitação não deve ser sobrestimada. A especificidade de redes particulares é menos importante do que ter uma concepção realista do seu carácter geral. A incapacidade para demonstrar de forma directa e conclusiva que um esquema particular foi extraído, ou que foi feito um juízo categorizador específico, não invalida a afirmação de que os falantes extraem efectivamente esquemas e fazem juízos de categorização, e que estes são aspectos fundamentais da organização linguística. Além disso, na presente abordagem, muito menos depende dos detalhes específicos de uma rede do que à partida se poderia pensar. (Langacker 1987: 377)

Há ainda um outro aspecto que convém esclarecer para o bom uso das redes categoriais e polissémicas. Ilustrações dos modelos da rede esquemática e da rede radial parecem sugerir uma estrutura bidimensional: um centro prototípico (ou mais do que um) e um conteúdo esquemático (ou mais do que um) e usos mais ou menos próximos desse(s) centro(s) ou desse(s) esquema(s), dele(s) directa ou indirectamente derivados. Ora, não deixando de ser necessário estabelecer as ligações entre os usos derivados e o seu centro prototípico ou entre as instanciações e o seu esquema, isso não é, porém, suficiente; é preciso analisar também, e antes de mais, as dimensões coocorrentes que estão na base dessas ligações semânticas. Quer dizer: a verdadeira natureza da estrutura semântica de uma categoria e, ainda mais, de uma categoria polissémica tem a forma de um espaço *multidimensional*. Determinado sentido pode assim resultar da combinação de duas ou mais dimensões e, inversamente, uma dimensão pode entrar em diferentes sentidos de um item. É a análise da multidimensionalidade estrutural o que por vezes falta em algumas descrições cognitivas de categorias semanticamente complexas, como, por exemplo, a famosa preposição *over*.

Sendo assim, impõe-se substituir a arquitectura *vertical* dos domínios semânticos, popularizada por Lakoff & Johnson (1980, 1999) – segundo a qual a partir de um domínio básico, ligado ao corpo humano e seu meio, surgem, através de projecções metafóricas, os outros domínios – por uma arquitectura *horizontal*, ou melhor, *transversal*, tal como a teorizada por Brandt (1998, 2000, 2004) na perspectiva *morfogenética* da teoria das catástrofes e sintetizada na Figura 4. Esta concepção alternativa propõe um mapa de quatro domínios igualmente básicos (D1-D4: *físico, social, mental* e *intersubjectivo*), que envolvem diferentes interacções (*percepção, acção, reflexão* e *expressão*, respectivamente) entre o sujeito 'individual' (S) e os seus 'mundos' exteriores (D1, D2, D4) e interior (D3). Por processos de integração conceptual (Fauconnier & Turner 1996, 2002; Brandt 2001) de 'inputs' de dois ou mais destes domínios básicos, surgem domínios mais abstractos de nível superior de cognição suportados pelo discurso (*político, doméstico, intelectual, eu-si*). Esta concepção transversal não constrange o linguista a ter que encontrar um único domínio básico, puramente físico, ou a ter que combinar num único domínio o que na realidade são dois domínios diferentes, como Sweester (1990) acaba por fazer na explicação da mudança e da polissemia de um vasto conjunto de casos do Inglês (verbos de percepção, verbos modais, conjunções, construções condicionais) a partir de um domínio *sócio-físico*.

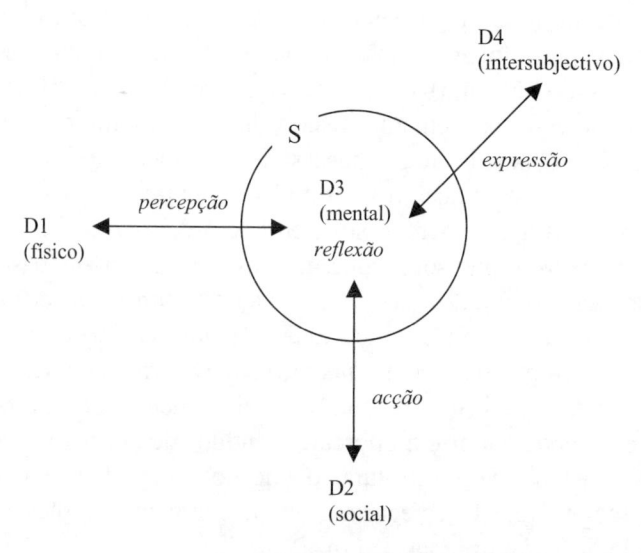

Figura 4. Domínios semânticos básicos

Tudo isto concorda com a natureza *dinâmica* das línguas, a sua concepção *multissistémica* (ver em Castilho 2005 uma exploração multissistémica da mudança linguística) e a nova ciência dos *sistemas complexos* ou do *caos*[3] (ver em Teixeira 2001 uma exploração da semântica de um eixo espacial segundo a teoria do caos).

3.5. Variação, polissemia e contexto: acomodação, zonas activas, facetas, coerção

É frequente afirmar e reconhecer a contextualidade do significado e da polissemia. Mas diferentes são os modos de interpretar esta contextualidade. O que é contextual no uso e na variação do significado? Qual ou quais os papéis específicos do contexto? Como é que afinal compreendemos os diferentes usos de uma palavra?

A questão central é saber que aspectos do significado de uma palavra são constantes nos diferentes contextos do seu uso e que aspectos são indeterminados e somente realizados no contexto. É por aqui que as teorias semânticas diferem, ao balancearem-se mais para um lado ou para o outro. E há extremos: os que estipulam conteúdos semânticos máximos pré-definidos, na forma de *primitivos semânticos* (Wierzbicka 1996; Goddard 1998, 2000), e os que descartam definições e conteúdos semânticos e falam apenas de indução de sentidos (por exemplo, Schütze 2000).

Qualquer posição que pressuponha ou estabeleça a existência de sentidos fixos ou determinados para as unidades linguísticas jamais poderá responder adequadamente a estas questões essenciais. E qualquer posição que pressuponha ou estabeleça uma divisão de águas entre sentidos pré-definidos e variação contextual encontrará sérias limitações. É o caso de Cruse (1986), com a sua distinção entre *selecção* e *modulação*

---

3 A ciência dos *sistemas complexos* ou do *caos* rejeita a abordagem clássica da ciência como tarefa que consiste em descobrir a ordem ou regularidade que se esconde por detrás da aparente desorganização dos fenómenos, e concebe o trabalho científico, não como predição, mas como explicação do dinamismo intrínseco, da impredizibilidade e da multilinearidade dos fenómenos. Línguas, circulação do sangue, tempo meteorológico, proteínas, oscilações dos sistemas económicos e muitos outros fenómenos vitais são sistemas complexos, caóticos, que envolvem uma rede de "agentes" que interagem entre si e de diferentes modos. Ver síntese em Gleick (1988) e Waldrop (1993) e, do ponto de vista linguístico, Wildgen (1982, 1994, 2004) e Bernárdez (1998).

contextual, que discutimos em Silva (1999a: 648-656) e de que fizemos breve referência no capítulo anterior.

A interpretação dos sentidos de uma palavra polissémica (bem como de qualquer palavra ou outra unidade linguística) envolve um processo de *acomodação* entre o que é dado semântica e sintacticamente e o que inferimos do contexto. Tal como a articulação de um segmento fonético se ajusta à articulação de um segmento adjacente (fenómeno conhecido como 'co-articulação'), assim também uma unidade semântica tipicamente varia de acordo com as unidades com que se combina. Na verdade, comemos um bife de maneira diferente de como comemos um gelado, cortamos a relva de maneira diferente de como cortamos um bolo, cortamos um dedo de maneira diferente de como cortamos as unhas, pintamos as paredes de um edifício de maneira diferente de como pintamos uma paisagem, corremos de maneira diferente de como os cavalos, os ratos ou os carros correm. O processo designado por cada um destes verbos (*comer, cortar, pintar, correr*) acomoda-se ao objecto da respectiva actividade e, no último caso, à entidade da qual é predicado.

Das entidades que participam numa situação, geralmente apenas algumas das suas facetas estão implicadas. Quando lavamos o carro, lavamos apenas a carroçaria; quando afiamos um lápis, afiamos apenas a ponta; quando trabalhamos à mesa, é a parte de cima da mesa que constitui o lugar/suporte do nosso trabalho; quando damos um pontapé na parede, são apenas a ponta do pé (ou do calçado) e uma pequena região da parede que estão envolvidas; quando ouvimos o piano, é o som que vem deste instrumento, e não o piano como tal, que ouvimos. Estes e muitíssimos outros exemplos ilustram o que Langacker (1984) designa como fenómeno da *zona activa*. Um fenómeno efectivamente ubíquo e com alguma variação. A zona activa pode corresponder a uma parte actual da entidade designada, mas pode também corresponder a algo que está intimamente associado a ela, como no exemplo do piano, constituindo aí um caso de metonímia.

A maior parte dos conceitos é compreendida relativamente a uma matriz complexa de domínios – *domínio cognitivo* (Langacker 1987), *enquadramento* (Fillmore 1977) ou *modelo cognitivo idealizado* (Lakoff 1987). Geralmente, apenas alguns domínios são relevantes em determinada conceptualização. *Consertar o televisor* constrói-o como um mecanismo electrónico, ao passo que *deslocar o televisor* constrói o televisor simplesmente como um objecto com certas propriedades físicas. *Escrever para a televisão* refere-se à instituição, *ver muita televisão* designa o conteúdo televisionado e *a invenção da televisão* tem que ver com a tecnologia. O conceito de *fotografia* envolve diferentes domínios: representação da cena visual, tecnologia, imagem num papel, arte, práticas sócio-culturais, etc. Mas *fotografia desfocada* activa a imagem visual, ao passo que *rasgar a fotografia* salienta o objecto físico ou pedaço de papel. Este fenómeno, conhecido em psicolinguística por *flexibilidade semântica*, é também ubíquo (ver Taylor 2002: 442-448).

Casos de variação como *livro de 300 páginas* (objecto concreto) e *livro difícil de compreender* (texto ou objecto abstracto informativo) ou *pintar a janela* (objecto) e *sair pela janela* (abertura) têm sido explicados, de modo independente, por Cruse (1995, 2000, 2004) e Pustejovsky (1995), em termos de *facetas* e *coerção*.

Cruse explica a variação de *livro* em termos de *facetas* ('tomo' e 'texto', respectivamente) ou componentes autónomos de um mesmo significado que só podem aparecer em contexto, mas são relativamente independentes. E considera esta variação distinta da polissemia e da "simples variação contextual", sendo esta última "inteiramente dependente do contexto". Próximas da variação do tipo da polissemia, pelo seu grau de autonomia, as facetas distinguem-se daquela, diz Cruse, porque concorrem para "a unidade de um conceito global". Ou seja, o que Cruse postula é a existência de um outro fenómeno de sentido múltiplo que se situará *entre* a polissemia e a monossemia/vaguidade. Mas, e como observa Kleiber (1999: cap. 3), este novo conceito de variação por facetas traz outras tantas questões, tão problemáticas quanto as da polissemia: qual é o número de facetas pertinentes para determinado conceito e qual é o seu grau de generalidade?

O linguista computacional Pustejovsky (1995) desenvolve um modelo de *léxico generativo* que contém mecanismos de geração do sentido das palavras capazes de darem conta dos novos sentidos que as palavras adquirem em contexto e das relações entre esses sentidos. O seu modelo pressupõe que cada item lexical possui um certo grau de *polissemia lógica*. O modelo compreende duas grandes componentes: uma representação semântica do sentido das palavras e uma série de mecanismos generativos que se aplicam à representação semântica para gerar o sentido pretendido em contexto. A primeira componente envolve uma estrutura argumental, uma estrutura de eventos, uma estrutura de *qualia* e uma estrutura de herança lexical. Os *qualia* dividem-se em quatro papéis: papel constitutivo (de que uma entidade é feita), papel formal (factores de identificação perceptiva de uma entidade, como tamanho, forma, dimensionalidade), papel télico (função de uma entidade) e papel agentivo (conhecimento acerca de como uma entidade foi criada ou surgiu). Entre os processos generativos estão a *ligação selectiva*, a *co-composição* e a *coerção de tipo*. São as operações de *coerção* que permitem que um único sentido de uma palavra possa adquirir diferentes leituras em diferentes contextos. A *coerção de tipo* permite a um predicado alterar o tipo do seu complemento sempre que necessário.

As expressões *ler um livro, escrever um livro, comprar um livro, imprimir um livro* activam uma componente diferente da estrutura de qualia e, por coerção, conduzem a uma interpretação particular do nome *livro*. *Ler um livro* coage o papel télico inerente a um livro; *escrever um livro* coage o papel agentivo; *queimar o livro* activa o papel constitutivo; e *deixar cair o livro* activa o papel formal. Resulta daqui que não é necessário atribuir a *livro* diferentes valores semânticos, não obstante as diferentes leituras que recebe. As diferentes interpretações emergem, então, por interacção de uma representação semântica unitária e um predicado de 'coerção'.

Relativamente à expressão, bastante comentada, *começar um novo livro*, é a 'coerção de tipo' que transforma o objecto directo, de objecto em evento, permitindo assim as leituras 'começar a ler' ou 'começar a escrever'.

Todavia, o modelo de Pustejovsky acaba por revelar-se bastante poderoso, no sentido de ser capaz de gerar 'coerções' que não existem, e ao mesmo tempo bastante limitado, porque incapaz de gerar 'coerções' que efectivamente existem. Como faz notar Kleiber (1999: cap. 7) na sua crítica ao modelo de Pustejovsky, no caso de *começar uma frase* a coerção só funciona para o sentido de 'escrever', mas não para o sentido de 'ler', porque este não faz parte do papel télico de *frase*; inversamente, em *começar um dicionário* não funciona a coerção do tipo 'ler', mas apenas do tipo 'confeccionar, redigir', porque aquele não cabe no papel télico e este constitui o papel agentivo dos dicionários. Por outro lado, em *começar o quarto* a coerção necessária para a leitura de 'varrer' ou 'limpar' não chega a funcionar, porque nem varrer nem limpar fazem parte dos qualia de *quarto*.

O problema fundamental do modelo de Pustejovsky está em não ser capaz de pressupor ou de construir *todo* o conhecimento enciclopédico necessário para o bom uso do significado das palavras.[4] Especificamente, as formalizações de Pustejovsky limitam bastante os tipos de *domínios* em relação aos quais os significados são caracterizados e, além disso, não dão conta de diferentes graus de 'intrinsecidade' dos vários qualia. Como observa Taylor (2002: 457), os quatro qualia adaptam-se bem a conceitos que designam artefactos, mas mal a conceitos superordenados, como brinquedos, ferramentas ou armas, onde o que interessa é sobretudo o seu papel télico; mal também a muitas entidades naturais (qual será o papel télico do hidrogénio?), e ainda a um largo conjunto de conceitos abstractos (qual será, por exemplo, o papel agentivo dos fonemas?). Bastaria, tão-só, comparar a aplicabilidade do modelo de Pustejovsky a categorias de artefactos, como *livro*, e a categorias naturais como *fruto*: dificilmente, o modelo dos qualia poderá dar conta da polissemia de *fruto*, designadamente dos seus sentidos específico ou técnico ('parte da planta com sementes'), generalizado (incluindo também vegetais e minerais) e metafórico (como *fruto do trabalho*). Além disso, a interpretação de uma expressão poderá envolver conhecimento dificilmente subsumido por qualquer dos quatro qualia. Por exemplo, *praia segura*: o facto de uma praia poder ser perigosa para os banhistas só tangencialmente está contido no seu papel télico. E que dizer de *boa montanha*, quando as montanhas intrinsecamente não têm um papel télico?

Em termos mais gerais, o problema do modelo de Pustejovsky e de todos aqueles que defendem a tese da regularidade da polissemia, como Nunberg (1979) e Norrick (1981), está no facto de, embora possa haver bastante regularidade, a polissemia não ser inteiramente predizível, justamente porque nela e no léxico em geral intervêm princípios de convencionalidade (ver Lehrer 1990) e condicionamentos culturais e cognitivos.

Kleiber (1999) propõe uma alternativa, tanto às *facetas* de Cruse como à *coerção* de Pustejovsky, na forma do princípio de *metonímia integrada* – um princípio interpretativo geral que permite que a uma entidade possam ser aplicadas certas características (propriedades, situações, etc.) que dizem respeito unicamente a algumas das suas 'partes', sem que isso implique uma mudança de referenciação nem uma mudança de predicação. Princípio que é complementado pelo princípio de *integração meronímica*, segundo o qual a relação de contiguidade entre duas

---

4 Reconheça-se, porém, que o modelo semântico-lexical de Pustejovsky incorpora já bastante conhecimento enciclopédico, particularmente através da *estrutura de qualia* (cf. Peeters 2000: 19-24).

entidades X e Y pode ser transformada, em determinadas situações, em relação de parte(X)-todo(Y).

Facetas, coerção, metonímia integrada, bem como acomodação e zonas activas são princípios explicativos da interpretação contextual e de alguns processos de interacção entre significado lexical e contexto. E princípios que até se recobrem como maneiras diferentes de dizer a mesma coisa. Para além das limitações referidas dos modelos das facetas e da coerção, há que acrescentar três aspectos essenciais a estes ou a quaisquer outros modelos da interacção entre significado lexical e contexto. Um é o de que os conceitos ou significados só podem ser caracterizados relativamente a *domínios* (*enquadramentos* ou *modelos cognitivos idealizados*), isto é, configurações de conhecimento que constituem o contexto da sua conceptualização, e muitas vezes matrizes flexíveis de domínios. O outro é o de que as conceptualizações se fundamentam na nossa experiência individual, colectiva e histórica. O terceiro teoriza os aspectos anteriores numa concepção inevitavelmente *enciclopédica* do significado.

Entre significado lexical e contexto ou entre léxico mental e interpretação contextual, há processos de interacção que só conhecemos em parte (os referidos acima), mas sabemos que há muita flexibilidade (melhor, a flexibilidade necessária). Mas esta flexibilidade (ou a tese da contextualidade do significado) não significa que todo o significado resulte de meras inferências contextuais, pois se assim fosse não haveria maneira de explicar a prototipicidade, a convencionalização e a rotinização de significados.

O papel do contexto na interpretação do significado de uma palavra é múltiplo e variado. Em termos gerais, o contexto pode funcionar ora como elemento *selectivo* ora como elemento *criador* do semantismo de um item lexical. No segundo caso, são diversos os modos: focando ou desfocando facetas, adicionando especificações, aumentando a saliência do esquema ou das instanciações, neutralizando ou sobrepondo, compatibilizando diferenças ou incompatibilizando semelhanças, integrando associações, criando novos usos, etc. Mas qualquer que seja o seu efeito particular, o contexto funcionará como factor *activador* de um subconjunto do domínio não-discreto de aplicação semântica de um item lexical. Retomando a metáfora do holofote, proposta por Geeraerts (1993a), digamos que o contexto constitui o suporte desse foco de saliência e a perspectiva a partir da qual o locutor constrói e o alocutário entende essa saliência semântica.

Refira-se, por último, que uma solução possível para a necessária tarefa de identificação e diferenciação de sentidos está na combinação destes e doutros instrumentos de Semântica Cognitiva com uma metodologia empírica baseada no uso e em métodos quantitativos de linguística de *corpus*. A este respeito, deve assinalar-se o modelo *colocacional* ("collostructional") desenvolvido por Gries (2003), Stefanowitsch & Gries (2003, 2005), Gries & Stefanowitsch (2004): este modelo cognitivo-quantitativo permite determinar sentidos mutuamente exclusivos através de diferenças de padrões de colocações e de um modo estatisticamente válido.

3.6. Evidências da polissemia

No contexto do debate sobre a questão da *representação mental*, referido no capítulo anterior (secção 5), Tuggy (1999: 355-56) apresenta três evidências *linguísticas* para justificar "uma preferência imparcial por ou pré-expectativa de análises polissémicas": (1) a natureza *negativa* tanto da homonímia como da monossemia, de mais difícil justificação do que a natureza *positiva* da polissemia; (2) a não-discrição dos factos semânticos e, consequentemente, a sua localização em posições intermédias do *continuum* homonímia-polissemia-monossemia; e (3) a maior facilidade em encontrar evidências linguísticas para a polissemia do que para a homonímia ou a monossemia.

E acrescenta que, em definitivo, é o que está *convencionalizado* o que distingue a polissemia da vaguidade: "a convencionalização gera o princípio da eliminação: aqueles (e somente aqueles) agrupamentos que são convencionalizados fazem parte da estrutura mental da linguagem" (Tuggy 1999: 363). Também Langacker (2000a: 35), com base no seu conceito de *fixação* ou *incrustamento* ("entrenchment"), afirma que "a polissemia acontece quando múltiplas variantes se fixam em unidades, desde que se estabeleça, naturalmente, uma ligação entre elas".

Vários tipos de evidência da polissemia podem ser apontados: entre outros, intuições intersubjectivas, evidências interlinguísticas e tipológicas, a variação diacrónica e dialectal, experiências psicolinguísticas, observações do uso em *corpora*. Com base nos resultados de vários estudos recentes que se têm desenvolvido no quadro da Linguística Cognitiva, como os reunidos em Ravin & Leacock (2000), Cuyckens & Zawada

(2001), Nerlich, Todd, Herman & Clarke (2003), Cuyckens, Dirven & Taylor (2003) ou o estudo recentíssimo de Riemer (2005) e, assim esperamos, os estudos descritivos que apresentaremos no presente estudo, pode falar-se de uma *evidência convergente* da polissemia – ideia também reforçada por Cuyckens & Zawada (2001: xviii).

Acresce observar como é que nós aprendemos uma língua, como é que adquirimos o que há de idiomático numa língua, como é que, enfim, adquirimos o conhecimento linguístico. Não é, com certeza, através de princípios gerais ou aprendendo os significados maximamente esquemáticos das palavras. Não é simplesmente adquirindo um bom dicionário e uma boa gramática. É aprendendo padrões de uso das palavras (e de outras categorias): usos específicos que têm a ver com combinações particulares de palavras, apropriadas a circunstâncias particulares. É abstraindo a partir de *eventos de uso*: se assim não fosse, os falantes limitar-se-iam a repetir os enunciados já encontrados. Esta ideia fundamental do conhecimento linguístico *baseado no uso* tem sido amplamente explorada pela linguística cognitiva (cf. Langacker 1988c, Barlow & Kemmer 2000 e, do ponto de vista da aquisição da linguagem, Tomasello 2000, 2003).

Em conformidade com esta observação essencial, Taylor (2005) desenvolve uma nova metáfora do conhecimento linguístico, em alternativa aos modelos cognitivos referidos no capítulo anterior (modelo semiótico, metáfora dos blocos de construção e metáfora do conduto): a metáfora do *corpus mental*. A ideia fundamental é a de que cada encontro com a linguagem deixa um traço mental no *corpus*, compreendendo este portanto "traços de memória de encontros anteriores com a linguagem". O *corpus mental* é um 'multimédia' de traços de memória contendo informação fonológica, semântico-pragmática e contextual, que se podem tornar mais fortes ou mais fracos (e entrarem em decadência), e em que há lugar também para generalizações na base de similaridades entre esses traços. E o *corpus* tem o formato de 'hipertexto', em que cada entrada dá acesso a uma rede rica de outras unidades.

Sendo assim, é mais próprio, é mais natural que as palavras e outras unidades linguísticas sejam tipicamente polissémicas tanto na linguagem como na mente. Mas uma polissemia, não à maneira tradicional, estática e bem delimitada, feita de 'sentidos separados', mas sim dinâmica e flexível.

Sendo o significado intrinsecamente flexível e (inter)subjectivo, sendo a polissemia tipicamente instável, sendo a linguagem um *corpus mental*, então a interpretação é o princípio fundamental, a tarefa essencial da descrição semântica. É esta ideia da natureza essencialmente *interpretativa* da semântica a conclusão maior de Geeraerts (1993a) sobre a questão da distinção entre polissemia e vaguidade. Este mesmo estatuto epistemológico das descrições e dos constructos semânticos é explorado no recente estudo de Riemer (2005) sobre a semântica da polissemia.

> se abandonarmos os vestígios de objectivismo na nossa auto-concepção metodológica, poderemos então rejeitar o pressuposto de que existe um significado único. Em vez de um só significado único, haveria apenas as interpretações que impomos ao material – e o nosso exercício interpretativo não produz um resultado único. (Geeraerts 1993a: 261)

Mais importante do que a necessidade da sua demonstração empírica, são as vantagens da polissemia como *perspectiva interpretativa*.

CAPÍTULO 4

Por que e como é que surgem novos significados?
Prototipicidade, eficiência e subjectivização

> o sistema cognitivo favorece as categorias prototípicas, dado que estas lhe permitem preencher os requisitos funcionais de *densidade informativa, estabilidade estrutural* e *adaptabilidade flexível* [...] a própria prototipicidade tem uma função restritiva: a condição de que novos significados estejam associados a significados existentes evita que a flexibilidade semântica de itens lexicais se deteriore e se transforme num estado de arbitrariedade pouco eficiente. (Geeraerts 1997: 113-114)

> A subjectivização é prevalecente; na verdade, é a forma mais comum de mudança semântica identificada até à data. (Traugott & Dasher 2002: 30)

1.1. Mudança semântica e cognição

A cognição e o sistema conceptual humano estão fortemente envolvidos na mudança semântica. E estratégias pragmáticas orientadas para o locutor e para o alocutário determinam processos de mudança semântica. É nesta perspectiva *cognitivo-funcional* que procuraremos respostas para as duas perguntas em epígrafe, e essas respostas mostrarão a importância descritiva e explicativa da *prototipicidade* ou categorização por protótipos (Geeraerts 1997; Silva 1998, 1999a, 2005a) e da *subjectivização* (Traugott 1989, 1995; Traugott & Dasher 2002; Athanasiadou, Canakis & Cornillie 2006) na mudança semântica, da qual a polissemia é a face sincrónica.

O interesse antigo pela mudança semântica é hoje revalorizado pela Linguística Cognitiva (e também pela Linguística Funcionalista, com o desenvolvimento da pragmática histórica: Traugott 2003b). Alguns dos temas-chave da Semântica Cognitiva, tais como prototipicidade, polissemia, metáfora, metonímia, subjectivização, flexibilidade do significado, envolvem justamente a interface sincronia/diacronia. Koch (1997) aponta mesmo a diacronia como campo empírico da Semântica Cognitiva.

A investigação diacrónica de inspiração cognitivista tem-se desenvolvido em dois domínios principais. Um é a renovada procura da *regularidade* no desenvolvimento do significado (as tradicionais "leis da mudança semântica"), e nele destacam-se o amplo estudo (cognitivista e funcionalista) sobre a *gramaticalização* (Sweetser 1990, Heine, Claudi & Hünnemeyer 1991, Hopper & Traugott 1993, Traugott & Dasher 2002, Wischer & Diewald 2002) e os estudos sobre padrões e trajectórias de conceptualização e lexicalização, como as *metáforas conceptuais* dominantes ou universais (Lakoff & Johnson 1980, 1999) e outros processos (Blank 1997, Blank & Koch 1999, 2003). O outro é a aplicação da *teoria do protótipo* sobre a estrutura interna das categorias aos processos de mudança lexical (Geeraerts 1997). Ambos têm contribuído para o *renascimento* da Semântica Histórica. Blank & Koch (1999) e Silva (2005a) dão uma visão de conjunto da investigação cognitivista actual.

4.2. Distinções prévias

Para responder às perguntas em epígrafe, convém estabelecer as seguintes distinções:

- a distinção entre *mecanismos* e *motivações* da mudança;
- a distinção entre *semasiologia* e *onomasiologia*;
- a distinção entre os *aspectos qualitativos* e os *aspectos quantitativos* da mudança;
- a distinção entre *significado referencial* e *significado não-referencial*;
- a distinção entre *mecanismos lexicogenéticos* e *mecanismos sociolexicológicos*.

Uma coisa é saber *por que* surgem novos significados ou novas palavras, isto é, quais as *motivações* ou *causas* da mudança, e outra coisa é saber *como* surgem esses novos significados ou novas palavras, isto é, quais os *mecanismos* da mudança. Os mecanismos da mudança não podem pois ser confundidos, como por vezes acontece, com as causas da mudança: estas especificam as razões da realização efectiva dos desenvolvimentos potenciais possibilitados por aqueles.

No estudo das palavras, podemos partir, ora da palavra para os seus sentidos e referentes, ora de um significado ou conceito (ou uma entidade referencial) para as diferentes palavras ou itens lexicais que o podem designar. É a distinção entre *semasiologia* e *onomasiologia* (na qual se baseia a diferença entre *significação* e *nomeação*). Diacronicamente, a distinção dá-se entre a *mudança semasiológica* ou desenvolvimento de novos sentidos de uma determinada palavra e a *mudança onomasiológica* ou expressão de determinado conceito, previamente lexicalizado ou não, por um novo ou diferente item lexical.

Uma outra distinção básica é a que deve estabelecer-se entre os aspectos *qualitativos* e os aspectos *quantitativos* das estruturas lexicais, e logo também das mudanças. Diacronicamente, a dimensão qualitativa da mudança envolve as novas entidades quer semasiológicas (novos sentidos) quer onomasiológicas (novas palavras/nomeações) e os mecanismos que geraram essas inovações, ao passo que a dimensão quantitativa tem que ver com diferenças de saliência dessas entidades (mudanças implicadas por efeitos de prototipicidade) e desses mecanismos (existência de mecanismos preferenciais).

A distinção entre significado *referencial* (conceptual, denotacional) e significado *não-referencial* (emotivo, estilístico, sociolinguístico ou discursivo) está na base da distinção entre mudança do significado referencial e mudança do significado não-referencial.

Finalmente, a distinção entre mecanismos *lexicogenéticos* de formação de novos significados ou novas palavras e mecanismos *sociolexicológicos* de propagação de mudanças individuais pela comunidade linguística.

4.3. Motivações da mudança semântica

Por que surgem novos significados ou quais as motivações da mudança semântica? Lembremos, para começar, duas explicações tradicionais da mudança linguística em geral: o velho princípio do "menor esforço" e a resposta coseriana de que as línguas mudam "porque não estão feitas, mas fazem-se continuamente" ou simplesmente "mudam porque mudam" (Coseriu 1958). A primeira resposta é geralmente ridicularizada porque simplória e mecanicista, ao passo que a segunda tem todo o ar de científica e, mais do que isso, linguística. Mas de entre as duas, e não obstante a segunda relevar um aspecto essencial das línguas (a sua natureza dinâmica), iremos encontrar mais razões para escolher a aparentemente simplória do que a pretensamente científica. Ou seja: não é propriamente na estrutura das línguas, ainda que ela possa ser condicionante, mas nos utentes das mesmas que encontraremos respostas para a questão. Mais claramente ainda, a mudança não tem a sua origem dentro da língua, mas no uso da língua, isto é, em factores externos à estrutura da língua. Aliás, o próprio Coseriu (1958: 116) apresenta como motivação geral da mudança linguística a "finalidade expressiva (e comunicativa) dos falantes".

Vejamos, entretanto, o que é que Ullmann (1951, 1962) diz a propósito – os seus estudos sintetizam o "estado da arte" das reflexões do séc. XIX e grande parte do séc. XX sobre as causas, a natureza e as consequências da mudança semântica. Ullmann (1962: 197-210) inventaria seis tipos de "causas da mudança semântica": causas linguísticas, históricas, sociais, psicológicas, influência estrangeira e necessidade de um novo nome, exemplificadas, respectivamente, em (1)-(6):

(1) Fr. *pas* 'passo' > 'não' (< *ne ... pas*)
(2) Fr. *plume* / Port. *pena* 'pena de ave para escrever' > 'instrumento de escrever com ponta de metal'
(3) Lat. *cubare* 'deitar-se' > Fr. *couver* 'chocar, incubar'
    Ingl. *lure* 'isca, engodo' (usado pelos falcoeiros) > 'algo que atrai'
(4) Lat. Vulgar *male habitus* 'em mau estado' > Fr. *malade*, It. *malato* 'doente'
(5) Gr. ἄγγελος 'mensageiro' > 'anjo', que copia a polissemia do Hebr. *ml'k* 'mensageiro, anjo'
(6) Lat. *torpedo* 'torpor' > 'tremelga (peixe)' > Ingl., Port., etc. *torpedo* 'explosivo submarino'

Mas as "causas históricas" (*plume*), a "necessidade de um novo nome" (*torpedo*) e a "influência estrangeira" (ἄγγελος) não passam de aspectos de um mesmo tipo: a necessidade de verbalizar um novo conceito. E quanto às "causas linguísticas", a elipse lexical não é a motivação da mudança semântica de *pas*, mas a condição que torna possível essa mudança. Os seis tipos podem então reduzir-se a três. Por outro lado, faltam outras causas tradicionalmente reconhecidas, tais como o conflito homonímico ou a ironia.[1]

---

1 Para a discussão crítica da tipologia de Ullmann, ver Geeraerts (1983, 1997: 85-92) e Blank (1997: 34-44, 1999a: 66-69).

As verdadeiras motivações da mudança semântica, bem como da mudança linguística em geral, não as podemos encontrar nas próprias línguas, mas antes nos objectivos pragmáticos dos seus utentes – objectivos naturais de expressividade e de eficiência comunicativas. São as inovações linguísticas as estratégias de que os falantes se podem servir para conseguirem ou aumentarem o seu sucesso comunicativo – ver Croft (2000) e o seu modelo biológico evolucionário da mudança linguística. E estas estratégias podem orientar-se ora em benefício do locutor, reduzindo o seu esforço linguístico e aumentando a sua eficácia comunicativa, ora em benefício do alocutário, evitando eventuais factores de distúrbio e assegurando a compreensão correcta. O Quadro 1 sintetiza a explicação psicológico-funcional proposta por Geeraerts (1997) das motivações da mudança lexical, sob a forma de dois princípios de eficiência.

	Orientado para o FALANTE: optimização da produção	Orientado para o OUVINTE: optimização da percepção
FORMA FONOLÓGICA	facilidade de articulação: processos lenitivos	processos fortificadores
RELAÇÃO LEXICAL ENTRE FORMA E SIGNIFICADO	flexibilidade e estabilidade baseadas em protótipos	isomorfismo iconicidade

Quadro 1. Princípios de eficiência e motivações da mudança lexical

Assim como a nível fonológico processos lenitivos permitem ao falante despender menos energia e processos fortificadores tornam as palavras mais distintas e mais claras para o ouvinte, assim também na relação lexical entre forma e significado funcionam idênticos princípios de eficiência. Por um lado, a eficiência orientada para a *produção do falante* motiva a prototipização e a polissemização. Uma categoria assim estruturada satisfaz três tendências funcionais do sistema cognitivo humano: não só a *densidade informativa* ou máxima informação com o mínimo esforço, como também a *flexibilidade*, permitindo ao falante adaptar a categoria a novas circunstâncias e nela integrá-las, e a *estabilidade estrutural*, permitindo-lhe interpretar novos factos através do conhecimento já existente (o centro prototípico da categoria) e, deste modo, evitar que aquela flexibilidade torne a categoria comunicativamente ineficiente. Está aqui a explicação maior da *prototipicidade* ou tendência de as categorias se estruturarem com base em protótipos (Geeraerts 1988a). Por outro lado, a eficiência orientada para a *percepção do ouvinte* motiva o *isomorfismo* entre forma e significado ("1 forma, 1 significado") e a *iconicidade* da forma, facilitando assim ao ouvinte a interpretação da mensagem.[2]

Apenas uma muito breve referência à história semântica do verbo *deixar* (Silva 1999a), bem elucidativa a este propósito. O princípio da optimização da *produção do falante* deixa ver-se nas sucessivas expansões do étimo latino *laxare*, concretamente do sentido 'largar, soltar, libertar', e nas reestruturações de protótipos ao longo da história portuguesa de *deixar*. Face à grande flexibilidade semântica, a pôr em perigo a estabilidade categorial, a necessidade de optimização da *percepção do ouvinte* conduziu à formação de duas categorias em tensão homonímica no interior da estrutura de *deixar* – a de 'abandonar' e a de 'não intervir' – e à sua diferenciação formal, iconicamente expressa na complementação nominal para a primeira e na complementação verbal para a segunda. Mais ainda, o verbo *deixar* mostra como os dois princípios de eficiência, aparentemente contraditórios, se compatibilizam: o princípio da prototipicidade precede o princípio do isomorfismo e este só se aplica a categorias conceptuais tomadas como um todo organizado com base em protótipos, e não aos seus matizes semânticos.

Ao princípio de prototipicidade correspondem, pois, mudanças que envolvem os objectivos pragmáticos particulares dos falantes, essencialmente as suas necessidades *expressivas* (no sentido geral de 'necessidade de exprimir algo verbalmente'), conscientes ou não, ao passo que ao princípio de isomorfismo correspondem mudanças relacionadas com a estrutura da língua e com propriedades gerais da comunicação (evitar a

---

2 Estes dois princípios de eficiência – optimização da produção do falante e optimização da percepção do ouvinte – encontram-se de formas diversas na literatura recente sobre a mudança linguística. Por exemplo, Langacker (1977) e Kemmer (1992) falam de Princípio de Menor Esforço e Princípio de Máxima Distintividade. Lewandowska--Tomaszczyk (1985) esclarece que o Princípio de Menor Esforço, embora tradicionalmente entendido na direcção do locutor, também pode ser interpretado no sentido do alocutário: a máxima distintividade de codificação por parte do locutor facilita o menor esforço de decodificação por parte do alocutário. Acrescente-se ainda que uma das mais antigas formulações destes dois princípios de eficiência se deve a Gabelentz (1891), designadamente à sua distinção entre "Bequemlichkeitstrieb" e "Deutlichkeitstrieb".

confusão e o equívoco). Mas umas e outras mostram que tanto a prototipicidade como o isomorfismo e a iconicidade são os meios de que os falantes se servem para realizar as suas necessidades expressivas e comunicativas.[3]

É curioso notar que estes dois princípios de eficiência estiveram presentes em diferentes períodos da história da semântica diacrónica. No período pré-estruturalista da semântica histórico-filológica, a mudança semântica foi explicada em termos de necessidades expressivas e estratégias de eficiência comunicativa.[4] No período estruturalista, a explicação da mudança centra-se no princípio de isomorfismo, não tanto por este envolver a optimização das configurações estruturais das palavras e seus significados ou então reflectir a definição saussureana do signo linguístico, mas essencialmente como rejeição da explicação psicológica anterior e em sintonia com a ideia da língua como sistema autónomo.

É importante também fazer notar que estes princípios de eficiência cognitiva e comunicativa e de expressividade são afins à importante teoria da mudança semântica da subjectivização do significado, de que falaremos mais adiante.

É claro que os dois princípios de eficiência, orientados um para o falante e outro para o ouvinte, e os seus respectivos corolários (prototipicidade e isomorfismo) são motivações muito gerais. Mas cada um deles

---

3 No seu primeiro estudo sobre as motivações da mudança semântica, Geeraerts (1983) fala de *expressividade* e de *eficiência* como sendo os dois factores fundamentais da mudança. Esclarece Geeraerts (1997) que prototipicidade, por um lado, e isomorfismo e iconicidade, por outro, são diferentes formas do princípio de eficiência e que, sendo a expressividade a "primeira causa" da mudança, a eficiência tem que ver com a escolha dos meios linguísticos para a realização da intenção expressiva. Mas Blank (1997, 1999a) considera problemática esta complementaridade e assimetria entre expressividade e eficiência (as inovações podem ser eficientes sem serem estritamente expressivas), pelo que prefere falar de *eficiência* também em sentido mais abstracto – no de comunicação da forma mais bem sucedida e com o mínimo esforço linguístico possível – e considera esta *eficiência de comunicação* como a motivação geral da mudança linguística.

4 Michel Bréal formula de uma forma exemplar este ponto de vista: "O objectivo, em matéria de linguagem, é o de ser entendido. A criança, durante vários meses, exerce a sua língua proferindo vogais, articulando consoantes: quantas tentativas goradas, antes de conseguir pronunciar claramente uma sílaba! As inovações gramaticais são do mesmo tipo, mas com uma diferença: toda a comunidade linguística colabora no processo. Quantas construções desajeitadas, incorrectas, obscuras, antes de encontrar aquela que será, não a expressão adequada (não é em todo o caso), mas pelo menos a suficiente para traduzir o pensamento!" (Bréal 1924: 8).

permite a identificação de motivações mais específicas (Blank 1997, 1999a). Assim, em relação ao primeiro, podem apontar-se, além da prototipicidade e seus efeitos particulares, a verbalização de novos conceitos ou de conceitos abstractos (cf. exemplos 2, 5 e 6, acima, e ainda 7), a estruturação dos conceitos por redes e a relação estreita entre grupos de conceitos (8), a complexidade supérflua (9) e a irregularidade no léxico (10); e em relação ao segundo, a eventual existência de factores de distúrbio interpretativo – conflitos homonímicos (cf. o famoso exemplo estudado por Gilliéron, dado em 11) e polissémicos – e a verbalização expressiva de conceitos emotivamente marcados (12).[5] Acresce a tudo isto a mudança sócio-cultural (exs. 2 e 3, ou ainda a reestruturação do campo lexical das refeições do dia em francês e noutras línguas) e as necessidades expressivas particulares dos falantes.

(7)   Port. *rato* 'animal roedor' > 'dispositivo do computador'
      Port. *ver* 'perceber pelo sentido da visão' > 'compreender'
      Lat. *pupilla* 'menina, boneca' > 'pupila (do olho)'
(8)   Lat. *focus* 'lareira' > 'fogo'
(9)   Port. *portátil* 'que se pode transportar com facilidade' > 'computador' (< *computador portátil*)
(10) Lat. *eques* 'soldado de cavalaria' > 'cavaleiro' '→ Lat. *pedes* 'soldado de infantaria' > 'plebeu'
(11) Lat. *vicarius* 'presidente da aldeia' > Gascão *bigey* 'galo' (< Lat. *gallus* 'galo' > Gasc. **gat*; Lat. *cattus* 'gato' > Gasc. *gat*)
(12) Lat. *infirmus* 'débil' > 'doente'
      Lat. Vulg. **tripalium* 'tortura' > Port. *trabalho*

4.4. Mecanismos (lexicogenéticos e sociolexicológicos) da mudança semântica

Passemos à questão de como é que surgem novos significados ou quais os mecanismos da mudança semântica.[6]

---

[5] Blank (1999a) propõe uma tipologia cognitiva constituída por seis tipos de motivações da mudança semântica, que têm que ver com o modo como percebemos o mundo e estruturamos os nossos conceitos e com a estrutura e a forma do léxico de uma língua.
[6] Não nos interessa aqui a mudança morfo-sintáctica e muito menos a fonológica, cujos mecanismos maiores são a reanálise e a analogia.

Dada a sua popularidade, tomemos como ponto de partida a classificação de Ullmann (1951: 220-244, 1962: 211-227).

1. Mudanças por conservantismo linguístico

2. Mudanças por inovação linguística

	Transferência de *significante* baseada em relações associativas entre *significados*	Transferência de *significado* baseada em relações associativas entre *significantes*
Relações paradigmáticas: similaridade	Metáfora	Etimologia popular
Relações sintagmáticas: contiguidade	Metonímia	Elipse

3. Transferências compósitas

Quadro 2. Classificação das mudanças semânticas (Ullmann 1951)

Na sua versão original e mais extensa, sistematizada no Quadro 2, Ullmann estabelece uma classificação com base na distinção entre mudanças por conservantismo linguístico e mudanças por inovação linguística. As primeiras ocorrem quando mudanças no referente de uma palavra não são acompanhadas de mudanças no nome dessa palavra (cf. ex. 2, dado acima: *plume, pena*). As segundas dão-se nos casos em que a rede de associações de uma palavra influencia o seu desenvolvimento, a ponto de surgirem novos significados ou novos nomes. Nestes casos, Ullmann distingue entre *transferência de nomes* ou significantes por similaridade ou por contiguidade entre sentidos (respectivamente, mudanças metafóricas e metonímicas), *transferência de sentidos* por similaridade ou por contiguidade entre significantes (respectivamente, a etimologia popular e a elipse) e ainda *transferências compósitas*, isto é, de significantes e de significados ao mesmo tempo.

Estamos perante uma classificação *funcional*, diferente das classificações tradicionais *lógico-retóricas* (Sappan 1987). Mas, e como refere Geeraerts (1983, 1997: 87-93) na sua discussão crítica da tipologia de Ullmann, há alguns problemas: entre outros, as mudanças por conservantismo podem ser interpretadas como resultando de uma inovação (a introdução de um novo conceito no campo de aplicação semasiológica de um termo é um acto de inovação); o tratamento incompleto da mudança onomasiológica com a exclusão de mudanças por introdução de nomes (novos derivados ou novos compostos, empréstimos); e, num plano geral, a abordagem estruturalista da mudança baseada na ideia da língua como um sistema de associações e oposições.

O Quadro 3 sistematiza a reclassificação de Geeraerts (1997) dos mecanismos lexicogenéticos da mudança lexical, tanto semasiológicos como onomasiológicos.

	significado referencial		significado não-referencial
MUDANÇA SEMASIOLÓGICA	independente metáfora metonímia generalização especialização	analógica sintáctica fonética semântica	pejorativa melhorativa *et al.*
MUDANÇA ONOMASIOLÓGICA	formação de palavras (derivação, composição) criação (neologismo, onomatopeia) empréstimo deformação (fonética): elipse, mesclagem extensão semasiológica		

Quadro 3. Mecanismos lexicogenéticos de mudança lexical (Geeraerts 1997)

Dentro do grupo dos mecanismos semasiológicos, é feita uma distinção entre mudanças de significado referencial e mudanças de significado não-referencial. As primeiras subdividem-se em mudanças analógicas e mudanças independentes, consoante o novo significado imite ou não a semântica de outra expressão relacionada. As mudanças *independentes* de significado conceptual – o núcleo duro da semasiologia diacrónica tradicional – compreendem os quatro tipos clássicos denominados especialização, generalização, metonímia e metáfora (para os dois primeiros, ver os exemplos de Ullmann, dados acima em 3).[7] E as mudanças *analógicas* são sub-classificadas na base da natureza da relação de associação: sintáctica (cf. o exemplo do francês *pas*, dado acima em 1), fonética (fr. *maroufle* 'gato' > 'goma, cola', por duplicação da homoní-

---

7 No seu *Essai de Sémantique* (1897), Bréal distinguiu os seguintes tipos de mudança semasiológica: pejoração, melhoração, restrição, generalização, metáfora e contágio (metonímia).

mia de *chat* 'gato' e *chas* 'goma, cola'; Guiraud, 1956) e semântica (cf. o exemplo do grego ἄγγελος, dado acima em 5). As mudanças de significado não-referencial podem envolver qualquer tipo de significação não-referencial: emotiva (cf. os exemplos eufemístico e disfemístico de 11), estilística (p. ex., *permitir*, do registo formal, em oposição a *deixar*) e discursiva ou pragmática (cf. *bom dia!*); tradicionalmente, compreendem as mudanças pejorativas e melhorativas de significado emotivo. Quanto aos mecanismos onomasiológicos, são identificados cinco tipos: podem formar-se novas palavras pela aplicação de regras morfológicas de derivação ou composição, por criação, por empréstimo, por deformação fonética (elipse [*metro* < *metropolitano*] ou mesclagem [*nim* < *não* + *sim*]) e ainda por extensões semasiológicas de palavras já existentes – são, aliás, estes os mecanismos do que costuma designar-se como *neologia*.

Fixemo-nos no quarteto clássico da metaforização, metonimização, generalização e especialização. Observe-se primeiro que estes mecanismos semasiológicos operam também a nível onomasiológico. A teoria da *metáfora conceptual* de Lakoff & Johnson (1980, 1999) demonstra-o bem.[8] Por outro lado, um dos mecanismos da mudança onomasiológica é justamente a extensão semasiológica, pelo que aquela mudança compreende esta (mas não o inverso).

Uma outra questão é saber se este quarteto esgota os mecanismos básicos de mudança semasiológica. A história do verbo *deixar* revela o que parece ser um outro mecanismo de extensão: a inversão ou *auto-antonímia* entre os dois grupos de sentidos (o de 'abandonar' e o de 'não se opor'). Mas porque o protótipo primário do étimo latino *laxare* 'largar--soltar-libertar' combina, sem ambiguidade, as duas imagens conceptuais inversas entre si (a do dinamismo do objecto e a do dinamismo do sujeito) e porque a correspondente polissemia só se desenvolveu mais tarde, então essa auto-antonímia é mais propriamente um epifenómeno, porventura um efeito de uma generalização metonímica.[9] Um outro caso é o da convencionalização de *implicaturas* (*conversacionais* ou *con-*

---

8 Ver também os trabalhos de Sweetser (1990), sobre a evolução de verbos de percepção, modais e conjunções, e de Santos Domínguez & Espinosa Elorza (1996), aplicando a teoria de Sweetser à semântica diacrónica do espanhol.
9 Sobre a auto-antonímia ou polissemia antonímica, ver Lutzeier (1997) e Lewandowska--Tomaszczyk (1998).

vencionais) ou, na designação mais recente de Traugott & Dasher (2002: 34), convencionalização de *inferências desencadeadas*, considerada como um mecanismo autónomo de mudança semântica (Traugott 1989, Traugott & König 1991, Lima 1999). Mas esta convencionalização, que tem aliás correspondência com o que mais adiante se referirá como mudança a partir de um subconjunto pragmático de um significado já existente, não deixa de participar do mecanismo da metonimização, como Traugott & Dasher (2002) reconhecem e como o mostra o desenvolvimento dos sentidos trivalentes de *laxare*, por perspectivação de uma implicação do protótipo ('largar-soltar num determinado lugar'), ou o tão discutido caso da expressão do futuro com o verbo *ir* e seus equivalentes noutras línguas (Lima 1999, 2001 defende o contrário).[10] Ainda um terceiro caso é o que Langacker (1990a) e Traugott (1989) denominam *subjectivização* – dada a sua complexidade, será discutido mais adiante. Entretanto, pode já adiantar-se que este conceito novo, mas frequentíssimo processo de mudança semântica, envolve mecanismos metonímicos (Traugott & Dasher 2002: 30, 81).[11]

---

10 Traugott & Dasher (2002: 27-40, 78-81) consideram a *inferenciação desencadeada* ("invited inferencing") como um mecanismo maior de mudança semântica (a par ou mesmo incluído no da *subjectivização*), mas reconhecem que o mesmo participa do mecanismo básico da metonimização. Posição diferente é assumida por Queller (2003), argumentando que inferências do uso, na base das quais estão muitas mudanças semânticas, podem não envolver mecanismos metonímicos. A questão desta divergência, bem como da que referiremos na nota seguinte, estará provavelmente na própria noção de metonímia, nomeadamente na dificuldade em reconhecer a vertente discursiva desta e a sua estreita relação com o fenómeno da inferenciação pragmática (Traugott & Dasher 2002: 78-81; Panther & Thornburg 2003). Sobre a natureza da metonímia, ocupar-nos-emos no capítulo seguinte.

11 Lima (1999, 2006), apoiando-se nos trabalhos funcionalistas de E. Traugott e seus associados, argumenta que metáfora e metonímia poderão não explicar a emergência de novos significados polissémicos, na medida em que se considerar que a mudança semântica não é necessariamente uma questão de conceptualização, mas de factores pragmáticos e conversacionais. Consequentemente, Lima encontra um maior poder explicativo da mudança semântica e da polissemia na teoria funcionalista da *inferenciação desencadeada* do que na teoria cognitivista da metáfora e da metonímia conceptuais. Estas observações críticas resultam, porém, de uma visão um tanto unilateral dos fenómenos. Com efeito, as operações de conceptualização, de que metáfora e metonímia são exemplos, não são avessas a factores pragmáticos e conversacionais, na mesma medida em que a conceptualização é necessariamente experiencial e interactiva, como argumentaremos no capítulo 12. Os próprios autores funcionalistas reconhecem, como já referimos, que os dois conceitos-chave de *inferenciação desencadeada* e *subjectivização* envolvem mecanismos de metonimização (Traugott &

Em amplo estudo fundamentado nas línguas românicas, Blank (1997: cap. 5, 2003) distingue 11 mecanismos de mudança semasiológica: para além da metáfora, metonímia, generalização (extensão) e especificação (restrição), a que acrescenta a transferência de co-hipónimos, também a já referida auto-antonímia, à qual junta a auto-conversão e a antífrase, e ainda a elipse (absorção), a etimologia popular e a analogia. Blank estuda a correlação entre estes tipos de mudança semasiológica e as suas contrapartidas sincrónicas expressas em estados de polissemia. E verifica que o isomorfismo entre processos diacrónicos e estados sincrónicos não é completo: por exemplo, à etimologia popular e a um tipo de elipse corresponde polissemia metonímica.

Tendemos a falar de todos estes mecanismos lexicogéticos como se eles desempenhassem um papel dentro das línguas. É assim que dizemos que o português tomou a palavra *futebol* por empréstimo do inglês. Ora, uma língua, em si, não é obviamente um agente humano: o que acontece é que os falantes de uma língua agem de certa maneira (usando, por exemplo, uma palavra estrangeira), e esses actos individuais conduzem a mudanças a nível de toda a comunidade linguística. Keller (1994) introduziu uma metáfora da economia, bem expressiva para explicar este fenómeno: a mudança como processo de *mão invisível*. Quer dizer: assim como a vida económica de uma comunidade consiste, no plano micro--económico, de um sem-número de acções e transacções individuais e, no plano macro-económico, estas acções individuais resultam em fenómenos globais, como o "boom" económico ou a inflação; assim também as mudanças linguísticas envolvem uma infinidade de actos comunicati-

---

Dasher 2002). Afinal, operações de conceptualização e factores pragmáticos e conversacionais são dimensões complementares da mudança semântica e da polissemia (e do significado em geral), como pretendemos mostrar neste estudo. Esta visão integrada deixa ver-se nas palavras de Traugott & Dasher (2002: 29): "Dado que a abordagem desta obra em relação aos processos de mudança é a da Teoria da Mudança Semântica baseada na Inferência Desencadeada (IITSC-Invited Inferencing Theory of Semantic Change) e incide nas inferências desencadeadas, o volume aborda igualmente o mecanismo da metonimização conceptual e discursiva e o seu papel na mudança semântica". Um segundo argumento de Lima (1999, 2006) para mostrar os limites da metáfora e da metonímia na explicação da mudança semântica é o fenómeno da *convencionalização*. Ora, também aqui a crítica é unilateral: metonimização e metaforização integram a vertente lexicogenética da mudança semântica, mas esta, como veremos já a seguir, compreende uma segunda vertente, a dos mecanismos sociolexicológicos, que justamente conduzem à convencionalização dos novos significados.

vos e propagam-se pela comunidade linguística como se fossem conduzidas por uma força invisível.

Como é que se dá então a transição do plano individual para o plano global, ou quais são os mecanismos que propiciam os efeitos cumulativos dos actos individuais?[12] Como é que se dá, afinal, a *convencionalização* dos novos significados? As mudanças propagam-se pela comunidade de dois modos: ora por criação paralela, ora por imitação serial. A primeira situação ocorre quando os membros de uma comunidade se confrontam perante o mesmo problema expressivo e comunicativo e escolhem, cada um por si, a mesma solução. A introdução do termo inglês *football* na língua portuguesa (e em muitas outras) processou-se, pelo menos até certo ponto, desta maneira: mais ou menos ao mesmo tempo, várias pessoas adoptaram o termo inglês para darem nome à nova e popular modalidade desportiva na sua língua materna, adaptando-o a esta. A segunda situação ocorre quando, por exemplo, alguém ou alguns introduzem um termo estrangeiro, outros imitam-no(s), os que imitaram são imitados por outros ainda, e assim sucessivamente. Uma imagem sugestiva é a de um engarrafamento de trânsito: um grande número de carros tem que, sucessivamente, parar por força de uma mão invisível. Esta situação também terá ocorrido em certo ponto do processo de propagação do termo *futebol*.

Estes dois mecanismos de propagação de mudanças individuais são, pois, *sociolexicológicos*. Croft (2000) procura mostrar que enquanto os mecanismos de inovação são funcionais, isto é, envolvem a relação forma--função/significado, os de propagação são mecanismos de selecção, no sentido evolucionário do termo, e portanto sociais. Cabe, assim, à *sociolexicologia* o estudo da realização actual das mudanças lexicais, do modo como as mudanças individuais de introdução de novos sentidos e de novas palavras se propagam pela comunidade linguística. Esta perspectiva sociolexicológica da mudança lexical é eminentemente *pragmática*, na medida em que releva do plano da *parole* – da realização *actual* das mudanças feitas pelos indivíduos e difundidas pela comunidade linguística. Por outro lado, ela incorpora, crucialmente, todos os valores *não-referenciais* das palavras (emotivos, estilísticos, sociolinguísticos, discursivos), visto que são também factores que podem determinar essas mudanças.

---

12 Em rigor, a distinção dá-se entre a *inovação* individual, que pode não espalhar-se pelos outros membros da comunidade linguística, e a *mudança*, que envolve propagação pela comunidade linguística.

Quer isto dizer que a mediação indispensável entre as estruturas lexicais e os mecanismos lexicogenéticos é feita pela sociolexicologia pragmática: todo o processo de mudança lexical pressupõe as estruturas lexicais existentes e os mecanismos lexicogenéticos de criação de novas entidades lexicais. É isto mesmo o que se passa a nível sincrónico das escolhas onomasiológicas (a selecção que o falante tem que fazer de uma expressão lexical de entre outras alternativas para nomear determinado conceito/referente): a mediação entre as estruturas disponíveis e os mecanismos lexicogenéticos é feita pela onomasiologia pragmática e sociolexicológica (ver Geeraerts 2002b, Grondelaers & Geeraerts 2003, Silva 2005b). Tudo isto evidencia a posição central da sociolexicologia pragmática no domínio da semântica histórica (equivalente à centralidade da onomasiologia pragmática e sociolexicológica no domínio da onomasiologia).[13] A Figura 1, adaptada de Geeraerts (2002b), representa bem esta centralidade e toda a arquitectura da semântica histórica (o rectângulo da esquerda corresponde ao plano virtual sincrónico e o da direita ao plano virtual diacrónico; a área central representa a dimensão *on-line* da mudança lexical).

O processo de mudança lexical – compreendendo o acto individual de criação de novos sentidos ou novas palavras e a sua difusão pela

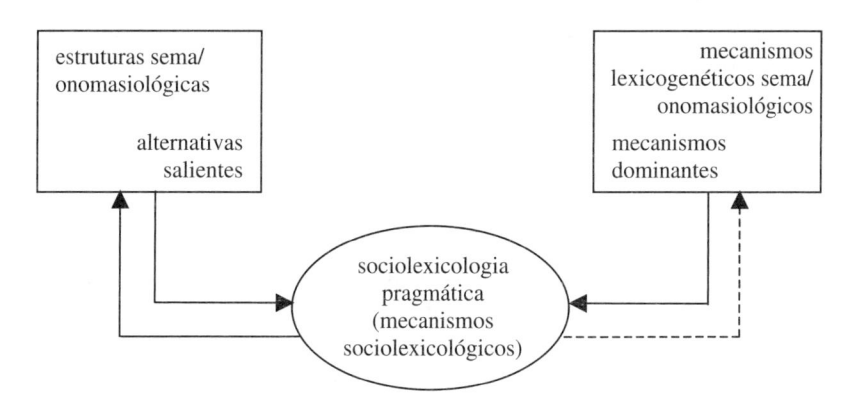

Figura 1. Centralidade da sociolexicologia pragmática na mudança lexical

---

13 Em Silva (2004e, 2005c, 2006a; Silva & Duarte 2005), podem encontrar-se as linhas programáticas e os resultados de um projecto de sociolexicologia cognitiva do português que visa saber se as variedades europeia e brasileira se encontram num processo de convergência ou de divergência.

comunidade – tem como *input* (cf. as setas que se dirigem para o centro), de um lado, as estruturas semasiológicas e onomasiológicas existentes e a dimensão quantitativa das alternativas salientes e, do outro lado, os mecanismos lexicogenéticos tanto semasiológicos (criação de novos sentidos) como onomasiológicos (introdução de novas palavras/ /nomeações), incluindo a dimensão quantitativa dos mecanismos dominantes. Por outro lado, a mudança das estruturas e dos mecanismos é o *output* (cf. as setas que se dirigem para os rectângulos) de actos individuais de mudança e dos seus efeitos cumulativos a nível da comunidade. Esses actos de mudança afectam, primariamente, as estruturas sincrónicas, através da adição ou remoção de sentidos e itens ou de mudanças de saliência, e, secundariamente (donde a seta descontínua), os mecanismos lexicogenéticos.

4.5. Prototipicidade e mudança semântica

Ainda em relação ao *como* da mudança semântica, mas também aos *porquês*, está a questão das suas próprias características ou formas, raramente colocada nos estudos tradicionais. A resposta vamos encontrá-la na aplicação diacrónica da teoria do protótipo, onde se destaca o modelo elaborado por Geeraerts (1997), que sintetizamos no Quadro 4.

Os processos de mudança semasiológica tomam determinadas formas implicadas por *efeitos de prototipicidade* na estrutura interna das categorias. Geeraerts (1997) identifica quatro características prototípicas (a)-(d), decorrentes de outras tantas características da estruturação *prototípica* das categorias lexicais (1)-(4), e que aqui vamos ilustrar com fragmentos da história de *deixar* (Silva 1999a).

Primeiro, as diferenças de saliência entre os elementos do campo de aplicação referencial de uma categoria fazem com que mudanças na *extensão* de um único significado tomem a forma de modulações do seu centro prototípico e de uma consequente expansão deste.[14] Foi assim que o étimo latino *laxare* 'afrouxar, relaxar' desenvolveu o sentido prototípico 'largar, soltar, libertar' e, a partir daí, surgiram os restantes desenvolvimentos semânticos.

---

14 Cifuentes Honrubia (1990) fala da polissemia como *protótipo diacrónico* ou "processo de transformações de um protótipo em contínua sistematização".

	EXTENSIONALMENTE (a nível referencial)	INTENSIONALMENTE (a nível dos significados)
NÃO-IGUALDADE (efeitos de saliência, estrutura interna centro+periferia)	(1) graus de representatividade entre os membros de uma categoria ↓ (a) mudança semântica como modulações de centros prototípicos	(2) agrupamento de significados em "parecenças de família" e sobreposições ↓ (b) mudança semântica como alteração da estrutura de significados em "parecenças de família" e sobreposições
NÃO-DISCRIÇÃO (problemas de demarcação, flexibilidade)	(3) flutuações nas margens de uma categoria, ausência de limites nítidos ↓ (c) mudanças semânticas efémeras (poligénese semântica)	(4) impossibilidade de definições em termos de "condições necessárias e suficientes" ↓ (d) natureza "enciclopédica" da mudança semântica: mudança a partir de aspectos contextuais de significados já existentes

Quadro 4. Prototipicidade e características da mudança semântica

Segundo, o agrupamento de significados em "parecenças de família" faz com que mudanças na *intensão* de uma categoria envolvam, não sentidos individuais e isolados, mas todo o conjunto de sentidos assim agrupados: é esta estrutura radial que se altera, ora na forma de desenvolvimentos a partir de vários sentidos coexistentes e/ou desaparecimentos de sentidos periféricos, ora na forma de reorganizações de protótipos. Foi assim que no Latim pós-clássico e tardio novos sentidos de *laxare*, como 'abandonar', 'permitir', 'legar', surgiram do novo protótipo 'largar, soltar, libertar', mas com influências de antigas e novas aplicações; por exemplo, o sentido normativo 'permitir, autorizar' formou-se daquele protótipo através do sentido, também derivado e sócio-moral, de 'conceder (dom, direito), perdoar, isentar'. E foi também assim que, ao mesmo tempo, desapareceram sentidos primitivos, como 'alargar, estender' e, um pouco mais tarde, 'afrouxar, relaxar', e ainda o sentido derivado 'perdoar, isentar'. E foi ainda assim que a desprototipização de 'largar, soltar, libertar' nos finais da latinidade abriu caminho à prototipização de 'abandonar', de um lado, e de 'permitir, autorizar', do outro, e que esta reestruturação de protótipos, consumada no Português antigo, foi seguida de uma outra, que levou à prototipização do sentido *passivo* de 'não intervir' (em detrimento do sentido *activo* 'permitir, autorizar').

Terceiro, a flexibilidade extensional ou ausência de limites nítidos explica que a mudança tome a forma de modulações efémeras das margens de uma categoria, de que pode resultar uma poligénese semântica, isto é, o facto de um mesmo significado surgir mais do que uma vez na história da palavra.

Quarto, a flexibilidade *intensional* ou a impossibilidade de uma definição em termos de "condições necessárias e suficientes" determina a natureza *enciclopédica* da mudança semântica, no sentido de esta poder envolver qualquer informação associada a um determinado item lexical e, consequentemente, um novo sentido poder surgir, não de um sentido já existente como um todo, mas de um subconjunto pragmático ou de uma inferência. Foi assim que se desenvolveram os sentidos trivalentes de *deixar*, a começar por 'ir embora depois de ter deslocado (o objecto)': este sentido espacial e, através dele, os outros sentidos trivalentes ('ir embora depois de ter alterado / de ter transferido a posse, isto é, legar') surgiram de uma *reanálise* de um subconjunto contextual e pragmático bivalente do protótipo, nomeadamente '*x* solta, liberta *y*, num determinado lugar', na estrutura trivalente '*x* deixa *y* num determinado lugar'.

4.6. Gramaticalização, subjectivização e caminhos de lexicalização

Desde Meillet (1912: 131) que se entende por *gramaticalização* o processo pelo qual uma unidade lexical passa a assumir uma função gramatical ou uma unidade gramatical passa a assumir uma função ainda mais gramatical. Na caracterização cognitivo-funcionalista (Traugott & Heine 1991, Hopper & Traugott 1993; Traugott & Dasher 2002; Silva 1996b, 1999a), é um processo gradual de *descategorialização* e de *reanálise* morfo-sintáctica ou ajustamento da forma às propriedades categoriais da nova função e de, mais do que *des-semantização* ou *desbotamento semântico* ("semantic bleaching", Lehmann 1985, 1995, 2002), *pragmatização* do significado (Hopper & Traugott 1993),[15] que

---

15 Mais do que perdas de significado lexical, a gramaticalização envolve ganhos de significado pragmático, *subjectivo*. De referir, por outro lado, que o processo de gramaticalização pode envolver debilitação morfológica e erosão fonética.

envolve estratégias metonímicas (de carácter inferencial) de aumento de informação pragmática (cf. a convencionalização de implicaturas conversacionais) e estratégias metafóricas de aumento de abstracção. E um processo tipicamente unidireccional, com duas motivações principais: a *gramática emergente* (Hopper 1998) ou tendência a codificar gramaticalmente, a partir de processos discursivos, estruturas que não estavam codificadas ou estavam-no de outro modo; e a *subjectivização* ou tendência a converter significados fundamentados na referência externa objectiva em significados baseados na atitude interna do falante (Traugott 1989, 1995). A gramaticalização compreende, portanto, uma dimensão cognitiva e uma dimensão pragmático-funcional. É inegável o êxito alcançado pela teoria cognitivo-funcional da gramaticalização nos últimos anos, para o qual têm concorrido factores como o enorme poder descritivo e explicativo, a flexibilidade (permitindo analisar dados muito heterogéneos) e a globalidade (permitindo fazer predições sobre todas as categorias lexicais) do modelo.

A gramaticalização actua, entre outros domínios, na formação de (semi)auxiliares (Heine 1993, Lamiroy 1999, Kuteva 2001) ou perífrases verbais de tempo, aspecto e modalidade, mas também voz, causação, evidencialidade (Cornillie 2004), negação, etc., muitas vezes a partir de verbos de movimento, e na formação de conjunções e locuções conjuncionais e outros conectores (Cuenca 2000, 2001, 2002, 2006; Cuenca & Massip 2004), preposições e locuções prepositivas (Batoréo 2000, Cifuentes Honrubia 2003, Castilho 2005) e marcadores discursivos. Entre muitos outros auxiliares, por exemplo o verbo 'negativo' *deixar de* + INF gramaticalizando duas opções aspectualmente negativas ('*não mais* agir' – negação do aspecto permansivo; '*não* agir' – negação do aspecto incoativo-inceptivo) e *deixar* + INF/QUE categorizando a causação *negativa*; ou o verbo *ir* + INF na expressão do futuro (formação estudada por Lima 2001). Para as conjunções, por exemplo *logo*, do substantivo latino *locus* 'lugar', gramaticalizando-se, primeiro, como advérbio temporal e, depois, como conjunção conclusiva-consecutiva; *enquanto*, de um uso temporal de simultaneidade para um uso contrastivo de carácter adversativo; ou ainda os casos, bem estudados por Lima (1997, 1998, 2002), de *embora* (da locução *em boa hora* a advérbio temporal e, depois, a conjunção concessiva), *mal* (de advérbio quantitativo e temporal a conjunção temporal) e *pois* (de preposição a advérbio e conjunção, primeiro, temporais e, depois, causais e, finalmente, a marcador discursivo, de concordância e, por último, fático). Para advérbios, ver, por exemplo, *bem* (Lopes 2004). Interessante é também o marcador discursivo tão frequente e polissémico *pronto*, cuja polissemia será analisada no capítulo 10 (ver também o estudo de Morais 2004 sobre *já agora*). Ainda um outro domínio, menos explorado do ponto de vista da gramaticalização, é o das interjeições: *adeus* (< *a Deus* [*te encomendo*]), *obrigado* (do lat. *obligare* 'ligar diante de' e com as ideias de ligação física, obrigação moral e jurídica), *tomara!*, *deixa lá!*, *pronto*, entre muitas outras.

Podem identificar-se determinadas condições (necessárias mas não suficientes) do processo de gramaticalização, a saber: a *frequência*, proporcional à falta de sentido específico e ao pequeno volume fonético (Bybee & Hopper 2001) e a *rotinização* (Haspelmath 1999) dos elementos que se gramaticalizam; determinados domínios semânticos, como o espaço, a posse (Heine 1997), a intencionalidade; coexistência de várias *camadas* dentro da língua ("layering", Hopper & Traugott 1993: 124), isto é, distintas formas com sentidos semelhantes competindo entre si; e características da própria língua – ou seja: condições, respectivamente, pragmática, semântica, estrutural e tipológica.[16]

Efeito capital da gramaticalização e da mudança semântica em geral é a *subjectivização* (ou *subjectificação*, de "subjectification") ou ten-

---

16 Em estudo recente, Castilho (2005) formula algumas críticas à teoria da gramaticalização, apontando o que considera como "crise" nos estudos da gramaticalização. Especificamente, Castilho argumenta contra a unilinearidade e a centralidade das abordagens funcionalista e cognitivista da gramaticalização, bem como contra uma certa visão estática das línguas, e a favor de uma concepção multilinear e multissistémica da gramaticalização e da mudança linguística em geral, em que aquela ocupa um lugar a par da lexicalização, da semantização e da discursivização. À parte o mérito da problematização e o grande interesse na proposta multissistémica da mudança linguística, teoricamente concordante com a ideia da flexibilidade e multidimensionalidade do significado linguístico que aqui defendemos, eventualmente algumas críticas poderão ser um pouco excessivas e o conceito de gramaticalização acabar por ser restringido. Quer dizer: o processo de gramaticalização, justamente porque convoca ao mesmo tempo diferentes áreas da estrutura e do funcionamento da língua, incorpora, além de outros, processos de semanticização e discursivização (sobre este último, veja-se particularmente a teoria da *subjectivização* e a teoria da *gramática emergente*), e os principais estudos funcionalistas e cognitivistas têm dado conta desta actuação multilinear. Mas também é verdade que a hipótese da *unidireccionalidade* e a procura das *regularidades* podem proporcionar uma compreensão inadequada da gramaticalização como processo necessariamente sequencial e unilinear. Janda (2001) apresenta uma lista de 84 trabalhos com contra-exemplos à unidireccionalidade. Todavia, os contra-exemplos poderão ser mudanças de outros tipos: desgramaticalização ou lexicalização, tipicamente não graduais e abruptas.

dência para o envolvimento do conceptualizador/locutor naquilo que diz – importante desenvolvimento da Semântica Cognitiva e da linguística funcionalista. A *subjectividade* diz respeito à expressão do eu ou representação das perspectivas ou atitudes do locutor no discurso (Finegan 1995: 1). A *subjectivização* compreende as estruturas e estratégias envolvidas na realização linguística da subjectividade e os próprios processos de mudança semântica. Existem dois principais modelos linguísticos do processo de subjectivização: o de E. Traugott, de carácter mais diacrónico, e o de R. Langacker, de natureza mais sincrónica. São complementares, na medida em que focalizam dimensões diferentes do mesmo processo (cf. Stein & Wright 1995; Athanasiadou, Canakis & Cornillie 2006).

Para Langacker (1990a, 1999), determinada entidade é interpretada *subjectiva* ou *objectivamente* na medida em que funcionar como 'sujeito' ou 'objecto' de per/concepção.[17] Uma entidade subjectivamente construída faz parte do próprio processo ou aparato de per/concepção, sendo retirada do foco ou alvo de per/concepção; por outras palavras, é colocada fora de cena ("offstage"). Pelo contrário, uma entidade é objectivamente construída quando constitui o foco específico de atenção, quando é colocada dentro de cena ("onstage") e vista do exterior. A *subjectivização* é, então, um processo de extensão semântica pelo qual uma entidade passa de *objecto* a *sujeito* de per/concepção e, consequentemente, o conceptualizador/locutor (ou um outro elemento do acto de fala) deixa de ser um observador/elemento externo e passa a fazer parte do conteúdo de conceptualização. Um exemplo é o de usos não-espaciais do verbo *ir*, estáticos e de expressão do futuro: Langacker (1987: 168, 1990a) explica estes usos do verbo correspondente do inglês *to go* como resultado de processos de movimento abstracto e de subjectivização.[18]

---

17 A oposição perspectivação ("construal") *objectiva* vs. *subjectiva* faz parte, no modelo langackariano de Gramática Cognitiva, da importante dimensão da *perspectiva* imposta na cena per/concebida e resulta do *arranjo de visão* entre o perceptor/conceptualizador e a entidade percebida/conceptualizada. O arranjo de visão canónico caracteriza-se por uma assimetria máxima entre perceptor/conceptualizador e o seu objecto de percepção/conceptualização.

18 Um exemplo do processo inverso ou *objectivização* é a construção com infinitivo flexionado: a flexão (sozinha ou acompanhada do sujeito), fornecendo informação sobre o sujeito, mencionando explicitamente o sujeito, põe-no dentro de cena ("onstage"), como foco específico de atenção, como *objecto* de per/concepção (Silva, no prelo b).

Para Traugott (1989, 1995, 1999), como vimos acima, subjectivização é um processo de mudança semântica pelo qual significados que descrevem uma situação externa passam a indicar perspectivas, atitudes e crenças do locutor em relação a essa situação. Por outras palavras, a subjectivização, ou interiorização progressiva do significado, conduz daquilo que se diz àquilo que se quer dizer, e constitui "o tipo principal de mudança semântica" (Traugott & Dasher 2002: 97). Traugott (1989) e Traugott & König (1991) teorizam três tendências, supostamente unidireccionais, sendo a terceira a tendência dominante:

- *tendência I*: significados que descrevem uma situação externa → significados que descrevem uma situação interna (avaliativa/ /perceptiva/cognitiva);
- *tendência II*: significados baseados na situação externa ou interna → significados baseados na situação textual ou metalinguística;
- *tendência III*: maior propensão para significados baseados na atitude/estado de crença do falante perante o descrito na proposição.

Um exemplo ilustrativo é a semântica do diminutivo: como veremos no capítulo 8, encontram-se aí vários caminhos de subjectivização, que conduzem do significado objectivo de tamanho 'pequeno' a significados avaliativos (afectivos, apreciativos e depreciativos, relativizadores, aproximativos, intensivos) e significados pragmático-discursivos.

Notar que, sobretudo neste sentido de Traugott, a subjectivização envolve o mecanismo básico da metonimização, na medida em que são recrutados significados (proposicionais) para exprimir perspectivas, atitudes, crenças, etc. de quem os veicula. É assim que Traugott (1989) e Traugot & Dasher (2002: 97) insistem que a subjectivização é "associativa e metonímica" ao acto de comunicação, mais especificamente à atitude do locutor em relação ao conteúdo proposicional.

Quer num sentido quer no outro, a subjectivização conduz a numerosos casos (se não mesmo a todos) de gramaticalização e/ou pragmatização de elementos léxicos ou construções. Ela é determinante na formação (e novos usos) de conectores, locuções verbais, relações de coerência, marcadores discursivos, construções gramaticais e muitos outros fenómenos linguísticos. Ela, enfim, está omnipresente na língua e no discurso (sendo a sua amplitude maior do que a da gramaticalização), a ponto de, e parafraseando Benveniste (1966), não se poder imaginar linguagem sem subjectividade.

Uma outra dimensão de subjectividade na linguagem é a *intersubjectividade* – a consciência por parte de cada participante de um acto de fala de que o seu interlocutor é igualmente um sujeito falante e as respectivas diferenças e projecções de pontos de vista (Dasher & Traugott 2002: 89-99; Verhagen 2005). Por exemplo, *eu penso, eu suponho/ /creio, eu acho* podem ser usados, não somente para exprimir a subjectividade do locutor, mas também para reconhecer necessidades intersubjectivas. Outro exemplo claro de operação de intersubjectividade é a selecção de pronomes pessoais para propósitos deícticos atitudinais e sociais. Naturalmente que há processos de mudança semântica por *intersubjectivização*, os quais participam, tal como a subjectivização, do mecanismo da metonimização. Todavia, em rigor, a própria subjectivização é intersubjectiva, como argumentam Traugott & Dasher (2002) e Traugott (2003a), na medida em que a criação de significado subjectivo envolve necessariamente a interacção entre locutor e alocutário.

Subjectivização e intersubjectivização constituem tipos naturais e, por isso, "internos" de mudança semântica. Pelo contrário, a *objectivização*, de que são exemplo extremo os tecnicismos, é esporádica e irregular, sendo assim um tipo "externo" de mudança semântica (Traugott & Dasher 2002: 32).

Metaforização, metonimização (incluindo a inferenciação desencadeada e também a subjectivização e a intersubjectivização: Traugott & Dasher 2002: 34), generalização, especialização e, por serem conceitos novos, subjectivização e intersubjectivização constituem os mecanismos lexicogenéticos básicos da mudança semântica, sendo assim os caminhos que conduzem à polissemia.

Merecem aqui referência particular os trabalhos recentes de Traugott & Dasher (2002) e Brinton & Traugott (2005) sobre as regularidades da mudança semântica e a importante investigação etimológica e cognitiva de A. Blank e P. Koch, explorando esquemas recorrentes de conceptualização e estratégias preferenciais de lexicalização no inventário etimológico das línguas românicas, a começar pelos termos de partes do corpo, e sistematizando-os num projecto de dicionário etimológico das mesmas (Blank & Koch 1999; Blank, Koch & Gévaudan 2003).

Neste último contexto, podemos também referir o nosso estudo sobre um triângulo evolucionário interlinguístico, desenhado pelas associações sistemáticas entre os conceitos 'libertar', 'partir' e 'permitir', em diferentes tipos de línguas, incluindo não-indo-europeias (Silva 2001a,

2004h): os conceitos sócio-morais e psicológicos tendem a desenvolver-se a partir dos conceitos físicos. Dentro deste triângulo, formam-se e entrecruzam-se, de diferentes maneiras, conceitos tão variados e fundamentais como a causação, a permissão, a negação, o abandono, a passividade, a libertação, a morte, a posse, etc., e todos com base em imagens experienciais básicas, ligadas a movimentos no espaço, a dinâmica de forças, a manipulações de objectos e a interacções perceptivas.

Estes trabalhos – que retomam a via introduzida nos estudos linguísticos, nos princípios do século passado, pelo movimento alemão "Wörter und Sachen" (Palavras e Coisas) e pela escola francesa de geografia linguística (de J. Gilliéron) – mostram as referidas tendências da mudança semântica, a primariedade cognitiva de conceitos espaciais, energéticos e corporais e a importância dos mecanismos lexicogenéticos referidos como estratégias de conceptualização e verbalização.

Ao mesmo tempo, relançam a velha problemática dos conceitos *universais* e dos conceitos culturalmente *específicos*. A este propósito, deixamos duas observações metodológicas. Primeiro, tanto as questões da universalidade como as questões da especificidade cultural envolvem fenómenos *quantitativos* de saliência cognitiva. Conceitos como 'libertar', 'partir' e 'permitir' parecem ser *onomasiologicamente* salientes num vasto número de línguas não-relacionadas, o que parece ser sinal de que eles são cognitivamente básicos e poderão ser pré-linguisticamente salientes. Segundo, além da questão de saber se determinado conceito é universalmente expresso ou não, há a questão de *como* ele é expresso: o facto de um conceito se encontrar expresso da *mesma maneira semântica* em diferentes línguas reforça a hipótese de esse *modo semântico* representar uma conceptualização fundamental.

4.7. Semântica Histórica e cognição

Foram aqui sumariamente apresentados e ilustrados os principais mecanismos lexicogenéticos e sociolexicológicos, as principais motivações cognitivas e pragmáticas e algumas das regularidades e tendências da mudança semântica.

A mudança semântica é uma consequência de características inerentes à mente humana e à interacção social. Os processos semânticos diacrónicos – cujo *output* é, muitas vezes, a polissemia – revelam princípios de conceptualização e categorização, como a prototipicidade, princípios cognitivos e pragmáticos, como a subjectivização, importantes e produtivos mecanismos cognitivos, como a metáfora, a metonímia, a generalização, a especialização, a tendência para os significados *subjectivos*, a natureza experiencial da cognição e eficientes estratégias pragmáticas de optimização (minimização do esforço e maximização do êxito) da produção e da percepção comunicativas. Os processos semânticos diacrónicos encontram, pois, em teorias de Semântica Cognitiva, como a teoria do protótipo, a teoria da subjectivização, a teoria da gramaticalização, a teoria da metáfora conceptual, importantes respostas descritivas e explicativas.

Resulta daqui que a Semântica Histórica tem uma função *meta--teórica* de validação da teorização linguística, impõe uma orientação *hermenêutica* no estudo semântico, conduz ao que se vem designando como *linguística antropológica* ou *antropologia linguística* e é uma janela bem situada de descoberta de mecanismos da cognição humana.

A complexidade de dois dos mecanismos básicos de mudança semântica aqui estudados – a metáfora e a metonímia – e a sua relevância na geração da polissemia justificam que a eles se lhes dê o próximo capítulo.

CAPÍTULO 5

Gerando polissemia: metáfora e metonímia

> as metáforas e as metonímias não são arbitrárias, mas antes formam sistemas coerentes de acordo com os quais conceptualizamos a nossa experiência (Lakoff & Johnson 1980: 41)

> Os processos metafóricos da metonímia, da sinestesia e da metáfora (em sentido estrito) parecem explicar grande parte das extensões de significado dos itens lexicais. (Dirven 1985: 114)

5.1. Metáfora e metonímia: fenómenos conceptuais

A concepção tradicional da metáfora e da metonímia, entendidas como instrumentos retóricos ou "figuras de estilo", deu lugar, nos últimos anos, a uma reconceptualização, que vê nestas duas formas de sentido figurado autênticos mecanismos cogn(osc)itivos. Esta *revolução* foi iniciada, há pouco mais de duas décadas, por G. Lakoff e M. Johnson em "Vivemos de Metáforas" ("Metaphors We Live By", 1980), e tem ganho consistência no seio da Linguística Cognitiva.

Hoje, sabemos que metáfora e metonímia são fenómenos conceptuais por natureza, processos e modelos cognitivos, constitutivos do nosso sistema conceptual, modos naturais de pensar e de falar, tanto na linguagem corrente como no discurso científico, radicados na experiência humana e responsáveis quer pela estruturação do pensamento, da linguagem e da acção, quer pela inovação conceptual. Esta deslocação para o plano do sistema conceptual de fenómenos tradicionalmente identificados na linguagem e relegados para um nível anormal e este reconhecimento da naturalidade e ubiquidade do pensamento metafórico e metonímico enformam a teoria cognitiva contemporânea da metáfora e da metonímia, inicialmente explorada no trabalho seminal de Lakoff & Johnson (1980) e, depois, em Lakoff (1987), enquadrando filosoficamente a nova abordagem, Lakoff (1993), Lakoff & Turner (1989), Sweetser (1990), Gibbs (1994) e Lakoff & Johnson (1999), colocando estes últimos a metáfora no centro da ciência cognitiva, Kövecses (2002), para uma introdução actualizada e prática, Lakoff (2003a), desenvolvendo a teoria neural da metáfora, e recentemente em colectâneas organizadas por Gibbs & Steen (1999), Panther & Radden (1999), Barcelona (2000), Dirven & Pörings (2002) e Panther & Thornburg (2003). O papel que G. Lakoff tem desempenhado como principal teorizador e promotor justifica a designação de abordagem *lakoviana* da metáfora.

> Para a maior parte das pessoas, a metáfora é um instrumento da imaginação poética e da elaboração retórica – um fenómeno da linguagem extraordinária, mais do que da linguagem corrente. Além disso, a metáfora é geralmente vista apenas como característica da linguagem, algo que diz respeito às palavras, mais do que ao pensamento ou à acção. Nós, pelo contrário, descobrimos que a metáfora é omnipresente na linguagem do dia-a-dia e ocorre não só na linguagem, mas também no pensamento e na acção. O nosso sistema conceptual comum, em termos do qual pensamos e agimos, é essencialmente metafórico por natureza. (Lakoff & Johnson 1980: 3)

Uma das evidências desta concepção cognitiva do sentido figurado é justamente linguística e encontra-se na quantidade, sistematicidade e ubiquidade de expressões metafóricas e metonímicas da própria linguagem corrente. Expressões tão banais como *ideias indefensáveis, preços altos, conquistou-o com o seu sorriso, deixou-nos / foi para a sua última morada, custar os olhos da cara, ver/ler com outros olhos, passe-me a água, por favor* não podem interpretar-se literalmente, revelando o poeta que cada um de nós leva dentro de si ou a "poética da mente" (Gibbs 1994). E fenómenos como a categorização, a mudança semântica, a gramaticalização, a pragmatização e, justamente, a polissemia resultam de e/ou processam-se com a metáfora e a metonímia. Na linguagem de todos os dias, temos que fazer referência a conceitos abstractos, como o tempo, as relações interpessoais ou a própria vida, e fazemo-lo habitualmente em termos metafóricos: conceptualizamos e verbalizamos o tempo em termos espaciais, a vida como uma viagem, as teorias intelectuais e científicas como edifícios, a discussão como guerra, etc. (Lakoff & Johnson 1980, 1999).

Outras evidências são psicológicas: Gibbs (1994) e Katz, Cacciari, Gibbs & Turner (1998) mostram que o processamento e a interpretação do sentido figurado podem ser independentes do sentido literal e que as metáforas e metonímias conceptuais desempenham um papel fundamental na aprendizagem, na interpretação consciente e na compreensão rápida e geralmente inconsciente de muitos tipos de linguagem convencional e inovadora.

Daqui a necessidade em distinguir entre *metáforas* e *metonímias conceptuais* ou *conceitos metafóricos* e *metonímicos*, por um lado, e *metáforas* e *metonímias linguísticas* ou *expressões metafóricas* e *metonímicas*, por outro. As primeiras são esquemas do sistema conceptual, sob as formas X É Y (metáfora), em que X é (um elemento de) o domínio-alvo e Y (um elemento de) o domínio-origem, e X ESTÁ POR Y (metonímia),[1] ao passo que as últimas são instanciações linguísticas desses padrões de conceptualização. Tipicamente, uma mesma metáfora conceptual e uma mesma metonímia conceptual instanciam-se, respectivamente, em diferentes expressões metafóricas e metonímicas. Assim, *ideias indefensáveis, atacar todos os pontos fracos, destruir a sua argumentação, utilizar as melhores estratégias para defender as suas ideias* e *deixou-nos / foi para a sua última morada, seguir a sua vida, desencaminhar-se, perder o norte, vir/chegar ao mundo* são diferentes realizações das metáforas conceptuais DISCUSSÃO É GUERRA e A VIDA É UMA VIAGEM. E *passe-me a água, por favor* é uma realização da metonímia conceptual CONTEÚDO POR CONTINENTE, assim como *beber um copo* instancia a metonímia conceptual inversa CONTINENTE POR CONTEÚDO. É sobretudo no plano da realização linguística que se distinguem entre metáforas e metonímias *convencionais* e metáforas e metonímias *criativas* ou *literárias*, sendo que estas são extensões de metáforas e metonímias conceptuais, por natureza convencionais, generalizadas (Lakoff & Turner 1989). Por outro lado, se muitas metáforas e metonímias conceptuais são realizadas na linguagem (corrente, literária ou outra), as mesmas e outras poderão manifestar-se através de formas não-verbais (por exemplo, gestos: McNeill 1992), e haverá outras que ainda não foram verbalizadas. Também este facto é uma evidência da natureza não linguística mas fundamentalmente *conceptual* da metáfora e da metonímia.

---

1 É frequente, em Semântica Cognitiva, enunciar assim as metáforas e metonímias conceptuais ou, de forma mais compreensiva, e como a seguir se verá, DOMÍNIO-META É DOMÍNIO-ORIGEM, no caso da metáfora, e (SUB)DOMÍNIO DESTACADO ESTÁ POR (SUB)DOMÍNIO NÃO-DESTACADO, para a metonímia.

5.2. Do literal ao figurado

A noção tradicional de 'literal' carreia determinadas pressuposições falaciosas: entre outras, as ideias de que a linguagem e o pensamento são fundamentalmente literais, todos os conceitos podem ser compreendidos literalmente e somente a linguagem literal pode ser objectivamente verdadeira ou falsa (Lakoff 1986, 1994; Gibbs 1994: cap. 2). Mas haverá alguma possibilidade de restabelecer ou reformular a distinção, psicologicamente real, entre sentido literal e sentido figurado? Esta é uma questão ainda não satisfatoriamente respondida, não obstante os valiosos contributos psicolinguísticos de Gibbs (1994) e Katz, Cacciari, Gibbs & Turner (1998). Assumindo, com Lakoff (1993) e Gibbs (1994), a não existência de uma distinção fundamental entre literal e figurado, convirá ao mesmo tempo reinterpretar a oposição em termos de um *continuum* e procurar os factores de figuratividade.

Adaptando o exemplo dado por Taylor (1995a: 136-139) e Radden (2002: 409), o Quadro 1 ilustra diferentes usos do adjectivo atributivo *alto* e a sua transição gradual da literalidade para diferentes graus de figuratividade.

literal	metonímico			metafórico
(1) edifício alto tecto alto	(2) maré alta	(3) temperatura alta	(4) preços altos	(5) alta qualidade

Quadro 1. *Continuum* literal-figurado

Em (1), *alto* é usado literalmente para designar um grau superior (acima da média) da escala de verticalidade, quer no sentido extensional (*edifício alto*) quer no sentido posicional (*tecto alto*), mas o mesmo já não acontece, num crescendo de figuratividade, em (2)-(5). O uso de *alto* em (2) é parcialmente metonímico, pois refere-se quer à dimensão vertical quer à dimensão horizontal, realizando a metonímia ACIMA POR ACIMA E MAIS; e em (3) é inteiramente metonímico, já que *alto* substitui uma outra entidade do mesmo domínio, isto é, a escala da verticalidade é usada em vez da escala da temperatura, actualizando, assim, *alto* a metonímia ACIMA POR MAIS ou, mais genericamente, EFEITO PELA CAUSA, no sentido de que a temperatura quente faz subir o termómetro. O adjectivo *alto* em (4), bem como a expressão *subida de preços*, oscila entre uma leitura metonímica e uma leitura metafórica: no primeiro caso, a interpretação faz-se por representação gráfica do preço sob a forma de uma linha a subir traçada num gráfico, e a metonímia é do tipo COISA PELA SUA REPRESENTAÇÃO, ou então pela metonímia ACIMA POR MAIS, correlacionando o preço à quantidade de dinheiro despendido; no segundo caso, a interpretação faz-se, não por contiguidade, mas por similaridade entre 'altura' de um preço e 'quantidade' de dinheiro, através da metáfora MAIS É ACIMA. Finalmente, em (5) *alto* diz respeito a uma escala perfeitamente distinta, a de avaliação (axiológica), cujo ponto mais alto é 'bom', realizando assim a metáfora BOM É ACIMA.

Aplicando o modelo de aquisição e desenvolvimento das "cenas primárias" e das "metáforas primárias", proposto por Grady (1997a) e Grady & Johnson (2002), em particular a noção de *(des)integração* ("(de)conflation") conceptual, podemos reinterpretar este *continuum* em termos de integração/desintegração de conceitos – neste caso, os conceitos ACIMA MAIS. O estádio literal corresponde à experiência de um conceito único – aqui, a verticalidade, no conceito de ACIMA. O estádio parcialmente metonímico corresponde ao da *integração* (ACIMA + MAIS), aplicado a uma "cena primária", tal como a de ver a subida de nível de um fluido num contentor, simultânea e intimamente associada ao aumento de quantidade desse fluido. A metonímia parcial ocorre quando uma das manifestações da cena – a subida do nível – é tomada em vez do conceito *integrado* como um todo. O estádio totalmente metonímico corresponde ao da percepção das diferentes manifestações da cena como conceitos distintos, isto é, à *desintegração* (ACIMA | MAIS). E o estádio metafórico corresponde a um desenvolvimento posterior em que as duas manifestações da cena passam a ser vistas como conceitos distintos pertencentes, já não a um mesmo, mas a diferentes domínios conceptuais, isto é, à desintegração plena de (ACIMA) e (MAIS).

Dirven (1993), revisto em Dirven (2002), elabora um *continuum* literal-figurado mais extenso, distinguindo 9 estádios, sendo, dos oito não--literais, quatro não-figurativos e outros quatro figurativos. O critério é o da *distância conceptual* entre o elemento 'nomeado' e o elemento 'intendido', maior nos casos figurados, máxima na metáfora, e menor nos não-figurados, metonímicos e pré-metonímicos. Essa distância não existe em (1) *pôr o carro na garagem* – exemplo de literalidade. Ela é reduzida em casos não-literais e não-figurados, como (2) *lavar o carro* (lavar a carroçaria) ou *encher o carro* (encher o depósito de combustível) e, um pouco maior, em (3) *passar pela porta* (passar pela abertura da porta) – casos não-literais e não-figurados, ambos "pré-metonímicos", constituindo o primeiro um exemplo do que Cruse (1986: 52) classifica como "modulação contextual" e o segundo o que Taylor (1995a: 124) designa como "variação de *enquadramento*". A distância é já maior em (4) *diferentes partes do país usam diferentemente a palavra 'vermelho'*, em virtude da não coincidência nem física nem funcional entre o elemento nomeado (regiões do país) e o elemento intendido (grupos de habitantes) – um caso que Dirven classifica como "metonímia linear", ainda não-figurativo e o grau mais baixo de metonimicidade. A distância conceptual sobe nos usos metonímicos de (5) *escola* ('aulas', 'corpo docente', 'faculdade universitária') e (6) *a Coroa* ('realeza, monarquia'), sendo o primeiro ainda não-figurativo, em virtude da grande proximidade conceptual de cada uma daquelas partes e o conceito básico 'instituição de ensino/aprendizagem', mas, ao contrário dos anteriores (1)-(4) e à semelhança dos posteriores (6)-(9), configurando já um caso de polissemia. Bem maior e crescente é a distância conceptual de (7) *boa cabeça*, (8) *knock somebody for* ('criticar') – uma metáfora não-transparente (perdeu-se a ligação com o sentido literal de *knock* 'bater em, colidir'), baseada numa metonímia –, e, finalmente, de qualquer metáfora, como (9) *cabeça da organização*, havendo ainda lugar para distinguir diferentes graus de metaforicidade. Nestes três últimos estádios, o elemento nomeado pertence ao domínio físico e o intendido é do domínio abstracto, pelo que a distância conceptual entre os dois elementos é naturalmente acentuada e mais "completa" no último.

Também Croft (1993: 349) considera casos do tipo *livro pesado* (no sentido literal de muito peso) e *livro de histórias* como variações semelhantes à metonímia mas, e ao contrário de Taylor (1995a: 124), distintas desta porque não-figuradas, visto que o que estas duas expressões destacam são diferentes domínios 'primários' intrinsecamente constitutivos do conceito de *livro* (o domínio do objecto e o domínio do conteúdo).

Sendo a metonímia e a metáfora tradicionalmente definidas com base nas relações de contiguidade e similaridade, respectivamente, será pois necessário distinguir entre contiguidade e similaridade figurativas e contiguidade e similaridade não-figurativas. As variações ilustradas nos exemplos, dados acima, de *carro, porta, livro, maré alta* resultam de uma contiguidade não-figurativa e não-metonímica (ou pré-metonímica, segundo Dirven). De acordo com Dirven (1993), *diferentes partes do país usam diferentemente a palavra 'vermelho'* e os usos de *escola* designando 'aulas' e 'corpo docente' envolvem contiguidade não-figurativa e metonímica, com a diferença de que o segundo constitui um caso típico de polissemia, ao contrário do primeiro. Assim, a metonímia pode envolver quer sentido não-figurado, como em *escola* ou em *cidade* (por 'habitantes'), quer sentido figurado, como em *boa cabeça* (por 'inteligência'). Exemplo de similaridade não-figurativa e não-metafórica é a associação de pinguim a pomba, por exemplo, como igualmente membro da categoria *ave*, e o mesmo acontece em muitos casos de categorização por semelhança com o protótipo. Já a similaridade que está na base da expressão *ave rara*, atribuída a uma pessoa, essa é figurativa e metafórica. Dificilmente haverá similaridade não-figurativa metafórica, o mesmo é dizer metáfora envolvendo sentido não-figurado. Mas há com certeza similaridade metafórica não-polissémica, ao contrário do que o *continuum* desenhado por Dirven (2002: 107) pode deixar entender.

Mas quais são, afinal, os factores de figuração? A resposta não é fácil. A noção tradicional de *transferência* ou *transporte* de elementos é hoje, na teoria cognitiva, substituída pela de *mapeamento* ("mapping") [2] de estruturas, mas o processo de transferência ou de mapeamento não é exclusivo da metáfora e da metonímia, como o mostra a teoria da *integração conceptual* ("blending"), a que mais adiante faremos referência. O critério da *distância conceptual*, proposto por Dirven (1993), embora intuitivo, é vago. E vago é também o critério de Croft (1993) ao considerar que a operação de destaque ("highlighting") de um elemento por outro numa mesma *matriz de domínios* é metonímica quando esse elemento é de um domínio *secundário*, mas quando releva de uma faceta intrínseca ou de um domínio *primário* é não-metonímica e não-figurada.

Num estudo sobre formação de conceitos através da metáfora e da metonímia, Bartsch (1998, 2002) considera que a metáfora e a metonímia envolvem, não somente um processo de *mapeamento*, mas também uma *mudança de perspectiva*, que torna possível essa projecção estrutural; pelo contrário, especialização e generalização de conceitos processam-se sob a mesma perspectiva, que se torna mais ou menos específica. Por *perspectiva*, entende Bartsch um conceito de segunda ordem para todos os conceitos que nela cabem (por exemplo, 'ter dores', 'sentir náuseas',

---

[2] "Mapping" é aqui usado em sentido matemático de uma correspondência entre dois conjuntos que atribui a cada elemento do primeiro um homólogo no segundo (Fauconnier 1997: 1). Em sentido mais estrito, trata-se de uma projecção de uma estrutura noutra, em que a estrutura projectada impõe os (alguns dos) seus elementos internos aos seus homólogos no outro (Barcelona 2002: 225).

'ser saudável', etc. entram na perspectiva da saúde), e a linguagem figurada ocorre quando se passa de uma perspectiva normal para uma perspectiva diferente. É o caso, por exemplo, do uso (metafórico) de *leão* referindo-se a um ser humano, em que a mudança se dá da perspectiva de uma espécie de animal, sob a qual os leões contrastam com outras espécies de animais, para a perspectiva do comportamento em situações adversas ou perigosas, pela qual um aspecto típico do comportamento do leão é projectado no domínio do ser humano. E mudança de perspectiva também ocorre na expressão (metonímica) *o fígado do terceiro piso*, em contexto hospitalar, no sentido do órgão do corpo humano para o respectivo paciente. Todavia, *mudança de perspectiva* também existe em variações referidas acima como não-figuradas e/ou não-metonímicas.

Quer dizer: *transferência, mapeamento, distanciamento conceptual, mudança de perspectiva* são manifestações perfeitamente intuíveis de linguagem figurada, metonímica e metafórica, mas não parecem ser suficientes como elementos da produção e interpretação da linguagem figurada. Assim, as diferentes reformulações cognitivas da noção tradicional de *transferência* ainda não são devidamente explicativas do processo de figuração.

Do ponto de vista da compreensão da linguagem figurada, Giora (1997, 2003) procura demonstrar, em acordo apenas parcial com a teoria cognitiva da metáfora e da metonímia, que a distinção relevante não é a divisão literal/figurado mas o *continuum* saliente/não-saliente, sendo a saliência de uma palavra ou expressão uma função da sua convencionalidade, fixação, frequência ou estatuto num determinado contexto. Assim, são os significados mais salientes quer de expressões literais quer de expressões figuradas que são processados primeira e directamente. A ser verdade esta hipótese psicolinguística, o princípio defendido pela teoria cognitiva de que o significado figurado é processado directamente sem ser necessário activar o respectivo sentido literal (p.ex., Gibbs 1994) só se confirma quando esse sentido figurado é saliente, o que acontece, por exemplo, com as expressões idiomáticas convencionalizadas. Mas quando o significado intendido não é saliente, como acontece com o sentido figurado de metáforas novas, o sentido literal de expressões idiomáticas convencionalizadas ou uma nova interpretação de uma expressão literal convencionalizada, então o respectivo processamento não é directo mas, e de acordo com as teorias clássicas da oposição literal/figurado (p.ex., Searle 1979), sequencial, isto é, primeiramente é processado o sentido mais saliente (literal ou figurado, conforme os casos) e só depois o sentido intendido. E quando significados alternativos de uma expressão são igualmente salientes, como os sentidos figurado e literal das metáforas convencionalizdas, então o processamento é paralelo, ou seja, ambos os sentidos são processados inicialmente.

5.3. Contrastando metáfora e metonímia

À primeira vista, metáfora e metonímia são semelhantes, na medida em que tanto uma como outra representam uma conexão entre duas entidades na qual um termo é substituído por outro. E até em termos da moderna teoria cognitiva, metáfora e metonímia descrevem, ambas, *mapeamentos* ("mappings") conceptuais sistemáticos de um domínio-origem num domínio-alvo, experiencialmente motivados. Estas e outras semelhanças entre metáfora e metonímia propiciam a falta de consenso, tanto ontem como hoje, na divisão das águas metafóricas e metonímicas, e mesmo curiosas (con)fusões (cf. Silva 2003b: 23).

Na literatura contemporânea sobre a distinção entre metáfora e metonímia, destacam-se duas interpretações. Uma, mais antiga, incide na natureza da relação de associação, por similaridade ou por contiguidade. A outra, desenvolvida no quadro da Semântica Cognitiva, explica a distinção em termos do âmbito da extensão envolvida tendo por ponto de referência o conceito langackariano (Langacker 1987: cap. 4) de *domínio* conceptual ou *matriz de domínios*.

Admite-se, geralmente, que a metáfora consiste numa relação de *similaridade*, ao passo que a metonímia assenta numa relação de *contiguidade*. Esta distinção tem por base a classificação psicológica tradicional das relações de associação de ideias (similaridade, contraste e contiguidade) e remonta, pelo menos, à aplicação linguística destas associações psicológicas na classificação das mudanças semânticas, feita primeiro por Roudet (1921) e depois por Ullmann (1951, 1962), bem como à mais popular aplicação não-diacrónica de Jakobson (1956) às estratégias de comunicação dos afásicos.

Mas nem sempre as relações de similaridade/contiguidade são devidamente entendidas. Na tradição estruturalista, elas são geralmente interpretadas como relações do mundo real e/ou como relações linguísticas: relações entre *signos* linguísticos, para Jakobson (1956); relações entre *sentidos* de *palavras*, para Ullmann (1962). Raramente relações entre *conceitos*, sendo por isso de assinalar a originalidade de Roudet (1921), que fala de mudanças resultantes de associações por similaridade/contiguidade entre *ideias*. Ora, as associações que estão na base da metáfora e da metonímia não são necessariamente *reais*, nem linguísticas: resultam do conhecimento do mundo – por outras palavras, do conhecimento enciclopédico, e não do conhecimento linguístico – e são de ordem mental.[3] Mesmo até a contiguidade espacial entre, por exemplo, 'recipiente' e 'conteúdo' ou entre *cara* e *nariz* deve ser considerada como conceptual, no sentido de que essas relações espaciais são apreendidas através dos nossos "modelos cognitivos" sobre os recipientes e sobre as partes do corpo humano e suas posições normais, respectivamente. Consequentemente, *contiguidade* deve entender-se num sentido complexo, compreendendo não apenas a proximidade espacial, mas várias 'associações' nos domínios espacial, temporal e causal. Só assim tipos diferentes de associações, como parte-todo, continente-conteúdo, antecedente-consequente, objecto-propriedade, causa-efeito, etc., podem ser categorizadas como contíguas.

É com esta reinterpretação *conceptual* de similaridade/contiguidade que alguns autores da Semântica Cognitiva estabelecem a distinção entre metáfora e metonímia: entre outros, Dirven (1993), Blank (1999b), Koch (1999, 2001) ou Feyaerts (1999, 2000). Dirven (1993: 14) afirma que "a contiguidade não pode ser baseada em nenhuma forma de contiguidade objectiva ou 'natural'. Isto tem a implicação decisiva de que a contiguidade deve ser entendida como 'contiguidade conceptual'". Menos radicalmente, Taylor (1995a: 124) diz que "as entidades não necessitam de ser contíguas em qualquer sentido espacial." E Feyaerts (1999: 320) assevera que "o critério principal e decisivo para a distinção entre metonímia e metáfora está na natureza da relação conceptual (contiguidade vs. semelhança)".

Todavia, o conceito de *contiguidade conceptual* exige outros esclarecimentos. Trata-se de uma relação conceptualmente não necessária ou *contingente*. Por exemplo, a relação entre 'recipiente' e 'líquido' é contingente neste sentido, já que qualquer um destes conceitos pode ser

---

3 Há aqui uma certa assimetria a observar: enquanto a similaridade não implica que entidades similares o sejam *objectivamente*, já que pode existir apenas na mente das pessoas, entidades relacionadas por contiguidade pode dizer-se que são contíguas num sentido *objectivo*, pois interagem ou coocorrem na realidade, e não apenas na mente.

focalizado sem necessariamente implicar o outro, pelo que esta relação pode ser metonimicamente explorada, donde *beber um copo*. Pelo contrário, a relação hiponímica, como a que existe entre *rosa* e *flor*, não é contingente, já que uma rosa é, por definição, uma flor. Por isso mesmo, numa expressão como *comprar rosas* o conceito 'rosa' implica necessariamente o conceito 'flor'. Por outro lado, há que distinguir a contiguidade da especialização e generalização, igualmente responsáveis pela formação de novos sentidos ou conceitos: estas relações hierárquicas não envolvem um certa incompatibilidade semântica ou, nas palavras de Bartsch (2002), uma "mudança de perspectiva", características daquela. Por seu lado, nem toda a relação de *similaridade* é metafórica: como já foi referido, a similaridade entre o 'pinguim' e o 'pardal', que está na base da categorização daquele como membro de *ave*, não é metafórica, ao passo que a similaridade que está na base da expressão *ave rara*, atribuída a uma pessoa, essa já é metafórica.

No contexto do modelo da *rede* esquemática de categorização, popularizado por Langacker (1987/1991), a contiguidade metonímica e a similaridade metafórica são relações de *extensão*. Destas se distinguem as relações de *esquematização* (generalização) e *especificação*: naquelas existe um certo conflito ou incompatibilidade semântica que não existe nestas. Um terceiro tipo de relação de categorização é a de *similaridade mútua*, como a que se dá entre o 'correr' do cão e o 'correr' do cavalo, distinta da extensão, como entre o 'correr' da pessoa e o 'correr' do animal, pela ausência de direcção.

Como princípios de formação de conceitos e, consequentemente, de polissemização, explica Bartsch (1998, 2002) que similaridade e contiguidade envolvem diferentes aspectos de entidades: o princípio de similaridade diz respeito a propriedades de objectos e situações, ao passo que o princípio de contiguidade incide sobre indivíduos e eventos, dando assim lugar a conceitos *históricos*, especialmente conceitos de eventos particulares e de indivíduos.

Associando e pesando a natureza e a função das relações conceptuais subjacentes à metáfora e à metonímia, Feyaerts (2000: 60-65) aponta a seguinte assimetria, sistematizada no Quadro 2: na metáfora, é mais saliente a dimensão funcional de estabelecer "raciocínio imagético" do que a dimensão ontológica da relação de similaridade, ao passo que na metonímia é mais importante a dimensão ontológica da relação de contiguidade do que a dimensão funcional da mudança referencial.

	Metáfora	Metonímia
função da relação conceptual	"raciocínio imagético"	mudança referencial
natureza da relação conceptual	similaridade	contiguidade

Quadro 2. Metáfora vs. metonímia

Passemos à segunda interpretação acima referida, inteiramente desenvolvida no quadro da Linguística Cognitiva. Desde há mais de duas décadas que, predominantemente, G. Lakoff e M. Johnson (Lakoff & Johnson 1980, 1999, Lakoff 1987, 1990, 1993, Johnson 1987, Lakoff & Turner 1989), seguidos por, entre outros, Sweetser (1990), Gibbs (1994) e Kövecses (2002), estabelecem a distinção basicamente nos seguintes termos: a metáfora envolve domínios conceptuais distintos, como um *mapeamento* ("mapping"), por uma série de correspondências ontológicas e epistémicas, da estrutura de um domínio (*origem*) num outro (*alvo*), passando este a ser entendido em termos daquele, ao passo que a metonímia envolve um mesmo domínio conceptual, em que um subdomínio é tomado em vez de um outro (ou por todo o domínio, ou este por um dos seus subdomínios).

Procurando desenvolver esta distinção, explica Croft (1993) que a metonímia se caracteriza por uma *salientação de domínios* ("domain highlighting"), no sentido de uma activação mental de um (sub)domínio pouco saliente por referência a outro mais saliente – em termos de Langacker (1984, 1993, 1999), *zona activa* (ZA) e *ponto de referência* (PR), respectivamente –, ao passo que o que é próprio da metáfora é um *mapeamento de domínios* ("domain mapping"). A Figura 1, adaptada de Cuenca & Hilferty (1999: 111), permite visualizar esta distinção.

Por exemplo, a bem conhecida metáfora conceptual COMPREENDER É VER, instanciada em expressões como *agora estou a ver o que me queres dizer, lançar luz sobre o problema, pensamento claro/obscuro*, processa-se na base de várias sub-projecções de atributos, entidades e proposições do domínio da visão para o domínio da compreensão. Entre muitas outras sub-projecções ou correspondências, estão as seguintes: o acto de ver corresponde ao acto de compreender; a pessoa que vê é a

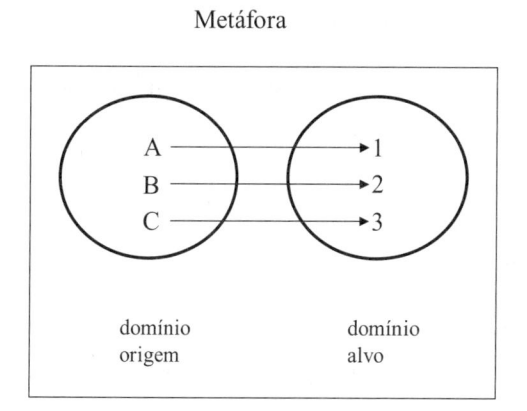

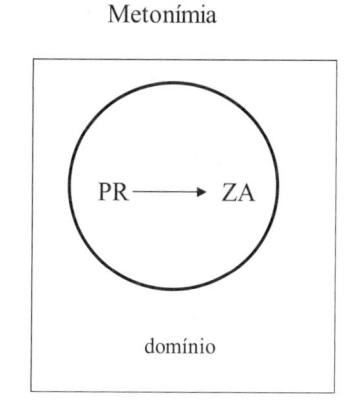

Figura 1. Metáfora vs. metonímia

pessoa que compreende; um aumento de luminosidade corresponde a um aumento de compreensão; impedimentos de ver correspondem a impedimentos de compreender. Estas correspondências são *ontológicas*, na medida em que envolvem sub-estruturas dos domínios origem e alvo. Outras são *epistémicas*, isto é, representam o conhecimento que se importa do domínio-origem para o domínio-alvo: assim como um objecto opaco não permite ver o seu interior, assim também uma ideia ou conjunto de ideias não claramente expressas tornam-se difíceis de compreender; assim como mais iluminação conduz a melhor visibilidade, assim também mais esclarecimento permite uma melhor compreensão.

Como exemplo de metonímia, atentemos em *Lisboa ainda não atendeu aos pedidos das populações*. Dentro do mesmo domínio da capital de Portugal, encontram-se, entre outros, os subdomínios da cidade capital como lugar, das instituições políticas localizadas na capital e das pessoas dessas instituições que tomam as decisões (o primeiro-ministro, os ministros, os deputados, etc.). Via metonímia, o subdomínio das instituições políticas é referido através do subdomínio da cidade como lugar e, assim, aquele subdomínio é mentalmente activado ou destacado, tendo este último subdomínio como ponto de referência. Posteriormente, e através de uma segunda metonímia, as pessoas mais importantes dessas instituições (em primeiro lugar, o primeiro-ministro e os seus ministros, isto é, o governo, no nosso sistema político semi-presidencial) serão activadas por referência às instituições que representam. Temos aqui um exemplo de duas metonímias conceptuais bastante frequentes: LUGAR PE-

LAS INSTITUIÇÕES e INSTITUIÇÕES PELAS PESSOAS RESPONSÁVEIS, respectivamente.

Todavia, há nesta teoria cognitiva um problema maior: justamente a delimitação de domínios, mesmo tendo em conta a noção langackariana, explorada por Croft (1993) para este mesmo efeito, de *matriz de domínios* (uma combinação de diferentes domínios que funciona como uma unidade). Efectivamente, e tal como a própria concepção enciclopédica do significado linguístico prevalecente em Linguística Cognitiva vem demonstrar, os domínios conceptuais são por natureza estruturas *abertas* de conhecimento experiencial. Como poderá pois uma noção tão difusa como a de (*matriz de*) *domínio(s)* constituir o elemento-chave da distinção entre metáfora e metonímia? Alguns linguistas, como Feyaerts (1999), Riemer (2002) ou Croft & Cruse (2004), consideram mesmo inútil a ideia da identidade/diferenciação de domínios como critério de diferenciação entre metonímia e metáfora.

Reconsideremos a metáfora conceptual COMPREENDER É VER. Embora seja compreensível que o domínio da visão seja projectado num domínio bem diferente, o da compreensão, através de uma série de correspondências já acima identificadas, também se poderia admitir que estes dois domínios pertencem a um mesmo domínio superordenado – o da 'percepção' (especificado como percepção sensitiva, donde a percepção visual, e percepção mental) –, e que os mesmos domínios, tal como os respectivos conceitos 'ver' e 'conhecer/compreender', estão causal ou condicionalmente ligados, o que permitiria que, através da metonímia CAUSA PELO EFEITO (especificamente, PERCEPÇÃO PELO RESULTADO DA PERCEPÇÃO), 'ver' fosse tomado por 'conhecer/compreender'. É claro que poderá dizer-se que este é um daqueles casos de *interacção* entre metáfora e metonímia, mas de qualquer forma fica sempre em aberto a questão de saber se os dois domínios em causa estão ou não vinculados a um mesmo domínio ou matriz de domínios.

Barcelona (2002) sugere que a questão tem que ver, não com domínios taxionómicos, mas com domínios funcionais, consciente e convencionalmente tomados numa determinada cultura como separados ou não, e aponta como critério a existência de uma ligação pragmática entre os domínios origem e alvo, presente na metonímia e ausente na metáfora. Assim, 'ver' e 'conhecer/compreender', embora possam pertencer, taxionomicamente, a um mesmo domínio superordenado, remetem para diferentes domínios funcionais, não conectados por nenhuma função pragmática. Pelo contrário, 'cidade de Lisboa', 'instituições políticas' e 'governantes', apesar de poderem ser tomados como pertencendo a diferentes domínios taxionómicos, cabem no mesmo domínio funcional e estão pragmaticamente ligados entre si pelas relações apontadas acima. Mais ainda: se domínio-origem e domínio-alvo não estiverem ligados por uma função pragmática, mesmo que pertençam ao mesmo domínio funcional, não poderão entrar em relação metonímica. Um exemplo, já referido antes, é o do nariz e da boca: ambos pertencem ao domínio do rosto, mas entre eles não pode haver nenhuma relação pragmática válida.

Outros problemas da teoria cognitiva prendem-se com a noção de metonímia. Estará a metonímia necessariamente ligada a um acto de referência? Envolverá uma relação entre "entidades" ou entre "domínios"? O que é que define a metonímia: um processo de destaque, uma activação mental ou um mapeamento de domínios?

Embora tanto a concepção tradicional como a concepção moderna cognitiva (Lakoff & Johnson 1980: cap. 8, Lakoff & Turner 1989: 103, Croft 1993) vejam na metonímia um fenómeno primariamente referencial, a referência não é um requisito da metonímia. A metonímia ocorre também, e com frequência, a nível predicativo e a nível ilocutório (Thornburg & Panther 1997, Panther & Thornburg 1999, Kövecses & Radden 1998, Ruiz de Mendoza 2000, Ruiz de Mendoza & Díez Velasco 2002, Barcelona 2004), como uma importantíssima estratégia inferencial (Traugott & Dasher 2002, Panther 2005, Panther & Thornburg 2003, Barcelona 2004).[4]

Os elementos envolvidos no processo metonímico são *domínios* conceptuais mais do que *entidades* individuais, melhor, as entidades nele envolvidas funcionam como elementos de um domínio conceptual e, nesta medida, essas entidades pressupõem grande parte ou todo o conhecimento experiencial do domínio de que fazem parte. Croft (1993) esclarece bem este ponto ao demonstrar que a metonímia destaca um (sub)domínio dentro de uma matriz de domínios.

Autores como Lakoff & Turner (1989: 103) e Barcelona (2002) definem a metonímia em termos de um *mapeamento* ("mapping") de domínios, ao passo que outros, como Croft (1993) e Kövecses & Radden (1998), preferem caracterizá-la, respectivamente, como um processo de *destaque* ("highlighting") ou, no contexto das noções de Langacker (1993) de *ponto de referência* e *zona activa*, como processo de *activa-*

---

4 Metonímias predicativas, como *O João é um Picasso*, *Ele é um crânio*, e metonímias ilocutórias, como *Não sei onde é a casa de banho*, em que uma asserção é enunciada por um pedido, não são referenciais.

ção mental da entidade ou domínio alvo. Kövecses & Radden (1998: 39) propõem a seguinte definição de metonímia: "A metonímia é um processo cognitivo pelo qual uma entidade conceptual, o veículo, fornece acesso mental a outra entidade conceptual, o alvo, dentro de um mesmo domínio". A mesma compreensão da metonímia como operação pela qual um conceito fornece acesso a outro é assumida por Panther (2005). Para Ruiz de Mendoza & Díez Velasco (2002) e Ruiz de Mendoza & Otal Campo (2002), o que melhor caracteriza a metonímia e a distingue da metáfora não é a activação mental mas a *inclusão* de domínios (cf. também Pauwels 1999: 272), quer a expansão (inclusão do conceito origem no conceito alvo) quer a redução (inclusão do alvo na origem). Embora as duas primeiras explicações possam ser compatíveis, parece ser mais definitório da metonímia o processo de activação mental fornecendo acesso a um conceito alvo do que o processo de mapeamento de domínios.

Recentemente, Peirsman & Geeraerts (2006), argumentando sobre as vantagens da noção complexa de 'contiguidade' sobre a ideia de identidade/diferenciação de domínios, propõem uma recaracterização da metonímia como categoria *prototípica*, estruturada na base do protótipo da contiguidade espacial parte-todo e de três dimensões de extensão do protótipo ('grau de contacto', 'delimitação' e 'domínio').

Concluindo, a dilucidação do contraste entre metáfora e metonímia passa pela integração das duas interpretações: a interpretação cognitiva com base na noção de *domínio* ganhará se incorporar a interpretação mais antiga da natureza da relação conceptual. Sem pôr de parte as semelhanças entre os dois processos de pensamento figurado, a metonímia caracteriza-se por uma relação contingente de contiguidade conceptual entre elementos de um mesmo domínio conceptual, ao passo que a metáfora consiste numa projecção de um domínio conceptual noutro distinto na base de um conjunto sistemático de correspondências por similaridade conceptual. Enquanto a metáfora tem por função a estruturação do alvo em termos da origem, a função da metonímia é o acesso mental ao alvo tendo a origem por ponto de referência.

5.4. Metáfora

Vamos considerar os seguintes aspectos da metáfora: esquematicidade e hierarquias, produtividade e restrições, direccionalidade, tipologia, motivação experiencial e metáfora como maneira de pensar. Fá-lo-emos de maneira bastante sucinta (para mais desenvolvimento, ver Silva 2003b).

5.4.1. Esquematicidade e metaforicidade

Não só determinado conjunto de expressões metafóricas é determinado por uma mesma metáfora conceptual, como também várias metáforas conceptuais podem formar estruturas hierárquicas, em que as projecções metafóricas de nível inferior herdam as estruturas de projecções de nível superior (Lakoff & Turner 1989). Por exemplo, AMOR É UMA VIAGEM e PROFISSÃO É UMA VIAGEM herdam a estrutura da projecção metafórica mais esquemática VIDA É UMA VIAGEM, cujas correspondências ontológicas incluem pessoa é viajante, nascimento é ponto de partida, problemas pessoais são bagagem, dificuldades externas são obstáculos, duração é distância, realizações são distância percorrida, propósito de vida é destino, morte é fim da viagem. Da mesma forma, PREMISSA É UM PONTO DE PARTIDA e CONCLUSÃO É UM PONTO DE CHEGADA herdam a estrutura da metáfora mais esquemática IDEIAS SÃO LUGARES. Por sua vez, VIDA É UMA VIAGEM e IDEIAS SÃO LUGARES elaboram a metáfora de nível ainda mais esquemático bem estudada por Lakoff (Lakoff 1993, Lakoff & Johnson 1999: 178-206) como Metáfora da Estrutura de Evento, cujas correspondências ontológicas se representam no Quadro 3.[5]

Nem sempre é tarefa fácil a formulação das metáforas mais esquemáticas. Por exemplo, a metáfora conceptual descrita por Lakoff & Johnson (1980) como TEORIAS SÃO EDIFÍCIOS tem sido objecto de discussão crítica, por (i) nem todas as componentes do domínio origem das construções (como quartos/salas e janelas) se projectarem no domínio alvo das teorias e (ii) algumas das projecções se aplicarem também a outros domínios (economia, política, relações interpessoais). A este propósito, Grady (1997b) identifica duas metáforas conceptuais a nível mais alto de esquematicidade – ORGANIZAÇÃO É ESTRUTURA FÍSICA e PERSISTIR É PERMANECER ERECTO –, Clausner & Croft (1997) consideram como formulação mais adequada O CONVENCIMENTO DE UM ARGUMENTO É A INTEGRIDADE FÍSICA

---

[5] O nosso modelo cultural da moral, estruturado por várias metáforas conceptuais (Johnson 1993) e do qual fazem parte os conceitos permissivos e proibitivos de base igualmente metafórica (Silva 1999b), inscreve-se nesta Metáfora da Estrutura de Evento.

Metáfora da Estrutura de Evento		
ESPAÇO		EVENTOS
lugares	→	estados
movimentos	→	mudanças
forças	→	causas
movimentos auto-impelidos	→	acções
ausência de movimento	→	ausência de acção
caminhos	→	meios
metas	→	propósitos
obstáculos	→	dificuldades
plano da viagem	→	progresso da viagem
jornadas	→	actividades programadas

Quadro 3. Metáfora da Estrutura de Evento

DE UM EDIFÍCIO e Taylor (2002: 494-497), insatisfeito com as formulações anteriores, propõe A VALIDADE DE UM ARGUMENTO É A INTEGRIDADE FÍSICA DE UM EDIFÍCIO.

5.4.2. *Produtividade, restrições e esquemas imagéticos*

Uma metáfora conceptual será produtiva na medida em que os falantes criarem um vasto e aberto conjunto de expressões que a realizem. As metáforas conceptuais referidas acima são produtivas precisamente neste sentido. Mas nem todas as metáforas são igualmente produtivas. Por exemplo, entre as várias metáforas do tempo, as que o conceptualizam em termos de movimento (os eventos futuros "vêm até nós", "passam por nós", "recuam ao passado"; nós "vamos em direcção ao" futuro; cf. Lakoff & Johnson 1980: 41-45) são bem mais produtivas do que as que o constroem como um ciclo (o Verão "volta de novo", o "ciclo das estações", o "ciclo da vida"). Produtividade mínima têm as metáforas *idiomáticas*, sendo neste aspecto análogas, como observam Clausner & Croft (1997), às formas morfológicas altamente irregulares.

As já ilustradas correspondências ontológicas e epistémicas entre os domínios origem e alvo não implicam que o mapeamento metafórico seja completo. Naturalmente, o mapeamento é sempre parcial, já que o mapeamento total equivale a uma tautologia. Além disso, a "lógica" do domínio-origem poderá não ser integralmente projectada no domínio-alvo. Um exemplo é a metáfora TEMPO É ESPAÇO. Há alguns aspectos do domínio espacial que não podem ser projectados no domínio temporal, pela simples razão de que o espaço é tridimensional, ao passo que o tempo é unidimensional. Podemos escolher uma localização no espaço e reocupá-la, mas não podemos escolher quando é que o "agora" é, nem reocupar ou voltar a uma localização na linha temporal. Além disso, não podemos "ver" (conhecer) o futuro simplesmente olhando para a frente, ao passo que podemos ver o que espacialmente está diante de nós; inversamente, não podemos ver o que está atrás de nós (nas nossa costas), ao passo que podemos recordar o passado.

Há pois lugar para restrições. Mas o que é que exactamente restringe os mapeamentos metafóricos? A hipótese mais generalizada diz que os mapeamentos são condicionados pelo que Johnson (1987) designa de *esquemas imagéticos*, isto é, padrões dos nossos movimentos no espaço, da nossa manipulação de objectos e de interacções perceptivas, que emergem da experiência mais básica, como a nossa actividade sensório-motora e a nossa percepção de acções e de eventos, e que foram adquiridos em idade muito tenra. A restrição principal nos mapeamentos metafóricos constitui a chamada *Hipótese de Invariância* (Lakoff 1990, 1993; Turner 1990; Brugman 1990; Clausner & Croft 1999). Esta hipótese diz que o mapeamento tem que ser consistente com a estrutura de esquemas imagéticos do domínio-origem e não pode violar a estrutura básica de esquemas imagéticos do domínio-alvo (Lakoff 1993: 215-16). Por exemplo, a bem conhecida metáfora TEMPO É DINHEIRO permite-nos pensar e falar acerca do tempo em termos de mercadoria que se pode gastar, mas que não se pode receber de volta, justamente em sintonia com o facto de o tempo passar e não voltar atrás. Sob nomes diferentes e em diferentes contextos, este princípio da *invariância* desempenha um papel importante em teorias cognitivas mais recentes sobre projecção e metáfora: está diluído como princípio autónomo na Teoria Neural da Linguagem de G. Lakoff (Lakoff & Johnson 1999, Lakoff 2003a) e bem presente na Teoria da Integração ("blending") Conceptual de Fauconnier & Turner (1998, 2002), designadamente nos "princípios de optimalidade sobre redes de integração".

Uma das fontes mais produtivas da metáfora vem precisamente de projecções de esquemas imagéticos. O Quadro 4 identifica algumas metáforas de esquemas imagéticos e o Quadro 5 documenta a grande produtividade metafórica dos esquemas imagéticos 'em cima' e 'em baixo'. Com base nestes dados e noutros similares, Lakoff e Johnson (1980, 1999, Lakoff 1987, Johnson 1987) avançam com uma das mais ambiciosas teses da sua teoria sobre a metáfora: a de que o raciocínio abstracto se baseia no raciocínio espacial, através de projecções metafóricas de esquemas imagéticos.

ESQUEMAS IMAGÉTICOS		METÁFORAS
EI 'percurso'	→	*a vida é uma viagem*
EI 'origem-percurso-meta'	→	*propósitos são metas*
EI 'em cima'	→	bom (*altos valores, espírito elevado*)
	→	mais (*preços elevados, alta velocidade*)
	→	poder (*superior, poder sobre, classe alta*)
EI 'em baixo'	→	mau (*baixos valores, cair em desgraça*)
	→	menos (*baixos salários*)
	→	falta de poder (*inferior, sob controlo*)
EI 'centro/periferia'	→	*ideias importantes/laterais*
EI 'proximidade/distância'	→	relações interpessoais (*relação estreita, pessoa chegada, abandonar alguém*)
EI 'contentor'	→	palavras, ideias, estados psicológicos

Quadro 4. Esquemas imagéticos (EI) e metáfora

EM CIMA	EM BAIXO
feliz	triste
consciente	inconsciente
saúde e vida	doença e morte
ter domínio	ser dominado
mais	menos
estatuto elevado	estatuto baixo
bom	mau
virtude	vício
racional	emocional
acontecimentos futuros	

Quadro 5. Produtividade metafórica dos EI 'em cima' e 'em baixo'

5.4.3. Direccionalidade

O mapeamento metafórico é não só parcial como unidireccional: é o domínio-origem que é projectado no domínio-alvo, e não o inverso. Por exemplo, as metáforas PESSOAS SÃO ANIMAIS (*ser uma raposa*) e ANIMAIS SÃO PESSOAS (*os leões são corajosos*) não são variantes de uma mesma metáfora esquemática, visto que o que é projectado é muito diferente nos dois casos. O reconhecimento da unidireccionalidade do mapeamento metafórico constitui uma importante diferença entre a teoria da metáfora conceptual e a teoria da interacção de Black (1962).

Há um padrão de unidireccionalidade da metáfora conceptual que vai do concreto ao abstracto: o domínio-origem é concreto e pode ser experienciado ou percebido "directamente", ao passo que o domínio-alvo é mais abstracto e diz respeito a experiências "subjectivas". Alguns exemplos:

Domínios-origem: movimento, lugar, contentor (dentro/fora), distância, orientação (em cima/em baixo), tamanho, percepção (especialmente: ver), luz, peso, temperatura, etc.

Domínios-alvo: tempo, vida, pensamento, raciocínio, mente, comunicação, emoções, intenções, causação, moralidade, amor, casamento, sociedade, economia, política, etc.

Parece haver assim uma tendência em conceptualizar domínios mais abstractos e complexos em termos de domínios mais concretos e experienciais. Com base na ubiquidade da metáfora e nesta tendência da projecção metafórica, Lakoff & Johnson (1980 e, sobretudo, 1999) chegam à conclusão audaciosa de que os domínios abstractos não podem ser conceptualizados directamente, mas somente através da metáfora, e por isso mesmo a metáfora é intrínseca ao pensamento abstracto. Esta é uma ideia bastante forte, que merece, pelo menos, algumas reservas.

Sem negar que a metáfora pode enriquecer a estrutura do domínio--alvo e a conceptualização que dele fazemos e influenciar o modo como interagimos com ele, não passará o domínio-alvo por uma conceptualização prévia pré-metafórica, necessária para que o *mapeamento* se efectue (Quinn 1991)? Ou então, não será que o mapeamento metafórico pressupõe, não só essa compreensão prévia, como a apreensão de algo (abstracto) comum aos dois domínios? A ser assim, será exagerado afirmar que a metáfora *cria* as nossas concepções do tempo, do raciocínio, da moralidade, etc. Grady (1997a) sugere que a motivação inicial da metáfora pode ser a necessidade, não de compreender o domínio-alvo, mas de simbolizar as nossas conceptualizações do mesmo de uma maneira facilmente apreensível pelos outros. O acordo intersubjectivo é mais fácil de alcançar relativamente a significados mais "concretos" – particularmente espaciais – do que a estados mentais e emocionais ou a outros domínios abstractos. Falando do abstracto em termos do concreto, criamos a ilusão da objectividade e facilitamos a comunicação acerca do abstracto. Por outro lado, não será que o mapeamento metafórico envolve também a capacidade de abstracção e generalização, ou seja, não será que ao metaforizarmos estamos também a abstrair e a generalizar? Uma terceira reserva: em expressões altamente concencionalizadas, cuja consciência do mapeamento metafórico seja apenas histórica, é implausível que a entidade designada pela expressão seja directamente conceptualizada em termos de mapeamento metafórico.[6] Mas também é verdade que as metáforas cuja projecção se efectua em direcções diferentes – do 'abstracto' para o 'concreto' e do 'abstracto' para o 'abstracto' – exigem um esforço maior de compreensão (Jäkel 1999a).

5.4.4. *Tipologias*

Lakoff & Johnson (1980) distinguem três grandes tipos de metáforas conceptuais: ontológicas, orientacionais e estruturais. As metáforas *ontológicas* equiparam actividades, sentimentos/emoções e ideias a entidades e substâncias: por exemplo, *a inflação está a baixar o nível de vida* (A INFLAÇÃO É UMA ENTIDADE), *tenho um desejo enorme de te ver* (O DESEJO É UMA SUBSTÂNCIA QUANTIFICÁVEL), *gastar tempo* (TEMPO É DINHEIRO), *explodir de raiva, saltar-lhe a tampa* (A RAIVA É O CALOR DE UM LÍQUIDO NUM CONTENTOR), *pôr muitas ideias em poucas palavras* (IDEIAS SÃO OBJECTOS, PALAVRAS SÃO CONTENTORES). As metáforas *orientacionais* proporcionam orientação espacial a conceitos abstractos, tendo como domínio-origem esquemas imagéticos de natureza espacial: exemplos ilustrativos encontram-se nos Quadros 4 e 5, apresentados acima. As metáforas *estruturais* envolvem projecções sistemáticas de um domínio noutro(s):

---

[6] Para uma crítica bastante dura à tese do pensamento abstracto metafórico de Lakoff & Johnson (1980), ver Wierzbicka (1986). Para uma discussão mais construtiva, veja-se Jäkel (1999b) e, sobretudo, Taylor (2002: 491-492).

por exemplo, o domínio do fogo é sistematicamente projectado em vários domínios que compreendem diferentes sentimentos e emoções e muitos tipos de acções e estados; o domínio dos edifícios é sistematicamente projectado, não só no domínio das teorias, mas também na economia, nas relações sociais, na vida humana em geral. O *âmbito da metáfora* (Kövecses 2000) do fogo e dos edifícios é pois bastante vasto: um mesmo conceito-origem é sistematicamente projectado em domínios-alvo diversos.

Outras classificações são possíveis. Atendendo à natureza do domínio-origem do mapeamento metafórico, temos metáforas espaciais, perceptivas, antropomórficas, animistas, sinestésicas, de imagens, etc.[7] Estes são os tipos mais frequentes de metáforas convencionalizadas (já assim identificadas por Ullmann 1962) e, consequentemente, as principais raízes metafóricas da polissemia.

5.4.5. Corporização e metáfora

Todos os dados apresentados convergem no sentido de que as metáforas conceptuais não são arbitrárias, antes se fundamentam na experiência humana mais básica, particularmente na experiência corpórea ou modo como o corpo funciona e interage com o mundo – donde a noção-chave em Semântica Cognitiva, bem como noutras ciências cognitivas (Varela, Thompson & Rosch 1991, Edelman 1992, Damásio 1995), de *corporização* ("embodiment"). A metáfora é assim um dos elementos fundamentais do *experiencialismo* (ou *realismo corporizado*) do pensamento e da linguagem, teórica e metodologicamente bem explorado por Lakoff e Johnson (Lakoff 1987, Johnson 1987, Lakoff & Johnson 1999; Silva 2004d) e mais recentemente, centralizando-se na metáfora, por Gibbs (2005).

O próprio corpo humano é um centro de expansão metafórica bastante produtivo: são vários os termos de partes do corpo humano que desenvolveram sentidos metafóricos (mais ou menos) lexicalizados (Silva 1992a). E, como vimos acima, outras experiências humanas básicas constituem importantes e produtivos domínios-origem de conceptualização metafórica. É igualmente sintomático o facto de categorias de nível

---

7 Em Silva (1992a), podem encontrar-se elementos para uma tipologia da metáfora conceptual, sobretudo da metáfora convencionalizada.

básico serem fontes produtivas de metáforas: um exemplo paradigmático pode encontrar-se nos conceitos de 'comer' e 'beber' como meio de conceptualização de muitos conceitos dos domínios emocional, psicológico e intelectual (cf. Dionísio 2002). E significativo é também o facto de a eficácia de determinado discurso, como o discurso televisivo de Marcelo Rebelo de Sousa, se dever a metáforas do corpo – partes do corpo e suas funções, orientação espacial e movimento corporal (Ferrão 2005).

Os mapeamentos metafóricos podem operar num nível baixo e, portanto, mais básico e menos específico de elaboração conceptual. Investigações recentes, sobretudo de Grady (1997a,b, 1999; Grady & Johnson 2002; Grady, Taub & Morgan 1996), sugerem que os mapeamentos mais importantes do pensamento e da linguagem metafóricos apresentam menos detalhes e são experiencialmente mais básicos do que os mapeamentos descritos na literatura sobre a metáfora conceptual. Eles operam a um nível conceptualmente inferior e anterior ao dos familiares *domínios*. Surgem daí as chamadas *metáforas primárias*, motivadas por experiências básicas, que Grady (1997a) denomina *subcenas* e *cenas primárias*. Uma *subcena* é uma experiência simples e irredutível: por exemplo, ver algo ou sair de um sítio. Uma *cena primária* é uma experiência ainda simples mas um pouco mais complexa, na medida em que compreende duas ou mais subcenas correlacionadas: por exemplo, o nível perceptual de ver alguma coisa e o nível mental de tomar consciência daquilo que se vê. Esta cena primária está na base da metáfora primária VER É COMPREENDER. Por sua vez, esta metáfora emerge de mapeamentos básicos, tais como TORNAR ACESSÍVEL AO CONHECIMENTO É EMERGIR DE UM CONTENTOR, cujas correspondências se estabelecem entre, por um lado, 'X dentro de um contentor, X não visível' e 'X inacessível ao conhecimento' e, por outro lado, 'X fora do contentor, X visível' e 'X acessível ao conhecimento'. As metáforas primárias envolvem, assim, correlações directas entre a experiência subjectiva e a experiência sensório-motora dentro de cenários experienciais recorrentes (ou *cenas primárias*), como as que existem entre conhecer e ver, intimidade e proximidade, coisas importantes e coisas grandes, afectividade e calor. Esta Teoria das Metáforas Primárias, que acabou por ser inteiramente integrada na Teoria Contemporânea da Metáfora no trabalho de Lakoff & Johnson (1999), tem as vantagens de melhor evidenciar as motivações experienciais da metáfora, demonstrando empiricamente as conexões entre *corporização* e metáfora, e permitir compreender o processo de aquisição das projecções metafóricas pela criança.

5.4.6. Metáfora, cultura e ciências

Esta focalização na corporização da metáfora conduz ao reconhecimento de significados universais, já que o corpo é um universal da experiência humana. Mas a compreensão metafórica de determinado domínio-alvo evidencia também variação cultural e histórica. É o que se pode encontrar em muita investigação cultural e comparativa da metáfora: Kövecses (2005) para uma visão geral e trabalhos como os de Wierzbicka (1991), Dirven (1994), Palmer (1996) e Yu (1998).

Por outro lado, a natureza experiencialista da metáfora conceptual não a restringe ao pensamento e linguagem quotidianos. Ela constitui uma verdadeira *maneira de pensar* em domínios aparentemente hostis, como as ciências e as tecnologias. As inovações tecnológicas são um dos lugares privilegiados da inovação metafórica, por duas razões. Primeiro, a necessidade de nomes para os novos elementos tecnológicos. Segundo, à medida que as novas tecnologias se vão tornando familiares, elas próprias constituem domínio-origem da metáfora.

A maior inovação tecnológica do séc. XX foi, sem dúvida, o computador. A Informática tem-se revelado bastante fértil em metáforas. Um exemplo é a metáfora do vírus. O vírus do computador é conceptualizado em termos de (conhecimento médico popular acerca do) micro-organismo biológico: ele é invisível, multiplica-se, infecta o disco duro, destrói ficheiros; justifica uma vigilância particular quando um computador está em contacto com outros; tem que ser destruído e, para isso, são usados programas que funcionam como antídotos ao vírus (Fauconnier 1997: cap. 1, Rohrer 2001). Estamos já iniciados na nova revolução tecnológica, do séc. XXI, operada pelos avanços da Genética. Também aí a metáfora tem e terá um papel crucial. Um exemplo eloquente é o do discurso sobre a decifração do genoma humano (Nerlich & Dingwall 2003).

Mesmo a Matemática é permeável à metáfora: Lakoff & Núñez (2000) procuram mostrar que a metáfora conceptual desempenha um papel central nas ideias matemáticas (aritméticas, algébricas e outras), e esses conceitos matemáticos metafóricos são projecções do modo como funcionamos no mundo físico. Também a Arquitectura é domínio de investimento metafórico: Caballero (2004) mostra o papel fundamental de metáforas de imagem em revistas de arquitectura e na maneira como os arquitectos pensam, vêem e falam sobre o espaço.

A Economia é uma das outras áreas férteis em metáforas: A ECONOMIA É GUERRA (*combate ao desemprego*), É VIAGEM (*derrapagem econó-*

mica, metas de convergência), É ORGANISMO (*crescimento incontrolado, comportamento instável da moeda*), É ESPAÇO (*margens do lucro, economia aberta/fechada*), É DOENÇA (*surto inflacionário*), É CORRIDA (*inflação galopante, metas de convergência*), É MÁQUINA (*pôr a funcionar os mecanismos de controlo do pagamento de impostos*), etc. São várias as metáforas da inflação: todas elaboram o esquema metafórico A INFLAÇÃO É UM ADVERSÁRIO (que nos pode atacar, destruir), o que exige medidas económicas e políticas da parte do governo (Vilela 1996, 2002).

Muito rico em metáforas conceptuais é o domínio da Política, como o demonstram o importante estudo de Lakoff (1996) e o estudo recente de Chilton (2004). Exemplo paradigmático é o da Guerra do Golfo. Num estudo exemplar sobre o discurso ocidental centrado na Guerra do Golfo de 1991, Lakoff (1992) mostra como o pensamento metafórico pode transformar uma guerra "ilegal" numa "guerra justa" ou mal menor e, deste modo, como as "metáforas podem matar". A legitimação da Guerra do Golfo I é alcançada pela metáfora do conto de fadas: o vilão é o Iraque, a vítima é o Kuwait e o herói são os EUA e seus aliados. A racionalização da guerra é feita através da metáfora de von Clausewitz (general prussiano): a guerra é reduzida a um cálculo frio de custos-benefícios em termos políticos (faz-se crer que as baixas e os danos colaterais são largamente compensados pela expulsão dos invasores e pelo petróleo barato). Estas ideias metafóricas repetem-se na Guerra do Golfo II, mas num contexto diferente e mais perigoso (Lakoff 2003b).

O poder cognitivo da metáfora é tal que, por vezes, a metáfora se torna perniciosa. As metáforas podem matar, como acabámos de ver, podem enganar, podem conduzir-nos a concepções de domínios-alvo, tanto populares como científicas, perfeitamente erradas. Exemplos de concepções metafóricas falsas existem em relação à própria linguagem: é o caso da "metáfora do conduto" (Reddy 1979) e da "metáfora dos blocos de construção", acima referenciadas no capítulo 2.

5.5. Metonímia

Consideremos agora a metonímia, tradicionalmente "parente pobre" da metáfora, cujo reconhecimento crescente da sua importância cognitiva e linguística se deve também à Semântica Cognitiva e está patente em Kövecses & Radden (1998), Radden & Kövecses (1999), Panther &

Radden (1999), Ruiz de Mendoza (1999), Barcelona (2000), Dirven & Pörings (2002), Ruiz de Mendoza & Otal Campo (2002) e Panther & Thornburg (2003).

5.5.1. Regularidade e produtividade

Tal como a metáfora, ou mesmo mais do que esta, a metonímia conceptual é extremamente frequente e regular na linguagem e no pensamento. O Quadro 6, baseado em Cuenca & Hilferty (1999: 112), Ungerer & Schmid (1996: 116) e Silva (1992a), apresenta alguns dos padrões metonímicos mais frequentes, identificando os respectivos *pontos de referência* (PR) e *zonas activas* (ZA).

Um dos domínios de elevada regularidade e produtividade da metonímia conceptual é o dos sentimentos e emoções. Na sua conceptualização é activada a metonímia fisiológica EFEITO PELA CAUSA, em que a emoção ou o sentimento é designado pelo(s) respectivo(s) efeito(s) fisiológico(s). O Quadro 7 sistematiza, com base nos estudos de Kövecses (1986, 1988, 1990, 2000), as principais metonímias fisiológicas das emoções.

PARTE PELO TODO		
um turbo diesel imbatível	PR: motor	ZA: carro
TODO PELA PARTE		
lavar o carro 1 vez por mês	PR: carro	ZA: exterior
CONTINENTE PELO CONTEÚDO		
beber um copo	PR: copo	ZA: líquido
MATERIAL PELO OBJECTO		
um vidro, um ferro	PR: substância	ZA: objecto feito de
PRODUTOR PELO PRODUTO		
comprar um kleenex	PR: marca Kleenex	ZA: lenço de papel
LUGAR PELO EVENTO		
poderá ser outro Kosovo	PR: Kosovo	ZA: guerra
LUGAR PELA INSTITUIÇÃO		
conversações entre Lisboa e Washington	PR: cidades	ZA: governo
INSTITUIÇÃO POR PESSOAS		
Universidade abriu Curso	PR: Universidade	ZA: responsáveis
PESSOA PELO NOME		
Não estás nas listas	PR: tu	ZA: o teu nome
CAUSA PELO EFEITO		
estar ao sol	PR: astro	ZA: calor

Quadro 6. Metonímias frequentes

EFEITO FISIOLÓGICO	EMOÇÃO/SENTIMENTO
aumento de temperatura do corpo	fúria, alegria, amor
abaixamento temperatura do corpo	medo
vermelhidão da cara e pescoço	fúria, amor
palidez	medo
gritos e lágrimas	fúria, tristeza, medo, alegria
suor	medo
secura na boca	medo
aumento de pulsação e sangue	fúria, revolta
ansiedade, palpitações	medo, amor
arritmias	medo
postura erecta	orgulho
cabisbaixo	tristeza, vergonha
incapacidade de se movimentar	medo
saltar	alegria
abraçar	alegria, amor
agitação física geral	fúria, revolta, medo, alegria, amor

Quadro 7. Metonímias fisiológicas de emoções/sentimentos

A acção da metonímia ultrapassa largamente, tal como a metáfora ou mesmo mais do que esta, as fronteiras do léxico. Estende-se à

- morfologia: por exemplo, formação de palavras (Koch 1999, Panther & Thornburg 2002), conversão (Twardzisz 1997, Dirven 1999), morfemas como o diminutivo (Jurafsky 1996, Novais 2002 e o nosso estudo no cap. 8);
- sintaxe: por exemplo, a metonímia EFEITO PELA CAUSA na sintaxe do inglês (Panther & Thornburg 2000), o objecto indirecto (Goldberg 1995 e o nosso estudo no cap. 9);
- fonologia (Taylor 1995a: cap. 12; e o nosso estudo no cap. 11);
- áreas "marginais" do léxico, como a onomástica (Jäkel 1999c);
- discurso: convencionalização de implicaturas conversacionais ou *inferenciação desencadeada* (Panther & Thornburg 1998, Traugott & Dasher 2002, Panther & Thornburg 2003, Barcelona 2004, Panther 2005), actos de fala (Thornburg & Panther 1997), marcadores discursivos (como *pronto*, no cap. 10).

Tal como as metáforas, também as metonímias conceptuais podem ser descritas em diferentes níveis de abstracção ou esquematização. Por exemplo, a metonímia RESULTADO PELA ACÇÃO é uma especificação da metonímia EFEITO PELA CAUSA. Ao contrário das metáforas, as metonímias herdam, não estruturas de domínio, mas a relação de contiguidade de padrões metonímicos esquemáticos. Uma boa ilustração das hierarquias metonímicas é apresentada por Feyaerts (1999), relativamente à conceptualização da 'estupidez' em expressões idiomáticas do alemão. Tanto as hierarquias metafóricas como as metonímicas apresentam áreas de sobreposição (um mesmo conceito pode elaborar várias estruturas esquemáticas) e diferenças de saliência cultural (estruturas de nível inferior tendem a ser culturalmente mais específicas e, por isso mesmo, de uso mais restrito).

5.5.2. *Metonímia, zonas activas e ponto de referência*

A metonímia parece fazer parte de um processo de saliência cognitiva ainda mais ubíquo, que Langacker (1984) denomina fenómeno da *zona activa* e caracteriza assim: quando uma entidade X participa numa situação, geralmente determinadas partes de X estão mais intimamente envolvidas nessa situação do que outras; estas "partes" – ou, na terminologia de Cruse (1995), *facetas* – constituem a *zona activa* de X. Por exemplo, em *livro em cima da mesa* a superfície da mesa é a zona activa da 'mesa'. Em *lavar o carro* e *revisão do carro* diferentes facetas do 'carro' estão envolvidas: na primeira expressão, a carroçaria e na segunda, a componente mecânica. O mesmo se passa em *fazer um piquenique debaixo da árvore, esconder o tesouro debaixo da árvore* e *o túnel passa por debaixo da árvore*: diferentes facetas da 'árvore' estão envolvidas na relação 'debaixo de', respectivamente, ramos e folhas, ramos, folhas e tronco e ramos, tronco e raízes.

Estes exemplos de *zona activa* envolvem "partes" estritas de uma entidade. Mas o mesmo fenómeno pode estender-se a entidades intimamente associadas à entidade designada: por exemplo, *ouvir o piano*, em que o que é activado não é o piano como tal mas o som que vem deste instrumento musical, e *estar na lista*, em que o que é activado não é a pessoa física mas o seu nome e, eventualmente, outros elementos de identificação. Estes são casos de *zona activa* que se inscrevem numa relação de contiguidade e, assim, melhor se identificam com a noção tradicional de metonímia.

Fenómeno complementar de saliência cognitiva, do qual a metonímia também participa, é o que Langacker, num outro estudo seminal (1993, 1999: cap. 6), designa de *ponto de referência*, e define como "a capacidade de invocar a concepção de uma entidade, a fim de estabelecer um contacto mental com outra, isto é, separá-la e submetê-la a uma atenção individual consciente." O próprio Langacker (1993: 30) caracteriza a metonímia em termos de ponto de referência: "a metonímia é essencialmente um fenómeno de ponto de referência [...] a entidade que é normalmente designada por uma expressão metonímica serve como ponto de referência, permitindo acesso mental ao alvo designado (isto é, a entidade realmente referida) [...] uma expressão metonímica bem escolhida permite-nos mencionar uma entidade que é saliente e facilmente codificada, e assim evocar – de forma essencialmente automática – um alvo de menor interesse ou mais difícil de designar". Por exemplo, o 'motor' é o *ponto de referência* da expressão metonímica "um turbo diesel imbatível" e é ele quem permite acesso mental (e deste modo activa) ao que esta expressão pretende significar – o 'carro'. O Quadro 6, apresentado acima, exemplifica os *pontos de referência* (e as *zonas activas*) de padrões metonímicos frequentes.

5.5.3. *Metonímia e inferência*

Uma outra importante fonte de polissemia metonímica são as implicaturas conversacionais ou *inferências desencadeadas*, na designação de Traugott & Dasher (2002), ou, em termos mais gerais, inferências pragmáticas (Panther & Thornburg 2003, Barcelona 2004). A inferenciação pragmática envolve relações metonímicas. As inferências são *desencadeadas* pela forma convencional das frases e/ou por princípios de cooperação conversacional. Por sua vez, as metonímias podem ser entendidas como *esquemas de inferenciação natural*, isto é, associações de conceitos directamente activáveis, usadas para fins inferenciais (Panther & Thornburg 2003: 8). Por exemplo, os conceitos de 'mãe' e de 'bebida' evocam, metonimicamente, os conceitos estereotípicos de 'mulher de casa' e 'bebida alcoólica', respectivamente. Outro exemplo: o sentido de trabalho manual associado a 'mão' e lexicalizado em *mão-de--obra* formou-se por metonímia inferencial. Diacronicamente, implicaturas ou inferências convencionalizam-se, dando origem a novos sentidos de um mesmo item, como já referimos no capítulo anterior e veremos, mais adiante (cap. 7), na história semântica do verbo *deixar*. Taylor (1995a: 126) designa este processo de *perspectivação de uma implicação* e apresenta-o como uma importante fonte de polissemia metonímica.

Estudos funcionalistas e cognitivistas sobre o papel de pressuposições, implicaturas e inferências na pragmatização do significado têm evidenciado a função maior da metonímia na mudança semântica: recentemente, Traugott & Dasher (2002) destacam o papel crucial da inferência baseada na metonímia na mudança semântica, com a sua Teoria da Inferenciação Desencadeada da Mudança Semântica. A metonímia é, pois, uma excelente prova do carácter ilusório da distinção tradicional entre semântica e pragmática. Como salienta Barcelona (2004: 159), uma das contribuições mais promissoras da recente abordagem cognitiva da metonímia é o reconhecimento do seu papel fundamental na inferenciação pragmática.

5.5.4. Tipologias

Na literatura sobre a metonímia, são várias as tentativas de classificação das muitas e diferentes relações metonímicas. Algumas das relações metonímicas reconhecidas como mais frequentes correspondem às que apresentámos acima, no Quadro 6: continente-conteúdo, produtor-produto, material-objecto, instrumento-agente, lugar-instituição, lugar-evento, instituição-pessoas, parte-todo, causa-efeito, etc., muitas vezes nas duas direcções da respectiva relação. É mais ou menos esta a classificação que se pode encontrar em tratados de retórica (Sappan 1987, para uma visão de conjunto), na literatura pré-estruturalista sobre semântica diacrónica (Paul 1920, Nyrop 1913), muito rica na descrição de variedades de metonímia, em manuais clássicos de semântica (Ullmann 1962), em estudos como os de Nunberg (1979), Norrick (1981) e Apresjan (1992: 194-259), e mesmo em autores da teoria cognitiva contemporânea, como Lakoff & Johnson (1980: 35-40). Silva (1992a) procura sistematizar e desenvolver a classificação tradicional. Outras classificações tradicionais apoiam-se na natureza ontológica da relação de contiguidade e distinguem entre contiguidade espacial, temporal e causal (Ullmann 1962).

As diversas relações metonímicas podem reduzir-se a alguns esquemas gerais. Kövecses & Radden (1998) e Radden & Kövecses (1999) identificam três tipos metonímicos: PARTE PELO TODO, TODO PELA PARTE e

PARTE PELA PARTE. Os dois primeiros, subsumidos na relação mais geral 'todo e suas partes', aplicam-se tipicamente a 'coisas' e a uma grande variedade de "modelos cognitivos idealizados" (no sentido de Lakoff 1987), nomeadamente coisa-e-parte, escala, constituição, evento complexo, categoria-e-membro e categoria-e-propriedade. O terceiro aplica-se a várias partes de "modelos cognitivos idealizados", nomeadamente a 'predicações' em eventos, as quais incluem acção, percepção, causação, produção, controlo, posse, contentor, localização, signo e referência. Incluindo as variantes de cada uma destas relações, os autores identificam, ao todo, 37 relações metonímicas.

Relativamente apenas aos tipos mais gerais, Ruiz de Mendoza (2000, Ruiz de Mendoza & Díez Velasco 2002: 497-98) reconhece, não três, mas apenas dois – PARTE PELO TODO e TODO PELA PARTE (ditos "origem-no-alvo" e "alvo-na-origem", respectivamente) –, considerando que os tradicionais casos de PARTE PELA PARTE constituem especificações de PARTE PELO TODO e concluindo que a metonímia envolve sempre *inclusão* (expansão e redução) de domínios. Relevando a ambiguidade das expressões "parte pelo todo" e "todo pela parte" entre o sentido taxionómico ('espécie de') e o sentido meronímico ('parte de'), Seto (1999) revaloriza a noção tradicional de sinédoque:[8] define-a como uma relação taxionómica de inclusão categorial, remetendo para a metonímia a relação estritamente meronímica de 'parte de', como uma especificação da relação de contiguidade entre entidades.

Blank (1999b) propõe uma tipologia cognitiva da metonímia assente em dois modelos de contiguidade: o modelo sincrónico de *co-presença* e o modelo diacrónico de *sucessão*. As relações estáticas de co-presença dão-se entre os 'actores' que interagem num domínio, a sua 'actividade', 'instrumentos', 'objectos afectados' ou 'produtos', 'lugar' e 'tempo' da actividade, 'atributos' e 'partes' das entidades e eventos desse domínio. Tipos de metonímia por co-presença são, entre outros, inventor-produto, instrumento-agente, lugar-objecto, objecto-aspecto típico, objecto-função. Relações dinâmicas de sucessão dão-se entre um 'estado' e o seu 'estado prévio' ou o 'estado consequente', uma 'acção' ou 'processo' e o seu

---

8 A noção tradicional de sinédoque é heteróclita: compreende (e confunde!) casos de generalização e especialização, de um lado, e casos de parte pelo todo e todo pela parte, do outro. Ora, as relações de generalização e especialização não são metonímicas, ao passo que as relações parte-todo são-no.

'objectivo/finalidade', a sua 'causa' ou 'pré-condições', o seu 'produto' ou 'resultado'; ocorrem também entre 'períodos', diferentes 'lugares' e entre 'domínios' relacionados. Tipos de metonímia por sucessão incluem actividade-resultado, resultado-causa, pré-condição-actividade, material--produto, instrumento-produto. Todos os esquemas metonímicos, transversalmente distribuídos pelos domínios do espaço, tempo e causação, são assim, conclui Blank (1999b), ora de co-presença ora de sucessão no tempo.

Peirsman & Geeraerts (2006) propõem uma interessante caracterização da metonímia em termos de categoria *prototípica*, procurando assim mostrar a coerência interna dos vários tipos de metonímia. Do protótipo da contiguidade espacial parte-todo, derivam os outros tipos na base de três dimensões interactuantes: (i) 'grau de contacto', desde parte-todo, continente-conteúdo e contacto físico até adjacência sem contacto; (ii) 'delimitação', desde parte e todo delimitados a partes e todos não--delimitados; e (iii) 'domínio', envolvendo extensões metafóricas do domínio espacial para os domínios temporal e categorial. Julgamos que esta interpretação tridimensional, cujas dimensões encontram alguma correspondência nas caracterizações anteriores, permite uma tipologia *cognitiva* (mais) consistente da metonímia.

5.5.5. Motivações da metonímia

Quais as motivações da metonímia, tomada em toda a sua diversidade? Blank (1999b) aponta duas ordens de motivações: (i) psicológicas, na associação por contiguidade, e (ii) cognitivo-comunicativas, na base das próprias relações de contiguidade conceptual existentes entre os elementos de um domínio e visando a saliência de entidades e relações dentro desse domínio. Ou seja, a metonímia vem responder aos princípios de maximização do sucesso cognitivo e comunicativo e minimização do esforço linguístico.

Também Kövecses & Radden (1998) e Radden & Kövecses (1999) identificam princípios cognitivos e comunicativos para a explicação do mecanismo metonímico, em particular, no que diz respeito à selecção do *ponto de referência*, que permite aceder à *zona activa*. Um desses princípios cognitivos é o da *experiência humana*: a nossa perspectiva antropocêntrica do mundo leva a preferir o 'humano' em detrimento do 'não-humano' (daí, por exemplo, as metonímias POSSUIDOR POR POSSUÍDO,

CONTROLADOR POR CONTROLADO, PRODUTOR POR PRODUTO), o 'concreto' em detrimento do 'abstracto' (FÍSICO POR MENTAL, FÍSICO POR EMOCIONAL). Um outro é o da *selectividade perceptiva*: tendemos a seleccionar o 'imediato' (por exemplo, os efeitos afectam-nos mais imediatamente do que as causas, e daí a metonímia EFEITO PELA CAUSA), o 'real', o 'domínio' (donde, por exemplo, a metonímia CAPITAL PELO PAÍS), o 'delimitado' e o 'específico'. Um terceiro princípio cognitivo é o das *preferências culturais*, pelo qual é atribuído estatuto proeminente a elementos de um domínio culturalmente marcados. Daí a preferência pelo 'estereotípico' em detrimento do 'não-estereotípico', do 'prototípico' pelo 'não-prototípico', do 'central' pelo 'periférico', do 'importante' pelo 'menos importante', do 'ideal' pelo 'não-ideal', do 'comum' pelo 'raro', etc. Os autores acrescentam dois factores comunicativos: o princípio de *clareza* e o princípio de *relevância*, tal como tem sido formulado, este último, por Sperber & Wilson (1995).

Sintetizando, as motivações para a metonímia envolvem factores de saliência cognitiva, entre os quais estão os fenómenos estudados por Langacker sob a designação de *ponto de referência* e *zonas activas*, e factores de eficiência comunicativa.

5.6. *Metaftonímia*, ou a interacção entre metáfora e metonímia

Metáfora e metonímia não são mecanismos independentes, antes interactuam frequentemente. Num estudo pioneiro, Goossens (1990, 2002) evidencia esta interacção, a que dá o nome sugestivo de "metaphtonymy", nas expressões do inglês que denotam acção linguística, e verifica que há casos de *integração* da metonímia e da metáfora, ora como "metonímia dentro da metáfora" ora, mais raramente, "metáfora dentro da metonímia", e casos de *cumulação*, quer como "metáfora a partir de uma metonímia" quer, menos frequentemente, como "metonímia a partir de uma metáfora". Barcelona (2002) propõe a distinção entre dois tipos de interacção: (i) interacção a nível conceptual, ora como motivação metonímica da metáfora ora como motivação metafórica da metonímia, e (ii) co-instanciação textual numa mesma expressão linguística.

Um dos domínios em que a interacção metáfora-metonímia é particularmente recorrente é o das categorias de emoção. Nos seus importantes estudos sobre a linguagem das emoções, Kövecses (1986, 1988, 1990, 2000) e Lakoff (1987: 380-415) concluem que na conceptualização das emoções e dos sentimentos funcionam um princípio metonímico geral de tipo EFEITO PELA CAUSA, pelo qual a ira, a tristeza, o medo, a alegria, o amor e outras emoções/sentimentos são referidas por sintomas fisiológicos correspondentes – tais como aumento/abaixamento da temperatura do corpo, rosto corado/pálido, gritos e lágrimas, abraços, suor, alteração das pulsações e do ritmo cardíaco (cf., acima, Quadro 7) –, e várias metáforas conceptuais desencadeadas por estas metonímias fisiológicas – por exemplo, IRA É CALOR / É FOGO / É ANIMAL PERIGOSO, MEDO É OPRESSOR, ALEGRIA É LUZ / ESTÁ EM CIMA, TRISTEZA É ESCURIDÃO / ESTÁ EM BAIXO, AMOR É NUTRIENTE / ALIMENTO SABOROSO / FOGO. Geralmente, o calor do corpo é metonimicamente tomado em vez da emoção/sentimento e metaforicamente compreendido como um fluido quente que corre num contentor: o aumento do calor faz o fluido ferver e pode causar uma explosão, o que explica emoções tais como a ira, a alegria ou o amor, e a diminuição do calor está na base do medo. O Quadro 8, elaborado com base nos resultados dos estudos de Kövecses, sistematiza as principais metonímias e metáforas que estão na base da conceptualização da categoria 'emoção/sentimento'. No inglês, a alegria e o amor são conceptualizadas mais por metáforas e o medo mais por metonímias; no caso da ira, há um equilíbrio entre os dois processos cognitivos.[9]

Metonímia	AGITAÇÃO FÍSICA POR EMOÇÃO
Metáfora	A EMOÇÃO SURGE REPENTINAMENTE DO EXTERIOR
	A EMOÇÃO É UMA FORÇA NATURAL
	A EMOÇÃO É UM ORGANISMO VIVO
	PRESENÇA É A EXISTÊNCIA DA EMOÇÃO
	EMOÇÃO É UM FLUIDO NUM CONTENTOR O CORPO / OS OLHOS / O CORAÇÃO / OUTROS ÓRGÃOS SÃO CONTENTORES DE EMOÇÕES

Quadro 8. Metaftonímia nas emoções/sentimentos

---

9 Para estudos sobre a conceptualização metonímico-metafórica das emoções no português, ver Faria (1999), Abrantes (1999, 2002), Pires (2001), Batoréo (2001, 2003, 2004a) e Florescu (2002).

Alguns autores avançam a hipótese de que a metonímia é cognitivamente mais básica do que a metáfora. Taylor (1995a: 124, 139) argumenta que, embora algumas metáforas (em particular, as que representam o que tradicionalmente se designa por *sinestesia*) não envolvam a relação de contiguidade, grande parte delas "fundamentam-se, essencialmente, na metonímia", já que a relação de similaridade entre propriedades de diferentes domínios pressupõe, geralmente, que essas propriedades sejam vistas como contíguas dentro de um mesmo domínio complexo.

Barcelona (2000) vai mais longe ao defender a hipótese de que *qualquer* metáfora é motivada por uma metonímia conceptual, incluindo os casos de sinestesia, como *música doce* e *cor berrante*. O autor identifica dois tipos gerais de motivação metonímica da metáfora. Num, como em *cor berrante* ou *música doce*, um modelo experiencial metonímico do domínio-alvo da projecção metafórica motiva e restringe a escolha do domínio-origem. Noutro, como MAIS ESTÁ EM CIMA, TRISTEZA ESTÁ EM BAIXO, a metáfora resulta da generalização de uma metonímia. Os conceitos emotivos são tomados como uma boa prova em favor desta hipótese, visto que, como ficou patente nos Quadros 7 e 8, as várias metáforas de emoções parecem assentar em metonímias fisiológicas.

Uma rica exploração empírica desta mesma hipótese deve-se a Radden (2002). O autor identifica quatro tipos de bases metonímicas da metáfora: (i) base experiencial comum, (ii) base de implicatura, (iii) base de estrutura de categoria e (iv) base de modelo cultural. A base experiencial comum de dois domínios envolvidos pode consistir ora na correlação dos dois domínios, ora na complementaridade de elementos. Exemplos de metáforas por correlação metonímica são MAIS ESTÁ EM CIMA, IMPORTANTE É GRANDE, ACTIVO É VIVO. Elementos complementares como corpo e mente formam uma forte unidade, que está na base da metáfora MENTE É UM CORPO. As implicaturas conversacionais constituem, como já vimos, um importante mecanismo de extensão semântica. Algumas podem ocorrer em eventos sequenciais, como, por exemplo, ver algo e tomar conhecimento disso, na base da metáfora VER É COMPREENDER. Outras implicaturas decorrem da relação entre eventos e seus resultados e um dos tipos de implicatura mais frequente é a que envolve a relação metonímica entre um lugar e a actividade realizada nesse lugar, como em *ir à igreja* e *ir para a cama*, dando origem à metáfora PROPÓSITOS SÃO METAS. A relação metonímica entre uma categoria e os seus elementos mais salientes pode também ser origem de metáforas: é o caso de OFENSA É UM DANO FÍSICO. E a metáfora CAUSA É FORÇA pode ser vista como resultante de uma inclusão categorial. Com efeito, as causas envolvem, tipicamente, o exercício de uma força física: por exemplo, a força física é necessária para pôr um carro em movimento, ora rodando a chave de ignição ora empurrando o carro. Os modelos culturais são a quarta fonte de metáforas de base metonímica: exemplos paradigmáticos são os modelos populares das forças físicas, da comunicação e da linguagem (lembre-se a "metáfora do conduto") e das emoções e suas reacções fisiológicas.

5.7. Integração conceptual e metáfora/metonímia

Uma nova teoria em linguística cognitiva que subsume a metáfora e a metonímia como casos particulares de mecanismos de projecção mental é a teoria da *mesclagem* ou *integração conceptual* ("blending") – uma extensão dos estudos iniciais de G. Fauconnier sobre *espaços mentais* (Fauconnier 1985) e que tem sido desenvolvida pelo próprio e por M. Turner e seus colaboradores (Fauconnier 1997; Fauconnier & Turner 1996, 1998, 2002; Turner & Fauconnier 1995, 2000; Grady, Oakley & Coulson 1999; Coulson & Oakley 2000; Coulson 2001; Brandt 2000, 2001, 2004).[10] Esta nova teoria procura explicar como é que falantes e ouvintes registam correspondências conceptuais e constroem novas inferências durante o processo discursivo. A ideia nova e central é a de que na projecção conceptual, tal como decorre no discurso, os domínios origem e alvo (ou *espaços input*) são projectados num *espaço integrado* ("blend"), cuja estrutura conceptual não deriva inteiramente dos espaços *input*.

Como os seus proponentes asseguram, a teoria da integração conceptual não é incompatível com a teoria da metáfora conceptual de Lakoff e Johnson; as duas abordagens são, antes, complementares (cf. Grady, Oakley & Coulson 1999). As duas teorias partilham vários aspectos: por exemplo, para ambas a metáfora é um fenómeno conceptual e não meramente linguístico; ambas envolvem projecção sistemática de linguagem, imagens e estrutura inferencial entre domínios conceptuais;

---

10 Para análises linguísticas de processos de integração conceptual em português, ver Coimbra (1999), M.C. Almeida (2003, 2004, 2005), Salomão (2003), M.L. Almeida (2005) e Ferrari (2005).

ambas reconhecem condições e limites nesta projecção. As principais diferenças são as seguintes: a teoria da metáfora conceptual postula relações entre pares de representações mentais, ao passo que a teoria da integração conceptual permite correlações entre mais do que duas representações; a teoria da metáfora conceptual define a metáfora como um fenómeno estritamente direccional, ao passo que a teoria da integração conceptual rejeita essa unidireccionalidade; a teoria da metáfora conceptual diz respeito sobretudo a relações conceptuais estabelecidas, ao passo que a teoria da integração conceptual centra-se sobre novas conceptualizações que podem ser temporárias. A complementaridade entre as duas teorias reside, especificamente, no facto de as relações inter-domínios, identificadas pela teoria da metáfora conceptual, darem forma e condicionarem o processo mais complexo de integração conceptual.

O processo de *integração conceptual* dá-se entre *espaços mentais* e não entre *domínios*: ao contrário dos *domínios* da teoria da metáfora conceptual, que são representações mentais estáveis e gerais, os *espaços mentais* da teoria da integração conceptual são representações mentais discursivas e temporárias que os falantes constroem quando pensam e falam acerca de uma determinada situação passada, presente ou futura, vivida ou imaginada, que recrutam informação de vários domínios ao mesmo tempo e do contexto e cuja função é responder às necessidades de conceptualização, muitas vezes novas e mesmo únicas. Por outro lado, o processo de integração conceptual envolve, não dois domínios, como na teoria da metáfora conceptual, mas, pelo menos, quatro espaços mentais. Como a Figura 3, adaptada de Fauconnier & Turner (1998: 143) sistematiza, há, pelo menos, 2 *espaços input* (correspondem ao domínio-origem e ao domínio-alvo da metáfora), 1 *espaço genérico*, que contém o que há de comum aos espaços *input* e, pelos conceitos superordenados que alberga (esquemas imagéticos, interacções de dinâmica de forças, movimento abstracto), facilita o estabelecimento de correspondências entre elementos desses espaços, e ainda 1 *espaço integrado (mescla)*, que incorpora elementos seleccionados dos espaços *input* (alguns deles equivalentes, marcados por linhas contínuas, e outros nem tanto).

Gerando polissemia: metáfora e metonímia 149

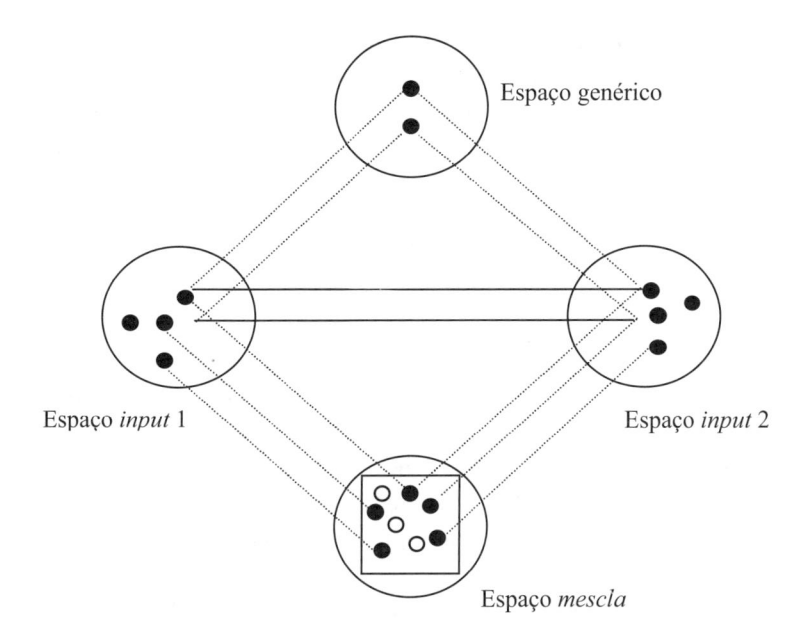

Figura 3. Processo de *integração conceptual*

É deste processo de integração ou mesclagem, em que são projectados elementos seleccionados de ambos os espaços *input* (em contraste com a projecção unidireccional postulada pela teoria da metáfora conceptual), que emerge uma nova conceptualização, não subsumível a uma soma das estruturas dos espaços *input*, nem previsível quer somente a partir dos espaços *input* quer a partir do espaço genérico, e ainda incompatível com os espaços *input*. Isto é, o espaço *mescla*, lugar da nova conceptualização, tem uma lógica e uma dinâmica próprias e contém uma *estrutura emergente*, constituída por não-correspondências entre os espaços origem e alvo. O dinamismo dos espaços *mescla* está ainda patente no facto de o processo de integração envolver a activação de novos espaços e a alteração de espaços previamente activados.

Um exemplo ilustrativo do processo de integração conceptual encontra-se na expressão metafórica *o cirurgião é um carniceiro*. Em termos da teoria lakoviana, temos aqui uma projecção do domínio-origem do talho para o domínio-alvo da cirurgia, envolvendo uma série de correspondências: carniceiro → cirurgião, animal → ser humano, mercadoria → doente, cutelo → bisturi, etc. Mas esta análise parece não conseguir explicar o elemento crucial desta metáfora: a 'incompetência' do cirurgião. Esta noção não é projectada do domínio-origem para o domínio--alvo, já que um talhante, embora com menos prestígio social do que um cirurgião, é suposto que também seja competente no que faz e merece igualmente reconhecimento por isso. Esta avaliação negativa deriva, antes, da incongruência da combinação entre o tipo de coisas que um cirurgião faz com o tipo de coisas que um talhante faz, apesar de entre as duas actividades poder reconhecer-se algo em comum.

Sendo o processo de integração conceptual muito mais vasto do que a metáfora, o que é que distingue esta da integração não-metafórica? Respondem Grady, Oakley & Coulson (1999) que o que faz uma integração metafórica é a fusão com adaptação, isto é, o recrutamento de alguns elementos dos diferentes espaços *input* e, simultaneamente, o não-recrutamento de aspectos salientes desses espaços, e é também a direccionalidade do processo e a topicalidade assimétrica dos espaços *input*, isto é, um deles pode ser tópico e o(s) outro(s) não. O que mostra a relação estreita entre a teoria da integração conceptual e a análise da metáfora como mapeamento através de domínios diferentes. Mas a integração conceptual pode não ser metafórica. Um exemplo pode encontrar-se nas construções contrafactuais: *Se Beethoven fosse vivo, utilizaria um sintetizador* cria um espaço integrado entre a situação musical actual e o espaço histórico de Beethoven como compositor inovador, mas não se pode dizer que este processo conceptual é metafórico.

Fauconnier & Turner (2003) procuram mostrar a importância do mecanismo da integração conceptual na produção de diversos tipos de polissemia. Identificam 4 princípios cognitivos que conduzem ao desenvolvimento da polissemia: (i) através da projecção selectiva, expressões aplicadas a um *input* podem ser projectadas em elementos correspondentes no espaço mescla, acabando por exprimir um novo sentido (é o caso da expressão metafórica *vírus do computador* e da expressão não metafórica *casamento do mesmo sexo*); (ii) combinações inapropriadas de expressões dos *inputs* tornam-se apropriadas no espaço mescla ("Os noivos [do mesmo sexo] casaram-se ao meio-dia"); (iii) as expressões que se aplicam ao espaço mescla acabam por fazer emergir novos sentidos; (iv) a integração conceptual proporciona efeitos de polissemia, geralmente, invisível. Uma ideia crucial é a de que a polissemia não tem que ser uma questão de adição e eliminação de traços semânticos, mas o resultado de redes de integração conceptual. Por exemplo, um dos sentidos de *problema de dinheiro* não tem a ver com traços semânticos de dinheiro mas com ausência de dinheiro, por oposição ao espaço contrafactual activado em que há dinheiro e não há problemas.

5.8. Metáfora e não-metáfora

Metáfora e metonímia poderão constituir especificações de processos cognitivos mais gerais. É o caso do processo de mesclagem ou integração conceptual, explorado por G. Fauconnier e M. Turner, que acabámos de ver. É também o caso, relativamente à metonímia, dos fenómenos de pontos de referência e zonas activas, estudados por R. Langacker. Tudo isto vem questionar a tese da primariedade da metáfora na estruturação do pensamento e da linguagem, ampla e vigorosamente defendida por G. Lakoff e M. Johnson (1980, 1999).

A questão que agora se põe é saber quais os limites da metáfora e, concretamente, se alguns fenómenos por vezes tidos como metafóricos o são efectivamente ou não. Esta questão vem dar continuidade ao problema da distinção entre literal e figurado, desenvolvido acima. A mesma questão raramente tem sido explicitamente enfrentada por autores da Linguística Cognitiva. Uma excepção é Taylor (2002: capp. 25-26).

Um caso concreto é o de usos não-espaciais do verbo *ir* – estáticos e de expressão do futuro. A interpretação mais imediata é considerá-los projecções metafóricas do domínio espacial no domínio temporal ou noutros domínios abstractos. Todavia, Langacker (1987: 168, 1990a) explica estes usos, não em termos metafóricos, mas como resultado de processos de movimento abstracto e de *subjectivização*. Sintetizando, a ênfase vai para similaridades entre domínios e, sobretudo, estruturas conceptuais esquemáticas que abstraem o que há de comum a diferentes domínios. Ou seja, o facto de uma expressão ter usos concretos e usos abstractos não implica que os abstractos sejam metaforicamente construídos em termos dos concretos. E as similaridades entre diferentes domínios podem dever-se, não a projecções metafóricas de um domínio concreto num abstracto, mas a instanciações de estruturas abstractas em domínios mais específicos.

A teoria dos *esquemas imagéticos* de Johnson (1987) e a teoria dos *sistemas de estruturação conceptual* de Talmy (2000), em particular a sua teoria da *dinâmica de forças* (Talmy 1988a), constituem, a par da teoria do *movimento abstracto* de Langacker (1986, 1987: 166-182,

1999: cap. 10), outros modos de conceptualizações específicas poderem derivar de conceptualizações mais esquemáticas, sem que a metáfora esteja necessariamente presente. No entanto, e procurando contrariar a tendência de Taylor (2002: cap. 26) em ver nisso puras "alternativas à metáfora", convém advertir para o facto bastante frequente de os esquemas imagéticos e as configurações de dinâmica de forças poderem ser alvo de processos de metaforização na estruturação de muitos conceitos. Um exemplo concreto da complementaridade entre a conceptualização por abstracção e a conceptualização por metáfora encontramo-lo no verbo *deixar*, designadamente em conceitos dos domínios das relações interpessoais e funcionais, da morte, da posse e transferência de posse, da modalidade e da permissão, da conduta negativa, da actividade mental, do tempo – conceitos metaforicamente construídos a partir do domínio do movimento (de afastamento e de não aproximação) e de interacções de dinâmica de forças de cessação ou não-ocorrência de oposição (Silva 1999a, 2003a).

5.9. Convencionalização e formação de conceitos

Lakoff & Johnson (1980) e os estudos cognitivos posteriores focalizam a metáfora e a metonímia convencionalizadas, na medida em que são estas as que mais luz proporcionam sobre o sistema conceptual humano. A metáfora *convencionalizada* é a que os falantes são capazes de utilizar sem terem (ou sem precisarem de ter) consciência da sua natureza metafórica, isto é, sem terem que activamente construir o domínio-alvo em termos do domínio-origem. Por exemplo, quando dizemos *chegar a uma conclusão* não temos que activamente construir o raciocínio em termos de uma viagem. Naturalmente que qualquer falante poderá (re)activar esta projecção e tomar, assim, consciência da natureza desta metáfora. É esta a impressão de "coisa óbvia!", quando tomamos consciência da natureza metafórica da maior parte das metáforas convencionais. Não de todas, porque algumas estão tão convencionalizadas que o seu domínio-origem é inerte, já não pode ser mentalmente activado e o conhecimento que dele podem tomar os falantes, por via etimológica e diacrónica, equivale a uma descoberta. Por exemplo, o verbo *espalhar*, cujo significado primitivo, hoje completamente desaparecido, era 'separar a palha (dos cereais)'.

No sentido de manter a motivação original metonímica ou metafórica de uma extensão semântica generalizada e convencionalizada, Riemer (2002, 2005) propõe duas novas categorias, designadamente *pós-metonímia* e *pós-metáfora*, para o que tradicionalmente se diz metonímia morta e metáfora morta ou então metonímia e metáfora lexicalizadas. As pós-metonímias e as pós-metáforas são extensões semânticas originalmente metonímicas e metafóricas que se generalizaram e convencionalizaram a ponto de já não serem activados os respectivos *ponto de referência* e *domínio-origem*.

A convencionalização é um processo social de aceitação de um novo sentido ou de um novo termo por parte de uma comunidade linguística. Este processo gradual e contínuo estabelece-se através do uso constante da expressão e compreende o que Langacker (1987) denomina *incrustamento* ou *fixação* ("entrenchment") de traços comuns recorrentes em "eventos de uso", isto é, no próprio discurso. Este processo de rotinização cognitiva implica uma esquematização ou abstracção reforçando esses traços recorrentes e "cancelando" os não recorrentes, o que semanticamente traz consigo uma descontextualização. Qualquer aspecto do contexto que ocorra frequente e consistentemente através de um conjunto de eventos de uso é um potencial sentido convencionalizado.

Há evidências psicológicas e linguísticas de um processo de convencionalização. As melhores evidências da convencionalização de um sentido são, diacronicamente, a mudança semântica e, sincronicamente, a polissemia. Mais genericamente, a extensão semântica, tanto a semasiológica (envolvendo sentidos) como a onomasiológica (envolvendo termos), é a prova e o resultado da convencionalização de uma expressão.

Por que é que um novo sentido metafórico ou metonímico se convencionaliza e outro não? As motivações da convencionalização são várias – cognitivas, culturais e funcionais. Taylor (1995a: 122-125) e Barcelona (2002: 229-232) identificam alguns quesitos para a convencionalização de uma metonímia. *Mutatis mutandis*, os mesmos podem também aplicar-se à convencionalização de uma metáfora. Primeiro, uma metonímia convencionaliza-se se satisfizer algum dos tipos de metonímia conceptual, como CONTINENTE PELO CONTEÚDO, PRODUTOR PELO PRODUTO, PARTE PELO TODO, etc. E uma metáfora convencionaliza-se se corresponder a algum dos padrões de metáfora conceptual bem conhecidos. Segundo, uma metonímia e uma metáfora convencionalizam-se se forem socialmente aceites. Por sua vez, a aceitação social depende do *número* de princípios gerais cognitivos e comunicativos que favorecem os padrões metonímicos e metafóricos – quanto mais princípios satisfizerem, mais imediata será a convencionalização – e da existência de um princípio cultural, sócio-interaccional ou estético *específico* – a inexistência desse princípio bloqueia a convencionalização. Por exemplo, *comprar um Picasso* actualiza o padrão metonímico autor pela obra, e esta actualização é motivada por princípios cognitivos que Kövecses & Radden (1998: 71) caracterizam como preferência pelo 'humano' em detrimento do 'não-humano', 'concreto' em detrimento do 'abstracto' e 'bom gestalt' sobre 'pobre gestalt'. A convencionalização desta metonímia deve-se, ainda, a um princípio cultural segundo o qual as obras de arte são consideradas produtos únicos de um artista e, nesta medida, uma extensão da sua própria personalidade. Ora, *comprar um Joana*, motivado pelo facto de a minha filha pintar o que para mim são bons quadros, não é uma metonímia convencionalizada: embora esta expressão responda ao quesito dos padrões metonímicos, actualizando o mesmo padrão de *comprar um Picasso*, e apesar de ser motivada pelos mesmos princípios cognitivo-comunicativos, não satisfaz o princípio cultural específico, não sendo por isso socialmente aceite, a não ser dentro do meu pequeno círculo familiar.

Metáfora e metonímia, configuradas em processos de convencionalização, são importantíssimas fontes de extensão semântica e formação de conceitos. Não são, porém, as únicas, embora sejam provavelmente as mais produtivas. Outros mecanismos de extensão semântica há, como a generalização e a especialização de sentido. E existem outros processos cognitivos mais abrangentes do que a metáfora e a metonímia, como os que acima vimos sob as designações de integração conceptual ("blending"), pontos de referência e zonas activas. Todos eles podem também gerar novos conceitos e estar, assim, na origem de complexos polissémicos.

Para concluir, graças à Linguística Cognitiva, desde o trabalho seminal de Lakoff & Johnson (1980) a toda uma teoria lakoviana da metáfora conceptual e congregando as novas e recentes aportações da teoria da integração conceptual ("blending") e da teoria das metáforas primárias, a que interdisciplinarmente se ligam outros contributos provenientes da Psicologia Cognitiva e das Neurociências, hoje sabemos bem mais sobre a natureza conceptual, a estrutura e o funcionamento da metáfora e da metonímia e podemos reconhecer o seu omnipresente poder cognitivo, do qual faz parte o seu grande poder de geração de sentidos.

Até que ponto a metáfora é, como defendem Lakoff & Johnson (1999), intrínseca ao pensamento abstracto; ou até que ponto a metáfora pode criar as nossas concepções do raciocínio, do tempo, da moral, das emoções e de muitos outros domínios mais ou menos abstractos? Até que ponto metáfora e metonímia interactuam uma com a outra a ponto de se poderem (con)fundir? Quando é que similaridades entre domínios são evidência de uma metáfora conceptual e quando é que reflectem uma estrutura conceptual abstracta sujeita a várias especificações em diferentes domínios? Em que se diferenciam e como se articulam metáfora, abstracção e categorização? Haverá alguma distinção essencial entre pensamento literal e pensamento figurado? Qual a relação entre os significados literais e os não-literais? Será que o significado abstracto só pode ser expresso figurativamente? Estas são algumas das questões à procura de respostas (mais) fundamentadas, a que a investigação cognitiva da metáfora e da metonímia no século XXI já começou a entregar-se.

CAPÍTULO 6

Monossemia, polissemia e homonímia: medindo a semelhança/diferença de sentidos

6.1. Medir a similaridade de sentidos de uma mesma forma

Perante usos de uma mesma forma lexical (ou outra), reconhecerão os falantes se esses usos são semanticamente diferentes ou iguais, se estão semanticamente relacionados ou não, se o grau de relação é maior ou menor? Por outras palavras, distinguirão os falantes entre usos de um mesmo sentido, diferentes sentidos relacionados e sentidos completamente distintos? O mesmo é perguntar: distinguirão os falantes entre monossemia, polissemia e homonímia? Outra questão: estabelecerão os falantes uma correlação directa entre diferentes sentidos relacionados e existência de uma mesma palavra, por um lado, e, por outro, sentidos completamente diferentes (não relacionados, portanto) e palavras diferentes (com a mesma forma)? Ainda outra: perceberão os falantes, ainda que de forma imprecisa, relações de extensão de sentido?

É o que a seguir vamos tentar responder com base nos resultados de um inquérito (Silva 1990: cap. 4, 1992b), apresentados em Anexo. Idêntica tarefa foi empreendida por Lehrer (1974) e Panman (1982) para o inglês. Ambos verificaram que, não obstante o acordo entre os falantes ser menor nos casos de grau intermédio de relação entre sentidos, a distinção entre sentidos relacionados (polissemia) e sentidos não-relacionados (homonímia) é intersubjectivamente válida.

6.2. O inquérito

Escolhemos 100 (formas de) palavras, distribuídas pelas classes do substantivo, do adjectivo e do verbo, e dispusémo-las aos pares, com a mesma forma fónica e gráfica e colocadas em frases, actualizando cada par de frases diferentes usos de uma mesma forma (ver Anexo). Tivemos o cuidado de seleccionar palavras e construir frases cujos sentidos correspondessem a graus diferentes de similaridade, desde sentidos muito semelhantes até sentidos muito diferentes. Quer dizer: seleccionámos casos (e construímos frases adequadas) supostamente correspondentes a situações de monossemia (ou vaguidade, indeterminação), polissemia e homonímia, incluindo diferentes graus do *continuum* entre similaridade e dissimilaridade de sentidos de uma mesma forma. Apenas 13 formas são tratadas no Dicionário da Academia como homónimas, isto é, com entradas diferentes, e são 15 os respectivos pares, como se pode ver em Anexo, sob a rubrica "categoria lexicográfica".

Apresenta-se no Quadro 1 as 100 formas de palavras seleccionadas, alfabeticamente ordenadas, e cada uma seguida do número do par de frases do inquérito (ver Anexo).

achar	85	cozinha	83	livro	4	raiz	45
actor	70	cravo	40	luz	67	rebocar	33
arranjar	22	criar	10	mandar	95	reflectir	63
asa	88	curso	12	manter	94	renda	78
assento	76	deitar-se	80	medida	37	rico	34
banco	20	deixar	50	montar	59	saber	26
bom	27	direito	56	morte	55	seco	51
botão	77	direito	73	mudar	15	secretária	65
braço	57	dormir	61	nora	28	selar	46
brilhante	21	duro	64	novo	14	sentido	31
cabeça	24	encher	98	ordem	89	serra	62
caber	39	esperar	86	papel	35	solução	49
cabo	53	feliz	91	partir	48	solução	87
café	29	fiar	23	passar	71	subir	47
capa	41	fino	54	pena	68	terra	8
caro	18	fogo	36	pensar	99	tocar	79
carta	32	folha	43	pequeno	30	tratar	52
cautela	9	fonte	96	perder	93	triste	11
ceder	38	fresco	60	planta	72	vaga	3
chave	2	fruto	81	ponte	19	vago	17
chegar	1	gostar	25	ponto	74	vale	100
competir	7	importar	90	provar	97	vela	66
compreender	82	justo	69	quente	84	ver	16
contar	92	levar	5	rádio	58	verde	75
converter	42	limpo	44	raio	6	vida	13

Quadro 1. 100 formas de palavras

O questionário, com 163 pares de frases, foi apresentado, em 1989, a 24 estudantes do Curso de Humanidades da Faculdade de Filosofia da Universidade Católica Portuguesa, em Braga, de várias regiões do norte e centro do país, sem terem frequentado as disciplinas de Sintaxe e Semântica do Português e História da Língua Portuguesa, com as seguintes instruções:

> Com certeza já reparou que há palavras com a mesma escrita e a mesma pronúncia, mas com significados diferentes. Este inquérito apresenta-lhe pares dessas palavras, colocadas em frases para melhor compreensão do seu significado.
>
> Para cada par, com as palavras sublinhadas, responda às seguintes questões:
>
> A. *relação entre os significados*
>
> Para avaliar a relação entre os dois significados das duas palavras sublinhadas, utilize uma escala com 5 valores, atribuindo o valor mais baixo (0) aos pares cujos significados são totalmente diferentes e o valor mais alto (4) aos pares cujos significados são muito semelhantes. Se entre os significados vê algo em comum, atribua os valores 1, 2 ou 3, por ordem crescente, isto é, de menos características comuns para mais características comuns, respectivamente. Assinale com X o quadrado correspondente ao respectivo valor.
>
> A título de exemplificação, considere as seguintes avaliações com que toda a gente estaria de acordo:
>
> *peixe* (animal com escamas, barbatanas e guelras, que vive na água do mar)
> *peixe* (animal do rio)
>
> | 0 | 1 | 2 | 3 | ⊠ 4 |
> |---|---|---|---|---|
>
> *pena* (da ave)
> *pena* (punição)
>
> | ⊠ 0 | 1 | 2 | 3 | 4 |
> |---|---|---|---|---|
>
> B. *a mesma palavra ou palavras diferentes*
>
> Assinale com X, no respectivo quadrado, os pares que considera como dois usos da mesma palavra e os pares que considera como duas palavras diferentes.

C. *relação directa ou relação indirecta entre os significados*
Nota: Só responde a esta questão quando os valores de A. forem 1, 2, 3, ou 4.
Entre os significados que apresentam algo em comum, considere as seguintes relações:
– *relação directa*: um dos significados implica ou explica o outro, isto é, um é o significado básico e o outro é o significado derivado;
– *relação indirecta*: entre os dois significados não há relação de derivação.
Assinale com X o quadrado correspondente à respectiva relação.
Quando a resposta é *relação directa*, identifique o *significado básico*, assinalando com os números 1 (atribuído à palavra que aparece na primeira frase) ou 2 (para a palavra que aparece na segunda frase) o respectivo quadrado.

D. *identidade entre os significados*
Nota: Só responde a esta questão quando os valores de A. forem 1 ou 2.
Sucintamente, especifique o que há em comum entre os dois significados.

Para as palavras com mais do que dois significados, que se apresentam numerados em vários pares de frases, identifique:
1. *o ou os significados básicos*, admitindo a hipótese de serem todos significados básicos ou a hipótese de não haver nenhum significado básico;
2. *significados comuns*, dispondo-os ou não em mais do que um conjunto;
3. *identidade entre os significados*, quando em alguns dos pares os valores de A. forem 1 ou 2.

Nada mais dissemos senão pedir aos inquiridos para não se servirem de eventuais conhecimentos diacrónicos e etimológicos. A maior parte respondeu ao inquérito na nossa presença, num tempo total de oito horas, distribuído, ao longo de um mês, por quatro períodos.

Com os pontos A. (relação entre os significados) e B. (a mesma palavra ou palavras diferentes), pretendemos verificar a distinção entre monossemia, polissemia e homonímia; e com o ponto C. (relação directa ou relação indirecta entre os significados), a percepção da extensão ou derivação de sentidos (sentidos básicos vs. derivados). Com D. (identidade entre os significados) e com as últimas três questões, que encerram em si naturalmente bastante imprecisão, procurámos, contudo, verificar o conteúdo da similaridade apreendida (e, ao mesmo tempo, evitar respostas fortuitas em A.) e os contornos da estrutura da palavra polissémica.

Em relação aos inquéritos de Lehrer (1974) e Panman (1982), o nosso apresenta um conjunto de palavras não só mais numeroso (o dobro do de Panman e do de Lehrer), como também mais diversificado. Além disso, inclui questões ausentes nesses inquéritos, designadamente os pontos C. e D. e as últimas três questões e ainda o ponto B. (ausente no inquérito de Lehrer).[1]

6.3. Resultados

São três as variáveis: grau de similaridade entre os significados (SS), identidade lexical (IL) e relação directa (RD), que correspondem aos três primeiros pontos do questionário (A., B. e C., respectivamente).

6.3.1. Frequências dos valores de SS, IL e RD

A variável SS tem 5 valores, conforme a escala utilizada no questionário (0-4). São atribuídos dois valores às variáveis IL e RD, assim: há identidade lexical, isto é, trata-se da mesma palavra (IL = 1) ou não (IL = 0); há relação directa (RD = 1) ou não (RD = 0).

As frequências observadas dos valores combinados de SS, IL e RD estão indicadas no Quadro 2.

		SS					
		0	1	2	3	4	total
IL	0	984	255	63	30	1	1333
	1	178	717	522	690	469	2576
RD	0		467	160	163	153	943
	1		493	423	554	298	1768
total		1162	972	585	720	470	

Quadro 2. Frequências

---

[1] Panman (1982) seleccionou 50 palavras, todas substantivos, e apresentou-as em pares de frases a 12 ingleses, quase todos homens de negócios e suas esposas. Lehrer (1974) elaborou dois inquéritos, com cerca de 25 pares de palavras soltas cada, e dirigiu-os a grupos de estudantes de Linguística e de Psicologia, em períodos diferentes para os mesmos grupos.

As casas interiores do Quadro 2 indicam o número de vezes que um certo valor de SS coincide com um certo valor de IL, e um certo valor de SS (valores de 1 a 4, conforme as instruções) coincide com um certo valor de RD. Ao fundo, encontram-se as frequências de SS (combinado com IL) e à direita, as frequências de IL e RD. A diferença entre o número total de respostas obtidas (N_{tot} SS = 3909, N_{tot} IL = 3909) e o número esperado de respostas dos 24 inquiridos aos 163 pares de palavras (N_{esp} = 3912) deve-se a respostas em branco.

No mesmo Quadro, pode verificar-se uma distribuição dos valores de SS em três conjuntos aproximadamente equivalentes: 30% de dissimilaridade completa, isto é, significados inteiramente distintos, sem qualquer relação entre eles (SS = 0), 40% de baixa similaridade (SS = 1, 2) e 30% de alta similaridade (SS = 3, 4); ou então em dois conjuntos: valores baixos de SS (SS = 0, 1), com 55%, e restantes valores (SS = 2, 3, 4), com 45%. Esta distribuição aproxima-se da que previamente estabelecemos.

As frequências dos valores de SS = 1, 2 (40% dos pares) mostram que os inquiridos não se furtaram a estes valores, os quais exigiam, segundo as instruções, responder ao ponto D.[2]

A percentagem de SS = 0, de 30% – e a percentagem, muito aproximada, de IL = 0, de 34% –, ultrapassa largamente a percentagem de homónimos da classificação lexicográfica (14 pares = 8.5%). Este mesmo resultado mostra que os inquiridos não sobrestimaram a tendência para verem similaridades entre os significados – tendência psicologicamente motivada pela identidade da forma, e por um inquérito desta natureza favorecer a procura de similaridades.[3]

---

[2] Na verdade, se com D. (identidade entre os significados) pretendíamos obter uma base mais explícita, corríamos, por outro lado, o risco de, dadas as dificuldades de responder a esta questão, fazer com que os inquiridos evitassem marcar os valores (1) ou (2) na escala de SS. Como se pode ver, felizmente isso não aconteceu.

[3] Como nota Lehrer (1974: 36-38), "os falantes podem ter a tendência para acreditar que se dois sentidos têm o mesmo som, então deve existir uma ligação semântica entre eles. (Esta é uma hipótese plausível, porque de facto a polissemia é muito mais comum do que a homonímia)" e "o próprio procedimento experimental pode influenciar estes juízos, pois pode levar os falantes a procurar e encontrar semelhanças sobre as quais não tinham pensado antes".

Ainda em relação a SS (= 0-4) – o parâmetro mais importante do inquérito –, é interessante verificar alguns casos classificados com os valores mais altos e os valores mais baixos (ver Anexo, sob rubrica SS):

- valores mais altos de SS, reveladores das dificuldades dos inquiridos em diferenciar os respectivos sentidos, o mesmo é dizer, do reconhecimento, não de polissemia, mas de monossemia ou vaguidade: n° 19 *ponte* (PARTE-TODO) (4 SS), n° 4 *livro* (CONTINENTE--CONTEÚDO) (3.92), n° 11 *triste* (EFEITO-CAUSA) (3.62), etc.
- valores mais baixos de SS, reveladores do reconhecimento da distinção completa ou homonímia: n° 40.c *cravo* 'prego' e 'flor' (0.0), n° 23 *fiar* 'transformar em fio' e 'confiar' (0.04), n° 9 *cautela* 'precaução' e 'bilhete de lotaria' (0.08), n° 20 *banco* 'instituição de crédito' e 'assento' (0.29), etc., mas também n° 35 *papel* 'material' e 'função' (0.2).

6.3.2. *Correlação entre SS e IL, e as outras correlações*

A fórmula básica para o cálculo de correlação é a seguinte:

$$c = \frac{d-i}{n}$$

onde *d* indica o número de comparações a favor de correlação directa, *i* o número de comparações a favor de correlação inversa e *n* o número total de comparações (= *d* + *i*). O valor do coeficiente de correlação varia entre *c* = -1 (correlação inversa total) e *c* = +1 (correlação directa total).

Neste caso, o valor do coeficiente de correlação entre SS e IL é *c* = +0.62, o que quer dizer que há uma correlação directa considerável entre estas duas variáveis.[4] Isto é, os inquiridos correlacionaram valores baixos de SS e existência de palavras diferentes, de um lado, e, do outro, valores altos de SS e presença de uma mesma palavra. Como também se pode verificar no Quadro 2, é nítida a correlação directa entre SS = 0 e IL = 0

---

4 O mesmo resultado é observado por Panman (1982), com um coeficiente de correlação entre SS e IL ligeiramente superior: *c* = +0.76

e SS = 1, 2, 3, 4 e IL = 1. Mas também é verdade que esta correlação é maior nos casos de maior distinção de significados (homonímia) ou de maior semelhança (monossemia). Concluindo, os nossos informantes fizeram corresponder à dissimilaridade completa entre significados a distinção lexical (palavras distintas) e à similaridade a identidade lexical (uma mesma palavra). Esta correlação revela bem o sentimento metalexical da unidade da palavra polissémica – os vários significados, embora distintos, merecem a mesma palavra – e o da distintividade das palavras homónimas.

Entre SS e RD, c = -0.07 e entre IL e RD, c = -0.10. Isto é, ausência de correlação, tanto no primeiro caso como no segundo. Quer isto dizer que qualquer valor de SS se combinou com qualquer valor de RD e qualquer valor de IL se combinou com qualquer valor de RD. Consultando o Quadro 2, pode verificar-se, no entanto, uma correspondência entre SS = 2, 3, 4 e RD = 1, isto é, a valores altos de SS corresponde geralmente "relação directa" entre os significados.

6.3.3. Grau de acordo

Um aspecto obviamente muito importante é o grau de acordo entre os falantes relativamente à variável SS (grau de similaridade entre sentidos). Dele depende a justificação da distinção entre similaridade de sentidos (polissemia) e dissimilaridade completa de sentidos (homonímia).

O grau de acordo para cada par de palavras relativamente a SS foi calculado através da seguinte fórmula:

$$AC = 100 \left(1 - \frac{VAR}{VAR_{max}}\right)$$

onde VAR representa o valor calculado da variância da distribuição e VAR_{max} o valor teórico máximo da variância da distribuição (isto é, VAR_{max} = 4, conforme a escala utilizada no questionário). Se AC = 50%, isso significa que não há acordo. E se o grau total de acordo $AC_{tot} \leq 50\%$, então não há fundamento empírico para a distinção em causa.

Como pode verificar-se em Anexo, sob a rubrica AC, nenhum par de palavras apresenta um grau de acordo AC < 50%, isto é, não há nenhum par com desacordo significativo. Mais ainda, só 39 pares têm AC < 70%. E a média total de acordo é deveras significativa: $AC_{med} = 78\%$.[5]

Conclui-se, assim, que os falantes distinguem, com acordo significativo, entre usos de um mesmo sentido, sentidos diferentes mas relacionados entre si e sentidos completamente distintos, isto é, entre monossemia, polissemia e homonímia.

6.3.4. Polissemia vs. homonímia

Conforme as instruções, os inquiridos marcaram o valor (0) para sentidos totalmente diferentes e os valores (1), (2), (3) e (4) para sentidos relacionados (por ordem crescente de similaridade), a que correspondem, em termos gerais, as categorias de homonímia e polissemia, respectivamente. Ora, os graus calculados de SS, embora traduzam, com acordo relativamente significativo, esta separação, mostram, por outro lado, que são vários os graus intermédios e imprecisos os limites entre os dois fenómenos. Tendo em conta apenas os resultados de SS, poderá, então, estabelecer-se uma zona intermédia, constituída pelos pares de palavras que se aproximam ou se afastam quer da homonímia, quer da polissemia imediata. Propõe-se que SS = 0.5 seja o limite entre homonímia e casos intermédios e SS = 1.5, o limite entre polissemia e casos intermédios. Obtêm-se, assim, três categorias, distribuídas da seguinte forma:

1. *homonímia*: pares de palavras para os quais SS < 0.5
2. *casos intermédios*: pares de palavras para os quais $0.5 \leq SS \leq 1.5$
3. *polissemia*: pares de palavras para as quais SS > 1.5

Não obstante esta classificação ser ainda relativa, SS > 0.5 é já sintoma de algum relacionamento, restando, contudo, verificar qual o seu fundamento, e SS > 1.5, sinónimo de relação imediatamente apreendida. Obviamente, poderemos acrescentar uma quarta categoria – a monossemia ou vaguidade –, correspondente a $SS \geq 3.5$.

---

5 No inquérito de Panman (1982), a média total de acordo é sensivelmente a mesma: $AC_{med} = 77,75\%$.

Os 163 pares de palavras são assim distribuídos pelas três categorias (ver Anexo, sob a rubrica "Categoria"):

homonímia: 27 pares
casos intermédios: 60 pares
polissemia: 76 pares

É oportuno comparar este resultado com a classificação lexicográfica. Aos 15 pares de homonímia, segundo o Dicionário da Academia, correspondem 11 casos de homonímia e 3 casos intermédios. E os 149 pares de polissemia, segundo o mesmo dicionário, são distribuídos por três categorias: 16 casos de homonímia, 57 casos intermédios e 76 casos de polissemia. Esta comparação permite concluir que são em número bastante mais reduzido os casos de palavras homónimas que passam a ser sentidas como polissémicas do que o inverso. Por outras palavras, a tendência à diferenciação dos sentidos de palavras polissémicas parece ser linguística e cognitivamente maior do que a tendência à fusão de palavras homónimas.

Mais interessante é verificar o grau de acordo para cada uma destas três categorias (ver Anexo, sob as rubricas Categoria e AC). Enquanto a média de acordo para a homonímia é $AC_h = 94,1\%$, para os casos intermédios e para a polissemia é, respectivamente, $AC_i = 73,6\%$ e $AC_p = 76\%$.[6] Como se pode verificar em Anexo, os graus mais elevados de acordo ocorrem não só nos casos de homonímia, como, por exemplo, *nora* (nº 28), *cravo* (40.a, c), *renda* (78) e *vale* (100), todos com 100% de acordo, mas também nos casos com um grau bastante elevado de SS, mais ou menos próximos da monossemia/vaguidade, como, por exemplo, *livro* (4), *ponte* (19), *morte* (55), *dormir* (61) e *actor* (70), com percentagens entre 95% a 100% de acordo.

Já Lehrer (1974) concluíra que há acordo no que toca a homónimos nítidos, bem como a sentidos muito semelhantes de determinada palavra, ao passo que, quando há baixo grau de similaridade entre os significados, há desacordo entre os falantes, e até respostas diferentes dos mesmos falantes em tempos diferentes. Embora não tivéssemos encontrado casos

---

[6] Os resultados correspondentes do inquérito de Panman (1982) são idênticos, embora com percentagens ligeiramente inferiores: $AC_h = 91,83\%$, $AC_i = 63,38\%$ e $AC_p = 62,02\%$.

de desacordo significativo, estes resultados vêm confirmar as conclusões de Lehrer (confirmadas também por Panman 1982), ou seja, acordo manifesto relativamente à homonímia e relativa falta de acordo como característica da polissemia.

Por outro lado, estes resultados mostram também que a consciência da polissemia é maior nos casos de polissemia menos regular, isto é, com mais restrições idiossincrásicas, do que nos casos de polissemia mais regular, como *ponte, livro* ou *triste*, onde os falante têm muitas dificuldades em diferenciar sentidos (cf. os respectivos valores de SS: 4, 3.92 e 3.62, respectivamente).

Quanto à apreensão da distinção entre "relação directa" e "relação indirecta" entre os significados (sempre que SS = 1, 2, 3 ou 4), pode verificar-se um acordo relativamente considerável (ver Anexo, sob a rubrica RD (SC1)). Assim, dos 136 pares de polissemia e casos intermédios, apenas 52 (38,2%) apresentam um acordo inferior a 70% e apenas 24 (17,6%), um acordo inferior a 60%. Daqui poder concluir-se que, perante dois sentidos de uma palavra polissémica, os falantes são capazes de perceber se entre eles há ou não uma relação de derivação ou extensão.

Sumariemos as conclusões principais deste estudo empírico. Primeiro, e corroborando as conclusões de Lehrer (1974) e de Panman (1982), a distinção entre polissemia e homonímia é psicologicamente real: com um grau elevado de acordo, os falantes distinguem entre diferentes sentidos relacionados e sentidos completamente distintos de uma mesma forma. Segundo, a distinção psicológica entre polissemia e homonímia é de natureza semântica: consiste na percepção da existência ou não de uma relação semântica entre os diferentes sentidos. Terceiro, os fenómenos designados de polissemia e homonímia não são reconhecidos como constituindo uma dicotomia, mas antes como regiões salientes, a par da monossemia, de um *continuum* de semelhança/diferença de sentidos de uma mesma forma. Quarto, os falantes identificam consensualmente os extremos deste *continuum* (homonímia e monossemia ou vaguidade), e menos consensualmente zonas intermédias, sobretudo os casos de polissemia com grau baixo ou grau alto de relação entre sentidos. Quinto, os falantes têm mais dificuldades em identificar polissemias mais regulares do tipo *livro* (continente-conteúdo) ou *triste* (efeito-causa) do que polissemias com mais restrições idiossincrásicas. Finalmente, os falantes estabelecem uma correlação directa entre similaridade semântica e identidade lexical, isto é, sentidos relacionados e um mesmo item lexical.

168 *O Mundo dos Sentidos em Português*

Anexo

Cat. (Categoria): homonímia (homon.), caso intermédio (interm.) e polissemia (polis.) (cf. 6.3.4).
Cat. lex. (Categoria lexicográfica): do *Dicionário da Língua Portuguesa Contemporânea* (Academia de Ciências de Lisboa).
SS: grau calculado de similaridade entre os significados (na escala 0-4, utilizada no questionário).
IL: grau calculado de identidade lexical (a mesma palavra).
RD(SC_1): grau calculado de relação directa (quando os valores de SS são 1, 2, 3 ou 4), com o grau calculado de significado central da primeira palavra do par (nos casos em que há só um par).
AC: grau calculado de acordo quanto a SS.

Nº	Cat.	Cat. lex.	SS	IL	RD(SC_1)	AC
1.	interm.	polis.	1.04	62.5%	66.6%(100%)	86.5%

O artista *chega* amanhã ao Aeroporto da Portela.
O salário já não *chega* para as despesas da casa.

| 2.a | polis. | polis. | 2.04 | 79.2% | 95.8% | 84.4% |

O João não pôde entrar em casa porque perdeu a *chave*.
Cientistas internacionais ainda não encontraram a *chave* para o problema da Sida.

| .b | interm. | polis. | 1.5 | 66.7% | 80.9% | 80% |

O novo proprietário do café pagou, só pela *chave*, mil contos.
Toma lá a *chave* para abrires a cerveja.

| .c | interm. | polis. | 1.33 | 54.1% | 63.6% | 86% |

Qual é a *chave* do totoloto desta semana?
A *chave* que aqui tenho não serve para esses parafusos.

| 3. | homon. | homon. | 0.12 | 8.3% | 0% | 95.2% |

Para o fim-de-semana, prevê-se chuva forte e ao largo da costa marítima *vagas* de três metros de altura.
O número de *vagas* para professores de Português é cada vez menor.

| 4. | polis. | polis. | 3.92 | 100% | 95.8%(85.7%) | 98% |

Já comprei o *livro* de Rushdie.
O *livro* de Rushdie é polémico.

Nº	Cat.	Cat. lex.	SS	IL	RD(SC$_1$)	AC
5.a	polis.	polis.	2	83.3%	95.8%	81.3%

O João *levou* a Maria a mudar de vida.
O Pedro *levou* a irmã à escola.

.b	interm.	polis.	0.88	50%	83.3%	76.4%

O trânsito era tanto que *levou* três horas a chegar ao Porto.
Levou água e fruta para a viagem.

.c	interm.	polis.	0.88	54.2%	53.3%	80.6%

O médico *levou* cinco contos pela consulta.
O meu carro já *levou* 6 pessoas no banco de trás.

.d	interm.	polis.	1.38	62.5%	55%	73.3%

Um dos feridos *levou* dez pontos na cabeça.
Levou a criança ao colo.

6.a	interm.	polis.	1.5	62.5%	30%	75%

Hoje, nem um *raio* de sol passou por entre as nuvens.
O *raio* da circunferência mede 20 cm.

.b	polis.	polis.	1.92	70.8%	39.1%	79.3%

Hoje, nem um *raio* de sol passou por entre as nuvens.
Não me quero lembrar daquela noite de trovoada em que caiu um *raio* perto de nossa casa.

7.	homon.	polis.	0.29	25%	57.1%(66.7%)	94.8%

Ao Presidente da República deve *competir* a garantia da liberdade.
A indústria portuguesa não está em condições de *competir* com a espanhola.

8.	polis.	polis.	2.42	87.5%	100%(41.7%)	83.5%

Traz *terra* para o vaso
Deus criou o céu e a *terra*.

9.	homon.	polis.	0.08	4.2%	50%(100%)	98.1%

O governo agiu com *cautela* para não melindrar o seu eleitorado.
Juntámo-nos quatro e comprámos uma *cautela*.

10.	polis.	polis.	2.5	95.8%	95.7%(76.2%)	81.3%

Deus *criou* o universo.
Abandonado pelos pais, a Maria *criou* o Paulo.

Nº	Cat.	Cat. lex.	SS	IL	RD(SC$_1$)	AC
11.	polis.	polis.	3.62	100%	95.8%(95%)	87.9%

Os açorianos são pessoas *tristes*.
Trago-te notícias *tristes*.

12.	interm.	polis.	1.41	62.5%	31.8%(100%)	85.6%

Fizeram-se obras para desviar o *curso* do rio.
Deixou o *curso* de Filosofia para se dedicar à política.

13.	polis.	polis.	2.5	100%	87.5%(81%)	83.3%

A vítima ainda tinha *vida*.
Zeferino tem uma *vida* difícil.

14.a	polis.	polis.	2.54	79.2%	62.5%	75%

Os meus filhos são ainda *novos*.
Novos valores sopram do Leste.

.b	polis.	polis.	2.83	91.7%	69.6%	65.3%

Dei-lhe uns sapatos *novos*.
A empresa precisa de *novos* directores.

15.a	polis.	polis.	2.58	91.7%	58.3%	79.3%

A doença *mudou* a vida do Paulo.
O Henrique *mudou* de carro.

.b	polis.	polis.	2.41	91.7%	65.2%	68.9%

O Zé *mudou* de comportamento para com os colegas.
Mudou o móvel e a sala pareceu maior.

16.	polis.	polis.	2.2	87.5%	100%(95.7%)	79.2%

Da minha janela, *vejo* a torre da igreja.
Agora eu *vejo* que me enganaste.

17.	interm.	homon.	0.96	41.7%	50%(12.5%)	82.3%

Tudo o que se apurou sobre as causas do acidente é *vago* e contraditório.
Podes sentar-te; o lugar está *vago*.

18.	homon.	polis.	0.42	20.8%	40%(25%)	93.9%

Meu *caro* Luís, espero que venhas a Braga em breve.
Hoje em dia está tudo *caro*.

Nº	Cat.	Cat. lex.	SS	IL	RD(SC$_1$)	AC
19.	polis.	polis.	4	100%	91.3%(25%)	100%

O camião é grande de mais para passar na *ponte*.
A *ponte* foi construída no século passado.

20.	homon.	polis.	0.29	8.3%	25%(0%)	90.7%

Depositou no *banco* todo o dinheiro que recebeu.
O Pedro passou a tarde sentado no *banco* do jardim.

21.	polis.	polis.	2	95.7%	91.7%(0%)	79.2%

O Luís é um aluno *brilhante*.
Comprou tinta *brilhante* para pintar o interior da casa.

22.a	interm	polis.	1.25	66.7%	30%	80.7%

A Isabel *arranjou* algum dinheiro para repartir pelos pobres.
O mecânico *arranjou* o carro do Esteves.

.b	interm	polis.	1.13	58.3%	23.5%	80.6%

Fez uma limpeza geral à casa e *arranjou* a sala para receber as visitas.
A Ana já *arranjou* emprego.

.c	polis.	polis.	1.63	70.8%	45.5%	71.2%

Naquela situação, *arranjou*-se como pôde.
O Pedro *arranjou* dois colegas para o ajudarem a resolver o exercício.

23.	homon.	homon.	0.04	0%	0%	99%

Com oitenta anos, a Srª Maria ainda *fia* o linho com destreza.
Fia-te em promessas e verás o resultado!

24.a	polis.	polis.	2	95.8%	87.5%	81.3%

Joaquim Agostinho vem à *cabeça* do pelotão.
A partir de hoje, também os automobilistas deverão proteger a *cabeça* com capacete.

.b	polis.	polis.	2.78	95.8%	100%	63.1%

A pancada quebrou-lhe a *cabeça*.
Não me sai da *cabeça* o filme que vi há dias.

.c	polis.	polis.	2.45	91.7%	87.5%	77.1%

Entortou a *cabeça* do prego.
Gosta de comer a *cabeça* da sardinha.

Nº	Cat.	Cat. lex.	SS	IL	RD(SC$_1$)	AC
.d	polis.	polis.	2.08	83.3%	78.3%	66.8%

Guie-se pela sua *cabeça*!
O jantar saiu a mil escudos por *cabeça*.

25.a	polis.	polis.	3.38	100%	39.1%	83.7%

Não *gosto* de pêra-abacate.
Gosto de viver em Braga.

.b	polis.	polis.	3.46	100%	34.8%	83.4%

Gosto de música clássica.
Não *gosto* que saias à noite.

.c	polis.	polis.	3.17	100%	30.4%	77.8%

Gosto do meu tio, mas não da minha tia.
Gosto de feijoada.

.d	polis.	polis.	3.17	100%	30.4%	75.7%

Gosto de estudar à noite.
Desde os dezoito anos que *gosto* da Helena, mas ela não me liga.

26.a	polis.	polis.	2.5	87.5%	38.1%	60.4%

O Pedro não *sabe* do seu livro de Matemática.
A Ana já *sabe* trabalhar com computadores.

.b	polis.	polis.	3	91.7%	34.8%	78.2%

Sabe se a Ana está melhor?
De Matemática, ele *sabe* tudo.

.c	polis.	polis.	2.75	91.7%	22.7%	53.7%

Coitado, não *sabe* o que diz!
Não *sabe* dizer o que sente.

.d	polis.	polis.	2.54	83.3%	23.8%	50%

Há meses que o Sr. Matos não *sabe* nada do filho.
O João *sabe* viver.

.e	homon.	polis.	0.13	4.2%	50%	95.2%

O Carlos *sabe* falar alemão.
A sopa *sabe* a marisco.

Nº	Cat.	Cat. lex.	SS	IL	RD(SC$_1$)	AC
27.a	polis.	polis.	2	83.3%	14.3%	66.7%

Nunca comi bolo tão *bom*!
O Pedro está sempre pronto a ajudar os colegas. É, de facto, um rapaz *bom*!

.b	polis.	polis.	2.26	91.7%	19%	60.4%

É um *bom* médico.
O António é *bom* para com os animais.

.c	polis.	polis.	2	87.5%	22.7%	66.4%

O açúcar não é *bom* para a saúde.
Como é *bom* ver o pôr-do-sol à beira-mar!

.d	polis.	polis.	1.75	79.2%	35%	66.2%

Este miúdo é *bom* de aturar.
"Encontro de Irmãos" é um *bom* filme.

.e	polis.	polis.	1.79	87.5%	35%	62.5%

Estive de cama uma semana, mas agora já estou *bom*.
Esse teu comportamento não é *bom*.

28.	homon.	homon.	0	0%	0%	100%

É raro a *nora* dar-se bem com a sogra.
Pelas encostas, ouvia-se o cantar dos pássaros e o chiar da *nora*.

29.	polis.	polis.	1.75%	75%	100%(95.8%)	82.8%

O médico proibiu-lhe o *café* e o tabaco.
O João gosta de estudar no *café*.

30.	polis.	polis.	2.42	91.7%	41.7%(22.2%)	75.2%

Esta criança é ainda muito *pequena* para aprender a ler.
A cozinha da minha casa é *pequena*.

31.a	homon.	polis.	0.42	25%	0%	89.8%

O *sentido* da visão é precioso.
Não compreendo o *sentido* da frase.

.b	interm	polis.	0.58	37.5%	18.2%	85.6%

Foi autuado porque transitava numa rua de *sentido* proibido.
Não prestou nenhum *sentido* ao que tu disseste.

Nº	Cat.	Cat. lex.	SS	IL	RD(SC$_1$)	AC
32.a	interm.	polis.	0.92	45.8%	50%	71%

Quando tirei a primeira *carta* do baralho, fiquei convencido de que íamos ganhar a partida.
A *carta* que escrevi ao Pedro não chegou ao seu destino.

.b	interm.	polis.	1	41.2%	12.5%	77.1%

Foi-lhe apreendida a *carta* porque conduzia a alta velocidade.
O João pediu ao empregado do restaurante a *carta* dos vinhos.

33.	homon.	homon.	0.16	8.7%	66.7%(100%)	94.4%

Antes de pintar a casa, o João *rebocou* a parede do quarto.
A polícia *rebocou* o carro mal estacionado.

34.	polis.	polis.	2.46	100%	100%(0%)	83.4%

O ovo é um alimento *rico* em vitaminas.
Pretende casar com rapaz *rico*.

35.	homon.	polis.	0.2	29.2%	100%(80%)	95.9%

O João trabalha numa fábrica de *papel*.
Cabe à escola um *papel* importante na formação humana dos jovens.

36.	polis.	polis.	3.58	100%	95.8%(63.6%)	87.7%

Os antigos consideravam o *fogo* como um dos quatro elementos do Universo.
Há *fogo* na floresta.

37.	interm.	polis.	1.46	75%	80%(93.7%)	83.4%

O alfaiate tomou as *medidas* do casaco.
O governo não tomou as *medidas* convenientes para acabar com a fome.

38.	polis.	polis.	2	91.7%	72.7%(20%)	76.1%

O ministro não *cedeu* às pressões da oposição.
No autocarro, o Pedro *cedeu* o seu lugar a uma senhora de idade.

39.a	interm.	polis.	0.83	37.5%	41.7%	75.7%

Comprei uma mobília que não *cabe* no quarto.
Cabe à autarquia promover o progresso da região.

.b	interm.	polis.	1.13	54.2%	50%	74.4%

Feitas as partilhas, *cabe*-me ainda a casa dos avós.
Tudo isso *cabe* no saco de viagem.

Nº	Cat.	Cat. lex.	SS	IL	RD(SC$_1$)	AC
40.a	homon.	homon.	0	4.2%	0%	100%

Diferente do piano, o *cravo* é um instrumento de cordas com um ou dois teclados.
Paguei à florista vinte escudos por cada *cravo*.

.b	homon.	polis.	0.38	37.5%	11.1%	94.1%

Nunca utilizei o *cravo* para temperar as comidas.
No dia da festa, o João enfeitou-se com um *cravo* vermelho.

.c	homon.	homon.	0	0%	0%	100%

A ferradura deve levar mais um *cravo* para ficar segura.
O João ofereceu um *cravo* branco à mãe.

.d	homon.	homon.	0.42	37.5%	77.8%	91.8%

Rezo todos os dias a São Bento para me curar este *cravo*.
Gosto mais da rosa do que do *cravo*.

41.	polis.	polis.	2.29	83.3%	37.5%(44.4%)	78.2%

Esta gramática de Português tem um mocho desenhado na *capa*.
O Pedro vestiu a *capa* porque chovia muito.

42.	polis.	polis.	2.17	79.2%	75.%(88.2%)	73.6%

Roger Garaudy *converteu*-se ao islamismo.
O accionista *converteu* os títulos em dinheiro.

43.	polis.	polis.	1.7	66.7%	60%(83.3%)	71.9%

No Inverno as árvores não têm *folhas*.
Podes-me emprestar duas *folhas* para escrever uma carta?

44.	polis.	polis.	2.88	100%	100%(100%)	84.8%

É agradável e fica bem ter a casa *limpa*.
Nada me preocupa: tenho a consciência *limpa*.

45.	polis.	polis.	2.63	91.7%	100%(100%)	81.6%

A árvore secou pela *raiz*.
A cultura ocidental tem a sua *raiz* na antiguidade greco-latina.

46.	interm.	homon.	0.67	25%	18.2%(100%)	81.9%

Selou o cavalo e partiu sem destino.
O João *selou* a carta.

Nº	Cat.	Cat. lex.	SS	IL	RD(SC$_1$)	AC
47.a	polis.	polis.	3	95.8%	54.2%	92.8%

Subiu as escadas a correr.
Subiu a persiana para ver o que se passava na rua.

.b	polis.	polis.	2.2	83.3%	70.8%	85.5%

A gasolina *subiu* dez escudos por litro.
Subiu para o cimo da árvore.

48.a	homon.	polis.	0.25	20.8%	0%	95.3%

O Pedro *partiu* ontem para Lisboa.
A Ana *partiu* a jarra.

.b	polis.	polis.	2.96	95.8%	21.7%	67.8%

A bola *partiu* o vidro da janela.
O aniversariante *partiu* o bolo.

.c	polis.	polis.	1.54	70.8%	47.6%	77.1%

O Pedro *partiu* o dinheiro com os irmãos.
Partiu a perna a jogar futebol.

49.	interm.	polis.	0.79	37.5%	63.6%(28.6%)	75%

O enfermeiro fez a *solução* do medicamento com água fervida.
Não encontro *solução* para o problema.

50.a	interm.	polis.	1	50%	27.3%	60.4%

A Ana queria usar saias curtas, mas o pai não *deixou*.
O João *deixou* o emprego.

.b	polis.	polis.	3.33	95.8%	38%	77.8%

Deixou a carteira no carro.
O cão *deixou* a presa.

.c	polis.	polis.	2.58	87.5%	50%	62.7%

Comeu o bife e *deixou* as batatas.
Deixou muitas saudades.

.d	polis.	polis.	2.2	83.3%	25%	54.2%

O Henrique *deixou* de fumar.
A empregada *deixou* tudo em ordem.

Monossemia, polissemia e homonímia 177

Nº	Cat.	Cat. lex.	SS	IL	RD(SC$_1$)	AC
.e	polis.	polis.	1.67	66.7%	35.3%	54.9%

Deixou a porta aberta.
Deixou que a reunião acabasse para se apresentar ao director.

51.a	interm.	polis.	1	58.3%	85.7%	68.9%

O meteorologista informa que o tempo vai continuar *seco*.
Nunca o vi naquele estado: tão pálido e tão *seco*!

.b	polis.	polis.	1.67	70.8%	77.8%	63.2%

Tenho a boca *seca*.
O clima desta região é *seco* e frio.

.c	polis.	polis.	1.92	79.2%	84.2%	62.7%

O rio está *seco*.
Corre um vento *seco*.

.d	interm.	polis.	1.17	66.7%	78.6%	63.2%

Falou para mim num tom *seco*.
Terreno *seco* não serve para o cultivo da cenoura.

52.a	interm.	polis.	1.25	66.7%	26.3%	76.6%

O romance de João de Melo *trata* da guerra colonial.
Ele a todos *trata* com a mesma consideração, sejam colegas ou empregados.

.b	interm.	polis.	0.67	58.3%	33.3%	86.1%

Não se *trata* de uma questão política, mas moral.
O Paulo, que é médico, *trata* a doença da sua mãe.

.c	interm.	polis.	0.92	65.2%	28.6%	79.3%

Trata do jantar que eu arrumo a cozinha.
Trata os pais por tu.

53.a	interm.	homon.	1.08	54.2%	61.1%	77.3%

Agrediu o vizinho com o *cabo* da enxada.
O cargueiro naufragou perto do *cabo* Espichel.

.b	homon.	homon.	0.29	25%	100%	88.6%

O *cabo* já saiu do quartel.
Ecologistas protestam contra as descargas que se fizeram perto do *cabo* da Roca.

Nº	Cat.	Cat. lex.	SS	IL	RD(SC₁)	AC
.c	interm.	polis.	0.96	52.2%	30.8%	69.8%

O motorista prendeu a carga com um *cabo*.
O *cabo* do martelo partiu-se.

54.	interm.	polis.	0.63	54.2%	83.3%(88.9%)	85.8%

O Paulo comprou uma folha de papel *fino*.
Julga-se mais *fino* do que os colegas, mas só diz asneiras.

55.	polis.	polis.	3.71	100%	95.7%(31.8%)	94.8%

Com a *morte* do imperador Hirohito, alguns japoneses suicidaram-se.
O cristão não deve temer a *morte*.

56.	interm.	polis.	0.54	37.5%	50%(50%)	81.3%

Quase todas as pessoas escrevem com a mão *direita*.
A Torre de Pisa não é *direita*.

57.	polis.	polis.	2.25	87.5%	100%(0%)	80.7%

Sentou-se no *braço* da cadeira.
O Pedro partiu o *braço* a jogar voleibol.

58.	homon.	homon.	0.04	0%	100%(0%)	99%

O *rádio* e o cúbito constituem o esqueleto do antebraço.
Segui o desafio de futebol pelo *rádio*.

59.a	interm.	polis.	1.08	66.7%	35.3%	79.3%

O mecânico *montou* a roda do meu carro.
João Moura *montou* o seu cavalo preto na corrida de Santarém.

.b	polis.	polis.	1.75	100%	39.1%	78.7%

Montou um negócio no centro da cidade.
Montou as peças do relógio.

.c	interm.	polis.	0.71	47.8%	57.1%	86.5%

Montou o pequeno na égua.
O custo da construção *montou* a dois milhões.

60.	interm.	polis.	1	58.3%	75%(11.1%)	64.6%

Compra uma dúzia de pão, mas *fresco*!
Hoje não está frio: está *fresco*.

Nº	Cat.	Cat. lex.	SS	IL	RD(SC$_1$)	AC
61.	polis.	polis.	3.79	100%	60.9%(61.5%)	95.9%

Há dois dias que não come nem *dorme*.
Quando vier a Braga, *dorme* a noite em minha casa.

62.	homon.	polis.	0.5	37.5%	100%(37.5%)	87.5%

A *serra* não corta porque tem ferrugem.
O queijo da *serra* é bom, mas é muito caro.

63.	interm.	polis.	0.71	45.8%	61.5%(25%)	84.4%

Reflecte bem antes de decidires.
O espelho *reflecte* a luz do sol.

64.	polis.	polis.	1.92	91.7%	100%(4.2%)	79.3%

O trabalho *duro* dos mineiros é muito mal remunerado.
Não há material mais *duro* do que o aço.

65.	interm.	polis.	1	62.5%	80%(8.3%)	77.1%

A empresa Fonseca e Costa admite *secretária* com conhecimentos de inglês.
O Pedro gosta de ter uma jarra de flores na sua *secretária*.

66.	homon.	homon.	0.25	16.7%	33.3%(0%)	95.3%

Como meio de propulsão de navios, hoje a *vela* é substituída pela máquina.
Houve um corte de energia e o Pedro acendeu uma *vela* para continuar a leitura.

67.a	polis.	polis.	3.46	95.8%	90.9%	91.7%

O João não acendeu a *luz* para não acordar a esposa.
Os objectos de ouro brilham sob os efeitos da *luz*.

.b	polis.	polis.	1.79	79.2%	91.7%	83.4%

O autor lançou uma nova *luz* sobre este assunto.
O meu quarto precisa de mais *luz*.

68.a	polis.	polis.	1.75	79.2%	100%	62%

O meu avô escreve com *pena* de ouro.
A *pena* do melro é preta.

.b	interm.	polis.	0.54	25%	71.4%	75.4%

O réu foi condenado a uma *pena* de dez anos.
Tenho muita *pena* dele, mas nada posso fazer.

180 O Mundo dos Sentidos em Português

Nº	Cat.	Cat. lex.	SS	IL	RD(SC$_1$)	AC
69.	interm.	polis.	0.63	33.3%	55.6%(80%)	79.6%

O calçado *justo* magoa-me os calos.
Não é *justo* que se façam discriminações raciais.

70.	polis.	polis.	3.88	100%	91.3%(90.5%)	95.2%

O *actor* veio ao palco agradecer os aplausos do público.
Raul Solnado é um bom *actor*.

71.a	interm.	polis.	0.79	58.3%	50%	73%

Ele *passou* a fronteira a pé.
Passou um cheque sem cobertura.

.b	polis.	polis.	1.83	91.7%	65.2%	69.4%

A dor já *passou*.
O Pedro *passou* por aqui há pouco tempo.

.c	interm.	polis.	0.96	58.3%	40%	71.9%

Passou a mão pelos cabelos.
Passou as férias na praia.

.d	interm.	polis.	0.96	70.8%	50%	74%

Passou um filme de Manoel de Oliveira na televisão.
A Maria não *passou* no exame de condução.

.e	interm.	polis.	0.96	75%	33.3%	74%

Passou fome quando esteve fora de casa.
Passou o livro ao colega.

.f	interm.	polis.	1.21	79.2%	47.1%	66.7%

O Pedro *passou* o trabalho à máquina.
O atleta *passou* todos os obstáculos.

.g	interm.	polis.	0.96	62.5%	57.1%	71.9%

Passou a roupa a ferro.
A notícia *passou* de boca em boca.

72.a	homon.	polis.	0.33	33.3%	100%	88.2%

Siza Vieira é o responsável pelas obras de reconstrução do Chiado, mas a Câmara não aprova a *planta*.
O João comprou uma *planta* na florista.

Nº	Cat.	Cat. lex.	SS	IL	RD(SC$_1$)	AC
.b	interm.	polis.	0.63	41.7%	60%	75.4%

A areia da praia queima a *planta* dos pés.
Paguei 100 contos pela *planta* do prédio.

73.	polis.	polis.	1.83	70.8%	89.5%(100%)	52.8%

Se o pedreiro não usar o fio-de-prumo, o muro não ficará *direito*.
Não comas desse bolo! Deixa-o *direito* para as visitas.

74.a	homon.	polis.	0.5	45.8%	100%	81.3%

Foi um ferimento ligeiro: levei apenas um *ponto* na cabeça.
O Benfica ganhou o campeonato com um *ponto* de avanço sobre o Porto.

.b	interm.	polis.	1.17	66.7%	66.7%	65.3%

Em que *ponto* da cidade fica a estação?
Assinalou com um *ponto* a vermelho os artigos culturais do jornal.

.c	interm.	polis.	0.83	52.2%	70%	63.2%

Cheguei a um *ponto* em que já não podia mais.
Quero a fotografia em *ponto* grande.

.d	interm.	polis.	0.75	50%	70%	68.2%

O primeiro *ponto* a discutir é a reforma do ensino.
Subiu ao *ponto* mais alto do monte.

75.a	interm.	polis.	1.46	66.7%	77.8%	64.6%

O namorado ofereceu à Joana um vestido *verde*.
Comprou a fruta ainda *verde* para se abastecer durante o mês.

.b	polis.	polis.	2.46	87.5%	90%	56.3%

A lenha não arde porque está *verde*.
Essa laranja está *verde*: não a comas!

76.	interm.	polis.	0.92	45.8%	92.3%(90.9%)	73.1%

As crianças devem viajar no *assento* de trás.
O nome dos padrinhos não consta do *assento* de baptismo.

77.a	interm.	polis.	1.29	75%	72.2%	67.8%

Que lindo é o *botão* da rosa!
É preciso carregar bem no *botão* para a campainha funcionar.

Nº	Cat.	Cat. lex.	SS	IL	RD(SC$_1$)	AC
.b	interm.	polis.	1.21	70.8%	82.4%	70.9%

Perdi o *botão* da camisa.
As flores estão em *botão*.

78.	homon.	homon.	0	8.3%	0%	100%

A Maria comprou um metro de *renda* para o vestido das filhas.
O João passa a pagar mais mil escudos de *renda* por mês.

79.a	interm.	polis.	1.5	70.8%	57.9%	68.8%

Proibido *tocar* nos objectos expostos.
O hobby do Pedro é *tocar* viola.

.b	interm.	polis.	0.79	50%	70%	68.8%

Que o Francisco não tenha ilusões! Receberá apenas o que lhe *tocar*.
O carro vai *tocar* no passeio.

.c	polis.	polis.	2	83.3%	81.8%	58.3%

Toma cuidado para ela não *tocar* no ferro de passar a roupa.
Não deve *tocar* nesse assunto!

80.	interm.	polis.	1.33	70.8%	63.2%(77.8%)	75.7%

Habitualmente, o Henrique *deita*-se tarde.
Depois dos ovos batidos, *deita*-se meio quilo de farinha e leva-se a massa ao forno.

81.	polis.	polis.	1.83	91.7%	100%(9%)	79.9%

Tudo o que tenho é *fruto* do meu trabalho.
O lavrador plantou árvores de *fruto*.

82.	interm.	polis.	1.17	70.8%	52.9%(55.6%)	73.6%

A Península Ibérica *compreende* Portugal e Espanha.
O Pedro não *compreende* o enunciado do problema.

83.	polis.	polis.	2.38	83.3%	95.8%(87%)	77.5%

A Maria está a arrumar a *cozinha*.
A *cozinha* portuguesa é muito diferente da chinesa.

84.	polis.	polis.	3.71	100%	58.3%(58%)	92.8%

Hoje está um dia *quente*.
Traga-me um café bem *quente*!

Nº	Cat.	Cat. lex.	SS	IL	RD(SC$_1$)	AC

85. interm. polis. 0.83 56.5% 87.5%(100%) 71.5%
Finalmente, *achei* o meu fio de ouro!
Não lhe pedi o carro porque *achei* que seria uma indelicadeza.

86. interm. polis. 1.46 79.2% 83.3%(80%) 66.7%
Espero o tempo que for necessário para poder ser atendido
Espero que não lhe tivesse acontecido o pior.

87. polis. polis. 3.46 100% 100%(17.4%) 91.7%
Quando for para a praia, evite expor-se muito tempo ao *sol*.
Galileu demonstrou que a terra gira à volta do *sol*.

88. polis. polis. 1.96 91.7% 95.7%(90.9%) 76.1%
O passarinho bateu as *asas* e voou para longe.
A empregada partiu as *asas* de duas chávenas do serviço chinês.

89. homon. polis. 0.33 45.8% 60%(66.7%) 86.1%
Para despertar a atenção do leitor, o jornalista alterou a *ordem* dos acontecimentos.
O teu pedido é para mim uma *ordem*.

90. homon. polis. 0.25 20.8% 60%(33%) 93.2%
Pouco *importa* que digam mal de mim.
Portugal *importa* mais do que o que exporta.

91. polis. polis. 3.58 100% 95.8%(95.7%) 87.7%
O Pedro é uma pessoa *feliz*, mas não parece.
O olhar *feliz* do Pedro encantou a namorada.

92.a interm. polis. 1.21 62.5% 73.3% 66.7%
A figura do Vitinho é bem conhecida das crianças portuguesas pelas histórias que lhes *conta*.
Conta o dinheiro!

.b homon. polis. 0.25 37.5% 50% 93.2%
O Zé *conta* arranjar emprego na empresa.
Conta os lugares vagos!

93. polis. polis. 2.5 100% 87.5%(9.5%) 70.8%
Em 1945, a Alemanha *perdeu* a guerra.
O João *perdeu* a caneta de ouro que o pai lhe tinha oferecido.

Nº	Cat.	Cat. lex.	SS	IL	RD(SC$_1$)	AC
94.	interm.	polis.	1.5	75%	68.4%(61.5%)	66.7%

A Santa Casa da Misericórdia *mantém* os mendigos e desalojados de Lisboa.
Cadilhe *mantém* a decisão de continuar no governo.

95.	interm.	polis.	0.63	54.2%	44.4%(50%)	77.5%

Não te esqueças: *manda* pelo Carlos o livro que te pedi!
Dizem que quem *manda* lá em casa é a mulher.

96.	polis.	polis.	1.88	87.5%	100%(100%)	74.4%

Noutros tempos, era a *fonte* o lugar de encontro dos namorados.
A indústria é a principal *fonte* de riqueza da região.

97.	interm.	polis.	0.75	50%	54.5%(83.3%)	80.7%

A Maria *provou* o arroz antes de o servir.
Cavaco Silva *provou* que tinha razão.

98.	polis.	polis.	2.5	95.8%	100%(100%)	75%

Encheu um saco de cerejas.
A notícia de que habitantes de Marte iriam aterrar perto de Braga *encheu* de medo todas as pessoas.

99.	polis.	polis.	3.54	100%	75%(18.8%)	89.6%

Pensei que o Paulo ainda estivesse a dormir.
Pensei e repensei e não cheguei a nenhuma conclusão.

100.	homon.	homon.	0	4.2%	0%	100%

A aldeia de Vilarinho das Furnas fica situada num *vale*.
Enviei a quantia por *vale*.

Capítulo 7

Polissemia no Léxico: o verbo *deixar*

Procuraremos mostrar neste estudo (que representa uma parte revista de Silva 1999a) que a coerência semântica do verbo *deixar* reside em *esquemas imagéticos* e suas transformações (Johnson 1987, Lakoff 1987, Hampe 2005) e em padrões de *dinâmica de forças* (Talmy 1988a, 2000). A análise baseia-se num *corpus* de 5.000 ocorrências contextualizadas.

Esquemas imagéticos são padrões imaginativos, não-proposicionais e dinâmicos dos nossos movimentos no espaço, da nossa manipulação dos objectos e de interacções perceptivas (Johnson 1987). Eles apresentam uma estrutura interna, ligam-se entre si através de *transformações* e podem ser metaforicamente elaborados para a conceptualização de conceitos abstractos. A *dinâmica de forças* – sistema cognitivo teorizado por Talmy (1988a, 2000) e consonante com o conceito anterior – envolve uma oposição entre uma entidade que exerce força, a entidade focal ou Agonista, e outra que exerce uma contra-força, o Antagonista.

7.1. Os significados de *deixar*

O verbo *deixar* compreende um vasto e diversificado conjunto de sentidos, distribuídos por dois grupos principais, que passamos a designar por *deixar*I e *deixar*II. Os principais sentidos são exemplificados a seguir:[1]

deixar I

(1)   'ir embora' (afastar-se de um lugar)
      O João deixou a sala, quando ela entrou.

---

[1] A caracterização de cada um dos 17 sentidos é feita na forma de uma paráfrase simples; sentidos mais específicos são apresentados na secção 3. De notar que estes dois grupos de sentidos são onomasiologicamente diferenciados em certas línguas como o inglês, nos verbos *to leave* e *to let*, respectivamente.

(2) 'não levar (algo ou alguém) consigo (quando alguém se afasta de um lugar)'
   a. *Deixei a (minha) pasta no carro.*
   b. *Tenho que voltar à estação, porque deixei a minha pasta no combóio.*
(3) 'fazer (não intencionalmente) ficar uma parte de si depois de sair'
   O assaltante deixou marcas de sangue (no chão).
(4) 'fazer (algo ou alguém) ficar'
   a. *Podes deixar os livros em cima da mesa.*
   b. *Deixei a Maria no colégio, e depois fui ao Porto.*
(5) 'abandonar (relação/função)'
   a. *O João deixou a sua mulher.*
   b. *O João deixou o emprego / o partido comunista / os estudos.*
(6) 'não alterar (o estado de uma pessoa ou objecto)'
   a. *Deixei-o a ver televisão / naquele estado, quando saí de casa.*
   b. *Saiu e deixou a porta aberta / a luz ligada.*
(7) 'fazer (não-intencionalmente) ficar uma parte de si depois de si'
   a. *Em várias partes do mundo, continua viva a cultura portuguesa deixada pelos descobridores.*
   b. *Morreu sem deixar descendentes directos.*
   c. *Ele deixou(-nos) muitas saudades / uma boa recordação.*
   d. *A ferida deixou uma cicatriz na cara.*
(8) 'fazer (algo ou alguém) ficar num novo estado'
   a. *Deixou-me sem palavras / nervoso / escandalizado com o que me disse.*
   b. *O mecânico deixou o carro como novo.*
   c. *O jogo deixou-o rico / na miséria.*
(9) 'não se aproximar (de um lugar)'
   Deixei Paris à esquerda e segui para Amsterdão.
(10) 'não levar'
   Deixou a sua pasta em casa / no hotel para não ser assaltado.
   Deixa o carro em casa e vai de metro!

(11) 'não tomar'
   Ele comeu o bife e deixou as batatas.
(12) 'não alterar (o estado de algo ou alguém)'
   a. *Não mexas em nada; deixa tudo como estava!*
   b. *Não me chateies; deixa-me em paz!*
(13) 'transferir a posse (particularmente, quando alguém se vai embora)'
   a. *O pai deixou-lhe uma casa no Algarve.*
   b. *Quando saíres, deixa-me as chaves!*
   c. *Levantei-me para deixar o lugar ao velhinho.*
   d. *Não posso ir ao cinema, porque não tenho ninguém a quem deixar as crianças.*
(14) 'não tomar em posse'
   a. *Deixa-lhe o que não te pertence!*
   b. *Deixa esse problema para os entendidos!*

deixar II

(15) 'não impedir'
   O João pôs-se a fazer disparates, e eu deixei-o fazer.
(16) 'permitir, consentir, autorizar'
   A Maria pediu-me para ir ao cinema, e eu deixei-a ir.
(17) 'não mais impedir: largar, soltar, libertar'
   a. *Ele deixou o pássaro voar (abrindo a gaiola).*
   b. *Segura-o bem, para não o deixares cair!*
   c. *Não deixes a corda / as rédeas do cavalo!*

   Os dois grupos diferem, essencialmente, quanto à construção conceptual da entidade objecto: numa definição esquemática, *deixar*I significa 'suspender a interacção com o que se caracteriza como estático', ao passo que o significado esquemático de *deixar*II é 'não se opor ao que se apresenta como dinâmico'. Ambos os grupos implementam um esquema de *dinâmica de forças* (Talmy 1988a, 2000) semelhante: uma entidade mais forte, o Antagonista, codificada no sujeito do verbo, não exerce uma força que possa interferir na disposição natural de uma segunda entidade, o Agonista. Distinguem-se pela disposição do Agonista: em *deixar*I o Agonista tende para o repouso, ao passo que em *deixar*II tende para o movimento (ou, mais genericamente, para a mudança). É assim que a entidade objecto de *deixar*I é codificada num complemento nominal, ora num esquema sintáctico bivalente com objecto locativo ou não-locativo (cf. exemplos 1, 9 e 3, 5, 7, 11), ora num esquema sintáctico trivalente locativo (2, 4, 10), predicativo (6, 8, 12) ou dativo (13, 14a).[2] Pelo contrário, o objecto de *deixar*II é expresso num complemento verbal, ora uma oração completiva infinitiva, ora, menos frequentemente, uma completiva finita introduzida por *que*.[3]

Uma outra dimensão, que atravessa *deixar*I e *deixar*II, diz respeito à (ao grau de) actividade da entidade sujeito. Assim, o sujeito pode tomar uma atitude 'activa'. Em *deixar*I, isso acontece nos exemplos (1) a (8) e em (13): o sujeito vai-se embora, abandona uma relação ou função, transfere a posse (o uso, o controlo) do objecto a alguém, etc. Estes usos de *deixar*I podem definir-se, esquematicamente, como 'suspender activamente a interacção'; dito de outro modo, 'suspender a interacção existente' ou 'não mais interagir'. Em *deixar*II, a atitude activa do sujeito está representada nos exemplos (16) e (17): em (16), o sujeito concede permissão ou autorização a alguém; em (17), o sujeito solta (larga, cessa de impedir) o objecto. Esquematicamente, o sujeito 'activamente não se opõe' a um processo a ser realizado por outra entidade. Mas o sujeito pode tomar uma atitude 'passiva'. É o caso, em *deixar*I, dos exemplos (9) a (12) e em (14): o sujeito não se aproxima de um lugar, abstém-se de levar, alterar ou tomar o objecto, não se apropria, etc. Estes usos de *deixar*I podem ser esquematicamente representados como 'suspender passivamente a interacção', isto é, 'suspender a intenção de interagir' ou 'não interagir'. E em *deixar*II, a atitude passiva do sujeito está exemplificada em (15): o sujeito não impede que o objecto continue a realizar esse

---

2 Os exemplos (3), (7) e (14b) são aparentemente trivalentes: o sintagma locativo e o sintagma dativo não são complementos do verbo.

3 As diferentes construções de infinitivo de *deixar*II – VSV, com infinitivo flexionado; VOV, com infinitivo não flexionado; e VV, com o sujeito lógico do infinitivo depois do grupo verbal e com infinitivo não flexionado; admitidas também pelos outros verbos causativos *fazer* e *mandar* e pelos verbos perceptivos *ver* e *ouvir* –, apesar de conceptualmente interessantes (Silva 2004c, 2005e), não são relevantes na diferenciação dos sentidos principais do verbo.

processo; por outras palavras, 'não se opõe' a um processo em curso ou já existente. Em termos de *dinâmica de forças*, a oposição dá-se entre a cessação de influência (ou remoção de barreira), nos usos activos, e a não-ocorrência de influência (ausência de barreira), nos usos passivos.

Entre os usos que exprimem uma atitude activa do sujeito, há ainda uma outra oposição. Nos exemplos (4), (3), (8), (7) e (13) de *deixar*I e no exemplo (17) de *deixar*II, a actividade do sujeito é posterior a um acto prévio sobre o objecto: o sujeito vai embora (ou abandona o objecto) depois de ter deslocado, alterado (o estado de) ou transferido (a posse, o uso, o controlo de) o objecto; e em (17), o sujeito cessa de impedir (deixa ir, solta, larga) o objecto. Nos restantes usos (cf. exemplos 1, 2, 5, 6 e 16), a atitude activa do sujeito não é precedida de uma intervenção prévia sobre o objecto. De notar que frases como "O João deixou os livros em cima da mesa", "O João deixou a Maria triste" e "Deixei-o sair" são ambíguas entre os três valores de actividade do sujeito, designadamente 'activo com intervenção prévia', 'activo sem intervenção prévia' e 'passivo'.

Combinando então as duas dimensões que acabámos de identificar – os dois valores da 'construção conceptual do objecto' e os três valores

	activamente		passivamente
	sem intervenção prévia	com intervenção prévia	
*deixar*I: 'suspender interacção com o que é estático'	1. ir embora 2. não levar consigo 5. abandonar 6. não alterar	4. fazer ficar depois de ter deslocado 8. fazer ficar depois de ter alterado 13. transferir posse 3. fazer ficar parte de si 7. fazer ficar parte de si	9. não se aproximar 10. não levar 11. não tomar 12. não alterar 14. não tomar em posse
*deixar*II: 'não se opor ao que é dinâmico'	16. permitir (consentir, autorizar)	17. não mais impedir (largar, soltar, libertar)	15. não impedir

Quadro 1. Sistematização do campo de aplicação semântica de *deixar*

da(o) '(grau de) actividade do sujeito' –, podemos chegar a uma primeira sistematização do campo de aplicação semântica de *deixar*. É o que apresentamos no Quadro 1, a partir dos exemplos (1)-(17).

Dois traços essenciais da semântica de *deixar* tornam-se agora claros: 'causação' e 'negação', construídos ambos em termos de *dinâmica de forças*. Por outras palavras, o que unifica os sentidos do verbo é a noção de 'causação negativa', no sentido de que o Antagonista não exerce força que possa colidir (nos casos passivos) ou exerce força em ordem a cessar de colidir (nos casos activos) com a disposição natural do Agonista. É precisamente por causa desta não-interferência que o Agonista é "deixado livre" para seguir o seu próprio curso natural. De notar que as opções activa e passiva de causação negativa são gramaticalizadas pela perífrase *deixar de* + infinitivo: *deixar de fumar* (activo) vs. *deixar de ir ao cinema para me ajudar* (passivo).[4]

A estrutura semântica de *deixar* envolve ainda outras dimensões. Uma é a 'natureza da actividade do sujeito' e, por ela, se distinguem os casos de actividade 'espacial' (deslocação no espaço, tal como 'ir embora') dos casos de actividade 'não-espacial (relacional/funcional)' (tal como 'abandonar relação/função'). Uma outra dimensão é a 'autonomia do objecto': autonomia 'absoluta' vs. autonomia 'parcial'. Estas dimensões são mais típicas de *deixar*I, mas também se podem encontrar em *deixar*II. Mais adiante, na secção 3, analisá-las-emos.

Duas informações adicionais devem ser dadas, nesta primeira abordagem da semântica de *deixar*. Primeiro, as duas categorias *deixar*I e *deixar*II são funcionalmente diferentes: *deixar*II resulta de um processo de (semi)gramaticalização para a expressão de um tipo especial de causação, ao passo que *deixar*I é uma categoria lexical (embora apresente também alguns usos gramaticalizados). Segundo, e como explicaremos na secção 3, os sentidos activos e não-espaciais são os sentidos prototípicos de *deixar*I, ao passo que o sentido prototípico de *deixar*II é passivo.

---

4 Silva (1999a, 2000c, 2002c, 2004b, no prelo a) desenvolve uma análise da causação do tipo 'deixar' na perspectiva do modelo de Talmy (1988a, 2000) de *dinâmica de forças*.

7.2. Esquemas imagéticos de *deixar* e suas transformações

Retomando a sistematização feita no Quadro 1, procuremos encontrar uma representação diagramática que permita, não só distinguir melhor os seis pólos da estrutura semântica de *deixar*, como também perceber a coerência deste complexo. O Quadro 2 apresenta seis esquemas imagéticos (EI), que correspondem aos seis pólos do Quadro 1. P_1 e P_2 designam o Antagonista e o Agonista (os participantes sujeito e objecto) e as setas indicam movimento.

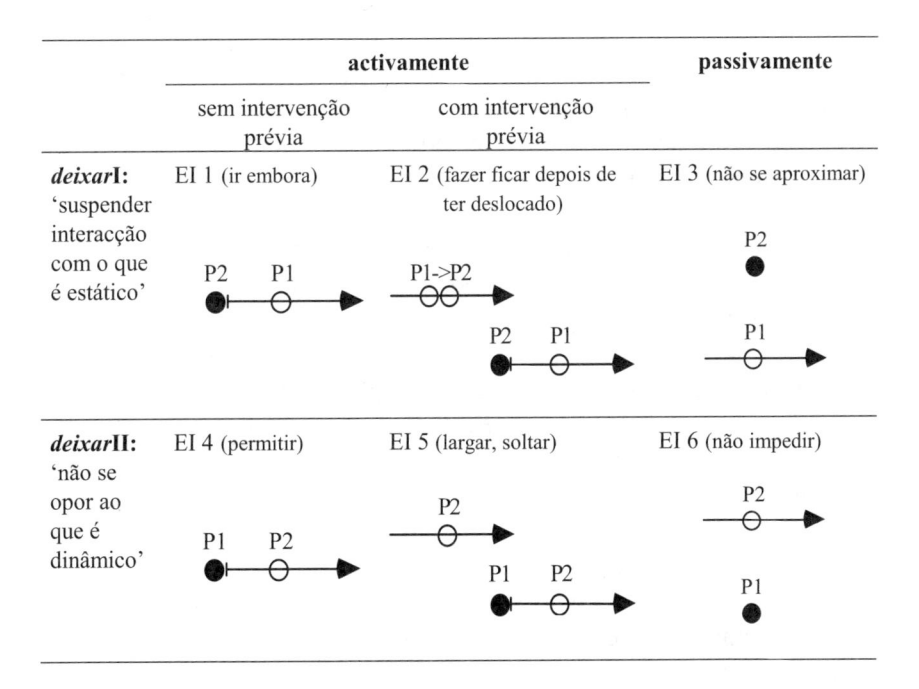

	activamente		passivamente
	sem intervenção prévia	com intervenção prévia	
***deixar*I:** 'suspender interacção com o que é estático'	EI 1 (ir embora) P2 P1	EI 2 (fazer ficar depois de ter deslocado) P1->P2 P2 P1	EI 3 (não se aproximar) P2 P1
***deixar*II:** 'não se opor ao que é dinâmico'	EI 4 (permitir) P1 P2	EI 5 (largar, soltar) P2 P1 P2	EI 6 (não impedir) P2 P1

Quadro 2. Esquemas imagéticos de *deixar*

Em EI1, EI2 e EI3 (que representam os usos de *deixar*I), é o participante sujeito (P_1) quem realiza o movimento (P_1 afasta-se ou não se aproxima). Pelo contrário, em EI4, EI5 e EI6 (que representam os usos de *deixar*II), é o participante objecto (P_2) que é construído como realizando um movimento. Os esquemas imagéticos das duas colunas da esquerda (envolvendo um sujeito activo) descrevem uma situação inicial em que P_1 e P_2 estavam em contacto, ao passo que nos esquemas imagéticos da coluna da direita (envolvendo um sujeito passivo) P_1 e P_2 estavam separados e assim continuam. A passividade de P_1 consiste, portanto, no facto de P_1 nada fazer para eliminar esta separação, mantendo-se pois afastado de P_2. A actividade de P_1 consiste, ora num movimento de afastamento, cessando assim de estar em contacto com o objecto (*deixar*I), ora na criação das condições necessárias para o afastamento do objecto (*deixar*II). Alguns dos esquemas imagéticos envolvendo um sujeito activo introduzem um momento prévio, durante o qual P_1 desloca/transporta P_2 (*deixar*I), ou P_2 aproxima-se de P_1 e é por este bloqueado (*deixar*II).

Torna-se assim claro que o que distingue essencialmente os dois conjuntos de sentidos é o movimento de P_2: em *deixar*I, P_2 é apresentado como sendo essencialmente estático, ao passo que em *deixar*II, P_2 é construído como sendo dinâmico, como estando sujeito a uma tendência dinâmica inevitável. Veja-se este contraste entre, por exemplo, *deixar a Maria no cinema* e *deixar a Maria ir ao cinema*. Em ambos os casos, o Antagonista (P_1) não trava o Agonista (P_2). A diferença está no Agonista (*a Maria*): construído estaticamente, no primeiro caso (*deixar*I), mas dinamicamente, no segundo (*deixar*II).

A oposição fundamental entre *deixar*I e *deixar*II é iconicamente expressa na natureza sintáctica dos complementos. Com *deixar*II, o complemento é verbal – *deixar P_2 V* (ou *deixar V P_2*) –, codificando assim a participação de P_2 num processo. Com *deixar*I, o complemento é nominal – *deixar P_2* ou *deixar P_2 num lugar/estado / a P_3* –, exprimindo assim a condição estática de P_2 (P_2 é um lugar, como em EI1 e EI3, ou está/passa a estar num lugar do qual P_1 se afasta ou se mantém afastado).

Tanto em *deixar*I como em *deixar*II, P_2 tem que ser construído como possuindo uma certa disposição para se comportar de um modo particular. Em *deixar*II, essa disposição de P_2 manifesta-se ora como vontade independente de fazer algo, ora como emoções subconscientes, ora como processo já existente, ora ainda como um processo físico ao qual P_2 não pode resistir (por exemplo, a força da gravidade em *deixar cair P_2*). Em qualquer caso, o que caracteriza *deixar*II é a tendência dinâmica inevitável de P_2 ou, por outras palavras, a aspiração de P_2 em fazer algo. Pelo contrário, em *deixar*I, P_2 apresenta-se como disposto ao repouso, à inacção. Em ambos os casos, a disposição de P_2 é considerada como, de algum modo, natural. Por isso mesmo, não é possível dizer, em contextos normais, *deixar subir o livro*. É também por isso que *deixar a Maria em paz* e *deixar o assento livre* pressupõem que o estado natural de uma pessoa é estar em paz e que o estado natural de um assento é não estar ocupado.

Assim, casos como *deixar alguém na dúvida*, na leitura da passividade do sujeito, pertencem a *deixar*I e não a *deixar*II: é que o sintagma *na dúvida* não exprime a tendência dinâmica característica do objecto de *deixar*II; a dúvida é apresentada como um estado (um lugar e não um movimento), e a disposição natural de P_2 é estar (ou permanecer) num estado de dúvida.

Ao mesmo tempo, porém, é preciso reconhecer que este exemplo representa uma instância não prototípica de *deixar*I, colocando-se, assim, nos limites entre as duas categorias. O caso prototípico de P_2 em *deixar*II é aquele em que P_2 é não somente dinâmico, como também age voluntária e conscientemente: por exemplo, *deixar cair P_2* é menos típico do que *deixar P_2 ir-se embora*. Além disso, o uso de *deixar*II pressupõe que a actividade de P_2 é considerada como sendo benéfica para P_2 pelo próprio P_2. Do outro lado da estrutura, o caso prototípico de P_2 em *deixar*I é aquele em que P_2 é estático por natureza, aquele em que P_2 não pode exercer movimento, como em, por exemplo, *deixar o carro em casa*. A razão, então, pela qual *deixar alguém na dúvida* representa um caso-limite é a de que é bem possível imaginar que haja actividade da parte do objecto: P_2 questiona-se, tenta encontrar uma solução, os seus pensamentos não param. Todavia, este aspecto dinâmico de P2 não é construído no sentido de o conduzir a algum lugar: esta actividade de P2 é construída como um estado, ainda que referencialmente não seja um estado. Comparativamente, *deixar alguém enganar-se*, embora não seja diferente em termos de "condições de verdade" de *deixar alguém na dúvida*, pertence a *deixar*II, já que o objecto é construído dinamicamente. Mas este exemplo não é prototípico de *deixar*II, na medida em que não envolve uma actividade voluntária nem consciente, nem isso beneficia P_2.[5]

Outros casos de sobreposição conceptual de *deixar*I e *deixar*II ocorrem quando o complemento verbal (V_2) designa um estado. Neste caso, a diferença entre *deixar*I e *deixar*II torna-se subtil ou mesmo

---

5 Os juízos de prototipicidade aqui expressos devem ser entendidos, não em termos de frequência de uso dos respectivos significados, mas no contexto de uma diferenciação extrema entre os casos representados no Quadro 2.

desaparece; pelo contrário, o contraste entre as duas categorias é maximizado quando V_2 designa um processo. Por exemplo, *deixar estar/ficar a porta aberta* e *deixar a porta aberta* são sem dúvida equivalentes em termos de "condições de verdade", e a primeira expressão pode até ser genuinamente indeterminada quanto à sua pertença a uma das duas categorias de *deixar*. É possível, porém, que as circunstâncias em que são usadas as duas construções não sejam exactamente as mesmas. Quer dizer: dada a disposição de uma porta para fechar, poderá preferir-se a construção *deixar estar/ficar a porta aberta* num contexto em que alguém tem que fazer alguma coisa para impedir que a porta se feche.

Deve ainda ser feita a distinção entre a sintaxe superficial e a semântica da construção. Não obstante *deixar*II, no sentido de 'largar, soltar', poder tomar um complemento nominal, como em *deixar a presa / a mão / a corda / as rédeas do cavalo / o volante*, o crucial é que P_2 continua aí a ser concebido como participando numa actividade dinâmica independente. O que importa, portanto, não é a construção sintáctica superficial, mas a semântica expressa por essa construção, ou seja, o modo como a construção sintáctica exprime uma certa construção conceptual do evento e de P_2.

Vejamos agora as relações entre os seis esquemas imagéticos (EI) propostos. Mais especificamente, procuremos ver se eles se ligam entre si através de *transformações* de esquemas imagéticos. Como facilmente se pode verificar a partir do Quadro 2, os EI de *deixar*I e *deixar*II são perfeitamente inversos. Tal facto evidencia a existência de uma transformação de inversão dos EI das duas categorias. Esta transformação consiste na inversão do participante dinâmico (aquele que realiza o movimento): P_1 (o sujeito) em *deixar*I e P_2 (o objecto) em *deixar*II. É certo que esta inversão ocorre entre cada um dos seguintes pares: EI1 vs. EI4, EI2 vs. EI5, EI3 vs. EI6 (e ainda EI1 vs. EI5, EI2 vs. EI4). Mas a transformação central de inversão – a mais simples e mais facilmente explicável –, essa realiza-se entre EI1 ('ir embora') e EI5 ('não mais impedir: largar-soltar-libertar'). Com efeito, 'realizar um afastamento (ir embora)' desenvolve, por inversão do participante dinâmico, 'permitir que x se vá embora', e este, por sua vez, desenvolve, por implicação, 'não mais impedir: largar-soltar-libertar'. Inversamente, 'largar-soltar-libertar' implica 'permitir que x se vá embora', o qual desenvolve, por inversão do participante dinâmico, 'ir embora'. É no plano da realização semasiológica destes esquemas imagéticos, e em virtude da gramaticalização de *deixar*II, que esta inversão se orienta de EI1 para EI5 e, por extensão, de *deixar*I para *deixar*II. É, por conseguinte, neste plano que se encontram restrições à simetria própria de uma relação de inversão.

É, portanto, esta transformação de inversão do movimento de P_1-P_2 que está na base da própria existência das duas categorias *deixar*I e *deixar*II. Mas, por outro lado, ela também contribui para a sua associação. Na verdade, uma inversão (ou uma outra relação antonímica) não só dissocia como também aproxima, visto que qualquer oposição pressupõe alguma similaridade entre os elementos contrastantes. Por vezes, fundem-se as duas perspectivas opostas: cf. *deixa-me!*

Há ainda uma outra transformação de inversão a considerar: é a que se dá, intracategorialmente, entre EI1 ('ir embora') e EI3 ('não se aproximar') e entre EI4 ('permitir') e EI6 ('não impedir'). Trata-se agora de uma inversão do papel de P_1 (o sujeito): activo em EI1 e EI4 (P_1 cessa de estar em contacto com o objecto); e passivo em EI3 e EI6 (P_1 mantém a situação inicial de não-contacto). Tendo em conta o valor prototípico das respectivas realizações semânticas destes EI, esta transformação de inversão orienta-se, em *deixar*I, de EI1 para EI3, isto é, a atitude activa de P_1 transforma-se numa atitude passiva; inversamente, em *deixar*II, de EI6 para EI4 e, assim, a atitude passiva de P_1 transforma-se numa atitude activa.

Um outro tipo de transformação consiste na adição/supressão de uma parte dos esquemas imagéticos, nomeadamente o momento anterior (T), aquele em que ocorre uma intervenção prévia. Em *deixar*I, a adição de T alarga EI1, daí resultando EI2 (esta trajectória é mais saliente do que a inversa, em virtude da centralidade de EI1, exactamente incorporado em EI2). Por outro lado, em *deixar*II, a supressão de T restringe EI5, resultando daí EI4 (esta trajectória é mais saliente do que a inversa, dada a centralidade de EI5 neste quadro de representações diagramáticas). De notar que esta transformação de adição/supressão acompanha a transformação central supra-referida, isto é, a que se dá entre EI1 e EI5.[6]

---

6 Neste terceiro caso, mais do que nos anteriores, é possível uma outra interpretação das variações de esquemas imagéticos. Poderá falar-se aqui do processo de colocação em primeiro plano de certas porções do evento, a que Talmy (1996, 2000) dá o nome de *janelas de atenção* ("windowing of attention"). Ou seja, diferentes facetas do evento de não-interferência, tais como o momento prévio, o estado inicial ou final do objecto e o resultado final, são *postas à janela* para serem objecto de atenção, ou, inversamente, são colocadas em plano de fundo.

Uma última transformação, menos importante para a coerência interna de *deixar*, é a transformação de sujeitos (ou *trajectores*, na terminologia de Langacker 1987, 1991) múltiplos, que está na base da oposição entre as construções bivalentes e as construções trivalentes de *deixar*I. Nas construções bivalentes, há apenas um trajector; por seu lado, as construções trivalentes apresentam dois trajectores, sendo um primário, o sujeito, e outro secundário, o objecto. As construções trivalentes que exprimem um movimento do objecto num momento prévio (T), como (4) 'fazer (algo ou alguém) ficar depois de o ter deslocado', pertencem a EI2. As outras construções trivalentes, em que o objecto não sofre essa mudança, como (2) 'ir embora sem levar' ou (10) 'abster-se de levar', inscrevem-se em EI1 e em EI3.

7.3. Elaborações metafóricas de esquemas imagéticos, prototipicidade e relações semânticas

Vejamos agora como é que os seis esquemas imagéticos representados no Quadro 2 se realizam no complexo semasiológico de *deixar*, sistematizado no Quadro 1 e exemplificado em (1)-(17). A Figura 1 apresenta as instanciações e as elaborações metafóricas dos esquemas imagéticos propostos (os quadrados destacados indicam sentidos protótipicos).

Todos os esquemas imagéticos de *deixar*I se instanciam num (ou mais) sentido espacial. Assim, EI1, EI2 e EI3 instanciam-se nos sentidos exemplificados em (1), (4) e (9) e, através da referida transformação de trajectores múltiplos, nos sentidos igualmente espaciais exemplificados em (2), (3) e (10). Acrescente-se que (2) 'não levar (algo ou alguém) consigo', intencionalmente (como no exemplo 2a) ou por esquecimento, distracção (como em 2b, em que *deixar* adquire as nuances de 'esquecer', 'perder'), e (10) 'abster-se de levar (algo ou alguém)' representam uma extensão metonímica de (1) 'ir embora' e (9) 'não se aproximar', respectivamente, através da *perspectivação de uma implicação* (Taylor 1995: 126) ou da convencionalização de uma *implicatura conversacional* ou ainda de uma *inferência desencadeada* (Traugott & Dasher 2002): quando alguém se afasta ou não se aproxima de um lugar, também se separa ou se mantém separado das entidades que podem estar nesse lugar. Relativamente a *deixar*II, EI5 instancia-se no sentido espacial 'largar, soltar', exemplificado em (17), mas EI4 e EI6 são basicamente não espaciais.

Polissemia no Léxico: o verbo deixar   197

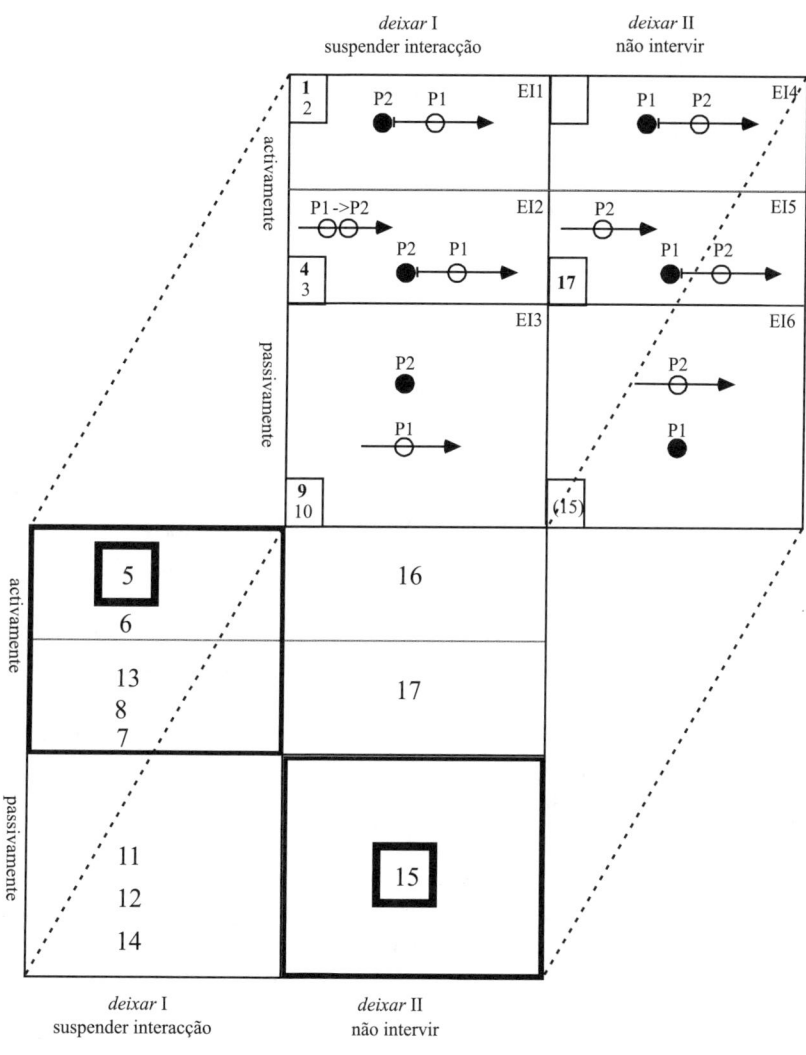

deixar I
suspender interacção

deixar II
não intervir

1. ir embora
2. não levar consigo
3. fazer ficar parte de si depois de si
4. fazer ficar depois de ter deslocado
5. abandonar relação-função
6. não alterar
7. fazer ficar parte de si depois de si (transmitir legado, ser seguido, produzir efeito)
8. fazer ficar depois de ter alterado
9. não se aproximar
10. não levar (abster-se de levar)
11. não tomar (abster-se de tomar)
12. não alterar (abster-se de alterar)
13. transferir a posse (legar, doar, confiar)
14. não tomar em posse
15. não impedir
16. permitir (consentir, autorizar)
17. não mais impedir: largar-soltar-libertar

Figura 1. Esquemas imagéticos de *deixar* e suas elaborações metafóricas

Em segundo lugar, todos os EI são metaforicamente elaborados em vários domínios abstractos, resultando daí os restantes usos de *deixar*. Entre estes usos, os mais básicos estão indicados na parte anterior da Figura 1. Assim, EI1 projecta-se metaforicamente em (5) e (6); EI2 em (13), (8) e (7), e assim por diante. São extensões metafóricas convencionalizadas do movimento (de afastamento e de não-aproximação) e de interacções de dinâmica de forças e ocorrem, entre outros, nos seguintes domínios:

(a) *relações interpessoais e funções sociais*: abandono ou ruptura de uma relação conjugal, afectiva ou outra relação interpessoal (5a); abandono ou ruptura de uma relação funcional (5b); ou simples suspensão de uma relação ou função, como em "Eram 17h quando deixei a minha casa / o meu amigo / o emprego", "Deixei o que estava a fazer para o ajudar". Importa assinalar que o sentido (5) 'abandonar relação/função' é, não apenas uma projecção metafórica, mas também uma extensão metonímica de (1) 'ir embora': deixar uma pessoa ou uma função perspectiva o resultado ou efeito do evento (a separação, o afastamento do sujeito) em vez da causa (a ruptura da relação//função, o não querer continuar a relação com essa pessoa ou o não querer continuar a exercer essa função). O mesmo se passa com os outros sentidos não-espaciais activos e com os correlatos passivos de (9) 'não se aproximar'. Daí que (1) e (9) estejam, quase sempre, presentes nos correspondentes sentidos não-espacias de *deixar*I e, inversamente, que os sentidos não--espaciais de *deixar*I representem uma projecção metonímico--metafórica dos sentidos espaciais.

(b) *morte*, conceptualizada como uma partida (metáfora conceptual MORRER É PARTIR): *deixar a vida / este mundo*. Este uso de *deixar* está directamente associado ao sentido (5). A mesma conceptualização metafórica da morte está pressuposta em usos específicos de (13) e (7), respectivamente, 'legar, doar' (cf. 13a) e 'transmitir legado (ou como legado), deixar algo para a posteridade, ser seguido por' (exemplos 7a-b, *deixar uma fortuna, deixar uma obra de grande valor, deixar uma mulher e dois filhos*).

(c) *posse e transferência de posse*, no sentido de propriedade, uso ou responsabilidade, determinada pela partida do sujeito (a sua morte e, indirectamente, a necessidade da conservação do legado e também o desejo de perpetuação do defunto; ou então a necessidade da sua partida física e a impossibilidade de levar consigo o possuído) e, por vezes, pelo reconhecimento, por parte do sujeito, dos interesses ou necessidades da entidade codificada no objecto indirecto.[7] Esta caracterização unifica os vários usos específicos de (13): 'legar, doar' (13a), 'ceder' (13c), 'pôr à disposição, emprestar' (*deixar-lhe a bicicleta quando for de férias*), 'vender a baixo preço' (*deixar-lhe isso por um bom preço*), 'remeter, entregar' (13b), 'confiar' (13d), 'encarregar' (*deixar-lhe a tarefa de*), 'transferir mensagens' (*deixar recado / uma ideia*). Uma outra configuração de posse é a 'não-apropriação': cf. (14) e usos mais específicos, tais como 'não privar' (*deixar-lhe a esperança / a vida, deixar-lhe caminho livre / a possibilidade de*), 'reservar: não tomar para si o que é da competência de outrem' (14b) e ainda (11). E usos específicos de (7) e (5) exprimem uma cessação de posse, não só posse alienável (*deixar uma fortuna no casino*), como também posse inalienável (*deixar a vida no combate, deixar aí a sua juventude, a árvore deixa as folhas no Outono*).[8] Convém notar que os sentidos 'transferir a posse' (13) e 'não tomar em posse' (14), sintacticamente expressos numa construção dativa, formam um grupo relativamente distinto dos restantes usos de *deixar*I. A razão principal é a de que eles configuram uma 'autonomia parcial' do objecto, no sentido de que este passa para o controlo (13) ou permanece sob o controlo (14) de outrem; em oposição à 'autonomia absoluta' do objecto, expressa nos outros usos.[9]

---

7 O verbo *deixar* exprime assim uma transferência 'condicionada', equivalente, não a um 'dar', mas a um 'ter de dar', e mesmo a um 'dar na condição de' (*deixo-te estes bens se me prometeres cuidar da minha mulher e dos meus filhos*).
8 Em termos da reinterpretação de Seiler (1983) da distinção tradicional entre posse alienável e posse inalienável, *deixar* exprime quer a posse *estabelecida* (activa, adquirida), particularmente através dos sentidos (13) 'transferir a posse' e (14) 'não se apropriar', quer a posse *inerente* (estática, orientada para o eu, dada), sobretudo no sentido (7) 'fazer ficar uma parte de si'. É interessante notar que a posse estabelecida de (13) tende a ser concebida como uma parte integrante do sujeito (posse inerente) e a posse inerente de (7) assume um carácter de posse estabelecida.
9 Esta dimensão da 'autonomia' do objecto reflecte-se indirectamente em *deixar*II: em (16) 'permitir, consentir, autorizar', a autonomia do objecto é parcial, na medida em

(d) *modalidade – permissão*, envolvendo concessão de permissão, consentimento, autorização, acordo (16) e mesmo tolerância ou resignação (*deixá-los viver na sua crença, deixar-se prender/matar*, usos associados a 15). Através do sentido (16), *deixar* comporta-se pois como um verbo permissivo em sentido estrito, isto é, como um verbo normativo e directivo, que estabelece o estatuto deôntico de permissibilidade de um processo. O verbo *deixar* categoriza, assim, um terceiro esquema de dinâmica de forças: ao contrário dos esquemas de remoção de barreira ('largar, soltar' 17) e de ausência de barreira ('não impedir' 15), o sentido (16) constitui um esquema em que o Antagonista é uma autoridade socialmente reconhecida com o poder moral de proibir/permitir e o Agonista é um desejo ou pedido de alguém para realizar uma acção futura e controlável. Esta é uma causação mais indirecta e complexa do que a causação não-impeditiva de (15) e a causação desobstrutiva de (17). De facto, o que o Antagonista de (16) 'permitir' faz, por exercício de uma autoridade de que está investido, constitui não tanto a causa (única ou real) da acção, mas sobretudo a sua legitimação social e moral. Pelo contrário, o que o Antagonista faz ou não faz em (15) e (17) é visto como *a* causa da realização da acção.[10] Tudo isto significa que *deixar*II elabora uma distinção entre *deixar* como codificação de 'causa' (*deixar*

---

que é-lhe concedida uma liberdade dentro de um campo de possibilidades deônticas; pelo contrário, em (15) 'não impedir' e em (17) 'largar, soltar', a liberdade do objecto é (continua / passa a ser) 'total'. No conjunto da estrutura de *deixar*, podem distinguir--se três situações de autonomia do objecto (directamente relacionadas com a actividade do sujeito): (i) aumento de autonomia (autonomia resultante), em *deixar*I, como resultado do afastamento ou da não-interacção do sujeito; (ii) permanência da autonomia (autonomia primária), em *deixar*II, como resultado da não-oposição do sujeito; e (iii) permanência da autonomia parcial, em (13)-(14), como resultado da transferência/não-apropriação.

10 Convém ainda notar que o sentido estritamente permissivo (16) de *deixar* exprime uma noção muito relacionada com a causação, designadamente a de possibilitação/ /capacitação. Seguindo a distinção de Sweetser (1990: 53) entre dois tipos de possibilitação/capacitação ("enablement") presentes nos verbos modais *can* e *may*, o sentido (16) codifica uma *possibilitação positiva* – interpretação permitida também pelo outro sentido activo (17) 'largar, soltar' –, ao passo que o sentido passivo não- -impeditivo (15) codifica uma *restrição negada*.

causal, nos sentidos 15 e 17) e *deixar* como codificação de 'norma' (*deixar* deôntico, no sentido 16). Como veremos na secção seguinte, o sentido deôntico é o resultado de uma metaforização do sentido causal, no sentido de que o mundo intencional/social é modelado pelo mundo causal/natural.

(e) *conduta negativa*: passividade, negligência, irresponsabilidade, laxismo, relaxamento e outras atitude afins, moralmente negativas, parafraseáveis por 'não fazer o que se devia fazer'. Estes comportamentos, estreitamente relacionados com os sentidos modais anteriores, estão implicados em usos tanto de *deixar*II (em casos como *deixar andar, deixar correr, deixar-se levar/tentar/vencer por algo fácil, agradável ou sedutor, deixar fazer tudo o que ele quer, deixar crescer o cabelo e a barba*), como de *deixar*I (*deixar a porta/torneira aberta, deixar isso para mim, deixar isso a meio / por acabar, deixar ao abandono / ao deus-dará*).[11] Há ainda uma outra atitude, que é, aliás, tipicamente portuguesa: o desleixo, bem expresso em *deixar tudo para o último dia*.

(f) *actividade mental*, como omissão de uma parte de um acto mental ou psicológico; por exemplo, quando pormenores, impropriedades, problemas insolúveis ou intratáveis, preocupações desnecessárias são deixados 'de fora' ou 'de lado'. Temos aqui uma metaforização da lateralidade (O LATERAL É SECUNDÁRIO) e um exemplo da metáfora do *conduto* (as ideias, os argumentos, as palavras, os estados psicológicos são conceptualizados como contentores: Reddy 1979).

(g) *tempo*, como adiamento (*deixar para depois*) e deixar algo para a posteridade (ver sobretudo os exemplos de (7), em que o processo se cumpre, não no espaço, mas no tempo).

Chegados a este ponto, a questão é saber se o grupo das instanciações espaciais de esquemas imagéticos e o grupo das suas elaborações metafóricas têm a mesma saliência semasiológica ou prototipicidade.

---

11 Mas a passividade do sujeito de *deixar* é moralmente positiva, quando a situação do objecto é avaliada como positiva, isto é, quando o sujeito 'não perturba' ou 'não/não mais resiste' a algo que o afecta positivamente (cf. *deixá-lo em paz, deixar-se medicar, deixar-se tocar por Deus*).

Veremos que não. De facto, e admitindo que a representatividade e, portanto, a prototipicidade possa ser medida em termos de frequência, pode verificar-se que a frequência dos usos não-espaciais é largamente superior à dos usos espaciais: no nosso *corpus* do Português actual (com perto de 3.000 ocorrências), e relativamente a um universo de 1.312 ocorrências de *deixar*I com construção transitiva, 72,9% representam usos claramente não-espaciais, ao passo que os usos essencialmente espaciais registam apenas 12,1%.[12] Aliás, *deixar* é intuitivamente sentido pelos falantes como verbo do domínio psico-social, a ponto de os seus usos mais espaciais receberem nuances psico-sociais.[13]

Quer isto dizer que os sentidos espaciais de *deixar*, não obstante serem conceptualmente básicos, na medida em que é a partir deles que se podem *explicar* os outros, não são prototípicos. É isto mesmo o que a Figura 1 sugere: os seis esquemas imagéticos, instanciados nos respectivos sentidos espaciais, são o suporte estrutural, a base para a conceptualização de *deixar*; mas são as elaborações metafóricas destes esquemas imagéticos que representam os usos mais salientes de *deixar*.

Fixemo-nos agora no plano da saliência semasiológica de *deixar*. Entre os usos não-espaciais, uns são mais representativos do que outros. Vejamos: os usos de *deixar*I que exprimem uma atitude activa do sujeito têm, no nosso *corpus*, a frequência de 70,9%, sendo, portanto, mais representativos do que os usos que exprimem uma atitude passiva do sujeito, cuja frequência é de apenas 14,1%. Também entre os usos estritamente espaciais, o sentido activo 'ir embora' é mais representativo do que o correspondente passivo 'não se aproximar': 4,4 % contra 0,5%, respectivamente. Temos assim um protótipo geral, que pode ser definido como 'suspender activamente a interacção não-espacial'. Este protótipo instancia-se em três pontos focais: (5) 'abandonar relação-função', (13) 'transferir a posse' e (8) 'fazer algo ou alguém ficar depois de ter alterado (o estado do objecto)'. Mas é 'abandonar relação-função' o protótipo específico de *deixar*I: ele não só se realiza na construção bivalente, expressa nos exemplos de (5), como também está incorporado

---

12 A restante percentagem vai para casos indeterminados, isto é, casos de neutralização ou de fusão da oposição em causa. O mesmo se diga em relação às frequências referidas a seguir, nesta mesma secção.
13 Isto mesmo pudemos verificar em inquéritos. Algumas das respostas dos inquiridos deixam ver que os usos espaciais foram interpretados como extensões dos usos não--espaciais (ver Anexo cap. 6, nº 50).

noutros usos, nomeadamente trivalentes (por isso, a sua frequência é bem superior aos 9,2% da sua construção bivalente). Verifica-se, assim, que a prototipicidade pode encontrar-se em diferentes níveis hierárquicos da estrutura semântica de uma palavra; em *deixar*, situa-se no nível dos usos psicologicamente mais "reais", mas também ocorre no nível superior dos conteúdos esquemáticos.

Por seu lado, o sentido prototípico de *deixar*II é (15) 'não impedir, não intervir': num universo de 796 ocorrências de *deixar*II com sujeito animado e complemento verbal, a frequência deste uso passivo é de 44,5%, ao passo que a dos usos activos (16) 'permitir, consentir, autorizar' e (17) 'largar-soltar-libertar' é de, respectivamente, 27,3% e 13,9%.

De um ponto de vista onomasiológico, deve acrescentar-se que, em relação ao seu sinónimo *abandonar*, o verbo *deixar* exprime um 'abandonar' com uma intensidade e uma densidade emotiva menores; daí que *deixar* possa ser usado como eufemismo dos processos veiculados por *abandonar*. Por outro lado, não há outro verbo no Português que exprima, positivamente e tão bem, a noção de 'não-impedimento' nem toda a extensão (e intensão) da 'não-intervenção' (passiva), desde a atitude mais passiva (de não se importar, não fazer caso) até à decisão de não intervir. Pelo contrário, com o sentido normativo (16), *deixar* toma o espaço semântico dos verbos *permitir, consentir* e até *autorizar*; mas ainda assim apresenta algumas vantagens sobre estes seus sinónimos: *deixar* é termo de um registo não-formal, pressupõe uma autoridade mais pessoal e familiar e, além disso, possui as vantagens decorrentes da sua relativa gramaticalização.

Daqui resulta o contraste, expresso na Figura 1 através das linhas destacadas, entre um centro prototípico activo (de *deixar*I) e um centro prototípico passivo (de *deixar*II). E esta oposição (ou inversão) de estruturas prototípicas vem reforçar a dissociação das duas categorias *deixar*I e *deixar*II e, assim, evidenciar a tensão homonímica que caracteriza o complexo actual do verbo *deixar*.

Existem, todavia, efeitos de prototipicidade intra- e intercategorial que conduzem a uma certa aproximação de *deixar*I e *deixar*II. Ou seja: da existência de diferenças de saliência entre os usos de cada categoria e também, como vimos na secção anterior, em relação ao que distingue essencialmente as duas categorias (a construção estática/dinâmica do seu objecto), decorrem dificuldades de categorização e áreas de sobreposição. Lembremos os casos de *deixar alguém na dúvida* e *deixar* *alguém enganar-se*, situados precisamente na periferia das respectivas categorias (outros casos referi-los-emos a seguir).

Além disso, e para além da relação de inversão acima referida, podem encontrar-se outras relações semânticas, embora pouco estreitas, que permitem que as duas categorias (discretas) sejam vistas como contínuas.

(a) *metonímia*, por perspectivação de uma implicatura, entre o pólo da 'autonomia parcial do objecto' de *deixar*I, que compreende os usos (13)-(14) 'transferir (/ não se apropriar de) o direito de intervenção (posse, uso, responsabilidade)', e o conteúdo esquemático 'não intervir' de *deixar*II.[14] Isto é, 'transferir o direito de intervenção' conduz, por implicação (estritamente, uma implicatura), a 'não intervir': quem transfere o direito de posse, de uso, de responsabilidade (ou outro direito de intervenção) a alguém não pode mais intervir (pelo menos, directamente) e, assim, permite ou não impede que outrem passe a intervir nesse mesmo objecto. Inversamente, 'não intervir' conduz, por implicatura, a 'transferir o direito de intervenção', pois quem não intervém dá a outrem a possibilidade de intervenção. É assim que leituras específicas de 'transferir / não se apropriar do direito de intervenção' transportam, mais claramente umas e menos outras, as nuances de permissão, consentimento ou não-impedimento, próprias de *deixar*II. Na verdade, conceitos aparentemente díspares como a 'posse' e a 'permissão' afinal relacionam-se: nos nossos modelos culturais e morais, a posse envolve um conjunto de direitos e deveres convencionais que governam o comportamento dos indivíduos relativamente aos seus objectos de posse.

(b) *similaridade não-metafórica* entre os dois pólos de passividade do sujeito ('suspender passivamente a interacção' e 'passivamente não intervir'). 'Suspender passivamente a interacção (não interagir)' pode ler-se como 'passivamente não intervir' em relação ao que se apresenta como estático; por seu lado, 'passivamente não intervir' pode entender-se no sentido de

---

14 Também as respectivas construções sintácticas se aproximam: assim como *deixar*II, também 'transferir / não se apropriar do direito de intervenção' implica um segundo participante *activo*, com capacidade de iniciativa e relativamente autónomo, designadamente o objecto indirecto.

'suspender passivamente a interacção (não interagir)' com o que se caracteriza por uma tendência dinâmica. Com efeito, 'passivamente não intervir' tem por objecto um processo que já existe e esse processo pré-existente, contra o qual o sujeito de *deixar*II não intervém, é semelhante à situação ou ao estado, naturalmente pré-existentes, com os quais o sujeito de *deixar*I não interage. De notar que esta similaridade (*não-metafórica* porque, em si, não envolve mudança de domínios) entre os pólos de passividade está na origem de várias dificuldades de categorização, exemplificadas em casos como *deixar na dúvida, deixar em paz, deixar o miúdo a brincar* (diferente de *deixar brincar o miúdo*), *deixar-se ficar*, etc.

(c) *extensão metonímico-metafórica* de (1) 'ir embora' – e, por alargamento, da própria categoria *deixar*I – para 'não intervir' e, portanto, para *deixar*II. Uma extensão metonímica, no sentido de que quem se afasta deixa de ter a possibilidade de intervenção; e extensão metafórica, visto que há mudança do domínio do movimento para o da não-oposição. Esta extensão pode interpretar-se como um prolongamento da extensão metonímico-metafórica dos sentidos espaciais para os sentidos não-espaciais de *deixar*I.

(d) *enfraquecimento/reforço* do grau de actividade do sujeito. Intracategorialmente: enfraquecimento em *deixar*I, porque a trajectória vai do pólo de actividade (o mais prototípico, como vimos) para o pólo de passividade, passando por 'transferir a posse' (que denota um certo afrouxamento ou relaxamento da actividade do sujeito); reforço em *deixar*II, visto que a trajectória vai agora do pólo de passividade (mais prototípico) para o pólo de actividade (e, neste, de 'sem intervenção prévia' para 'com intervenção prévia'). Intercategorialmente: enfraquecimento da actividade do sujeito, de *deixar*I para *deixar*II; reforço da actividade do sujeito, de *deixar*II para *deixar*I (este reforço é menos saliente em virtude da gramaticalização de *deixar*II).

Chegados a este ponto, procuremos uma representação da estrutura semasiológica de *deixar* que dê conta dos factos relevantes que acabámos de descrever, nomeadamente efeitos de saliência entre diferentes usos ou prototipicidade, sobreposições, relações hierárquicas de esquematização e de especialização e relações não-hierárquicas metafó-

206 *O Mundo dos Sentidos em Português*

ricas, metonímicas ou outras. Tomando o modelo da *rede esquemática* ("schematic network") de representação da estrutura das categorias (Langacker 1987, 1991; Taylor 1995b), passamos a representar na Figura 2 a parte fundamental da rede semântica de *deixar* (os rectângulos destacados indicam sentidos prototípicos e os descontínuos, sentidos pouco salientes; as setas contínuas representam especificações e as des-

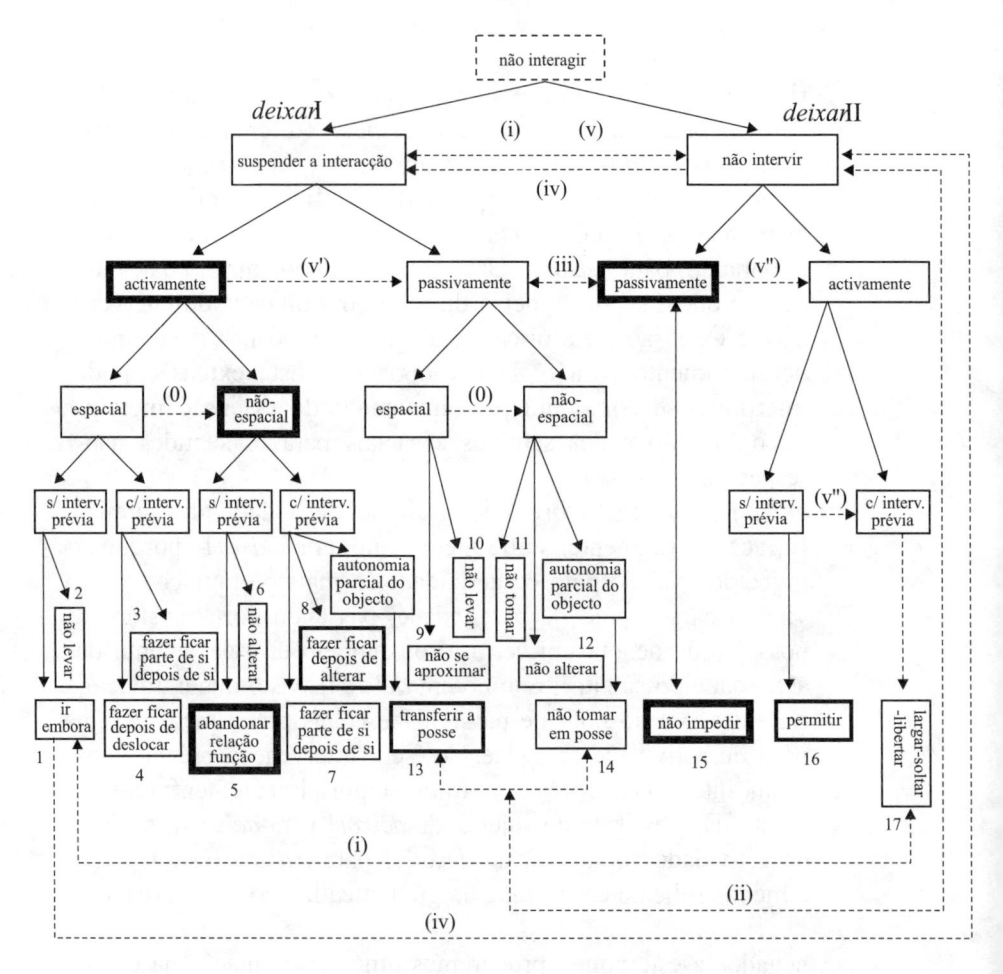

(0) extensão metonímico-metafórica
(i) inversão
(ii) metonímia
(iii) similaridade não-metafórica
(iv) extensão metonímico-metafórica
(v) enfraquecimento/reforço
(v′) enfraquecimento
(v″) reforço

Figura 2. A rede semântica de *deixar*

contínuas, extensões metafóricas, metonímicas ou outras extensões não--hierárquicas).

Esta rede semântica é mais propriamente uma representação diagramática, não muito elegante mas tão sistemática quanto possível, da estrutura interna de *deixar*. Quer isto dizer que ela não tem que ser entendida como uma rede que esteja mentalmente representada na mente dos falantes.

7.4. O desenvolvimento semântico de *deixar*

Vejamos, sumariamente, todo o processo histórico que conduziu ao complexo actual de *deixar*. Este verbo provém do étimo latino *laxare* 'afouxar, relaxar' (laços, fechos, cordas, amarras; corpo, espírito), tendo--se fixado no Português antigo sobretudo sob a forma *leixar*. Com base num *corpus* de mais de 2.000 ocorrências (de textos do Latim pós--clássico e tardio e do Português antigo e clássico), pudemos verificar que foi provavelmente a partir de 'largar-soltar-libertar', uma aplicação metonímica de *laxare* que se tornou prototípica por volta do séc. II d.C., que se formaram os dois grupos de sentidos actuais. Esta formação ocorreu ainda no Latim pós-clássico e tardio: encontram-se, de um lado, 'conceder (paz, tréguas, licença, direitos, etc.)' e 'perdoar (pecados, dívidas)', sentidos formados sobretudo na língua da Igreja mas que virão a desaparecer no verbo românico, e ainda 'permitir, consentir, autorizar', construído com infinitivo a partir do séc. VI, passando então *laxare* + INF a substituir *sinere*; do outro lado, concorrendo com *relinquere* e acabando por substitui-lo, 'ir embora, abandonar' (talvez dos sécs. III-IV, ou já de antes, como nuance de 'largar-soltar-libertar': quando alguém larga, solta ou liberta um objecto, também passa a ficar separado dele), 'deixar num lugar ou estado (afastar-se depois/sem ter deslocado ou alterado)', 'abandonar (renunciar a, ceder) a posse', e, com documentação clara apenas dos sécs. VIII-IX, 'transferir por morte, legar, doar', etc. Foi, pois, ainda no Latim que se desenvolveram quase todos os sentidos do verbo actual.

Seguiu-se, do Latim tardio ao Português, um processo de *desprototipização* de 'largar-soltar-libertar', que conduziu à consolidação dos dois grupos e a duas reestruturações semasiológicas prototípicas. A Figura 3 sistematiza todo o desenvolvimento semântico de *deixar* (os círculos destacados indicam centros prototípicos).

208   *O Mundo dos Sentidos em Português*

Latim clássico — (afrouxar / A)

A: largar-soltar-libertar

B: permitir, autorizar; não se opor, não impedir; (perdoar, isentar), etc.

C: ir embora, abandonar, deixar num lugar ou estado, não se aproximar, transferir a posse (legar, doar), etc.

II

III-IV - VI   B   A   C

VIII-IX   B   A   C

Português antigo   B (permitir)   A   C (abandonar)

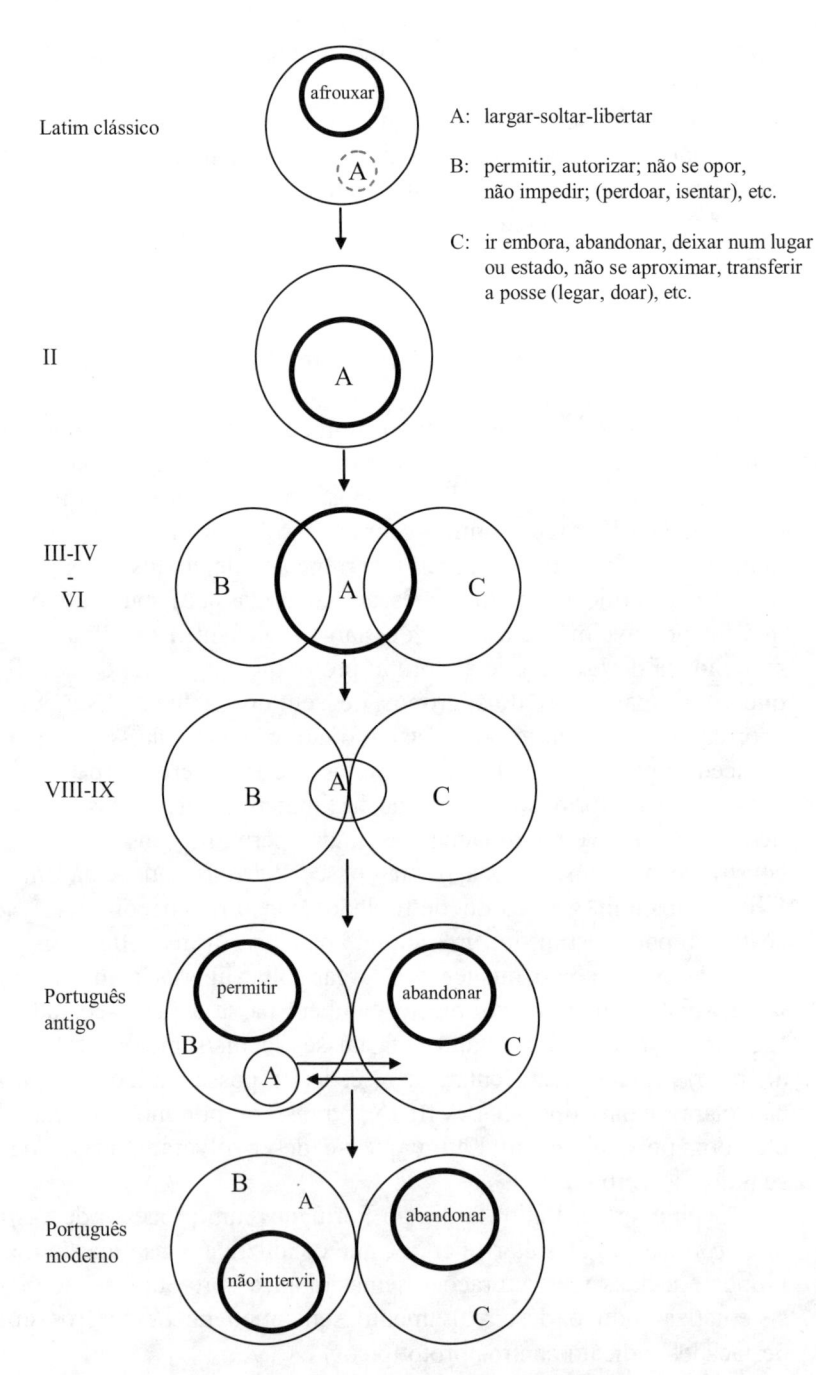

Português moderno   B / A / não intervir   C (abandonar)

Figura 3. Representação esquemática do desenvolvimento semântico de *deixar*

Fixemo-nos na primeira parte deste desenvolvimento, isto é, na formação, ainda no Latim, dos novos sentidos. A Figura 4 representa as transformações de esquemas imagéticos, indicadas em (a)-(g), que estão

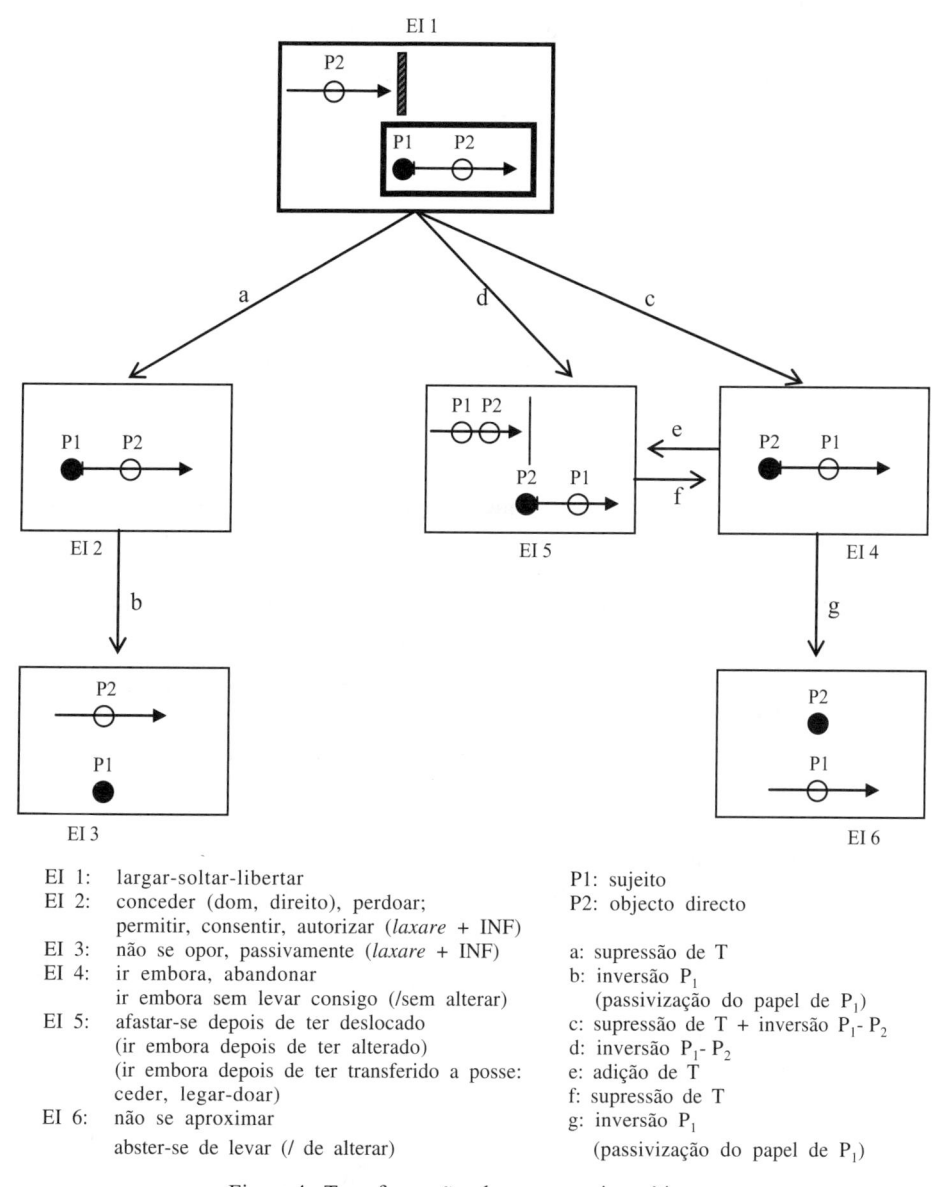

EI 1: largar-soltar-libertar
EI 2: conceder (dom, direito), perdoar;
permitir, consentir, autorizar (*laxare* + INF)
EI 3: não se opor, passivamente (*laxare* + INF)
EI 4: ir embora, abandonar
ir embora sem levar consigo (/sem alterar)
EI 5: afastar-se depois de ter deslocado
(ir embora depois de ter alterado)
(ir embora depois de ter transferido a posse:
ceder, legar-doar)
EI 6: não se aproximar
abster-se de levar (/ de alterar)

P1: sujeito
P2: objecto directo

a: supressão de T
b: inversão P_1
 (passivização do papel de P_1)
c: supressão de T + inversão P_1-P_2
d: inversão P_1-P_2
e: adição de T
f: supressão de T
g: inversão P_1
 (passivização do papel de P_1)

Figura 4. Transformações de esquemas imagéticos
no desenvolvimento semântico de *laxare*

na base dos principais passos do desenvolvimento semântico do verbo latino *laxare*, desde a prototipização de 'largar-soltar-libertar' (séc. II), representado em EI1, até ao aparecimento dos dois grupos de sentidos (sécs. III-IV e VI-VII), representados em EI2-EI3 e EI4-EI6.

Temos transformações de três tipos:

(a) supressão (cf. [a], [c] e [f]) do momento prévio (T) de bloqueio (em EI1) ou transporte (em EI5) e, concomitantemente, restrição à segunda parte de EI1 e EI5; adição (cf. [e]) do momento prévio de transporte;

(b) inversão do movimento de P_1-P_2 (cf. [c] e [d]), isto é, de movimento de P_2 e não-movimento de P_1 para movimento de P_1 e não-movimento de P_2;

(c) inversão da atitude (e da situação inicial) de P_1 (cf. [b] e [g]), isto é, de uma atitude activa (de P_1) e de uma situação inicial de contacto (com P_2) para uma atitude passiva (de P_1) e uma situação inicial de não-contacto (com P_2).

A inversão do participante que realiza o movimento (inversão P_1-P_2) foi a transformação essencial que deu origem ao grupo de sentidos em que o objecto se dispõe ao repouso, isto é, o grupo de 'ir embora, abandonar'. E é esta inversão que está na base do desenvolvimento semântico divergente: de um lado, EI2, EI3 e também EI1, o grupo cujo objecto (P_2) é construído dinamicamente; do outro lado, EI4, EI5 e EI6, o grupo cujo objecto (P_2) é construído estaticamente. A inversão da atitude do participante sujeito (inversão P_1) foi provavelmente a última a efectuar-se, estando na base dos valores passivos, cronologicamente tardios, de cada um dos dois novos grupos semânticos.

É importante fazer notar que o protótipo primário de *laxare*, isto é, 'largar-soltar-libertar' combina os dois esquemas imagéticos de *deixar* em relação de inversão: o do dinamismo do objecto (movimento de P_2) e o do dinamismo do sujeito (movimento de P_1). Com efeito, o verbo *laxare* é, originariamente, neutro em relação às duas imagens: 'deixar alguém livre' pode ocorrer ora retirando-se de uma pessoa (EI4), ora permitindo que ela se vá embora (EI2). Embora esta última imagem (EI2) predomine, os dois esquemas imagéticos (EI2 e EI4) são compatíveis com o sentido de 'largar-soltar-libertar' de *laxare*, sem que exista ambiguidade. A polissemia de *laxare* correspondente à diferença entre os dois esquemas imagéticos surge depois, no momento em que as duas instanciações de 'largar-soltar-libertar' desenvolvem empregos diferentes. Quer isto dizer que, do ponto de vista diacrónico, esta relação de inversão – ou, por outras palavras, esta *auto-antonímia* – não é um mecanismo autónomo de extensão semântica (da mesma ordem que os mecanismos de extensão metafórica e metonímica), mas é antes um acidente, um epifenómeno.[15]

Passemos à segunda parte da história de *deixar* e voltemos à Figura 3. Do Latim tardio ao Português antigo, o desaparecimento do sentido primitivo 'afrouxar, relaxar' e, sobretudo, a desprototipização de 'largar-soltar-libertar' dão origem a uma mudança de protótipos do domínio espacial para os domínios psico-social e moral: ocorre, de um lado, a prototipização de 'permitir, consentir, autorizar' e, do outro, a prototipização de 'abandonar'. Simultaneamente, assiste-se a um (re)afastamento dos dois grupos semânticos que se tinham desenvolvido no Latim e que passam a reorganizar-se à volta destes dois novos protótipos. Vejamos, em pormenor, os factos desta primeira reestruturação do complexo latino.

No *corpus* do Português antigo, o sentido relacional e funcional de 'abandonar' regista uma frequência de 17%, mas visto que este valor semântico está incorporado noutros sentidos de *leixar*, a sua frequência é bem superior. Por seu lado, os sentidos estritamente espaciais totalizam apenas 11,4% (somente 4,3% para 'ir embora'). Do outro lado da estrutura de *leixar*, o sentido activo 'permitir, consentir, autorizar' tem a frequência de 17,5%, ao passo que o sentido passivo 'não impedir, não intervir' apresenta apenas 6,4%. Importa notar que esta saliência semasiológica de 'abandonar' e 'permitir, autorizar' ganha maior evidência com a própria saliência onomasiológica de *leixar* ao lexicalizar estes dois grupos semânticos, já que eles só mais tarde encontrarão verdadeiras alternativas lexicais nos vocábulos *abandonar* (galicismo) e *permitir* (um latinismo jurídico e, ainda hoje, termo formal).

Como se pode verificar na Figura 3, a desprototipização de 'largar-soltar-libertar' – bem patente no seu índice de frequência: apenas 5,2% – é acompanhada de uma deslocação para o grupo da estrutura de *leixar* que mais se lhe ajusta semântica e sintacticamente, isto é, o grupo de

---

15 Teoricamente, é difícil saber se a auto-antonímia é um mecanismo autónomo de extensão semântica (tal como alguns historicistas sugerem), ou um efeito de extensões semânticas tradicionais.

'permitir', construído com infinitivo, embora não deixe de se associar ao grupo de 'abandonar', não só mas também pelo facto de o seu complemento poder ser expresso nominalmente.[16]

Ainda um outro facto no Português antigo: emergem agora os sentidos esquemáticos que referimos na secção 1. Estes sentidos, que surgem dum lado e do outro da estrutura de *leixar* e depois de bem estabelecidos os usos específicos, vêm aproximar os dois grupos (passamos a designar o grupo de 'abandonar' por *leixar-deixar*I e o grupo de 'permitir' por *leixar-deixar*II). Além disso, surge também só agora a perífrase aspectual *leixar de* + INF 'não continuar, cessar' e 'não realizar', gramaticalizando, respectivamente, as dimensões da actividade e da passividade do sujeito de *leixar*I. E a construção causativa *leixar* + INF (a construção sintáctica prototípica de *leixar*II), de origem latina, vai ganhando graus maiores de gramaticalização.[17]

Do Português antigo ao Português moderno, assiste-se a uma nova reorganização de protótipos, provocada, sobretudo, pelo reforço da atitude passiva do sujeito. A frequência de todos os usos passivos (de ambas as categorias) aumenta de 16,4%, no Português antigo (10% em *leixar*I e 6,4% em *leixar*II), para 27,3%, no Português seiscentista e setecentista (16,3% em *deixar*I e 11% em *deixar*II), e, no Português moderno, cifra-se em 25,6% (8,8% em *deixar*I e 16,8% em *deixar*II). Mas é o uso passivo de *leixar-deixar*II, isto é, 'não impedir, não intervir' o que, comparativamente, é mais reforçado. Com efeito, no Português seiscentista e setecentista, este sentido passivo chega a superar ligeiramente a frequência do sentido *activo* 'permitir, consentir, autorizar' (11% contra 10,3%, respectivamente), ao passo que, no Português antigo, a distribuição destes dois sentidos é, como vimos, claramente inversa. E no Português moderno (cf. secção 3), a frequência de 'não impedir, não intervir' é bem superior à de 'permitir, consentir, autorizar'.

---

16 Diferente desta solução (ibérica) foi a que se deu no Francês: aí, em vez de despromoção semasiológica, o que houve foi uma mudança onomasiológica, isto é, 'largar-soltar-libertar', juntamente com o sentido primitivo 'afrouxar, relaxar' tornaram-se onomasiologicamente distintos e autónomos, passando a ser expressos por *lâcher*, cognato de *laisser*.
17 É a partir do Português antigo que, a par da construção *leixar* + causado + INF (VOV), surge a estrutura mono-oracional *deixar* + INF + causado (VV) e o sujeito do infinitivo transitivo começa a ser construído como objecto indirecto.

A passividade do sujeito de *deixar* torna-se, pois, cada vez mais clara: os usos passivos, cronologicamente posteriores aos activos e portanto mais jovens do que estes, passam a ocupar um lugar mais importante na estrutura geral. Poderá pensar-se num certo renascimento daquela passividade primitiva de *laxare* 'afrouxar, relaxar'. Mas será mais correcto entender que *deixar* se desenvolve no sentido da passivização do seu agente, por uma relação de enfraquecimento da actividade do mesmo.

É entretanto a grande promoção da passividade de *deixar*II, em relação à qual não será alheia a entrada na língua do verbo *permitir* nos finais do Português antigo, quem vai originar uma assimetria estrutural, uma assimetria dos sentidos prototípicos (cf. Figura 3). Ou seja: se no Português antigo os dois sentidos prototípicos eram ambos activos ('abandonar' e 'permitir'), a partir do Português clássico continua, de um lado (em *deixar*I), o mesmo protótipo activo ('abandonar'), mas, do outro (em *deixar*II), o protótipo passa a ser passivo ('não impedir, não intervir'). E daqui resulta uma maior tensão homonímica entre as duas categorias. Ao mesmo tempo, a entrada tardia na língua portuguesa dos verbos *permitir* e *abandonar* projecta os sentidos prototípicos de *deixar* para níveis hierarquicamente superiores (cf. secção 3). E este movimento ascendente conduz à consolidação dos sentidos esquemáticos e a associações intercategoriais entre *deixar*I e *deixar*II (referidas na secção 3), as quais, embora já existindo antes, se tornam semasiologicamente mais necessárias (para impedir a cisão homonímica), ainda que pouco estreitas.[18]

O verbo *deixar* mostra pois que, apesar da tensão homonímica que caracteriza o complexo actual, a categoria mantém uma certa coerência interna. A tensão homonímica na estrutura de *deixar* manifesta-se na existência das duas categorias *deixar*I e *deixar*II e resulta, como acabámos de ver, de um processo histórico de desprototipização de 'largar--soltar-libertar'.[19] Mas a homonimização de *deixar* ainda não se consumou, graças sobretudo às transformações de esquemas imagéticos que

---

18 Para uma comparação detalhada da estrutura e da história semânticas dos verbos românicos cognatos *deixar* (Pt), *dejar* (Es), *laisser* (Fr), *lasciare* (It) e *a lăsa* (Rom), ver Silva (2003c).
19 Processo oposto à desprototipização e consequente cisão homonímica é a fusão polissémica, descrito em Geeraerts (1997: 130-150) e exemplificado no item lexical do Neerlandês *verduwen* 'empurrar, afastar' e 'danificar', cuja polissemia resulta da fusão conceptual de duas palavras etimologicamente distintas.

ligam os dois grupos de sentidos, especialmente à transformação de inversão do participante dinâmico dos respectivos esquemas imagéticos.

7.5. Polissemia do verbo

Pela sua própria semântica relacional e dinâmica (os verbos exprimem 'relações temporais': Langacker 1987) e pela ampla e complexa estrutura argumental de que é núcleo e, ainda, pela influência da construção sintáctica em que participa, o verbo é provavelmente das categorias mais polissémicas (embora as outras categorias lexicais também sejam tendencialmente polissémicas e as preposições, por exemplo, o sejam numa amplitude idêntica à do verbo – Taylor 1995a: 284-286, sobre a polissemia das preposições). Os sentidos de um verbo associam-se pelos mecanismos tradicionalmente conhecidos (metáfora, metonímia, especialização, generalização), mas também por outros, como as transformações de esquemas imagéticos, de que *deixar* é, como vimos, um excelente exemplo. A polissemia do verbo tende a envolver, primeiramente, um dos dois (ou ambos) participantes mais proeminentes do evento, ora o sujeito ora o objecto directo, embora possa envolver também outros argumentos. Dito inversamente, mais do que qualquer outro argumento, sujeito e objecto directo potenciam a polissemia do verbo. A polissemia verbal metonímica tende a incidir sobre o objecto directo ou, na falta deste, sobre o sujeito.[20]

Pelas mesmas razões, é também o verbo das categorias que apresenta maior regularidade polissémica, o que explica que teorias da polissemia regular e predizível, como o modelo do léxico generativo de Pustejovsky (1995), encontrem nele um alvo privilegiado. Mas também a predizibilidade da polissemia do verbo acaba por ser parcial, justamente porque há muito lugar no léxico verbal para princípios de convencionalidade e, na realidade, os sentidos convencionais de um verbo precedem a aplicação de regras gerais ou quase gerais de polissemia (cf. Lehrer 1990).

---

20 Sobre a polissemia do verbo em Português, ver Silva (1990: 241-249; 1999a) e o estudo de Mendes (2004) sobre os verbos psicológicos. De referir o projecto ADESSE de caracterização sintáctico-semântica das construções verbais do Espanhol, coordenado por José M. García-Miguel, da Universidade de Vigo (cf. García-Miguel 2005a, b; García-Miguel & Comesaña 2004; García-Miguel, Costas & Martínez 2005) – um projecto de grande interesse para a descrição da polissemia do verbo, próximo do projecto FrameNet para o Inglês.

Vamos aqui ocupar-nos, muito brevemente, de uma questão da polissemia do verbo: a dialéctica entre semântica do verbo e semântica da construção (assumindo o princípio, com a Gramática Cognitiva de Langacker 1987, 1991, 1999 e a Gramática de Construções de Goldberg 1995, 2006 e Croft 2001, de que as construções sintácticas são também entidades significativas, como veremos no capítulo 9), designadamente saber (i) em que medida é que o significado da construção intervém no significado do verbo, (ii) como é que o verbo condiciona o respectivo esquema sintáctico e (iii) como é que o verbo se integra na semântica da construção.[21]

Retomando os exemplos (1)-(17) e distribuindo-os pelo espaço multidimensional semântico-sintáctico representado na Figura 5, o verbo *deixar* é um bom exemplo de como a construção sintáctica intervém no significado do verbo que nela participa. As quatro dimensões semânticas estruturantes, pelas quais se definem os sentidos principais de *deixar*, estão ligadas, pelo menos parcialmente, às posições estruturais que definem o esquema sintáctico-semântico.

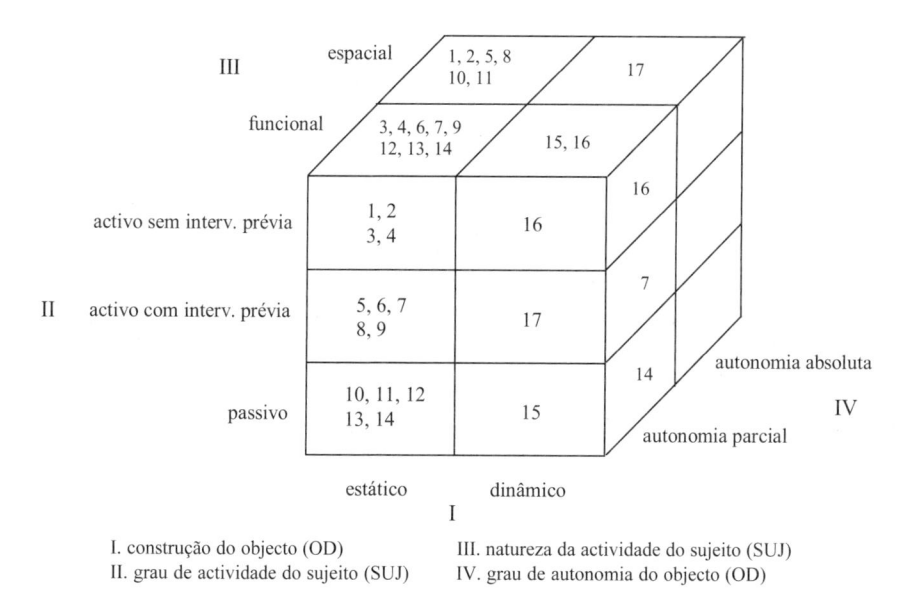

I. construção do objecto (OD)
II. grau de actividade do sujeito (SUJ)
III. natureza da actividade do sujeito (SUJ)
IV. grau de autonomia do objecto (OD)

Figura 5. A estrutura multidimensional semântico-sintáctica de *deixar*

---

21 Para maior desenvolvimento desta problemática ver Silva (2003d, e). Ver também as referências ao projecto ADESSE na nota anterior.

Assim,

- no sujeito, é elaborada a dimensão 'actividade/passividade';
- no objecto directo, é elaborada a distinção fundamental entre duas categorias: *deixar*I 'suspender a interacção com o que se caracteriza como estático' (objecto expresso num complemento nominal) e *deixar*II 'não se opor ao que se apresenta como dinâmico' (objecto expresso num complemento verbal); além disso, é nesta mesma posição que é elaborada a dimensão da 'autonomia do objecto' (absoluta/parcial) e, nas estruturas bivalentes, a dimensão 'espacial/funcional' (actividade espacial vs. funcional do sujeito);
- no terceiro argumento dos esquemas trivalentes, é elaborada a dimensão 'espacial/funcional', em correlação bastante estreita com a forma desse argumento.

Cada um dos esquemas sintáctico-semânticos em que *deixar* participa tem um papel específico no significado do verbo. O esquema bivalente SUJ-V-OD é elaborado como aplicado ao domínio espacial ou ao domínio funcional, dependendo da possibilidade de conceptualizar o objecto como um lugar (*deixar um lugar* vs. *deixar algo/alguém*). Este esquema permite, pois, um desvio ao evento canónico, ao construir o cenário (ou um seu fragmento – a localização) à maneira de um participante e, portanto, como objecto directo. Os esquemas trivalentes, esses *seleccionam* e, nalguns casos, também *modulam*, mais do que *elaboram*, conteúdos de *deixar*, que se distinguem pelas diferenças de conceptualização do terceiro argumento. Diferenças que os exemplos de (18) ilustram bem: simples locativo, em (18a), para a localização do objecto ("crianças") num cenário adequado ("na casa da avó"); predicativo, em (18b), para focalizar o estado resultante do processo de mudança do objecto e, assim, aumentar a proeminência deste segundo e último participante ("crianças"); e objecto indirecto, em (18c), construindo assim um terceiro participante ("avó") do evento, um recipiente activo de um objecto ("crianças") transferido para o seu domínio de controlo.

(18) a. *A Maria deixou as crianças na avó.*
b. *A Maria deixou as crianças entregues (à avó).*
c. *A Maria deixou as crianças à avó.*

Ainda em relação aos esquemas trivalentes, o esquema SUJ-V-OD-LOC *selecciona* sentidos espaciais com um conteúdo que, posteriormente, se *elabora* como activo com intervenção prévia ('fazer ficar depois de deslocar'), activo sem intervenção prévia ('não levar consigo') e passivo ('abster-se de levar'). O esquema SUJ-V-OD-PRED *selecciona* sentidos funcionais, com idêntica *elaboração* posterior ('fazer ficar depois de alterar', 'não alterar', 'abster-se de alterar'). Mas o esquema SUJ-V-OD-OI não só selecciona sentidos funcionais com um conteúdo que depois é elaborado como activo ou passivo, como os *modula* situando-os no domínio da transferência de posse, em relação metonímica de implicação com o conteúdo esquemático de *deixar*II 'não intervir', facilitada, esta relação, pelo facto de ambos os esquemas sintáctico-semânticos (o de transferência e o causativo) partilharem um segundo participante *activo*.

Conclui-se, pois, que o esquema sintáctico-semântico pode contribuir, de várias formas, para a polissemia do verbo: ora na determinação de sentidos, seleccionando-os, modulando-os ou elaborando-os; ora na estruturação do complexo polissémico, justificando dimensões semânticas estruturantes e favorecendo "parecenças de família". Num estudo psicolinguístico sobre a polissemia do verbo *to make* 'fazer', Gibbs & Matlock (2001) mostram que o conhecimento intuitivo dos falantes sobre as construções em que este verbo participa ajuda a predizer o uso adequado dos seus diferentes sentidos.

Vem aqui a propósito a questão particular da interpretação das alternâncias de construção sintáctica em que um mesmo verbo pode participar (cf. Levin 1993). O procedimento habitual é considerar tais alternâncias como exprimindo a mesma proposição e diferindo apenas na forma sintáctica. Este procedimento caracteriza-o Dowty (2000) como falácia da "alternância de argumentos", uma vez que tais formas ditas "alternativas" carreiam diferentes sentidos. Acrescente-se, porém, que estas alternâncias, embora envolvam, tipicamente, factos de polissemia, não a implicam necessariamente. Vejamos: as diferentes construções causativas em que *deixar* (bem como *fazer, mandar* e os verbos perceptivos) participa não estão associadas a diferentes sentidos do verbo. A manifestação inversa do não-isomorfismo entre construção e verbo, designadamente uma mesma construção albergar diferentes sentidos de um mesmo verbo, é bastante frequente: por exemplo, a construção trivalente locativa (*deixar algo num lugar*), predicativa (*deixar algo num estado*) e ditransitiva (*deixar algo a alguém*) e a construção causativa (*deixá-lo sair*) envolvem diferentes sentidos de *deixar*.

Passemos à segunda questão: saber se o significado do verbo poderá determinar/condicionar a respectiva construção sintáctica. Mais uma vez, o verbo *deixar* é ilustrativo. Os diferentes esquemas imagéticos subjacentes às duas categorias *deixar*I (suspender a interacção) e *deixar*II (não intervir) condicionam diferentes comportamentos sintácticos do verbo. A imagem do movimento do participante sujeito (P_1) e da condição estática do participante objecto (P_2) – P_1 afasta-se de (abandona) P_2 – instancia-se naturalmente numa construção transitiva com complementação nominal – *deixar P_2*. Como vimos, a construção bivalente configura o movimento do sujeito e a construção trivalente – *deixar P_2 em lugar / em estado / a P_3* – acrescenta o estado específico em que o objecto passa a ficar ou continua a estar, pelo que a imagem básica do movimento do sujeito se mantém intacta na construção trivalente. Em qualquer dos casos, a transitividade de *deixar* não é prototípica, devido justamente à imagem do afastamento (afastar-se ou manter-se afastado) do sujeito. Por outro lado, a imagem inversa da tendência dinâmica do participante objecto (P_2) instancia-se, iconicamente, numa construção com complementação verbal, e a *dinâmica de forças* de não-impedimento (ou cessação de impedimento) desse movimento implica a construção causativa – *deixar P_2 V* (ou *deixar V P_2*). Por último, a inversão imagética do participante dinâmico deixa perceber a afinidade conceptual entre uma transitividade não-prototípica, porque marcada pelo afastamento do sujeito, e uma causatividade *negativa*, também ela não-prototípica.

Finalmente, a questão de saber como é que o verbo se integra numa construção. Como procurámos mostrar em Silva (2003d), reinterpretando Goldberg (1997) e trabalhos anteriores, como os de Talmy (1985) e Croft (1990, 1991), o verbo ora lexicaliza a construção, especificando assim o evento por esta designado (por exemplo, *dar, oferecer, emprestar, vender, entregar* lexicalizam a construção ditransitiva e *pôr, levar, trazer, arrastar, passar* lexicalizam a construção de movimento causado), ora lexicaliza uma parte da construção, isto é, uma parte saliente do evento designado pela construção. Neste segundo caso, marcado em relação ao primeiro (constitui o primeiro a opção prototípica de integração), diferentes integrações metonímicas são possíveis:

- antecedente: causa (*fazer, deixar*), agente (*assassinar, ministrar*), "figura" (*chover, beijar, votar*), "fundo" (*aterrar, alargar*), instrumento (*esquiar, remar*), modo (*correr, nadar, arrastar*);
- consequente: resultado (usos ergativos; *pertencer, ficar*), objectivo (*investigar, lavar*);
- pré-condição (*prometer, preparar; soltar, deixar*), actividade co-ocorrente;
- negação (*deixar, impedir, recusar, tirar-roubar*).

CAPÍTULO 8

Polissemia na Morfologia: o diminutivo

O diminutivo em Português serve, não apenas para indicar o tamanho pequeno de um objecto, mas também para muitas outras funções e sentidos, alguns até contraditórios, como o apreciativo e o depreciativo ou o atenuativo e o intensivo. Formalmente, também é grande a variedade de sufixos diminutivos, mas é, sem dúvida, -*inh*- o mais utilizado e produtivo (pelo contrário, certas línguas, como o Inglês, não possuem nenhum afixo diminutivo). Num estudo de há meio século, Skorge (1956, 1958) faz um levantamento muito completo e bem documentado da variação semântica e formal do diminutivo em Português, como o fizera Alonso (1954) para o diminutivo em Espanhol, mas sem analisar a respectiva estrutura semântica.[1]

8.1. Uma categoria radial universal

Comparando a semântica do diminutivo em mais de 60 línguas de diferentes famílias e áreas geográficas, Jurafsky (1996: 542) identifica o que considera como sendo os principais sentidos recorrentes entre os diferentes morfemas diminutivos e organiza-os, sincrónica e diacronicamente, de uma forma *radial*, reproduzida na Figura 1, em que do núcleo prototípico 'criança' e 'pequeno' derivam, por metáfora (M), generalização (G), inferência (I) e pelo que o mesmo designa como "abstracção--lambda" (L) ou re-especificação, os restantes sentidos, uns de natureza mais semântica e outros de natureza mais pragmática.

---

1 Para um estudo morfo-semântico do diminutivo em Português, na perspectiva cognitiva, ver Novais (2002). O presente estudo, bem como o de Novais, toma como modelo metodológico o de Bakema, Defour & Geeraerts (1993) e Bakema (1998) para o Neerlandês e a muita breve descrição de Taylor (1995a: 144-149) para o Italiano.

220   O Mundo dos Sentidos em Português

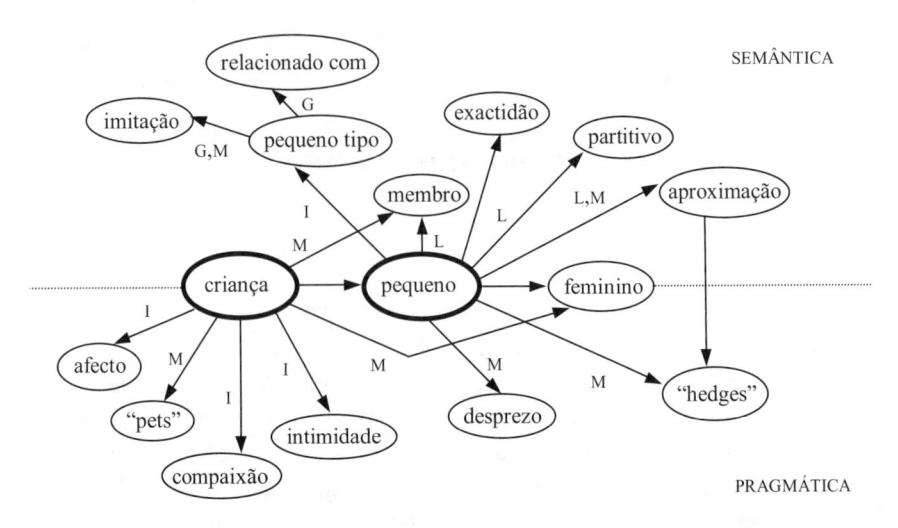

Figura 1. Estrutura radial universal do diminutivo

Praticamente todos estes sentidos estão, de alguma forma, presentes nos sufixos diminutivos do Português. Desde logo, os que fazem parte da sua semântica: 'pequeno', 'afecto' (e carinho para com animais de estimação: "pets"), 'compaixão', 'intimidade', 'desprezo', 'aproximação' (e "hedges" ou expressões delimitadoras),[2] 'exactidão' (melhor, 'intensificação') e, em formações lexicalizadas, 'partitivo/individualização', 'tipo pequeno de' e 'imitação'. Dos restantes, há réstias em formações que hoje já não são reconhecidas diminutivas: 'fêmea/feminino', em *galinha* e *carrinha/carreta*; 'membro' e 'relacionado com, relativo a' em adjectivos étnicos, como *londrino, sadino*, e relacionais, como *cristalino, manuelino, cainho/canino*, tal como, a par de 'animal novo, cria', o sufixo latino -*inus* (*caninus, masculinus, divinus;* [*pullus/i*] *equinus* [potro], *columbini* [pombinhos]), do qual se desenvolveu -*inho*. Quanto a 'criança' ou, melhor, um conceito semântica ou pragmaticamente ligado às crianças, que Jurafsky propõe como sendo o sentido primitivo do diminutivo e o semantismo do hipotético sufixo proto-indo-europeu *-*ko*-, ele encontra-se, mais directamente, nos vários *diminutiva puerilia*.

---

[2] Expressões que explicitam a não correspondência exacta entre um elemento e o protótipo da categoria a que pertence, como *aproximadamente, em sentido lato/estrito, tecnicamente falando*, etc.

8.2. Significados centrais do diminutivo

Tal como o seu próprio nome indica, o diminutivo exprime o 'tamanho pequeno' de um objecto, mais especificamente um tamanho que é inferior ao normal, isto é, ao protótipo da respectiva categoria. Entre as formações que exprimem este núcleo, cabe identificar duas dimensões semânticas e, através delas, sentidos mais específicos.

Pela primeira dimensão, distinguem-se os diminutivos em sentido estrito ou *diminuidores* e os diminutivos *explicativos*. Os primeiros designam um objecto mais pequeno do que o que é referido pela palavra-base. Por exemplo, as formações *cãozinho* e *mesinha* referem exemplares mais pequenos do que os de *cão* e *mesa*. Os outros diminutivos designam o mesmo 'pequeno' referente que o da base, comportando-se assim o sufixo como um elemento tautológico. É o caso de *passarinho* ou *migalhinha*: um passarinho não tem que ser mais pequeno do que um pássaro; e uma migalhinha não diminui o tamanho de uma migalha, que de si já é um pequeno fragmento de pão ou de outro alimento farináceo. Embora a estas últimas formações se possa associar uma diminuição da grandeza do objecto, *mais* subjectivamente apreciada (do que nas anteriores: já nestas a apreciação da grandeza é geralmente subjectiva), a função do sufixo é salientar ou frisar a pequenez do referente. Para exprimir um grau superior de pequenez de um objecto já pequeno, o falante recorrerá ao adjectivo *pequeno* e, combinando os dois valores, poderá usar expressões como *pássaro*(*inho*) *pequeno*(*ino/inho*) ou *migalha*(*inha*) *pequena*(*ina/inha*).

A segunda dimensão dá conta da distinção entre o sentido literal e o sentido figurado de 'pequeno'. Formações como *cãozinho* ou *mesinha* exprimem o 'tamanho pequeno' das respectivas entidades físicas. É este o significado central do diminutivo, naturalmente afixado a substantivos concretos. Mas este significado espacial pode ser metaforicamente aplicado a outros domínios. Desde logo, ao domínio temporal, donde resulta o sentido de 'breve duração', quer entre diminutivos estritos, como em *tempinho*(*ito*), *corridinha*, *visitinha*, quer entre diminutivos explicativos, como *moment*(*oz*)*inho, minutinho, instant*(*ez*)*inho*. Uma outra aplicação metafórica conduz ao sentido de 'pouca intensidade', e novamente tanto entre diminutivos estritos, como *chuvinha, beijinho, dorzinha*, como entre diminutivos explicativos, como *miminho, murmurinho, toquezinho*. Formações como *beijinho, toquezinho, empurrãozinho* diminuem não só a intensidade como também o tempo de duração. Metaforicamente ainda, e cruzando-se com os domínios anteriores, o diminutivo pode exprimir 'pouca quantidade', como em *passinhos* (*só uns passinhos mais à frente*), *horinhas*(*itas*), ou, e como explicativo, em expressões partitivas do tipo *um bocadinho, pedacinho, cantinho, niquinho, pinguinha, pozinhos, nadinha de*. Estas formações particulares mostram já o carácter secundário deste uso quantificador. Um último sentido figurado é o de 'cria do animal' ou '(animal) novo, de pouca idade', como em *rolinho, raposinho* ou *leãozinho*, naturalmente mais pequenos que os exemplares adultos. Ao contrário das anteriores, esta é uma extensão metonímica: 'animal' > 'cria do animal', 'pequeno' > 'novo'. Formações cujas bases já designam crias, como *cachorrinho, vitelinho, potrozinho,* acentuam os traços 'novo/pequeno', pelo que pertencem à classe dos diminutivos explicativos. Mas o diminutivo de idade poderá também aplicar-se a pessoas, como *rapazinho, rapariguinha* ou o (mais) explicativo *mocinho*(*a*), e eventualmente a estados de pessoas, como *freirinha* 'noviça'. E ainda a plantas, como possivelmente *arvorezinha*, ou, em formações lexicalizadas, também a sementes e frutos, como *cebolinho* 'planta/semente da cebola, quando nova (antes da formação do bolbo)' e *camarinha* 'fruto da camarinheira'.

O Quadro 1 sistematiza a correlação entre as duas dimensões do núcleo semântico do diminutivo.

	DIMINUIÇÃO	EXPLICAÇÃO
ESPAÇO-TAMANHO 'pequeno'	*cãozinho* *mesinha*	*passarinho* *migalhinha*
TEMPO 'breve'	*tempinho* *corridinha*	*momentinho* *minutinho*
INTENSIDADE 'não intenso'	*chuvinha* *dorzinha*	*miminho* *murmurinho*
QUANTIDADE 'pouco'	*passinhos*	*bocadinho*
IDADE 'novo'	*leãozinho* *raposinho*	*cachorrinho* *vitelinho*

Quadro 1. Usos centrais do diminutivo

A 'diminuição' do conceito expresso por substantivos abstractos, como *dorzinha* ou *momentinho*, e pelos substantivos derivados concerne, metaforicamente, a outros domínios. O mesmo acontece em relação a outras categorias morfo-sintácticas: diminuição (atenuação) da 'qualidade' e 'intensidade' em adjectivos e advérbios, como *bonitinho, benzinho*; a mesma diminuição e 'fragmentação' nos verbos, como *dormitar, chuviscar, bebericar*. Além disso, transitam para estas categorias não nominais outros valores dos sufixos diminutivos.

Para além do canónico *-inh-* e depois *-it-*, podem exprimir os sentidos de 'diminuição' e 'explicação' outros sufixos diminutivos, mas umas vezes em formações já lexicalizadas ou dialectais, outras em companhia doutros valores: *escadote, ilhota, saleta, tarjeta, burrico, namorico, soneca, migalha/o, guerrilha, lugarejo, viela, ruela, olhadela, sacola, perucho, riacho, barbicha, chuvisco, aranhiço, farolim, fortim.*[3] A reduzida produtividade destes sufixos, incluindo *-it-*, não justifica qualquer diferenciação de grau de 'pequenez', ao contrário do que parece acontecer no Italiano (como refere Taylor 1995a: 144, *-ino* tende a associar-se a um grau menor do que *-etto, -ello* e os restantes).

A partir deste centro semântico do diminutivo, contendo já extensões de 'tamanho pequeno', derivam dois conjuntos de sentidos: um a nível conotativo e compreendendo usos avaliativos e discursivo-pragmáticos; o outro, mas mais periférico, no mesmo plano denotativo e constituído por formações quase sempre lexicalizadas.

8.3. Conotação afectiva e outros usos avaliativos

O diminutivo pode ser a expressão de diferentes aspectos avaliativos mais ou menos emotivos e tanto positivos como negativos. E estes sentidos conotativos sobrepõem-se ou chegam mesmo a suprimir a denotação central.

Mais tipicamente, a avaliação expressa pelo diminutivo é de natureza afectiva. Como avaliação positiva, o diminutivo é manifestação de

---

[3] Sufixos de outras categorias podem funcionar como autênticos diminutivos: é o caso do aumentativo *-ão* que em *cordão, pontão* e em regionalismos como *quarteirão* 'quarto do quartilho', *foução, leirão* não aumenta mas diminui o tamanho ou a quantidade do referente da base (Rio-Torto 1998: 163-4).

carinho, ternura, amor, simpatia/empatia, não só para com pessoas, onde se especializa na formação de hipocorísticos, mas também em relação a outros seres animados e a coisas da esfera íntima das pessoas (1a); é expressão de compaixão (1b) e atenua e eufemiza condições miseráveis, deficiências e males, palavras grosseiras do domínio sexual e outros tabus e até insultos (1b, c). A *mãezinha*, o *filhinho*, o *Nelinho*, o *pobrezinho*, a *(minha) casinha*, etc. podem muito bem ser de tamanho grande: o uso afectivo do diminutivo elimina, nestes casos, o seu sentido básico. Naturalmente, podem coocorrer com o sentido positivamente afectivo os usos básicos do diminutivo: o de 'tamanho pequeno' e, sobretudo, o reforço deste, ou seja, o diminutivo explicativo.

(1) a. *mãezinha, filhinho, avozinho, freirinha; Zezinho, Nelinho; gatinho, passarinho, cachorrinho; anjinhos, pastorinhos (de Fátima); miminho, beijinho, amorzinho; (a minha) casinha, (as minhas) couvinhas; caminha (de bébé), sapatinho*
   b. *pobrezinho, coitadinho, rotinho, nuzinho, ceguinho, doentinho*
   c. *tolinho, parvinho, aleijadinho, gordinho; os pretinhos; cuzinho, pilinha, maminhas; porcariazinha; marotinho, murcãozinho, caralhinho, putinha*

Não admira que o diminutivo carinhoso e ternurento seja regularmente usado por crianças e para com elas – seres pequenos, objecto preferencial e sujeito do carinho humano. Formam-se assim *diminutiva puerilia* para designarem tudo o que tem a ver com o seu mundo, povoado de objectos de dimensão idêntica à sua ou diminutivizados e revestidos dos seus afectos: vestuário, partes do corpo, alimentos, brinquedos, jogos (*jogar às escondidinhas*), comportamentos, necessidades (*ter fominha/soninho*), etc., e naturalmente as histórias que lhes contamos (*O Capuchinho Vermelho, O Patinho Feio, História da Carochinha*) – diminutivo de aproximação afectiva, também ele mais típico da linguagem feminina do que da masculina, aquela mais emotiva do que esta, pelo menos nas culturas ocidentais.

Outros usos *apreciativos* do diminutivo relevam de outros domínios de avaliação positiva. Através do diminutivo nomeamos o que nos proporciona prazer: mais frequentemente, o que é saboroso (2a), e assim utilizamos diminutivos para designarmos os pratos ou os alimentos preferidos, mas também o que é igualmente agradável a qualquer outro sentido (2b, c, d, 3a, b) e o que é bonito (3a, b). São diminutivos hedónicos e, menos frequentemente, estéticos. Só muito suportados pelo contexto é que ocorrerão diminutivos de outras ordens de avaliação positiva (ética, funcional, etc.).

(2) a. *peixinho, franguinho, bifinho, canjinha, bolinho, chocolatinho, frutinha, cafezinho, vinhinho, cervejinha, (água) fresquinha, cigarrinho*
   b. *solinho, ventinho, banhinho, quentinho, fofinho*
   c. *cheirinho, perfuminho*
   d. *musiquinha*
(3) a. *carinha, olhinhos, corpinho, rabinho*
   b. *brinquinho, joiinha*

De novo, a função central de diminuição do tamanho ou de outra dimensão pode desaparecer: em *Ai que solinho tão bom!*, o diminutivo não designa uma diminuição da intensidade (até pelo contrário), nem muito menos uma diminuição do tamanho do astro; e *tomar um banhinho* não é tomar um banho com pouca quantidade de água ou em pouco tempo, mas um banho agradável. Consequentemente, o diminutivo não possui aqui a função explicativa. A autonomia do sentido apreciativo-positivo verifica-se também em casos como *comer um peixinho/franguinho/laranjinha, cigarrinho, olha que olhinhos/corpinho!, vinhinho/cervejinha*. Pode, no entanto, admitir-se nestes exemplos, como nos anteriores, uma certa função explicativa, no sentido de que o sufixo reforça conotações positivamente apreciativas da base.

Na base destes usos avaliativos positivos, afectivos e hedónicos, estão motivações obviamente experienciais e culturais. Eles relevam das metáforas conceptuais O QUE É PEQUENO É AMÁVEL, O QUE É PEQUENO É AGRADÁVEL, O QUE É PEQUENO É BONITO, típicas da cultura, pelo menos, ocidental. Mas metáforas de certa forma metonimicamente facilitadas, dada a coocorrência no mesmo domínio experiencial e logo a contiguidade entre a pequenez e o afecto/agrado que os seres pequenos, em particular crianças e pequenos animais, nos despertam, ao contrário das criaturas grandes, que vemos com alguma desconfiança.[4]

---

4 Parece-nos incompleta a explicação de Taylor (1995a: 145), baseada apenas na extensão metonímica.

Mas a pequenez está também experiencialmente associada a avaliações negativas: O QUE É PEQUENO É DE POUCO VALOR, NÃO PRESTA; O QUE É PEQUENO É UM DEFEITO; O QUE É PEQUENO É DESPREZÍVEL. Destas metáforas conceptuais resultam os usos *depreciativos* ou pejorativos do diminutivo, exemplificados em (4), de afastamento mais afectivo, como manifestação de desprezo, ou menos, na designação de coisas de pouco valor ou de pouca importância (4a), da pequenez moral e em formas de tratamento depreciativo (4b), com destaque para o modernismo *betinho(a/s)*, de comportamentos efeminados (4c), em expressões de indigência (4d); e até usos irónicos, jocosos e sarcásticos (4e). Podendo *-inh-* exprimir a conotação depreciativa, é este hoje o valor típico dos sufixos concorrentes *-it-* e *-ic-* e o valor comum da maior parte dos restantes sufixos ditos diminutivos, como *-ec-*, *-elh-*, *-ola*, *-ot-* e outros (4a). Além disso, o grau de depreciação aumenta com os segundos e intensifica-se com alguns dos últimos; inversamente, é o primeiro que pode exprimir um possível grau superior de afecto ou apreço.

(4) a. *livrito, livreco, jornaleco, casita, casebre, jardinzito, florzita, rapazola, terriola, papelucho, maquineta, engenhoca, coisi-(t)ca, grupelho, rapazelho, historieta, cheirete, barbicha, pecadilho, namorico, velhote; testezinho (fácil)*
b. *homenzinho, mulherzinha, senhorita, tiozinho, filhinhos (do papá), sujeitinho, gentinha, betinho, povinho; patinho, (anda cá ó) baixinho/negrinho, parvinho (de todo), patetinha/malandrinho (completo), estupidozinho, aldrabãozinho*
c. *mariquinhas, betinho, lindinho, lambidinho, Eusebiozinho*
d. *(pobre) casinha, sapatinhos (rotos)*
e. *Que engraçadinho/espertinho/piadinha/gracinha!, (É um) santinho!, anjinho, Estes portuguesinhos!, Zé Povinho, (coi)-tadinho (do menino)!*

O diminutivo acomoda, assim, emoções/sentimentos, sensações, enfim, sentidos contrários dentro da mesma categoria: o carinho e o desprezo, o 'apreciativo' e o 'depreciativo'. E casos há em que a mesma formação pode ter as duas leituras: *coisinha* pode significar '(pequeno) objecto bonito, amável' ou 'objecto insignificante, de pouco valor'; *criancinha, homenzinho, mulherzinha, coitadinho* podem exprimir carinho ou desprezo; chamar a alguém *anjinho* pode ser uma expressão de muita ternura ou um insulto (se dirigido a um adulto).⁵

Os exemplos de (5) e (6) documentam outros usos avaliativos do diminutivo.

(5) *Pese-me um quilito / três quilitos de maçãs!*
Está pronto dentro duma semanita / dum mesito.
Já é um homenzinho / uma mulherzinha!
(6) *Não é nada; é só um cortezinho(ito). Foi só um acidentezinho-(ito)/toquezinho(ito).*
São só dois minutinhos. / Queria dar-lhe duas palavrinhas.
Trago-lhe um presentinho.
– Que achas? – É bonitinho / está benzinho / melhorzinho ...

Em (5), o diminutivo marca a *aproximação* e aplica-se, sobretudo, a expressões de quantidade. É uma estratégia de o locutor evitar o valor exacto e, por vezes, evitar comprometer-se. Quando alguém diz que vai e vem numa *horinha* ou que determinado serviço está pronto dentro de uma *semanita*, não garante que o faça em menos de uma hora ou em menos de uma semana, podendo até demorar mais, mas quer demore mais ou não, é relativa e subjectivamente por pouco tempo. Em expressões como *só quero um bocadinho*, a aproximação faz-se explicitamente em relação a uma pequena quantidade. E no último exemplo de (5), a aproximação é qualitativa e por defeito: 'quase' um homem / uma mulher.

Por sua vez, as formações de (6) denotam não tanto uma aproximação, quanto uma *relativização* do valor do referente: uma atenuação ou restrição da sua importância ou 'menos valor do que o esperado/suposto', e assim uma certa avaliação depreciativa. De novo, a metáfora O QUE É PEQUENO É DE POUCA/MENOS IMPORTÂNCIA. Se o referente da base é negativo, isso vale como uma atenuação (menos ou mais) eufemística: um *cortezinho* pode corresponder a um ferimento que necessite de intervenção médica, um *toquezinho* (entre automóveis) pode na realidade ser muito

---

5 Este fenómeno de *auto-antonímia* não é inédito: encontra-se também no verbo *deixar* (dinamismo do sujeito *vs.* dinamismo do objecto), como vimos no capítulo anterior, ou no objecto indirecto (transferência benefactiva *vs.* transferência invertida/bloqueada), como veremos no capítulo seguinte.

mais do que um pequeno e leve toque de chapas e dois *minutinhos* ou duas *palavrinhas* podem ultrapassar bastante essas quantidades. Se o referente é positivo, isso vale como uma restrição e, assim, como uma avaliação menos positiva: avaliar algo ou alguém como *bonitinho/ito, grandinho/ito, altinho/ito, larguinho/ito doentinho/ito, benzinho* é considerá-lo (um pouco) menos do que bonito, grande, alto, largo, doente, bem. Por vezes, a restrição é uma estratégia de modéstia: o *presentinho* que assim se nomeia no acto da oferta pode ser muito mais do que um pequeno ou insignificante presente. Formações como *minutinho, momentinho, horinha* mostram mais claramente a proximidade entre os usos aproximativo e relativizador do diminutivo. Ambos os sentidos são também frequentemente expressos pelo sufixo *-ito*. E o sufixo *-ote*, ligado a adjectivos, marca a diminuição por 'aproximação a A / quase A' e também por 'restrição de A': *acabadote, baixote, bonitote, pequenote, fracote*.

Estes dois usos do diminutivo são claramente compreensíveis em termos de reconhecimento visual do tamanho e da completude das entidades e no contexto do "processamento neural de tipo neocognitrão", que Howard (1998) aplica ao diminutivo: uma entidade incompleta ou periférica tende a ser percepcionada como mais pequena do que uma entidade completa ou central, justamente porque lhe faltam partes desta. Ligando o uso aproximativo e o de semelhança/imitação à ideia central de 'pequeno', Jurafsky (1996: 549) propõe a metáfora 'O MARGINAL É PEQUENO'.

O Quadro 2 sintetiza os usos avaliativos do diminutivo: ora autónomos, isto é, independentes dos sentidos centrais de diminuição/explicação, ora associados a estes. Alguns exemplos só em contexto adequado é que actualizam o valor identificado. O mesmo Quadro exige dois esclarecimentos. Primeiro, é num sentido ainda mais metafórico (do que as aplicações metafóricas de 'tamanho pequeno' aos domínios do tempo, da intensidade, da quantidade e da idade) que se poderá falar de 'diminuição' em relação aos usos depreciativo, relativizador e aproximativo: diminuição da qualidade, da importância, da exactidão ou, mais vagamente, diminuição do valor. E 'diminuição' nos usos apreciativos autónomos, como *mãezinha, frutinha, solinho*, ainda mais metaforicamente e pelo esquema imagético da 'aproximação', inverso do de 'afastamento' dos anteriores (ambos com os mesmos efeitos de "diminuição de grandeza"). Segundo, e como já referimos, pode atribuir-se função explicativa ao diminutivo que reforça sentidos avaliativos da base.

	- DIMINUIÇÃO	+ DIMINUIÇÃO	+ EXPLICAÇÃO
APRECIAÇÃO	*mãezinha, terrinha* *frutinha, vinhinho* *solinho*	*cãozinho, gatinho* *bolinho*	*passarinho, cachorrinho* *pastelinho* *brinquinho*
DEPRECIAÇÃO	*livreco, rapazola* *sujeitinho, velhote,* *portuguesinho, parvinho*	*barbicha, terriola* *testezinho*	*coisita*
RELATIVIZAÇÃO	*cortezinho, presentinho*	*cortezinho, bonitinho*	*coisita, minutinho*
APROXIMAÇÃO	*quilito, semanita*	*homenzinho*	*minutinho, bocadinho*

Quadro 2. Usos avaliativos do diminutivo

8.4. Uso intensivo

Por vezes, o diminutivo não diminui mas aumenta, ou não atenua mas intensifica. É o que acontece quando *-inho* se liga a advérbios, como em (7a), ou a alguns adjectivos e particípios igualmente graduáveis (7b): *pertinho* é mais do que 'perto' ou 'mesmo ao pé', *agorinha* é 'neste (preciso) momento', um copo *cheiinho* é mais que 'cheio' ou 'cheio até transbordar', *igualzinho* vale como 'igualdade completa' e não 'mais ou menos igual', *vermelhinho* e *branquinho* intensificam a tonalidade das respectivas cores (assim como *avermelhado, esbranquiçado* delas se aproximam e *vermelhit(c)o, branquit(c)o* as atenuam). A força expressiva ou a necessidade de se ser *expressivamente* preciso ou exacto faz com que, na linguagem corrente ou coloquial, estas formações venham muitas vezes acompanhadas de advérbios (de intensidade) ou outras expressões com idêntica função: *muito/bem pertinho/cedinho, muito devagarinho, mesmo à beirinha, cheiinho a transbordar, muito bem passadinho, clarinho como a água, branquinho como a neve, novinho em folha*. Secundária e menos frequentemente, idêntico valor apega-se a derivados de outras classes morfo-sintácticas (7c).

(7) a. *(ficar) pertinho, à beirinha, (passar) rentinho, (chegar) cedinho, (ir) devagarinho, (falar) baixinho, agorinha (mesmo), (até) loguinho, nunquinha, de certezinha, à rasquinha*

b. *(copo) cheiinho, (rua) estreitinha, (água) fresquinha, (bife) tenrinho, (chuva) miudinha, (carro) novinho, maciinho, baratinho, (tudo muito) limpinho, (é) igualzinho (ao meu), (um ano) inteirinho, (tangerineira) carregadinha, (estar) perdidinho (de riso / por alguém), (dia) clarinho, vermelhinho, branquinho*
c. *obrigadinho!, (comer) tudinho, (um) nadinha (mais à direita), (ter) juizinho / cuidadinho!, (com) jeitinho!, (no) ciminho (do monte)*

Estas formações, mesmo aquelas em que a sua função é especificamente intensificadora, guardam ainda restos de uso positivamente afectivo (simpatia, familiaridade, carinho) ou hedónico e/ou acumulam uma função discursivo-pragmática. Noutros casos, o sentido afectivo/hedónico é claro ou até mais importante: *velhinho, obrigadinho!, água fresquinha, bife tenrinho / bem passadinho, letra redondinha, verdinho*. E há ainda aqueles cujo sentido é mais enfático do que intensivo, como *passar o ano inteirinho a trabalhar, o primeirinho a chegar, só uma vezinha, é do piorzinho que há!*, ou é intensivo-pragmático, como *(ter/com) juizinho / cuidadinho!, (com) jeitinho!*.

Vejamos quais as motivações deste uso (aparentemente) paradoxal do diminutivo, que Skorge (1956: 285-6) e Alonso (1954) evitam classificar como 'superlativo' ou 'aumentativo'. Nalguns casos, a relação com o sentido básico é mais transparente. A intensificação vale como uma diminuição de algo já pequeno, breve, não intenso, em pouca quantidade ou novo: tal como lat. *parvulus* 'muito pequeno', fr. *jeunet* 'muito novo', *ficar pertinho* 'distância muito pequena', *chegar cedinho* 'tempo muito curto', *falar baixinho* 'intensidade muito fraca', *carro novinho* 'muito novo'. Aqui, o uso intensivo do diminutivo pouco difere da sua função *explicativa* central. Mas tanto nestes casos como nos outros, aumentar o grau (diminui-lo deicticamente) e precisar com alguma 'exactidão' (mesmo que ainda vaga e sobretudo expressiva) uma localização espacial ou temporal (*ficar pertinho, chegar cedinho; no ciminho, agorinha*), aumentar o grau da qualidade de um processo (*ir devagarinho*) ou de um objecto (*copo cheiinho*) e assim destacar a sua plenitude, em suma, focalizar um grau maior ou máximo é *reduzir* uma 'região' extensa e vaga a um 'ponto' e *diminuir* a distância deíctica a esse ponto, é *reduzir* a(s) propriedade(s) de um objecto ou de um processo a um núcleo, a um centro, a uma essência: um ponto é obviamente mais pequeno, o centro de uma entidade é necessariamente mais pequeno do que a entidade na sua totalidade. Diz Taylor (1995a: 147), em relação ao diminutivo intensivo no Italiano, que esta é uma extensão metonímica de 'pequeno'. Mas é também uma extensão metafórica pela mudança de domínio ou de escala de avaliação que envolve: do 'tamanho' de um objecto para a 'deixis espacial ou temporal', para a 'qualidade' de um objecto ou processo. Ou aquilo a que Jurafsky (1996: 554-560), desnecessariamente, chama "abstracção-lambda" (mecanismo que diz partilhar de aspectos da generalização, da metáfora e da inferência) – e, com algum excesso, propõe como a explicação unificadora não só do uso intensivo como também dos usos aproximativo e partitivo do diminutivo – e que mais não é do que uma 're-especificação' da escala de avaliação, da qual resultam "predicados de segunda ordem" ('mais pequeno do que o exemplar prototípico na escala do tamanho' > 'mais pequeno do que o exemplar prototípico numa outra escala'). Ao contrário das re-especificações ou mudanças de escala envolvidas nos usos figurados do sentido básico, acima identificadas, a do uso intensivo não opera sobre substantivos (os exemplos de 7c são periféricos), razão por que o uso intensivo não pode ser incluído no grupo dos sentidos centrais do diminutivo, mas entre os seus sentidos conotativos e como um outro uso *avaliativo*, a par dos usos aproximativo e relativizador.

Se nestes dois últimos a ideia de 'pequeno' está associada à de incompletude e marginalidade (O INCOMPLETO E O MARGINAL SÃO PEQUENOS), no diminutivo intensivo a mesma ideia associa-se à de centralidade e essencialidade: o central e o essencial só podem ser vistos num espaço mais pequeno, isto é, eliminando o não-essencial ou periférico. Enfim, dois modos bem diferentes de percepcionar uma entidade como "mais pequena". Mais uma vez, o diminutivo encerra em si sentidos inversos: a diminuição/atenuação e a intensificação, a intensificação e a aproximação.

8.5. Usos discursivo-pragmáticos

O diminutivo também é usado, não para designar a pequenez do referente ou o avaliar emotiva, hedonicamente ou numa outra escala, mas como uma estratégia do locutor para, aproveitando estes sentidos, agir sobre o alocutário de forma a aproximar-se deste e obter a sua adesão. É o que Alonso (1954) classifica como função *activa* do diminutivo.

Esta estratégia discursivo-pragmático pode ser usada para pedir uma esmola ou, em contexto comercial, valorizar a mercadoria e suscitar a compra:

(8) *Dai uma esmolinha ao ceguinho / pobrezinho!*
Olha a sardinha fresquinha / vivinha!
(restaurante) *Temos cabritinho, vitelinha, lombinho de porco assado.*

Além destes "diminutivos profissionais" (Alonso 1954) e de outros possíveis usos interactivos, noutros casos o diminutivo é sinal de cortesia ou delicadeza num pedido, numa ordem, num conselho (9a), de modéstia (9b) ou de simpatia/empatia (9c):

(9) a. *Vou pedir-te um favorzinho.*
É só uma ajudinha! / Só um jeitinho (para eu poder passar)!
A continha, se faz favor!
Depressinha! / Juizinho nessa cabeça!
b. *Trago-lhe aqui um presentinho. / É só uma lembrancinha!*
c. *Então, está boazinha?*
Chauzinho! / Adeuzinho! / Até loguinho!

8.6. Lexicalização e formação de entidades

Perifericamente, o diminutivo em Português assume outros valores denotativos, sempre ligados à ideia central de 'pequeno', que, como vimos acima com Jurafsky (1996), se encontram em estádios actuais ou antigos de outras línguas; ou simplesmente pode ter uma função denotativa independente ou que vai para além do seu significado básico. Trata-se, porém, quase sempre de formações com o estatuto de itens lexicais independentes, individualmente adquiridas e dicionarizáveis, designando novas e específicas entidades, numa qualquer relação diminutiva ou não com a palavra-base.

À parte as formações em que a relação entre o derivado e a base é a de diminuição do tamanho, da idade, etc. – já referidas na secção 2, ou ainda *foucinha* 'fouce pequena', *tabelinha* 'jogada a curta distância' –, encontram-se outras numa diferente relação mas, geralmente, vinculadas à ideia de 'pequeno': relações de semelhança ou imitação (10a) e/ou generalização (*casquinha* 'metal precisoso'), contiguidade (10b) e parte (10c).

(10) a. *carrinho* (brinquedo, de linhas), *beijinhos* (pequenos búzios), *estrelinha* (massa miúda), *pombinhos* (noivos), *choradinho* (fado), *capelinha* (grupo), *casadinhos* (biscoitos), *picuinhas, rodela, cavalete*
b. *alminhas* (nicho), *santinho* (imagem), *bandeirinha* (juiz de linha), *senhorinha* (assento), *sombrinha* (pequeno guarda-sol), *alfacinha* (lisboeta), *ginjinha, ventoinha*
c. *ferrinhos, lombinho, palhinha; braguilha, camisinha, mamilo salgadinhos; de manhãzinha, à tardinha, à noitinha*

A explicação que demos acima para os diminutivos aproximativo e relativizador vale também para o diminutivo de *semelhança/imitação*: algo que é semelhante a *x* ou é a imitação de *x* não tem todas as partes de *x* e, por isso mesmo, tende a ser visto como mais pequeno e como menos típico do que *x* – de novo, a metáfora O MARGINAL, O PERIFÉRICO, O IMPERFEITO, O APROXIMADO É PEQUENO. Obviamente que algumas destas formações, como *carrinho, pombinhos, beijinhos* e *capelinha, picuinhas*, têm também a ver com valores afectivos do diminutivo.

O diminutivo *partitivo*, documentável em várias línguas (Jurafsky 1996: 555) e produtivo, por exemplo, no Neerlandês (*chocolaatje* 'bocado de chocolate', *ijsje* 'gelado', *biertje* 'copo de cerveja': Bakema, Defour & Geeraerts 1993: 125), é periférico em Português: *ferrinhos*, que, mais do que 'peças de ferro', tem o sentido especializado de 'instrumento musical', *lombinho* (*lombelo/lombete*) 'pedaço de carne do lombo' e *palhinha* 'fragmento de palha' e 'tubo para sorver líquidos' são, também, nomes contáveis derivados de nomes massivos (*ferro*) ou de alguma forma assim tomados (*lombo, palha*). Em casos como *palhinha* 'palha ou junça entrançada para assentos ou costas de cadeiras' ou *tempinho* 'bocado de tempo', não temos nomes contáveis mas sub-partes ou individualizações de nomes massivos. Noutros, verifica-se quase o inverso: a formação de um massivo a partir do objecto designado pela base, como *ginjinha* 'aguardente feita de ginjas', ou, no Espanhol, *picadillo* 'mistura de bocados de carne ou peixe e de vegetais'. Outros exemplos designam partes do todo referido pela base: *braguilha* 'parte das bragas, fecho', *mamilo* 'bico da mama' e os termos populares *casinha* 'latrina' e *nabinha* 'semente do nabo'. Merecem destaque as locuções temporais *de manhãzinha, à tardinha* e *à noitinha*, que, para além dum quase valor intensivo, designam 'partes aproximadas' ou 'zonas de transição' (o princípio, na primeira e na última, e o fim, na outra) da manhã, da tarde e da noite.

A motivação do uso partitivo ou individualizador do diminutivo é metonímica: isolar uma parte/quantidade de uma massa ou uma parte/ /unidade de um qualquer referente é isolar e individualizar uma 'entidade', por natureza mais pequena, feita dessa substância ou componente desse objecto.[6] Dada a sua lexicalização, algumas formações já perderam o sentido apreciativo, mas outras ainda o conservam (*ferrinhos, lombinhos*). Pela fragmentação ou *partição* em pequenos, atenuados e/ou imperfeitos/repetidos actos e pela *individualização* desses actos, podem entrar aqui, como exemplos aproximados do partitivo designando um 'sub-evento' (Jurafsky 1996: 555-56), os verbos atenuativos/iterativos formados com sufixos diminutivos, como *dormitar, chuviscar, bebericar, cuspinhar, fervilhar, cantarolar, tossicar, namoriscar*. Entrarão também as formações diminutivas e explicativas inerentemente partitivas, acima referidas, do tipo (*um/a*) *bocadinho, pontinha, cantinho, gotinha* (*de* + N concreto ou abstracto).

Assim como estas formações individualizam uma 'entidade' dentro de um todo, também diminutivos nominais de-adjectivais, parafraseáveis por 'alguém/algo que é [A]', nomeiam uma 'entidade' com base numa propriedade. Já o faz a base nominalizada, como (*o*) *velho/pobre* < adj. *velho/pobre* > (*o*) *velhinho/pobrezinho*, mas não em lexicalizações com forte especialização semântica, como *salgadinhos* 'biscoitos ou outras iguarias pequenas salgados'. É a mudança da categoria morfo-sintáctica, na forma de derivação imprópria ou conversão, que conduz a esta função. O mesmo é teoricamente possível em substantivos diminutivos de-verbais, como *dobradinha* 'guisado feito com dobrada', ou derivados de outras categorias, como (*o meu*) *benzinho* 'amor'. Casos há em que a categoria derivada é uma interjeição: *pobrezinho!, coitadinho!.*

Outros diminutivos lexicalizados designam crias ou espécies jovens de animais, pequenos animais (*joaninha, doninha*), arbustos, flores e

---

6 Bakema, Defour & Geeraerts (1993: 125) caracterizam esta função do diminutivo como *formação de entidades*, mas julgamos que ela serve os outros casos tratados nesta secção.

frutos (*azevinho, cravinho*, [feijão] *fradinho*), alimentos e bebidas (*suissinho* 'queijo pequeno para crianças'; *fidalguinho, caipirinha*) e jogos (*lencinho, moedinha, escondidinhas; raspadinha*), de crianças ou adultos, instrumentos musicais (*cavaquinho*), alcunhas e comportamentos depreciativos (*alcofinha* 'pessoa alcoviteira', *picuinhas, panelinha* 'tramóia').

E há ainda os diminutivos que entram em expressões idiomáticas: umas depreciativas, sarcásticas ou irónicas (11a); outras carinhosas, eufemísticas, graciosas ou de delicadeza (11b).

(11) a. *bater no ceguinho, com paninhos quentes, fazer a papinha toda, fazer caixinha, meter o rabinho entre as pernas, deitar os corninhos de fora, ter macaquinhos no sótão; cair que nem um patinho/anjinho, santinho de pau caruncoso, cantar um fadinho a alguém, pregar aos peixinhos, ver o sol aos quadradinhos*
b. *fazer festinhas, fazer olhinhos, ir para os anjinhos, trazer nas palminhas, ter/estar com um ratinho, ter o bichinho de, ter um fraquinho por, é limpinho!, suar as estupinhas, estar mortinho por, dar uma voltinha, dar uma mãozinha*

Por último, certas formações impõem uma leitura figurada particular. Há, porém, que distinguir três situações: uma, em que essa leitura pertence à expressão idiomática, como em *bater no ceguinho*; e as outras, em que essa leitura já faz parte da palavra-base ou, então, é imposta pelo sufixo diminutivo. Por exemplo, o sentido metafórico '(pessoa) ingénua' tanto faz parte de *patinho* como de *pato*, mas só de *anjinho* e não de *anjo*. Neste último caso, o sufixo diminutivo parece ter por função, para além da depreciação, indicar que a base deve ser interpretada figuradamente. Bakema, Defour & Geeraerts (1993: 133) classificam esta função como *meta-semântica* e dão, entre outros, o exemplo de *telefoontje* 'conversa ao telefone'. É o que acontece também, por exemplo, em *carrinho* (brinquedo), *ferrinhos* (instrumento musical), *beijinhos* (búzios), *salgadinhos* (biscoitos), *sombrinhas* (cenas projectadas na tela por meio de uma lanterna mágica), *panelinha* (tramóia, conluio), *estrelinha* (sorte), *bandeirinha* (juiz de linha), *manhãzinha, tardinha* e *noitinha*.

8.7. Linhas de subjectivização e gramaticalização

Mesmo sem uma análise diacrónica, mas porque a polissemia é o reflexo sincrónico de mudanças semânticas, é possível verificar que a polissemia do diminutivo em Português reflecte aspectos e tendências típicas da mudança semântica, em geral, e da gramaticalização, em particular. Observam-se várias manifestações das três tendências de *subjectivização*, teorizadas por Traugott (1989) e Traugott & König (1991), que referenciamos no capítulo 4 e aqui repetimos:

- *Tendência I*: significados que descrevem uma situação externa → significados que descrevem uma situação interna (avaliativa/perceptiva/cognitiva);
- *Tendência II*: significados baseados na situação externa ou interna → significados baseados na situação textual ou metalinguística;
- *Tendência III*: maior propensão para significados baseados na atitude/estado de crença do falante perante o descrito na proposição.

Primeiro, a extensão do significado básico 'pequeno' para os sentidos 'avaliativos' está de acordo com a Tendência I: de um significado denotativo que descreve uma dimensão física e espacial dos objectos do mundo real passa-se a um significado conotativo baseado na avaliação (ainda mais) subjectiva que o falante faz dessa dimensão externa. Esta des-referencialização é também um caso de subjectivização no sentido da Tendência III: essas avaliações afectivas (e outras) têm a ver com (e veiculam) atitudes ou crenças do falante face à pequenez. Segundo, a extensão da 'diminuição do tamanho' para a 'diminuição de uma outra dimensão (tempo, intensidade, etc.)', bem como para outras formas de atenuação, como a 'aproximação' e a 'relativização', e ainda para a 'intensificação' e a 'individualização' é, nas palavras de Jurafsky (1996: 560), uma extensão de "predicados de primeira ordem" para "predicados de segunda ordem" e, desta forma, constitui um caso especial da Tendência II: de um significado que remete para o domínio extra-linguístico para um significado do domínio linguístico ou textual e/ou epistémico. O mesmo se poderá dizer em relação à função 'explicativa' do diminutivo. Terceiro, uma outra manifestação da Tendência II verifica-se nos usos discursivo-pragmáticos do diminutivo: do domínio referencial da pequenez dos objectos e do domínio subjectivo das avaliações afectivas, hedónicas ou outras dessa pequenez para o domínio pragmático do acto de fala e, assim, para a interacção dos participantes desse acto. Mudança que já se prefigura nos usos 'aproximativo' e 'relativizador' do diminutivo.[7] Finalmente, o desenvolvimento do diminutivo intensivo e o da função meta-semântica são manifestações diferentes da Tendência II.

Todos estes desenvolvimentos constituem diferentes processos (ou fases iniciais de processos) de gramaticalização. Categoria morfológica, identificada nas gramáticas pela função de formação do grau diminutivo dos substantivos, o diminutivo assume outras funções gramaticais (ou quase gramaticais) e funções pragmáticas: a de des-referencialização e mudança do plano denotativo para o plano conotativo, a função meta-semântica de figuração e pragmatização, a função enfática, a de indicador de "predicado de segunda categoria", funções pragmáticas várias, uma certa função morfológica de formação do grau intensivo (aumentativo/superlativo) e até, uma ou outra vez, a função morfo-sintáctica de conversão.

8.8. A estrutura semântica do diminutivo

Como síntese da descrição feita, a Figura 2 representa a estrutura semântica da categoria morfológica do diminutivo no Português contemporâneo. Os diferentes sentidos estão indicados nos rectângulos e as setas representam as relações entre eles. Rectângulos e setas descontínuos indicam usos periféricos e relações menos sistemáticas.

O diminutivo em Português constitui, pois, uma categoria radial e multidimensional de sentidos ligados entre si. No centro desta categoria está o sentido espacial de 'pequenez' ou 'diminuição do tamanho' – o protótipo (específico) do diminutivo – e, secundariamente, o reforço ou 'explicação' deste sentido, mas estão também outras 'diminuições/explicações', metafórica ou metonimicamente associadas, que partilham do mesmo atributo genérico 'pequenez (em alguma dimensão)'. Deste centro prototípico, dimanam os vários sentidos 'avaliativos', os meta-semânti-

---

[7] Estes usos aplicam-se ao significado referencial da palavra-base e, consequentemente, ao conteúdo proposicional da frase que a integra, mas permitem outra leitura equivalente a um acto de fala de 'advertência' de que esse significado ou esse conteúdo é aproximado ou de menor importância.

238 *O Mundo dos Sentidos em Português*

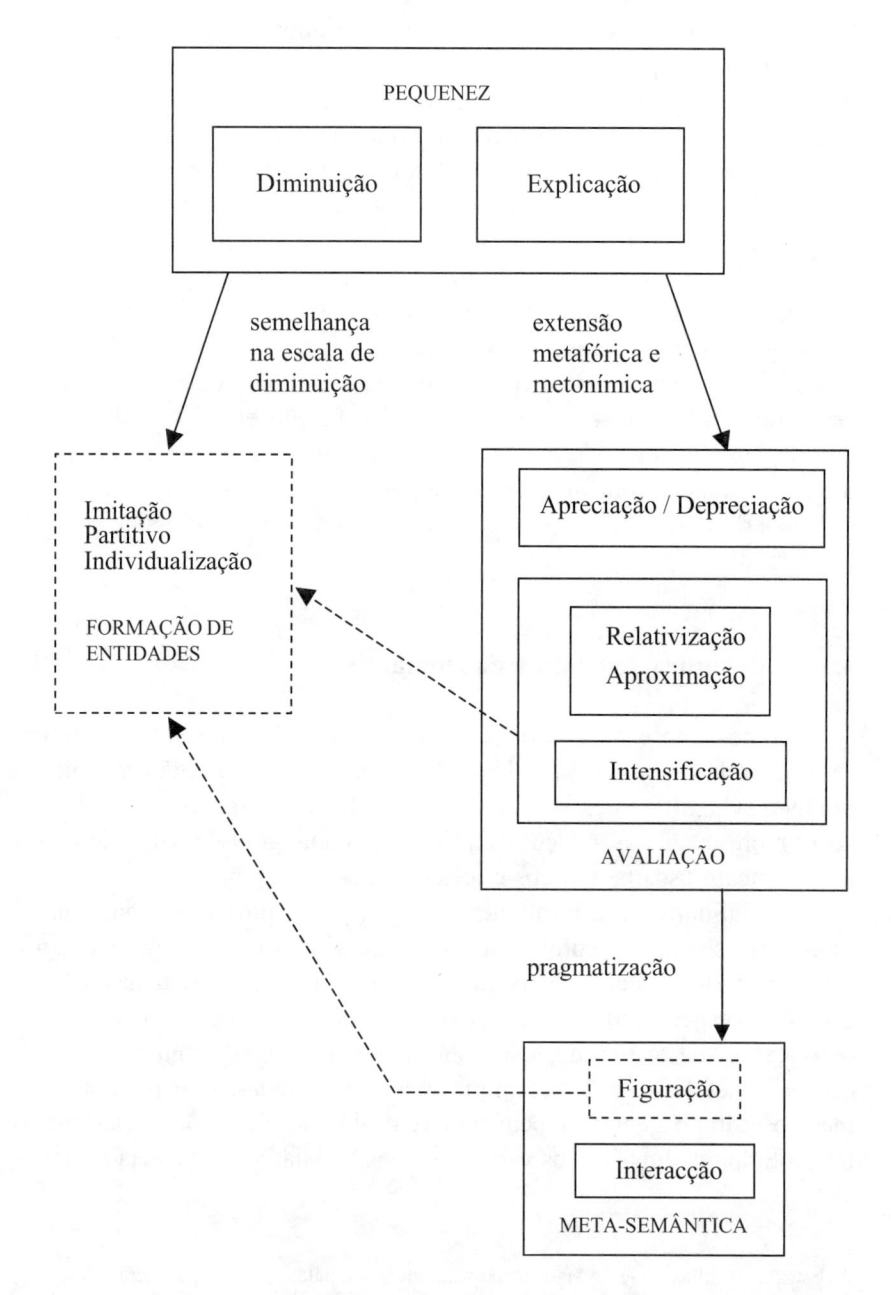

```
                    ┌─────────────────────────────────┐
                    │           PEQUENEZ              │
                    │  ┌───────────┐   ┌───────────┐  │
                    │  │ Diminuição│   │ Explicação│  │
                    │  └───────────┘   └───────────┘  │
                    └─────────────────────────────────┘
                        │                      │
                   semelhança              extensão
                   na escala de           metafórica e
                   diminuição             metonímica
                        │                      │
                        ▼                      ▼
    ┌- - - - - - - - - - - -┐   ┌─────────────────────────────┐
    │ Imitação              │   │  ┌───────────────────────┐  │
    │ Partitivo             │◄- -│  │ Apreciação / Depreciação│
    │ Individualização      │   │  └───────────────────────┘  │
    │                       │   │   ┌─────────────────────┐   │
    │ FORMAÇÃO DE           │   │   │   Relativização     │   │
    │ ENTIDADES             │   │   │   Aproximação       │   │
    │                       │   │   └─────────────────────┘   │
    └- - - - - -▲- - - - - -┘   │   ┌─────────────────────┐   │
               ╲                │   │   Intensificação    │   │
                ╲               │   └─────────────────────┘   │
                 ╲              │                  AVALIAÇÃO  │
                  ╲             └─────────────────────────────┘
                   ╲                        │
                    ╲                  pragmatização
                     ╲                      │
                      ╲                     ▼
                       ╲    ┌──────────────────────────┐
                        ╲- -│ ┌- - - - - - - - - - -┐  │
                            │ │      Figuração      │  │
                            │ └- - - - - - - - - - -┘  │
                            │  ┌────────────────────┐  │
                            │  │     Interacção     │  │
                            │  └────────────────────┘  │
                            │          META-SEMÂNTICA  │
                            └──────────────────────────┘
```

Figura 2. A estrutura semântica do diminutivo em Português

cos, quer a função (periférica) de 'figuração' quer a discursivo-pragmática de 'interacção' e, numa zona mais periférica, os usos que cumprem a função de 'formação de entidades', quase sempre lexicalizados. Mas uma estrutura não apenas radial como essencialmente multidimensional: entre outras, e já no centro da categoria, a dimensão do domínio ou escala de diminuição e a do reforço ou explicação da diminuição, a dimensão referencial ou denotativa e a subjectiva e conotativa e, dentro desta, a emotiva e a discursivo-pragmática. Consequentemente, determinado sentido pode resultar da combinação de duas ou mais dimensões e, inversamente, uma destas dimensões pode entrar em diferentes sentidos do diminutivo. E, consequentemente também, os diferentes sentidos do diminutivo entrecruzam-se e sobrepõem-se, como vimos. Finalmente, uma estrutura baseada no nosso conhecimento experiencial e enciclopédico e em mecanismos próprios desse conhecimento: é a relativa pequenez do referente e são as diferentes atitudes dos falantes em relação a pequenos referentes que motivam o desenvolvimento de diminutivos explicativos, avaliativos e pragmáticos. E, por tudo isto, uma estrutura semântica não só rica e complexa como suficientemente coerente e, assim, capaz até de conciliar sentidos opostos.

A estrutura representada na Figura 2 permite leituras evolutivas do diminutivo, tanto a nível semântico como, até certo ponto, formal. Semanticamente, podem distinguir-se duas tendências principais. De um lado, a formação de sentidos afectivos e outros avaliativos e de sentidos meta-semânticos, em particular discursivo-pragmáticos, a partir, sobretudo, dos sentidos explicativos centrais. É esta a linha de des-referencialização e de subjectivização, referida no ponto anterior, e que aumenta do diminutivo avaliativo para o diminutivo pragmático, e é também esta a principal linha de gramaticalização, claramente crescente, do diminutivo. É este o plano da significação não-referencial (ou conotação) emotiva, discursiva e estilística do diminutivo. E a principal extensão semântica, pela qual o diminutivo se torna um meio eficazmente expressivo (afectivo e estilístico) e interactivo (pragmático). Enfim, é esta extensão que faz do diminutivo um instrumento linguístico de uso frequente no Português, porventura mais do que nas outras línguas sul-românicas, também ricas em sufixos diminutivos, e de expressão, como bem observou Skorge (1958: 51), da emotividade e da brandura (de uma certa feminilidade, acrescenta Skorge) do povo português. Do outro lado, os sentidos de 'formação de entidades', desenvolvidos a partir do sentido central estritamente diminutivo. É esta a extensão denotativa, do significado referencial, que prolonga a que já antes se iniciara com a natural aplicação do diminutivo a outras escalas de diminuição. Uma extensão reduzida e cristalizada, mais fraca e bem mais condicionada do que no Neerlandês, por exemplo, ou em muitas outras línguas, como nos mostra a parte "semântica" do esquema radial de Jurafsky, reproduzido na Figura 1. E, também por isso, uma extensão que não chega a incorporar usos que nela até poderiam estar incluídos, como o aproximativo e o intensivo. E uma extensão de especialização semântica, com as consequências formais que a seguir referiremos.

Formalmente, também podemos verificar duas tendências evolutivas. Do lado direito, o sufixo diminutivo vai mantendo a sua identidade própria, não só semântica como morfológica, esbatendo-a apenas no último ponto da extensão, quando se torna marca de figuração. Mas do lado esquerdo, o sufixo assume a função abstracta de 'formação de entidades' e, em consonância, as respectivas formações morfológicas tendem a lexicalizar-se, a tornar-se itens lexicais autónomos. A diminutivização morfológica torna-se, assim, um meio de criação de novas formas lexicais, que, como refere Taylor (1995a: 148), podem ter o estatuto de "formas à procura de significado". E o mesmo processo de abstracção do sufixo permite que ele se possa aplicar a bases não nominais e, portanto, semanticamente mais abstractas, donde alguns diminutivos nominais de-adjectivais e de-adverbiais e os diminutivos verbais (de-verbais) iterativos, situados nesta zona semântica. Mas esta mudança da categoria morfo-sintáctica da base (de nomes para outras categorias) ocorre também do lado direito: à excepção do diminutivo afectivo, altamente produtivo, noutros casos, como o diminutivo relativizador, o aproximativo e o intensivo (de-adjectival e de-adverbial), a sufixação torna-se bem menos produtiva, semanticamente mais afastada do centro e até chega a lexicalizar-se. Quanto à distribuição dos diferentes sufixos diminutivos e à questão da sua escolha, o que a estrutura semântica permite predizer é que é natural que seja na área de maior desenvolvimento semântico que se encontrem mais concorrentes ao sufixo *-inho* e, além disso, alguns tendam a preencher determinados pontos mais marcados; e que é também natural que surjam na área denotativa sufixos que já perderam o seu valor diminutivo.

Estes resultados permitem evidenciar algumas limitações de outros estudos sobre o diminutivo. Por um lado, o minimalismo monossemista de análises como a de Wierzbicka, postulando como significado fundamental a fórmula "pensar numa entidade como algo pequeno, e pensar nela do mesmo modo que alguém pensaria sobre algo pequeno" (Wierzbicka 1980: 53-60), ou um conceito abstracto baseado em 'pequeno/criança' (Wierzbicka 1984): tanto esta fórmula como esse conceito, aquela que não define e este que não chega a ser definido, não só não podem explicar a diferenciação entre os vários sentidos do diminutivo e a sua ocorrência (ou não) em determinada língua, como não podem distinguir o diminutivo de outras categorias com essa mesma "base" semântica. O mesmo se pode dizer de outras tentativas monossemistas, criticamente referenciadas por Jurafsky (1996: 537-38). Por outro lado, um certo pluralismo polissemista de análises como a de Jurafsky (1996): a representação que reproduzimos na Figura 1, se permite evidenciar as diferenciações e estabelecer as ligações entre os usos derivados e o seu centro prototípico, não consegue, porém, dar conta da estrutura multidimensional que está na base dessas ligações.

8.9. Polissemia dos afixos

A semântica do diminutivo em Português é uma excelente demonstração da polissemia dos afixos derivacionais. Mais especificamente, os resultados da presente análise infirmam a visão sintacticista e abstraccionista (um único significado abstracto) e/ou homonimista (divisão em afixos homónimos) comummente assumida em morfologia derivacional e confirmam a tese de que o comportamento semântico (semasiológico) dos afixos derivacionais é essencialmente idêntico ao dos itens lexicais. À semelhança de um item lexical, também um afixo derivacional tende a exibir um conjunto de sentidos conceptualmente relacionados entre si pelos mesmos mecanismos cognitivos – metáfora, metonímia, subjectivização ou outros – e organizados em termos radiais e multidimensionais. Metodológica e teoricamente, os mesmos instrumentos analíticos de descrição e explicação da polissemia de uma palavra podem ser utilizados para a polissemia de um afixo. São também estes os resultados de estudos cognitivos como o de Panther & Thornburg (2002) sobre o sufixo *-er* em Inglês ou o de Lehrer (2003) sobre uma variedade de prefixos e sufixos na mesma língua.

Para maior ilustração, deixamos alguns elementos de análise dos sentidos do sufixo *-eir-* (cuja polissemia é, em certos pontos, diferente da do sufixo correspondente em Inglês).[8] O sentido central do sufixo, actualizado em formações como *pedreiro, sapateiro, peixeiro, cabeleireiro, jardineiro, cozinheiro, porteiro, parteira*, pode definir-se como 'agente humano que exerce uma acção ou actividade (tipicamente artesanal) como sendo a sua ocupação primária ou profissão'. Liga-se a bases nominais e desencadeia, na própria base, a operação metonímica superordenada 'objecto por acção/actividade' relacionada com esse objecto (objecto da acção/actividade ou qualquer outro elemento do evento: lugar, instrumento, produto, etc.); produz derivados nominais com usos referenciais ou predicativos.

Deste centro partem várias extensões metonímicas, motivadas por diversas relações de contiguidade com alguma componente do cenário transitivo agentivo característico das acções e actividades humanas. As respectivas formações (maioritariamente nominais, mas também adjectivais) designam, algumas ainda o agente humano numa actividade habitual depreciativa (*politiqueiro, fofoqueiro, bisbilhoteiro*), mas a maior parte, já não o agente humano, mas algum outro elemento contíguo dentro do mesmo cenário agentivo ou num outro de algum modo relacionado (podendo estar já bastante afastado): o 'instrumento' da acção (*masseira, calçadeira, enfardadeira, cafeteira*) ou 'meio (de transporte)' (*veleiro*), o 'local' da actividade (*marisqueira*); já mais afastado do cenário transitivo prototípico, o 'continente, recipiente' (*açucareiro, tinteiro, louceiro, roupeiro, galinheiro, bagageira, saladeira, floreira*), o 'lugar onde existe grande quantidade' (*giesteira, capoeira, galinheiro, pedreira, formigueiro*) ou 'grande quantidade/intensidade/colectivo' (*nevoeiro, poeira, cabeleira, estrumeira, trabalheira, soneira, ficheiro*), o 'produto preparado à base de' (*alheira, orelheira*), a 'naturalidade' (*brasileiro*), a 'posição' (*dianteiro, dianteira, traseiro*), o 'modo' (*certeiro, grosseiro*), um 'estado, qualidade ou propriedade (depreciativa e excessiva)' (*pasmaceira, bandalheira, bebedeira, asneira*), uma 'doença' (*cegueira, papeira*) e ainda a noção mais abstracta de 'conectado com, em relação com' (*hoteleiro, braçadeira, verdadeiro*).

---

8 Dois estudos recentes sobre a polissemia do sufixo *-eir-*: Tchobánova (2002) inventaria os sentidos mas não descreve a respectiva estrutura; Almeida & Gonçalves (2005) desenham uma estrutura radial de seis pontos (agentes profissionais, agentes habituais, agentes naturais, locativos, intensificadores e modais).

Daquele mesmo centro prototípico, partem outras extensões, agora de natureza metafórica, que designam plantas produtoras de frutos, flores ou algum outro produto (em analogia com os agentes humanos profissionais), como *laranjeira, pessegueiro, tomateiro, roseira, loureiro, benjoeiro*. A metáfora actua também noutras formações de plantas e animais, como *trepadeira, perdigueiro*; e ainda, interactuando com a metonímia, em alguns dos derivados anteriores, como os que designam instrumentos ou, mais regularmente, actividades habituais ou qualidades depreciativas (*politiqueiro, bisbilhoteiro, fofoqueiro, caloteiro*), eventos (*bebedeira, canseira, pasmaceira, brincadeira, asneira, nevoeiro*) ou estados, através das metáforas superordenadas EVENTOS SÃO OBJECTOS e ESTADOS SÃO OBJECTOS.

Estes dados sugerem um outro procedimento divergente das análises tradicionais: a não divisão homonímica do sufixo quando estão envolvidas formações cuja base é categorialmente diferente. Neste caso, existem suficientes elementos de associação conceptual que injustificam a separação entre as formações de base nominal e as formações de base adjectival. Naturalmente que estas e outras associações entre conceitos aparentemente tão díspares, como agentes e qualidades/estados, agentes e locais, agentes e quantidades, só se apreendem quando vislumbramos o conhecimento enciclopédico envolvido e as interconexões.

Tanto o sufixo diminutivo como o sufixo *-eir-* mostram também que a dinâmica derivacional de um afixo (a sua produtividade e as suas restrições) está directamente ligada ao seu semantismo (e ao semantismo da base) e que a produtividade de um padrão derivacional é tanto maior quanto maior for a sua capacidade de exploração de operações cognitivas como a metáfora e a metonímia ou de operações cognitivo-pragmáticas como a inferenciação e a subjectivização.

Ainda em comparação com a polissemia lexical, observa Lehrer (2003: 230) que a polissemia dos afixos derivacionais parece nem sempre confirmar a direccionalidade característica daquela, isto é, a trajectória que vai do sentido mais concreto ao sentido mais abstracto: por exemplo, os prefixos *pré-* e *pós-* expressam primariamente conceitos temporais, sendo os seus conceitos espaciais sincronicamente secundários e diacronicamente posteriores. Mas, e como a própria Lehrer adianta, para além de não ser seguro que o tempo seja mais abstracto do que o espaço, estes e outros aparentes contra-exemplos poderão ser um efeito do facto de os afixos exprimirem, já por si, conceitos abstractos.

Concluindo, e fazendo a ponte com o capítulo seguinte, as unidades gramaticais são também e do mesmo modo que as lexicais *significativas* e, tal como Langacker salienta, Gramática e Léxico constituem um *continuum* só arbitrariamente divisível e "morfemas, categorias e construções gramaticais todos tomam a forma de unidades simbólicas" (Langacker 1991: 16) e, assim, tipicamente polissémicas.

CAPÍTULO 9

Polissemia na Sintaxe: o objecto indirecto e a construção ditransitiva

9.1. O protótipo do objecto indirecto

São vários e diferentes os sentidos do objecto indirecto (doravante, OI) em Português: basta comparar os OI de casos como dar algo *a alguém*, dizer algo *a alguém*, levar algo *a alguém*, prometer algo *a alguém*, tirar algo *a alguém*, obedecer *a alguém*. Facilmente reconheceremos que o sintagma *à Maria* da frase

(1) *O João deu um livro à Maria.*

exemplifica o OI prototípico. Definimo-lo como o **'recipiente activo de uma transferência material benefactiva'**.[1] Por outras palavras, o OI prototípico remete para um cenário envolvendo um processo de transferência física plenamente realizado, um agente humano que intencionalmente realiza essa transferência, uma entidade material que é transferida de um lugar e do domínio de controlo de uma pessoa para outro lugar e para o domínio de controlo de outra pessoa e a funcionalidade benefactiva da transferência; e neste cenário, o OI refere a pessoa a quem se dirige a transferência e que dela beneficia. O mesmo cenário está sintacticamente codificado na construção ditransitiva SN1+V+SN2+*a*N3: o processo de transferência é codificado pelo verbo, o possuidor actual do objecto transferido que intencionalmente causa e inicia o processo de transferência realiza-se no sintagma nominal sujeito, a entidade material

---

1 A análise que aqui desenvolvemos segue de perto o modelo da de Geeraerts (1998) sobre o objecto indirecto no Neerlandês. Outras análises cognitivas da semântica do objecto indirecto e da construção ditransitiva incluem Goldberg (1992, 1995), Newman (1996), Rudzka-Ostyn (1996), Delbecque & Lamiroy (1996) e Maldonado (2002). Referência ao trabalho funcionalista de Vázquez Rosas (1995).

transferida ocorre no sintagma nominal objecto directo e a pessoa que recebe e passa a poder manipular esta entidade está codificada no sintagma preposicional introduzido pela preposição direccional *a*, justamente o OI.[2] O verbo que melhor lexicaliza o processo de transferência benefactiva de uma entidade material é *dar*.

O OI prototípico combina dois papéis temáticos logicamente independentes: Meta (ou Recipiente) e Beneficiário. Esta dualidade provém da copresença de duas dimensões do processo de transferência: a dimensão *espacial*, isto é, a transferência como mudança de lugar, deslocação de um objecto de um ponto a outro, faz do OI a Meta desse movimento ou o Recipiente desse objecto deslocado; e a dimensão *funcional*, ou a transferência como um processo com efeitos específicos na pessoa que recebe o objecto, faz do OI o Beneficiário dessa transferência (naturalmente também o Experienciador desses efeitos e o Possuidor do objecto material transferido). Quer como Recipiente quer como Beneficiário, o OI prototípico é um participante *activo* do processo, no sentido não apenas de poder iniciar, de alguma forma, uma *interacção* com o objecto recebido[3] ou reagir, de algum modo, ao que entra no seu domínio de controlo, mas sobretudo poder controlar e manipular o objecto consoante as suas intenções e os seus desejos.

Como a Figura 1 permite visualizar, o protótipo do OI constitui uma estrutura perspectivável em duas dimensões principais – a *espacial* e a *funcional* – e decomponível em três ou quatro componentes conceptuais – 'recipiente', 'transferência', natureza 'material' e 'benefactiva' da

---

[2] O OI em Português liga-se ao verbo por meio da preposição *a*, e também, embora já não da valência do verbo (sobretudo no que diz respeito ao Português Europeu), pela preposição *para*. Excepcional e provavelmente mais no Português Brasileiro, ainda as preposições *em* e *de* (Berlinck 1996: 123). A possibilidade de substituição pela forma dativa do pronome pessoal *lhe*(*s*) constitui o melhor critério formal para a sua identificação. Não obstante, no português Brasileiro o uso dos clíticos tanto acusativos como dativos já desde o século passado tende para o registo formal, sendo o clítico *lhe*(*s*) substituído por *a*/*para* + *ele*(*s*) na linguagem não-formal (Berlinck 1996: 125-126).

[3] Nos termos da caracterização do OI feita por Langacker (1990b: cap. 9, 1991: 324-329, 358-359). O OI codifica um *participante central* do processo, constituindo portanto uma função sintáctica *central* (e não *oblíqua*, como habitualmente se pretende), que partilha com o sujeito a propriedade de participante *activo* ou agencialidade e com o objecto directo as propriedades de afectado e de participante do domínio *alvo* do fluxo de energia (Langacker, *ibid.*; Vázquez Rosas 1995: cap. 2). Para maior desenvolvimento, ver Silva (1999c).

```
          espacial
    ╲       │       ╱
     ╲  ┌───────────┐  ╱
   ᕵ  ╲ │ RECIPIENTE│ ╱  ᕵ
   c   ╲│  ACTIVO   │╱   c
   ᕵ    │           │    ᕵ
   c    │DE UMA TRANS-   c
   i    │ FERÊNCIA  │    i
   o    │ BENEFACTIVA    o
   ᕵ    │           │    ᕵ
   a    │DE UMA ENTIDADE a
   ᕵ   ╱│  MATERIAL │╲   ᕵ
      ╱ └───────────┘ ╲
     ╱        │        ╲
          espacial
```

Figura 1. O protótipo do OI em Português

transferência. Compreenderemos assim que cada uma das componentes do protótipo pode ser ponto de partida de mudanças semânticas e cada uma por si pode também ser objecto de diferentes tipos de mudança semântica.

9.2. Extensões metafóricas

Uma extensão do protótipo do OI, facilmente identificável, envolve um processo de metaforização incidindo sobre a natureza material da entidade transferida: de (recipiente de) uma transferência material, passa--se para (recipiente de) uma transferência não-material. Há aqui dois tipos de extensão metafórica. Um diz respeito a transferências de entidades abstractas (só metonimicamente traduzidas em objectos concretos), como em (2).

(2) a. *Dai-nos a paz!*
     b. *Deu-lhe a vice-presidência do partido.*

O outro envolve extensões no domínio dos actos verbais e/ou cognitivos, como em (3), e no domínio dos actos de percepção sensorial, como em (4), instanciando a metáfora do conduto (Reddy 1979).

(3) a. *O João disse à Maria que vinha.*
    b. *O João ensinou inglês à Maria.*
(4) *O João mostrou o quadro / a paisagem à Maria.*

Estas duas extensões metafóricas encontram a sua motivação em diferentes aspectos do protótipo do OI: enquanto a primeira parte da concepção funcional, a segunda toma a perspectiva espacial ou orientacional.

Outras extensões metafóricas são as que se dão em contextos como (5) e (6):

(5) a. *O negócio dá-lhe muito dinheiro.*
    b. *Ele deixou-lhe boas recordações / muitas saudades.*
    c. *O loureiro dá um sabor especial à comida.*
(6) a. *Dei um beijo à Maria.*
    b. *Ela deu-lhe uma estalada.*
    c. *Devo-lhe muitos favores.*

No primeiro caso, eventos causais são metaforicamente conceptualizados como processos de transferência: é a metáfora conceptual, bastante produtiva, EVENTOS CAUSAIS SÃO TRANSFERÊNCIAS (Goldberg 1995: 144). No segundo caso, acções intencionalmente dirigidas a alguém e, como (6.c), realizadas em benefício de alguém são conceptualizadas como entidades que são transferidas para essa pessoa. Em ambos os casos, o ponto de partida da metaforização é, sobretudo, a componente 'transferência' do OI prototípico. Verifica-se, assim, que o que habitualmente se considera como expressões idiomáticas ou como construções especiais com o verbo suporte *dar* está perfeitamente integrado no sistema conceptual do OI e da construção ditransitiva.

9.3. Extensões por generalização

Um outro tipo de extensão do protótipo envolve um processo de generalização dos aspectos funcionais da transferência e traduz-se num *enfraquecimento* do papel activo e de Beneficiário do recipiente da transferência prototípica. Basicamente, passa-se, assim, de um Beneficiário com poder de controlo sobre o objecto recebido e liberdade de o usar e manipular a uma entidade que passivamente recebe e sofre o efeito da transferência. É isso o que mostram os seguintes exemplos:

(7) *O médico fez-lhe o implante de um rim.*
(8) a. *Atirei-lhe um balde de água fria.*
   b. *O mar deixou-lhe sal nos lábios.*
   c. *Disse-lhe que não podia ir.*
(9) *O João deu brilho aos sapatos.*

Em nenhum destes exemplos se observa uma transferência no domínio do *controlo* do OI, característica do protótipo, exemplificado acima na frase (1). O exemplo de (7) mostra uma transferência no domínio do *uso* do OI: a entidade transferida é usada mas não manipulada pelo Beneficiário. Os exemplos de (8) ilustram uma transferência no domínio da *experiência* do OI: este simplesmente experiencia o que entra no seu domínio e, consequentemente, os efeitos do processo de transferência. Finalmente, (9) é o ponto máximo de generalização: a transferência dá-se agora no domínio da *afectação* do OI, tipicamente não-humano, como mudança dos seus atributos e características.

Entenda-se também o que é próprio de um processo de generalização: cada extensão inclui o sentido original como um caso especial. Os casos de transferência no domínio de controlo implicam transferência no domínio da experiência e implicam, por último, que o OI é de alguma forma *afectado* pela transferência. Pode assim encontrar-se um traço não prototípico mas esquemático (genérico) do OI: entidade 'afectada' pelo processo (menos afectada do que o OD e, ainda em contraste com este, cuja capacidade de reagir aos efeitos da acção não é desconsiderada) – traço, aliás, apontado por Rudzka-Ostyn (1996) e Delbecque & Lamiroy (1996), entre outros. Outro traço esquemático é o de 'experienciador' (Langacker 1991: 324-329).

Observe-se agora que esta escala de generalização dos efeitos funcionais ocorre também do lado das transferências metafóricas de entidades não-materiais, estudadas na secção anterior. O Quadro 1 sistematiza a respectiva correlação.

	Recipiente de transferência *material*	Recipiente de transferência *abstracta*	Recipiente de transferência *verbal/perceptiva*
transferência no domínio do *controlo* do OI	Dei um livro *à Maria*.	Dei a alma *a Deus*. Dei-*lhe* a chefia do partido Dei-*lhe* o direito de ensinar.	
transferência no domínio do *uso* do OI	O médico fez-*lhe* o implante de um rim.	Dou-*te* dois dias para decidires.	
transferência no domínio da *experiência* do OI	O acidente deixou-*lhe* uma cicatriz na cara. Dá-*me* um beijo!	Dai-*nos* a paz! O filho deu-*lhes* alegrias. Dei-*lhe* força e coragem.	Disse *à Maria* que vinha. Ensinei inglês *ao Zé*. Mostrei o quadro *à Maria*.
transferência no domínio da *afectação* do OI	Ele deu brilho *aos sapatos*.	O júri atribuiu o primeiro lugar *à atleta portuguesa / ao invento português*.	

Quadro 1. Generalização e metaforização do protótipo do OI

Ainda sobre os efeitos funcionais da transferência, apreciemos os chamados "dativus commodi/incommodi" (ou "dativo benefactivo/malefactivo") e "dativo possessivo" (ou "dativo partitivo"). O dativo de benefício/prejuízo, exemplificado em

(10) a. *O Zé abriu a porta aos convidados / para os convidados.*
b. *Ligue-me a luz, que não vejo!*
c. *Comprei um livro para a Maria.*

reforça a função benefactiva/malefactiva da transferência, acentua a importância da acção para o OI, mas retira ao recipiente humano o seu papel 'activo' e a sua envolvência no processo: o OI é um recipiente passivo, um elemento determinado pela *intencionalidade* do agente – a preposição *para* evidencia essa intencionalidade –,[4] exterior à valência verbal. Situa-se na mesma posição de generalização que a do recipiente de transferências verbais/perceptivas: também ele é apenas experiencia-

---

4 Maldonado (2002: 38) caracteriza o dativo benefactivo em termos de *trajectória de intencionalidade* com que o agente executa a acção em benefício(/malefício) de um possível receptor.

dor dos efeitos da acção, mas ao contrário deste, um recipiente e experienciador por acidente. Mas este dativo resulta também da mesma metaforização da 'transferência' observada em (6.c): acções executadas com a finalidade de beneficiar ou prejudicar alguém são conceptualizadas como objectos transferidos para essa pessoa.

Quanto ao dativo possessivo, exemplificado em

(11) a. *É a mulher que lhe corta o cabelo.*
b. *Rasguei-lhe as calças.*
c. *Isso abriu-me os olhos.*

observam-se a mesma generalização no sentido de um recipiente como experienciador, mas agora salientando a sua afectação, ou melhor, todo o domínio de afectação; a mesma metaforização da ideia de transferência, ligada agora a uma relação de posse, não consequente, como nos casos de transferência literal, mas pré-existente; a mesma exterioridade do OI em relação ao processo.

Reapreciando estes dois casos particulares de OI e acrescentando-lhes um outro, o da construção "se lhe", exemplificada em (12), conclui-se que os três casos (bem como o chamado "dativo ético", a que adiante nos referiremos) ilustram um processo de enfraquecimento – portanto também um processo de generalização – do papel 'activo' do recipiente, mas agora relativamente à sua envolvência no processo, traduzindo-se pois num não envolvimento (mais ou menos acentuado). O OI destes quatro casos exprime a parte interessada afectada pelo processo, mas sem estar activamente envolvida nele. A construção "se lhe" traduz, especificamente, o 'envolvimento involuntário e não-responsável' da entidade representada pelo clítico *lhe*.[5]

(12) a. *Deram-se-lhe todas as informações sobre o novo projecto.*
b. *Secaram-se-lhe as flores.*

Um outro tipo de extensão por generalização é o que se dá em casos como

---

[5] Esta construção pode atribuir um outro valor ao dativo: o que adiante se designa como *dativo de afectação*, presente nos exemplos (15.c, d).

(13) a. *Levei o João ao médico.*
 b. *O pai deixou de enviar dinheiro ao malandro do filho.*
 c. *Trouxe-me uma prenda de Paris.*

Trata-se agora de um processo de generalização dos aspectos *espaciais* do protótipo da transferência: o OI é não só o 'recipiente de uma transferência', mas também e claramente a 'meta, direcção, destino de um movimento' de deslocação do objecto, justamente expresso por um verbo de movimento.[6] Este uso espacial do OI encontra também motivação diacrónica: era este um dos usos do dativo latino, e vários autores defendem a tese localista da origem do dativo latino e indo-europeu, considerando que a sua função primária terá sido a de exprimir a direcção de um movimento.[7] A ser verdade, a relação diacrónica entre a concepção espacial e a concepção funcional do dativo é a inversa da relação sincrónica, tendo-se assim verificado uma mudança do protótipo, o que teoricamente não representa nenhuma anomalia.

Esta generalização da dimensão espacial pode combinar-se com a metaforização da transferência e do movimento. É o que acontece com verbos que exprimem um movimento abstracto ou metafórico:

(14) a. *Associou a empresa a uma banca europeia.*
 b. *Ligou um indício ao outro e descobriu o assassino.*
 c. *Trago-te uma boa notícia.*

Na mesma linha de generalização dos aspectos espaciais do protótipo, situa-se ainda o que Maldonado (1998) designa como *dativo de afectação*:

---

6 Sobre o objecto indirecto como relação locativa metafórica, ver Cifuentes & Llopis Ganga (1996).
7 Van Langendonck (1998) e Van Hoecke (1996) assinalam que não há elementos suficientes para identificar a origem específica do dativo. Decidir, para o Latim, entre a tese localista ou simplesmente uma função gramatical ou lógica (Van Hoecke 1996: 16) – lembre-se que o Latim perdeu o locativo como *casus*, exprimindo os diferentes complementos de lugar através do ablativo, frequentemente precedido por preposição – e, para o Indo-Europeu, entre o conceito de lugar e o conceito de pessoa (Van Langendonck 1998: 253) parece não ser possível. Sobre o dativo em Latim, ver também Silva (1999c).

(15) a. *O filho morreu-lhe nos braços.*
b. *O conferencista deixou-nos uma péssima impressão.*
c. *Rebentou-se-me o balão.*
d. *Escapou-se-me das mãos.*
e. *À Maria detectaram-lhe um cancro.*

A entidade expressa por este dativo funciona como o 'lugar' concreto ou abstracto (emocional/mental) em que a acção se desenrola, sendo assim afectada por ela. Mais uma vez, uma mudança motivada pelo valor locativo do dativo latino. Mas o dativo de afectação participa também do mesmo processo de generalização dos aspectos funcionais do protótipo, apontado acima para os dativos bene(male)factivo, possessivo e ético: também ele é um participante não activo, experienciador afectado, elemento exterior à valência do verbo, situado fora da acção mas dentro do cenário.[8]

9.4. Extensões metonímicas

A componente conceptual 'transferência' do protótipo do OI é também ponto de partida de extensões metonímicas: em vez de nomear o recipiente de um processo actual de transferência, o OI passa a identificar pessoas ou outras entidades envolvidas em acções ou estados de coisas metonimicamente associados a processos de transferência. Dois importantes tipos de extensão metonímica se podem distinguir. Por um lado, a construção com OI refere-se a acções ou estados de coisas que *precedem* processos de transferência, nomeadamente, acções preliminares, preparações, condições, intenções, etc. Por exemplo, quando alguém (A) promete algo a alguém (B), como, por exemplo, em (16.a), embora a transferência ainda não se tenha dado, B é construído como beneficiário de uma acção preliminar (a promessa) que, em princípio, levará à actualização da transferência. Outros exemplos de metonímia *da acção prece-*

---

8 Em contraste com outros dativos não-valenciais: o bene(male)factivo, situado dentro da acção, e o ético, fora tanto da acção como do cenário. Maldonado (1998) caracteriza os vários dativos em termos de *distância conceptual* relativamente ao núcleo do evento, propondo a seguinte escala (decrescente) de proximidade: objecto indirecto (valencial) > dativo de afectação > (benefactivo) > dativo ético.

dente dão-se com verbos de preparação, criação, obtenção, transacção comercial ou um outro tipo de aquisição, posse futura, reserva, permissão, etc., exemplificados em (16).

(16) a. *O Zé prometeu um carro ao filho.*
b. *Preparei-te uns camarões grelhados.*
c. *Tire-me um café, por favor!*
d. *Construiu uma linda casa para o seu filho.*
e. *Comprei/vendi/aluguei-lhe uma casa.*
f. *Conquistou o território aos mouros.*
g. *Deixou/legou/doou ao João a casa do Algarve.*
h. *Mando-te a encomenda pelo correio.*
i. *Reservei-lhe o jornal / um quarto com vistas para o mar.*
j. *O juiz deixou/permitiu-lhe estar com o filho aos fins-de-semana.*

Nestes casos, o OI é 'a entidade afectada por uma acção (explicitamente mencionada) preparatória de uma transferência funcional (não mencionada), da qual essa entidade é o recipiente'.

Por outro lado, a construção com OI refere-se a estados de coisas que se *seguem* a processos de transferência: estados resultantes, efeitos, mudanças efectuadas. Por exemplo, quando se diz *à morte dos pais a casa passa a pertencer-lhe* ou *o presente é-me muito útil*, descreve-se alguém como o beneficiário de um acto de transferência, mas focaliza-se a situação *posterior* a esse acto, o qual, por isso mesmo, embora implicado, não é explicitamente mencionado. Agora, o OI é 'a entidade afectada por um estado (explicitamente mencionado) resultante de uma transferência funcional (não mencionada)'. Outros exemplos de metonímia do *estado resultante* encontram-se em (17).

(17) a. *Já ninguém adere ao partido comunista.*
b. *Falta-me um livro para terminar a colecção.*
c. *O João (des)obedeceu ao pai.*
d. *Cabe-lhe a tarefa de encontrar uma solução para o conflito.*
e. *Aconteceu-lhe uma tragédia.*
f. *A sua decisão pareceu-me bem.*
g. *É-me difícil admitir isso.*
h. *Tudo o que é humano me interessa.*

Casos há em que já não se percebe qualquer referência ao processo de transferência: o OI passa então a ser, por um processo de generalização, a 'entidade afectada numa relação estática'. É aqui que surgem interpretações do OI como puro 'possuidor', puro 'experienciador' ou pura 'entidade afectada'.

Todos estes casos de metonímia do estado resultante são expressos por uma construção intransitiva bivalente (SN1+V+*a/para* N2), sem agente ou causa (o sujeito gramatical é o objecto ou tema). Esta codificação gramatical é a consequência natural da mudança de perspectiva, do 'acto' de transferência para o 'resultado' desse acto. Focalizando-se o resultado em vez do próprio acto, oculta-se então o agente ou causador da transferência inicial.

Os dois tipos de extensão metonímica que acabámos de descrever ocorrem também entre vários dos diferentes usos do OI que distinguimos nas secções anteriores. O Quadro 2 dá conta desta correlação, mas sem apresentar todas as possibilidades de combinação.

		METONÍMIA DA ACÇÃO PRECEDENTE	METONÍMIA DO ESTADO RESULTANTE
CONTROLO	material	Preparei-*lhe* um café. Prometi-*lhe* um carro. Reservei-*lhe* o jornal.	A casa passa agora a pertencer-*me*. O presente é-*me* muito útil.
	abstracto	Prometi a minha alma *a Deus* / a chefia do partido *ao João*.	O futuro *a Deus* pertence. Cabe-*lhe* a chefia do partido /a decisão final. A capacidade de ler depressa é-*me* vantajosa.
EXPERIÊNCIA	material	Prometeu-*lhe* uma canção. Dedicou--*lhe* o prémio. Preparou-*lhe* um banho. Mando-*te* um abraço.	A canção agrada-*me* muito. À Joana desagrada-*lhe* o cheiro a gasolina. Não resisti *às carícias dela*. Doem--*me* as costas.
	abstracto	Prometeu *ao povo* paz e bem-estar. Arranjou-*lhe* uma grande chatice. Criou-*me* dificuldades. Concedeu--*lhe* a independência.	Tudo o que é humano *lhe* interessa. Apraz-*me* saber que estás bem. Obedeceu *às ordens do pai*. Compete-*te a ti* decidir.
AFECTAÇÃO	material	O Presidente da Câmara desejou *ao novo museu* muitos visitantes.	A tinta adere bem *à parede*. O rato é comum *a todos os computadores*.
	abstracto	Augurou *à nova teoria* uma longa vida.	As mudanças convêm *à teoria*. Já ninguém adere *à ideologia comunista*. A melancolia é comum *a toda a música romântica*.

Quadro 2. Correlação entre metonímia, generalização
e metáfora na extensão semântica do OI

9.5. Subjectivização: o dativo ético

A partir dos usos do OI como experienciador ou entidade afectada numa relação estática (generalização da metonímia do estado resultante), uma outra extensão semântica conduz a um uso muito especial do OI – o chamado "dativo ético", exemplificado em (18).

(18) a. *Não **me** chegues tarde a casa!*
 b. *Conta-**me** bem essa história ao miúdo!*
 c. *Aquele é que **te** saiu um grande patife!*

O dativo ético é o resultado da mudança do domínio *referencial* da frase para o seu plano *pragmático*, isto é, para o domínio dos participantes do respectivo acto de fala: a entidade interessada e afectada não faz parte do domínio referencial em que a acção ou situação têm lugar, mas do domínio pragmático em que a frase é enunciada. Esta mudança é um exemplo claro do processo de *subjectivização*, tal como tem sido descrito por Langacker (1990a), que consiste em fazer passar a conceptualização de determinada relação particular de uma construção *objectiva*, isto é, sem qualquer referência ao respectivo acto de fala, para uma construção *subjectiva*, em que o sujeito falante (ou um outro elemento do acto de fala) passa a figurar como um dos elementos dessa relação.

9.6. Mudança de perspectiva: transferência invertida/bloqueada

Uma última extensão do protótipo consiste na mudança de perspectiva da direccionalidade da transferência prototípica. Em vez de receber algo, a entidade expressa pelo OI perde ou é privada de algo.

(19) a. *O João tirou/roubou o livro à Joana.*
 b. *O João recusou o livro / um aumento de salário à Joana.*

Nestas transferências invertidas ou bloqueadas – numa palavra, *negativas* –, verificam-se muitas das extensões identificadas anteriormente. O Quadro 3 regista a respectiva correlação, sem explorar, todavia, todas as possibilidades.

	MATERIAL	ABSTRACTO
transferência negativa a partir do domínio de controlo	Ele tirou/roubou o livro *à Joana*. Tomou-*lhe* a mão.	Tirou-*lhe* todos os poderes que ainda tinha. O juiz tirou-*lhe* a custódia do filho.
transferência negativa a partir do domínio da experiência	O médico tirou/arrancou-*lhe* um dente. Afasta-te; não *me* tires o sol!	O cigarro tira-*lhe* o apetite de comer. O café tira-*me* o sono. Tiraram-*lhes* a independência. Perguntei *à Maria* onde estavas.
transferência negativa a partir do domínio da afectação	O sol tira o verniz *à madeira*. *A dez* tira/subtrai seis!	Não há machado que corte a raiz *ao pensamento*.
transferência negativa espacial (inversão do movimento)	Levou(= roubou)-*lhe* todo o dinheiro que tinha. Tirou/arrancou/extraiu-*lhe* um dente.	Arrancou-*lhe* algumas palavras. Conseguiu extrair-*lhe* o mal / a doença.
acção precedente a uma transferência negativa	Comprei/aluguei a casa *ao proprietário*. Pedi dinheiro *ao pai*.	Pedi *ao pai* um conselho.
relação estática de afectação associada a transferência negativa	Falta-*lhe* o dinheiro necessário para comprar a casa.	Falta-*lhe* coragem para resolver o problema.

Quadro 3. Mudança de perspectiva, generalização, metáfora e metonímia na extensão semântica do OI

A explicação da mudança de perspectiva não é fácil. Uma hipótese será considerá-la como o resultado de uma auto-antonímia, mas, e como já referimos em capítulos anteriores, a auto-antonímia não parece ser um mecanismo autónomo de mudança semântica, antes um efeito de outras mudanças, um epifenómeno. Esta mudança de perspectiva é provavelmente o resultado de um processo de generalização incidindo sobre a componente 'transferência' do caso prototípico. Uma generalização que consiste em omitir o aspecto benefactivo da transferência prototípica. Ou seja: o efeito benefactivo combina-se naturalmente com a direccionalidade orientada em direcção ao OI (algo de 'bom' *para* alguém); o apagamento deste efeito permite a mudança de direccionalidade, justamente a direccionalidade inversa ou o bloqueio da direccionalidade prototípica. Simultaneamente, o OI já não é um recipiente mas uma entidade afectada. E uma entidade tipicamente afectada pela negativa: os casos prototípicos de transferência *negativa* envolvem um efeito *negativo* no OI – este perde ou vê-se privado de algo 'bom'.

O Quadro 4 representa as quatro combinações possíveis das componentes 'direccionalidade' e 'efeito' da transferência, assinalando as duas combinações prototípicas, inversas entre si.

TRANSFERÊNCIA EM DIRECÇÃO AO OI	O João deu um livro *à Maria*.	O João deu-*lhe* uma bofetada. Os pais deixaram dívidas *aos filhos*.
TRANSFERÊNCIA A PARTIR DO OI (TRANSF. NEGATIVA)	O medicamento tirou-*lhe* as dores de cabeça. O dentista tirou/extraiu-*lhe* o dente cariado.	O João roubou um livro *à Maria*.

Quadro 4. Direccionalidade e funcionalidade da transferência

9.7. A estrutura multidimensional do OI em Português

Como síntese, a Figura 2 representa a estrutura semântica do OI no Português contemporâneo.

Os 13 pontos de extensão (9 directamente a partir do protótipo) não representam os diferentes 'sentidos' do OI, mas essencialmente as componentes conceptuais que podem coocorrer em várias combinações e assim fazer parte dos diferentes usos particulares desta categoria sintáctica. Por outras palavras, estes 13 pontos representam 13 dimensões semânticas que estão na base da polissemia do OI. Neste aspecto, o tipo de representação da Figura 2 é essencialmente diferente de outros modelos de representação de estruturas semasiológicas frequentes em Linguística Cognitiva, quer o modelo da rede radial ("radial network"), popularizado por Lakoff (1987), e com o qual a presente representação parece identificar-se, quer o modelo da rede esquemática ("schematic network"), introduzido por Langacker (1987). Com efeito, cada um dos pontos ou "nós" das representações à Lakoff ou à Langacker indicam usos individuais da categoria em análise.

O que a Figura 2 bem representa é a natureza *multidimensional* da estrutura semântica do OI em Português: uma estrutura caracterizada pela covariação de 13 extensões semânticas afectando as 3 diferentes componentes do protótipo.

Polissemia na Sintaxe: o objecto indirecto e a construção ditransitiva 259

```
                              entidade afectada
                              em vez de
                              recipiente activo
                                     ↑
                                generalização
                                                                    destino de movimento
                                                                    abstracto em vez de
  entidade afectada                                                 recipiente de uma
  não envolvida no processo      experienciador                     transferência
  em vez de recipiente           em vez de                      ↗
  activamente envolvido          recipiente activo         metáfora
        ↖                              ↑
          generalização           generalização
                                                          meta, destino(atário)
                                                          de um movimento
  transferência verbal /                                  em vez de recipiente
  perceptual em vez de      metáfora     generalização    de uma transferência
  transferência funcional
  benefactiva                    ┌─────────────┐
        ←                        │  RECIPIENTE │
                                 │    ACTIVO   │
  função negativa   generalização│DE UMA       │  metáfora    eventos causais /
  em vez de          ←           │TRANSFERÊNCIA│  →           acções dirigidas
  função positiva                │ BENEFACTIVA │              em vez de
  (benefactiva)                  │             │              transferências
                                 │  DE UMA     │
                       generalização ENTIDADE  │  metonímia
                                 │  MATERIAL   │
                                 └─────────────┘              pré-condições /
                                                              estados resultantes
  transferência negativa                                      em vez de
  (invertida / bloqueada)                                     transferências
  em vez de                                                              ↓
  transferência benefactiva           metáfora               generalização
                                                                          ↘
                                     entidades abstractas          relações estáticas
                                     em vez de                     em vez de
                                     entidades materiais           transferências
                                                      subjectificação
                                          entidade afectada
                                          do domínio pragmático
                                          em vez de entidade
                                          do domínio referencial
```

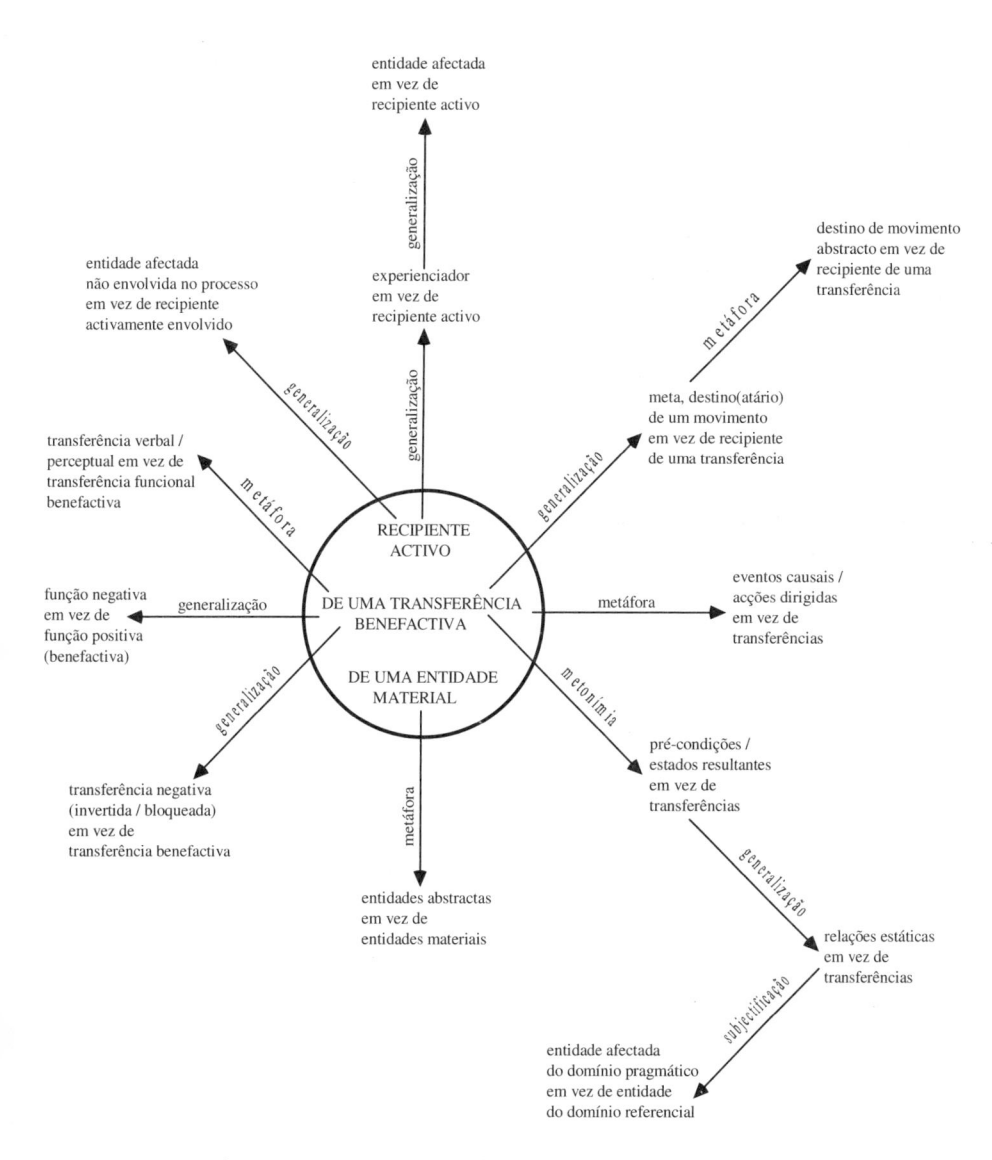

Figura 2. A estrutura multidimensional do OI em Português

Se é certo que a Figura 2 não indica expressamente os vários usos particulares da categoria OI em Português e, muito menos, os seus modos de expressão, não é menos certo que todos esses usos, bem como as suas diferentes construções sintácticas e os seus diferentes estatutos valenciais nela se podem encontrar e, sobretudo, nela encontram a sua explicação essencial – a sua motivação *semântica*. Por outro lado, a Figura 2 permite identificar outros tipos de OI, tradicionalmente não reconhecidos: metonímia das pré-condições, transferência no domínio da experiência ou da afectação do OI e, ainda, a distinção entre dois tipos de transferência não-material – não só a transferência verbal/perceptiva, mas também a transferência de entidades abstractas.

Relativamente às construções sintácticas, é importante reafirmar que também isso se pode encontrar na representação da Figura 2. Justamente, quer as componentes conceptuais do protótipo quer as várias extensões semânticas estão intimamente ligadas aos outros constituintes do *enquadramento* ("frame") sintáctico do qual faz parte o OI. E é precisamente esta dimensão *relacional*, baseada na construção, que está na base da natureza multidimensional da estrutura semântica do OI em Português.

Comparando os resultados da presente análise com outras análises também cognitivas da estrutura semântica do OI noutras línguas, nomeadamente o estudo de Goldberg (1992, resumido em Goldberg 1995: 32-39, 141-151) sobre a construção ditransitiva em Inglês e o de Rudzka-Ostyn (1996) sobre o dativo em Polaco, há duas diferenças essenciais. A primeira diz respeito aos mecanismos conceptuais da semântica do OI. A análise de Goldberg, seguindo o modelo radial de concepção e representação da estrutura semântica das categorias, privilegia as relações metafóricas, chegando mesmo a não mencionar outras relações semânticas que operam também na construção ditransitiva do Inglês. Com um aparato semântico mais completo, a análise de Rudzka-Ostyn, seguindo o modelo da rede esquemática, privilegia as extensões resultantes de processos de generalização ou esquematização, conduzindo a definições do dativo tão esquemáticas quanto semasiologicamente pouco relevantes e onomasiologicamente não distintivas: a definição do dativo como *marco* ("landmark", termo de Langacker, que se pode entender por ponto de referência) é de facto excessivamente esquemática, e assim insuficiente para distinguir o dativo de outros elementos de construções gramaticais que também funcionam como pontos de referência. A segunda e mais importante diferença tem a ver com a concepção da estrutura semântica e, portanto, da polissemia do objecto indirecto: tanto Goldberg como Rudzka-Ostyn analisam bem as relações entre os vários usos da categoria, mas insuficientemente a estrutura multidimensional que está na base dessas associações.

9.8. Polissemia das construções

O objecto indirecto e a construção ditransitiva, que o suporta, mostram bem que as construções sintácticas são entidades *simbólicas* e, portanto, significativas e, tal como os itens lexicais, são tipicamente polissémicas, envolvendo a sua estrutura semântica os mesmos mecanismos conceptuais que se encontram nas categorias lexicais.

Determinada construção sintáctica não é pois, ao contrário do que habitualmente se considera, o resultado de projecções das propriedades sintácticas e semânticas dos verbos que nela participam. Pelo contrário, a construção sintáctica tem o seu próprio significado; é a *construção* a unidade fundamental de representação sintáctica, e a interface entre semântica e sintaxe faz-se através dela, e não através da entrada lexical. É esta a orientação que está na base dos dois modelos cognitivos gramaticais mais importantes: a Gramática Cognitiva de Langacker (1987, 1991, 1999) e a Gramática de Construções de vários (Fillmore, Kay & O'Connor 1988; Goldberg 1995, 2006; Kay 1997; Croft 2001; Bergen & Chang 2005; Langacker 2005).

A construção ditransitiva e a construção de movimento causado, por exemplo, parecem ser determinadas pelas propriedades de verbos como, respectivamente, *dar* e *pôr*: o primeiro consignifica um agente, um paciente e um recipiente, preenchendo precisamente os três argumentos da construção ditransitiva (20a), e o segundo, os mesmos dois primeiros participantes e um lugar, em correspondência com os três argumentos da construção de movimento causado (21a). Mas esta determinação é só aparente, e a aparência resulta do facto de aqueles verbos serem exemplos prototípicos das respectivas construções. Se assim não fosse, teríamos que admitir significados especiais para os verbos de (20b) e (21b), que justificassem as respectivas construções.

(20) a. *O Zé deu um livro à Maria.*
b. *O Zé preparou-lhe o almoço / construiu-lhe uma casa.*
(21) a. *O Zé pôs o livro na estante.*
b. *O Zé subiu os estores até cima / tocou a bola para a frente.*

Goldberg (1995: 9-21, 1997) aduz três tipos de argumentos em favor da existência de um significado próprio para determinada construção sintáctica: (i) a implausibilidade de significados especiais de certos verbos, exemplificada em (20b) e (21b), (ii) a predizibilidade do significado da construção e (iii) a facilidade com que a criança adquire o significado de um novo verbo colocado numa construção que ela já conhece.[9]

Da mesma forma que os itens lexicais, também as construções sintácticas são categorias tipicamente polissémicas e estruturadas segundo o princípio da prototipicidade (Taylor 1998). Como vimos, a construção ditransitiva, cujo significado prototípico se pode definir como 'transferência benefactiva de uma entidade material', significa também, metaforicamente, processos de transferência não-material (abstracta ou verbal/perceptiva) ou eventos causais, como nos exemplos (2)-(6), dados acima; por generalização dos aspectos funcionais do protótipo, transferências, não no domínio do *controlo*, mas no da *experiência* ou da *afectação* do OI, como nos exemplos (7)-(12); ainda por generalização, mas dos aspectos espaciais da transferência, processos de deslocação ou movimento causado, como em (13)-(15); ainda por generalização e através do apagamento do efeito benefactivo da transferência prototípica, processos de transferência invertida ou bloqueada, já não em direcção mas a partir do OI, como em (19); e metonimicamente, acções prévias a processos de transferência a realizar-se ou não, garantias de transferência futura e permissão de transferência, como nos exemplos de (16). A construção ditransitiva é, pois, uma estrutura polissémica multidimensional resultante da covariação de duas dimensões principais do protótipo da transferência – a *funcional* e a *espacial* – e dos três elementos conceptuais da estrutura argumental deste evento – actuação do agente da transferência, natureza da entidade transferida e papel do recipiente da transferência. A polissemia da construção ditransitiva é, também, o resultado de extensões semânticas bem conhecidas na polissemia dos itens lexicais, tais

---

[9] Alguns estudos psicolinguísticos têm evidenciado que as crianças utilizam a semântica associada ao esquema sintáctico que já conhecem para adquirirem o significado de novos verbos que nele participam. Ver, por exemplo, Naigles (1990). Goldberg (1995) sugere que as construções poderão desempenhar um papel mais central na aquisição da semântica dos verbos: a tarefa da criança será determinar se o verbo instancia o significado da construção ou se codifica algum aspecto associado a esse significado. Naturalmente que há verbos (e outras palavras) que a criança adquire previamente, e essa aquisição é condição necessária para a aprendizagem ou a identificação das construções. Entre esses *primeiros* verbos, estão aqueles que lexicalizam a semântica de certas construções, como *ir, pôr, fazer* (Clark 1978, Tomasello 1992). Bergen & Chang (2005) acrescentam evidência neurofisiológica às ideias de Goldberg e à Gramática de Construções em geral.

como a metáfora, a metonímia, a generalização e, no caso do dativo ético, a subjectivização.

Polissémicas são também outras construções sintácticas do Português, como a construção transitiva (SUJ-V-OD: 'X age sobre Y/X experiencia Y'), a construção de movimento causado (SUJ-V-OD-OBL: 'X faz com que Y se desloque para Z'), a construção resultativa (SUJ-V-OD-PRED: 'X faz com que Y se torne Z'), etc.

Como tratar a questão das construções alternativas, isto é, a questão onomasiológica: por exemplo, as outras construções em que também participa o OI, para além da construção ditransitiva? Todas as construções bivalentes de OI – intransitivas, no sentido de não apresentarem OD – estão metonimicamente relacionadas com a construção ditransitiva. E para as construções com o chamado "dativo livre" encontrámos as suas motivações semânticas. O que quer dizer que, e de novo à semelhança dos itens lexicais, também as construções sintácticas de uma língua constituem um inventário estruturado, em cuja organização participam idênticas relações conceptuais. Para além de relações hierárquicas de generalização e de especialização, também extensões metonímicas e metafóricas e relações sinonímicas, meronímicas e antonímicas.

Sobre a questão da interacção entre significado da construção e significado do verbo, designadamente saber em que medida é que o significado da construção intervém no significado do verbo, como é que o verbo condiciona o respectivo esquema sintáctico e como é que o verbo se integra na semântica da construção, ver o que dissemos na última secção do capítulo 7.

Para concluir, queremos destacar três resultados teóricos. Primeiro, é possível e necessário (continuar a) analisar a estrutura semântica de qualquer construção sintáctica numa base *lexicológica*, isto é, através dos mesmos mecanismos descritivos que se utilizam na análise da estrutura semântica das categorias lexicais. Mas esta estratégia metodológica, empreendida já pelos modelos cognitivos da Gramática Cognitiva e da Gramática de Construções, será tanto mais eficiente quanto mais apetrechado for o aparato semântico: há que incluir, não apenas alguns dos mecanismos conceptuais de organização semântica, mas todos os que efectivamente se puderem verificar. Neste aspecto, as análises cognitivas de Goldberg (1995: 32-39, 141-151), sobre a construção ditransitiva em Inglês, e de Rudzka-Ostyn (1996), sobre o dativo em Polaco, são insuficientes: Goldberg, adoptando o modelo radial da estrutura das categorias, privilegia as relações metafóricas; Rudzka-Ostyn, seguindo o modelo da rede esquemática, privilegia as extensões resultantes de processos de generalização.

Segundo, a análise semântica de uma categoria gramatical não pode fazer-se independentemente da sua estrutura sintáctica. Mais concretamente, uma análise baseada na construção gramatical tem que ter uma forma *relacional*, dando conta dos outros constituintes da construção. Uma conclusão óbvia, corroborada por praticamente todos os modelos gramaticais, melhor, por aqueles que não põem de lado a componente semântica dos factos gramaticais. Mas a verdade é que não têm sido exploradas as suas implicações. É precisamente esta descrição *relacional* baseada na construção gramatical que permite compreender a verdadeira natureza da estrutura semântica de uma construção sintáctica.

Finalmente, a estrutura semântica das categorias em geral (lexicais e gramaticais) apresenta a forma de um espaço *multidimensional*. Concretamente, a estrutura dos complexos polissémicos caracteriza-se pela coocorrência de extensões semânticas ao longo de várias dimensões.

CAPÍTULO 10

Polissemia na Pragmática:
o marcador discursivo *pronto*

10.1. O paradoxo das partículas

As chamadas *partículas discursivas* ou *marcadores discursivos* (designações genéricas, onde estão incluídas as partículas argumentativas, as partículas modais e as interjeições) são indispensáveis sobretudo na linguagem falada espontânea e aí desempenham as mais variadas funções. Difícil se torna identificar os seus sentidos e funções, bem como traduzi-las para outras línguas. E mais difícil ainda *explicá*-las, isto é, saber quais as motivações da sua coexistência numa mesma forma lexical e quais as restrições, que relações há entre as suas propriedades distribucionais (sintácticas, entoacionais) e a sua interpretação e como é possível que esses itens lexicais pertençam a diferentes categorias gramaticais.

Os muitos estudos sobre estas pequenas e tão funcionais unidades lexicais, ligados a diferentes modelos pragmáticos e discursivos, não chegam a responder a esta problemática da *polissemia* das partículas discursivas. Exceptuam-se os estudos recentes de Fischer (2000) e Travis (2005). A investigação actual continua a padecer do que Hentschel & Weydt (1989) denominaram "paradoxo das partículas": por um lado, abordagens maximalistas que descrevem pormenorizadamente cada um dos diferentes sentidos e funções de uma partícula, sem explicar como é que esses diferentes sentidos se processam e se relacionam e porquê essas funções pragmáticas e não outras; por outro lado, abordagens minimalistas que procuram identificar a alegada invariante semântico-
-pragmática, sem explicar como é que nesse significado abstracto se poderão rever as diferentes interpretações particulares (cf. também Mosegaard Hansen 1998). (Um *paradoxo*, diga-se, não exclusivo, mas extensivo às demais classes de palavras, como temos visto nos capítulos anteriores). Acresce a profusão de designações tão diferentes para nomear estas unidades (Fraser 1999), o que desde logo indicia as dificul-

dades de definição e a ausência de uma perspectiva integrada de todo o seu espectro de funções.

Vamos analisar a polissemia funcional do marcador discursivo *pronto*, característica do discurso oral espontâneo e resultante da recente gramaticalização do adjectivo *pronto*. Com base, sobretudo, no sub-*corpus* oral do *Corpus de Referência do Português Contemporâneo* (doravante, CRPC),[1] mostraremos como os diferentes usos pragmático-discursivos de *pronto* (e da sua forma plural *prontos*), em grande parte já identificados por Christiano & Hora (1999) para o Português Brasileiro, mas não suficientemente explicados, estão relacionados entre si e com os dois *esquemas imagéticos* dos sentidos denotacionais do adjectivo (retrospectivo e a prospectivo). Os dados empíricos apresentados dizem respeito ao Português Europeu. Comparando os nossos dados com os de Christiano & Hora (1999), julgamos que a nossa análise poderá também ser aplicada, sem grandes alterações, ao Português Brasileiro.

10.2. Usos denotacionais de *pronto*

Os exemplos (1) e (2) representam os dois principais usos denotacionais do adjectivo *pronto*:

(1) Os soldados americanos estão prontos para o pior.
(2) Garanto que o fato estará pronto amanhã.

Em (1), *pronto* equivale a 'preparado' para realizar uma acção, ao passo que, em (2), o mesmo adjectivo tem o sentido de 'acabado, termi-

---

[1] O *corpus* deste estudo é constituído pelos seguintes textos (entre parênteses rectos, indica-se o número de ocorrências de *pronto*):
BVAP (*Biblioteca Virtual dos Autores Portugueses*), coordenação de Ivo Castro *et al.*, edição em CD-ROM, Lisboa: Biblioteca Nacional, 1998. [22]
CIPM (*Corpus Informatizado do Português Medieval*), Lisboa: Faculdade de Ciências Sociais e Humanas - Universidade Nova de Lisboa. [4]
CRPC (*Corpus de Referência do Português Contemporâneo*), Lisboa: Centro de Linguística da Universidade de Lisboa.
– *corpus* oral [422]
– *corpus* escrito literário (sub-*corpus* seleccionado, dos anos 1873-94 a 1991-93) [103]

nado, feito'. Há, assim, um uso de *pronto* relativamente a acções que devem ser feitas e um outro em relação a acções que estão a fazer-se. Por outras palavras, podemos distinguir entre um uso 'prospectivo', reforçado pela preposição *para*, e um uso 'retrospectivo'. Como veremos no final desta secção, ocorrem naturalmente casos em que estes dois usos não se podem distinguir claramente. De notar ainda que esta distinção corresponde só em parte ao duplo equivalente de *pronto* noutras línguas, como *prêt* (retrospectivo e prospectivo) em Francês e *prompt* (prospectivo) em Inglês.

Uma outra dimensão do semantismo do adjectivo *pronto* tem a ver com a sua colocação sintagmática. Da sua aplicação, ora a pessoas, como em (1) e (4), ora a coisas, como em (2) e (3), resultam determinadas diferenças semânticas.

(3) *O jantar está pronto; venham para a mesa!*
(4) *Está sempre pronto a ajudar os outros.*

Desde logo, a distinção entre 'preparado para realizar uma acção' (dito de pessoas), como em (1) e (4), e 'preparado para ser utilizado' (dito de coisas), geralmente numa construção intransitiva, como em (3). Mas mais importante é o facto de que a ideia de 'rapidez, imediatismo' surge quando *pronto* se aplica a pessoas, como em (4) ou, metonimicamente (acto de uma pessoa pela pessoa ou parte pelo todo), em expressões como *resposta pronta, inteligência pronta*: efectivamente, são as pessoas bem preparadas que podem agir rapidamente, ao passo que as coisas que estão prontas podem estar bem preparadas, mas não se associam à noção de rapidez. É esta mesma ideia de 'rapidez, imediatismo' que se fixa em quase todos os derivados de *pronto*, como *prontamente, prontidão*, nas locuções adverbiais *de pronto, num pronto* e nas formações *pronto-a-comer, pronto-a-vestir, pronto-socorro, prontuário* e até em *pronto* (nome de um detergente).

Correlacionando as duas dimensões, o Quadro 1 sistematiza o campo de aplicação semântica do adjectivo *pronto*. Logicamente, o uso 'retrospectivo' não pode aplicar-se a pessoas, mas somente a (acções e) coisas que foram submetidas a determinado tratamento. Outros sentidos, como 'disponível', 'eficaz', 'activo', são especificações de 'preparado para uma acção ou um uso', mais ou menos associadas à ideia de rapidez.

	PESSOA	COISA
PROSPECTIVO	(1), (4) 'preparado para' ('rápido')	(3) 'preparado para'
RETROSPECTIVO		(2) 'acabado'

Quadro 1. Campo de aplicação semântica do adjectivo *pronto*

O traço mais importante destas duas dimensões é o deíctico. É este traço que estabelece a distinção entre os dois esquemas imagéticos (EI) mais importantes de *pronto*, representados na Figura 1: o EI conclusivo, retrospectivo e anafórico de processo acabado e o EI inceptivo, prospectivo e catafórico de processo disponível.

A relação entre as duas imagens mentais pode construir-se nas duas direcções. Da retrospectiva para a prospectiva: um objecto 'acabado' está, por implicação, 'preparado, disponível' para uma acção ou um uso. Por exemplo, um fato que está pronto no sentido de acabado ou feito passa também a estar pronto para ser utilizado. (Curiosamente, se 'acabado, terminado, concluído' se pode dizer de qualquer processo, neste mesmo sentido *pronto* diz-se apenas de coisas para serem utilizadas). Inversamente, da imagem prospectiva para a imagem retrospectiva: um

pronto 'acabado'
EI retrospectivo

pronto 'preparado'
EI prospectivo

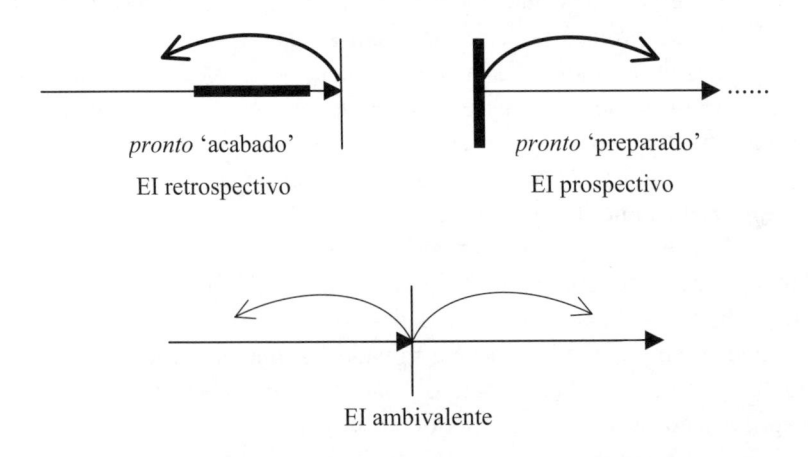

EI ambivalente

Figura 1. Esquemas imagéticos (EI) de *pronto*

objecto 'preparado, disponível' pressupõe a conclusão do respectivo processo de preparação. Assim, o jantar só está pronto para ser servido quando acabar de ser preparado e os soldados só estão prontos para combater o inimigo depois de se terem preparado física e psicologicamente. Diacronicamente, a evolução semântica de *pronto* a partir do étimo latino *promptus* toma a primeira direcção: de 'visível, manifesto' para 'preparado, disponível', passando assim de uma aplicação a coisas para uma aplicação a pessoas.[2]

Daqui resulta que o significado do adjectivo *pronto* é potencialmente ambivalente, na medida em que envolve sempre dois eventos, um retrospectivo e outro prospectivo. O que acontece é que determinado uso particular focalizará mais o evento retrospectivo, enquanto outro uso focalizará mais o evento prospectivo. Mas há com certeza casos em que é difícil saber se o sentido é retrospectivo ou prospectivo. Atentemos nos exemplos (5)-(7).

(5) *Estou pronto para o João me deixar no aeroporto.*
(6) *O fato está pronto para tu combateres o incêndio.*
(7) *O teu carro está pronto para ir para a sucata.*

Claramente, o uso de *pronto* em (5) remete para o futuro, mas poderá não implicar que determinado processo de preparação do locutor terminou? Também (6) se refere ao futuro, mas significa isso que o

---

2 O adjectivo latino *promptus* (particípio passado de *promo* 'retirar uma coisa de onde está guardada', 'fazer sair', 'fazer saber, manifestar') diz-se de coisas (materiais ou visíveis) facilmente obtidas, prontamente acessíveis ou disponíveis, claramente visíveis; de tarefas prontamente realizáveis, fáceis, simples; e de pessoas/atitudes disponíveis para atender a uma situação, dispostas, rápidas (*Oxford Latin Dictionary*). Existem ainda as locuções latinas *in promptu (esse, habere)* – formadas do substantivo homónimo *promptus*, bastante raro –, com o sentido de 'ao alcance, à mão, à disposição, à vista'. O vocábulo terá entrado relativamente tarde na língua portuguesa, talvez em finais do séc. XV. Encontram-se 4 ocorrências de *pronto* e 1 de *prontamente* no "Leal Conselheiro" de D. Duarte (ed. de J. M. Piel, *apud* CIPM) – as únicas do *Corpus Informatizado do Português Medieval* –, mas nenhuma, por exemplo, na "Crónica de D. Fernando" de Fernão Lopes (*apud* BVAP). J. Pedro Machado (*Dicionário Etimológico da Língua Portuguesa*) diz não o ter encontrado antes do séc. XVI e J. Corominas & J. Pascual (*Diccionario Crítico Etimológico de la Lengua Castellana*) datam o vocábulo castelhano de 1490 (*in* "Universal Vocabulario en Latín y en Romance", de Alonso F. Palencia, 1490 ["*intentus*: el que está prompto para oyr"]).

sentido é necessariamente prospectivo? Em (7), o sentido de *pronto* é mais prospectivo do que retrospectivo: esse carro está (prospectivamente) pronto para ser usado como objecto de sucata, mas também se pode dizer que ele está (retrospectivamente) pronto para não ser usado como carro (normal).

Estas dificuldades não devem ser usadas como argumento contra a distinção entre os dois usos denotacionais do adjectivo *pronto*, mas antes como efeito da típica flexibilidade do significado. A questão que se deve pôr é outra: saber quais as condições de cada um dos usos de *pronto*. Sem querermos desenvolver aqui a questão, porque não nos parece determinante para a identificação dos usos discursivos de *pronto*, podemos dizer que quando o sujeito de *pronto* se apresenta como possível agente (implícita ou explicitamente em vias de se envolver num evento futuro), então o sentido denotacional de *pronto* é 'prospectivo'. Não é por acaso que o substantivo *prontidão* e o advérbio *prontamente* somente têm o sentido prospectivo e ocorrem com sujeito agentivo (é, no mínimo, esquisito dizer *Prontamente choveu*). Mas, como vimos, também é verdade que o sentido prospectivo de *pronto* não se aplica exclusivamente a pessoas.

10.3. Usos discursivos de *pronto*

Passemos aos usos de *pronto* como marcador discursivo. É interessante verificar que, do total das 422 ocorrências de *pronto* no sub-*corpus* oral do CRPC, apenas 24 (5,7%) são do adjectivo; todas as restantes são usos discursivos. Nos exemplos (8)-(10), *pronto* tem valor 'conclusivo'. Ocorrendo na parte final de um segmento discursivo, *pronto* introduz a conclusão ou, em (8) e (9), a consequência, o efeito, o resultado do que antes se disse ou implicitou, estabelecendo assim uma relação conclusiva (premissa-conclusão), consecutiva (antecedente-consequente) ou causal (causa-efeito) entre o que o antecede e o segmento que introduz. *Pronto* comporta-se, pois, como um verdadeiro conector, podendo ocorrer como o único conector, tal como em (8), ou enfaticamente acompanhado de outros funcionalmente similares, como *e pronto, então pronto, enfim pronto, aí pronto*. Mas em (10), o valor conclusivo de *prontos* é mais de natureza textual/discursiva do que argumentativa: a sua função não é tanto a de ligar enunciados, atribuindo-lhes uma conexão inferencial, mas a de estruturar textualmente o discurso, designadamente concluir uma fala através de um enunciado que engloba e resume tudo o que foi dito anteriormente. Em casos como (10), temos o que pode classificar-se como um *pronto* 'resumitivo' (idêntico ao *então* 'resumitivo' e a expressões resumitivas como *em resumo, em síntese*).

(8) *fui, só vi o Sporting, fui pelo Sporting, gostei do Sporting, pronto, agora sou sportinguista.* (CRPC - *oral*, 423-18-A03)
(9) A: *como é que aconteceu o incêndio?* [...]
X: *lançam granadas, verdadeiras, não é, e alguma explodiu mal ou caiu nalguma mata mais volumosa e, pronto! deu-se o, o incêndio.* (CRPC - *oral*, 863P214)
(10) *Eu chegava a casa e ele estava a comer, outras vezes a acabar de comer, e eu lavava a loiça, não é?, fazia-lhe a marmita para ele levar no outro dia e prontos, era assim todos os dias.* (CRPC - *oral*, 73-09-C05)

Conclusivo, não argumentativo, mas textual é o *pronto* dos exemplos (11) e (12). A sua função é terminar ou fechar o tema do discurso e, por vezes, o próprio discurso (nomeadamente, numa conversa ao telefone), podendo assim ocorrer em posição final absoluta. A ideia conclusiva que transporta é anafórica, contrastando com a conclusão catafórica do uso argumentativo anterior. Pode seguir uma frase completa e terminada com entoação descendente, como em (11), funcionando assim como segundo fecho; e pode ser seguido por palavras que reforçam a ideia conclusiva: é o caso das expressões formulaicas *pronto, acabou!; pronto, é isso mesmo!; pronto, está o assunto arrumado; pronto, está tudo, mais nada*; *e pronto, era isto o que eu tinha para dizer*.

(11) – *Mas diga-lhe que eu chego mais tarde, por favor.*
– *Está bem, eu digo-lhe, pronto.*
(12) *e... há clientes que até dá gosto, pegam nisto, pegam naquilo, pegam no outro, põem tudo em cima do balcão, faz a conta e pronto. Nem... descontos, nem... faça mais baratinho* (CRPC - *oral*, 1093p260)

Geralmente associada a este *marcador topográfico* (Schmidt--Radefelt 1993: 65) de fecho está uma outra função de *pronto*: o uso interaccional de 'cedência de vez'. É o caso do exemplo (13): *pronto* surge no final da frase, presumivelmente com entoação descendente, e serve para X fechar o que estava a dizer e, ao mesmo tempo, para ceder a vez a C, que efectivamente a toma.

(13) X: *e depois não tem aquela preocupação da casa, portanto, elas trabalham no campo, vêm e depois descansam, fazem o seu jantar, quer dizer, não têm aquela coisa, pronto,*
C: *não; descansam, isso...* (CRPC - *oral*, 1020p248)

Todos estes usos conclusivos de *pronto* são motivados pelo sentido denotacional de processo 'acabado'. Do domínio aspectual de um processo do mundo físico passa-se para o domínio epistémico da actividade cognitiva do locutor, com os usos conclusivos argumentativos, e finalmente para o domínio da estruturação discursiva, com os usos conclusivos textuais e interaccionais. Os domínios do raciocínio e da actividade verbal são assim metaforicamente estruturados em termos de actividade física, como já o evidenciaram Sweetser (1990) e Lakoff & Johnson (1999): uma conclusão é conceptualizada como o desfecho de um processo mental; a causalidade é conceptualizada pelo esquema espácio-temporal 'anterior-posterior' (a causa vem antes/atrás e o efeito depois/à frente); e a actividade verbal é igualmente conceptualizada em termos de uma 'viagem'.

Um outro uso discursivo de *pronto* é o que se exemplifica em (14) e (15). *Pronto* é um marcador de 'concordância' com a opinião ou a atitude do interlocutor: perfeita concordância em (14); condescendência/ /consentimento em (15) e em perífrases concessivas do tipo *bem/olhe, pronto, paciência!*. Pode ser seguido de advérbios ou outras expressões que reforçam a concordância já por si expressa, como *pronto, exactamente*; *pronto, está bem; pronto, é isso mesmo*. Em casos como (15), *pronto* pode marcar acordo, não relativamente ao conteúdo proposicional, mas quanto à relação interlocutiva, justamente devido ao desacordo a nível proposicional, ou quanto ao decurso da informação. Esta variação é típica de outros marcadores de concordância, como *sim*.

(14) – *A gente pode sair mais cedo?*
    – *Pronto, a que horas?*
(15) «*Ora que essa! então quer dizer que eu não sou filho do, do meu pai, não?*» *Digo eu assim:* «*Não, não, olhe sabe, realmente o senhor habituou-se a chamarem-lhe esse nome. mas o seu nome é este.*» *Olhe o senhor nem queira saber a cara de revolta*

que ele teve comigo. E depois eu disse-lhe assim: «Pronto, então olhe deixe lá, fica, fica a ser esse nome à mesma.» (CRPC - *oral*, 376p139)

Também do domínio epistémico (secundariamente, do domínio do acto de fala), este uso mantém a trajectória conclusiva e retrospectiva inicial: exprimir um acordo, uma aceitação, uma confirmação é fechar, completar, concluir com êxito uma interacção verbal ou um dos seus segmentos discursivos.

Bem diferente é o uso exemplificado em (16) e (17): *pronto* sinaliza uma 'imposição' ou 'decisão' do falante de realizar uma acção. Ocorre em posição inicial, sendo seguido pela descrição da acção que o locutor decide realizar, mas pressupõe um segmento discursivo prévio, a que ele próprio põe fim: expressões que preparam a despedida, como *pronto, vou-me embora*, evidenciam esta ambivalência.

(16) *mas eu volto costas e ele vai mexer. "o que é que a mãezinha te disse? não disse que não mexesses? "Pronto; tem que levar uma palmadita* (CRPC - *oral*, 203-02-m00)
(17) *o papel importante que a família desempenha na socialização da criança. o que é que é isto da socialização? eh da criança. talvez começar por explicar esta palavra um bocadinho complicada. pronto. a socialização refere-se à entrada da criança no grupo social a que ela pertence* (CRPC - *oral*, OP1TX)

Este marcador de acção, que Christiano & Hora (1999: 304) classificam de *pronto* 'impositivo', associa-se à imagem prospectiva do sentido adjectival de 'preparado para', mas guarda também relação estreita com a implicatura de 'rapidez, imediatismo, desembaraço' do mesmo adjectivo. O locutor não só se mostra discursivamente preparado para agir, como discursivamente passa imediata e firmemente à acção.

Um outro uso igualmente prospectivo e catafórico encontra-se nos exemplos (18) e (19): *pronto* introduz um esclarecimento, uma justificação, uma precisão, um aparte justificativo, uma reformulação, numa palavra, uma 'explicação', garantindo a continuação da compreensão e do decurso da informação. *Pronto* é então um conector explicativo, por vezes enfaticamente seguido por outras expressões de explicação/precisão argumentativa, como *quer dizer*.

(18) – ela conta e depois o senhor conta a sua versão. – um de cada vez. – é uma versão de cada um. diga lá. -> atrás de mim, o nosso pai também ia ao terço e levava-nos, pronto, éramos católicos e somos, e depois ele levava uns socos (CRPC - oral, O1724)
(19) [na correcção de um teste] agora o dois ponto dois ... pronto este é um daqueles exercícios que eu acabei de vos falar agora, diz assim: (CRPC - oral, OP44B5)

Se, como vimos acima, *pronto* tem a função topográfica de fecho do tema antecedente e a função interaccional de cedência de vez, verificamos agora, e de modo mais evidente nos exemplos (20) e (21), que ele pode desempenhar as funções contrárias: a de abertura de um novo tema (novo ou esperado, ou introdução de um tema colateral), mas, quase sempre, simultaneamente a de fecho do tema anterior, em (20), e a de tomada de vez, em (21). A dupla articulação (fecho e abertura) e a sequência *pronto então* (com entoação descendente o primeiro elemento e ascendente o segundo) podem configurar mais propriamente, como precisa Rodrigues (2001: 451), uma função topográfica de 'transição'. Noutros contextos, quando não aparecem acompanhados de nenhum outro marcador discursivo, o *pronto* de abertura e o de transição receberão uma entoação ascendente, assinalando justamente a continuidade do discurso.

(20) pronto é a lição cinquenta e nove e o sumário é: modos ha, modos de definir uma função uma sucessão, modos de definir uma sucessão. (CRPC - oral, OP44B5A)
(21) – outras vezes fui ao terço e ele foi também. foi também! ele vinha de Castelões, se ia ou não, não sei, ele andava por ali.
– [...] para beber uma pinga.
– prontos. então, havia lá um tasco à beira
– [...]
– e ele em vez de ir para o terço até eu sair da igreja, foi para o tasco. (CRPC - oral, O1724)

Tal como os usos impositivo e explicativo, também estes usos de abertura ou transição de tema e de tomada ou manutenção de vez transportam a imagem prospectiva inicial.

Muito próximo destes usos conversacionais prospectivos está o caso exemplificado em (22), em que *pronto* serve para iniciar uma conversa telefónica – um marcador fático do Português Brasileiro –, ou o de (23), em que *pronto* é interjectivamente usado como resposta a um chamamento e equivale a 'presente'.[3]

(22) [ao telefone] *Pronto?*
(23) *– Zé? / – Pronto [, aqui estou]!*

Pronto(s) é ainda muito usado na oralidade espontânea como estratégia de reestruturação do pensamento e do discurso, funcionando quer como marcador de fim de hesitação quer como marcador de reformulação, e evitando assim a pausa resultante da ruptura momentânea da linha do raciocínio e da sua formulação. É o que sucede em (24) e (25). Em (24), as três ocorrências de *prontos* marcam o fim a sucessivos momentos de indecisão do locutor. É o *pronto* ou *prontos* sociolinguisticamente marcado, indicando que o locutor tem grandes dificuldades na construção do discurso e usa este marcador como um bordão. E em (25), as duas ocorrências de *pronto*, não só revelam momentos de hesitação, como marcam reformulações mais adequadas. Este *pronto* de hesitação/reformulação, que Christiano & Hora (1999: 303) classificam de 'pontuante', serve simultaneamente outras funções: a topográfica de transição e a interaccional de manutenção de vez.

(24) *aquilo é, prontos, mais ou menos um desporto de homem, prontos, eh, conversas de homem, aquelas coi [...] , aquelas cumplicidades, e prontos, cria-se sempre bons ambientes* (CRPC - oral, O1716)

---

3 O uso de *pronto* como resposta a um chamamento pode encontrar-se tanto no Português Brasileiro como no Português Europeu. Este uso está registado no Dicionário Houaiss sem qualquer indicação de se tratar de um brasileirismo, ao contrário do uso brasileiro de resposta a um chamamento telefónico, exemplificado em (22). No contexto de resposta a um chamamento, pode também usar-se *presente!*, sendo, aliás, esta a expressão mais frequentemente usada no Português Europeu. Acrescente-se que é *presente!*, e não *pronto!*, a interjeição que se utiliza para responder a um controlo de presenças.

(25) *ou deixá-las sair de vez em quando à, à noite, aos fins de semana a... pronto, nesse aspecto em termos de, de, de questões materiais acho que eles têm, a... pronto, porque nós temos um poder de compra muito maior e os pais tentam dar-lhes tudo o que não tiveram* (CRPC - oral, O1723)

O *pronto* pontuante realiza um esquema ambivalente, simultaneamente conclusivo/retrospectivo e prospectivo: através dele, o locutor termina um momento de impasse ou de hesitação e mostra-se preparado para dar continuidade ao seu discurso, apontando ao seu interlocutor o que vai ser dito a seguir. Mas dada a orientação normal do pensamento e do discurso, para a frente e para o fim, então o *pronto* pontuante acaba por ser mais prospectivo do que conclusivo.

Outras funções de *pronto* são emotivas e modais, de expressão de atitudes e reacções várias do falante, que se sobrepõem às funções anteriores. Apenas dois exemplos, que mostram que *pronto* pode marcar emoções contrárias: em (26), alívio, satisfação e consolo; em (27), desagrado e irritação.

(26) *Pronto, já passou! / Pronto, descobri! / Pronto, está descansado!*

(27) *Pronto, já chega de discussões!*

10.4. Gramaticalização ou pragmatização

Como síntese, a Figura 2 representa a estrutura dos principais sentidos e funções de *pronto*. De um lado, estão os usos conclusivos e retrospectivos, desde o sentido denotacional de '(coisa) acabada, feita' até aos usos discursivos conclusivo e de concordância, de fecho temático e de cedência de vez. Do outro lado, estão os usos prospectivos e potencialmente inceptivos, desde o sentido denotacional de '(pessoa/coisa) preparada para' até aos usos discursivos impositivo e explicativo, de abertura temática e de tomada de vez. No meio, encontram-se os usos discursivos pontuante e de transição temática e manutenção de vez – usos ambivalentes, embora funcionalmente mais prospectivos do que retrospectivos.

Estamos perante uma estrutura radial de sentidos e funções que se sobrepõem e implicam, tanto vertical como horizontalmente. Por exemplo,

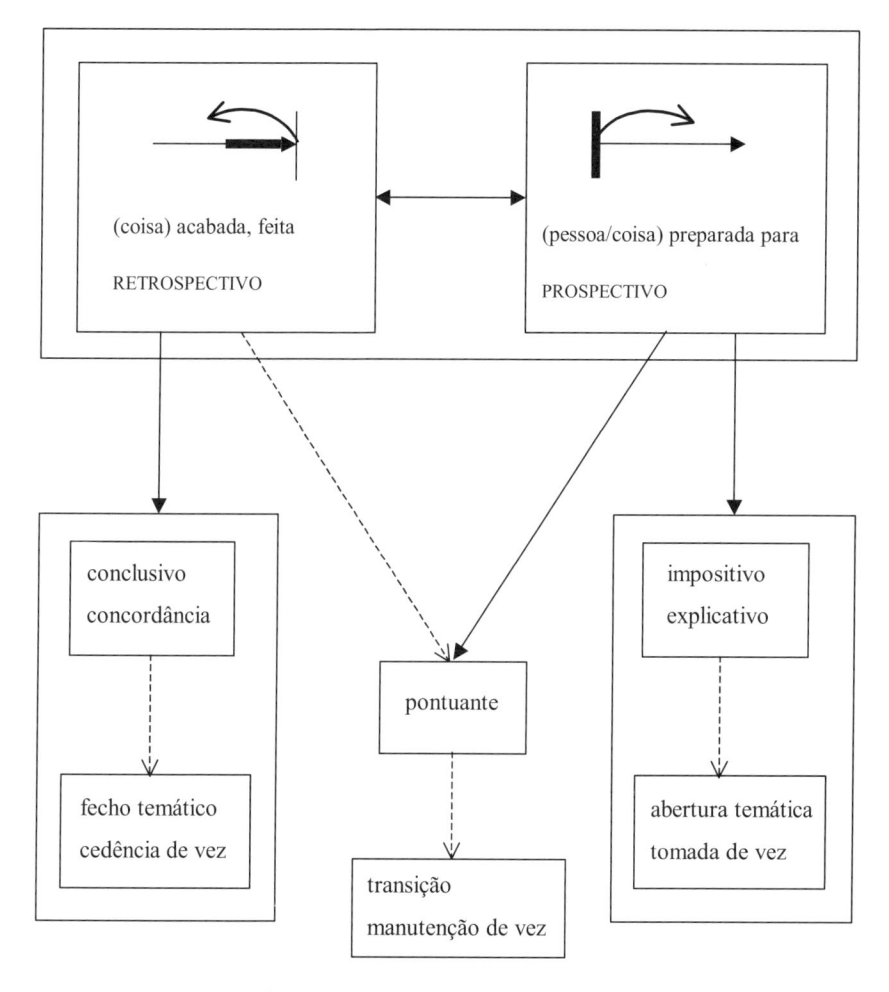

Figura 2. Estrutura semântica de *pronto*

o sentido argumentativo conclusivo implica a função topográfica de fecho temático e esta, sobretudo a nível macro-estrutural, traz geralmente consigo aquela. Tanto o sentido impositivo como o explicativo introduzem um novo constituinte discursivo. Os usos pontuante, de transição e de manutenção combinam e neutralizam os dois esquemas. Os usos impositivo e explicativo marcam também o fim do constituinte discursivo anterior. E temos, enfim, a ambivalência resultante da possibilidade de construir a relação entre os dois grupos (retrospectivo e prospectivo) em ambas as direcções. A nível dos usos discursivos, o centro prototípico de *pronto* é conclusivo, pelo que *pronto* está próximo do marcador conclusivo de fechamento *en fin* em Espanhol (González Fernández, 2002; González Fernández & Maldonado, 2004) e *enfin* em Francês (Cadiot *et al.*, 1985).

A estrutura representada na Figura 2 é também (e sobretudo) multi-dimensional, particularmente a nível não-denotacional ou discursivo. A pluralidade de sentidos e funções pragmático-discursivos resulta do aproveitamento de *pronto* na realização de determinadas tarefas do falante na sua interacção com o ouvinte em diferentes *domínios comunicativos*. No domínio da articulação lógico-argumentativa e da respectiva compreensão do fluxo de informação, *pronto* é um conector conclusivo//resultativo e explicativo. No domínio do conteúdo proposicional, *pronto* é um marcador de concordância. No domínio da estruturação e planificação do pensamento e do discurso, *pronto* conclui e introduz tópicos, segmenta unidades de informação, indica transições de tópicos, marca relações entre unidades de informação, marca o fim de momentos de hesitação, indica reformulações. *Pronto* desempenha ainda funções discursivas noutros domínios comunicativos: nos domínios da gestão do acto de fala (*pronto* pontuante), das relações interpessoais entre os parceiros da comunicação (*pronto* de concordância, impositivo), da negociação dos papéis de falante e ouvinte (*pronto* de cedência, transição e tomada de vez), da acção não linguística (*pronto* impositivo), das emoções e outras atitudes dos interlocutores (valores modais de *pronto*).

A nível mais geral, a polissemia ou polifuncionalidade de *pronto* resulta da projecção de *pronto* do domínio físico para o domínio epistémico (*pronto* conclusivo, de concordância, impositivo, explicativo) e para o domínio pragmático do acto de fala (*pronto* pontuante, de fecho-transição-abertura temático e de cedência-manutenção-tomada de vez, mas também todos aqueles usos epistémicos de *pronto*). Temos aqui uma projecção metafórica que segue o padrão de conceptualização do mundo cognitivo e do mundo da actividade linguística com base no mundo sócio-físico – uma conceptualização metafórica evidenciada por Sweetser (1990), nos seus vários estudos sobre mudança lexical e polissemia.

Por tudo isto, *pronto* é um bom exemplo de *gramaticalização*. Atendendo aos resultados pragmático-discursivos, é também um bom exemplo de *pragmatização*. Como tem sido largamente estudado, tanto por cognitivistas como por funcionalistas, um processo de gramaticalização envolve uma mudança semântica, sob a forma de des-referencialização, abstracção e *subjectivização* (Traugott 1989, 1995, 1999; Langacker 1990a, 1999; Athanasiadou, Canakis & Cornillie 2006), bem como uma recategorização sintáctica ou morfo-sintáctica (Hopper & Traugott 1993, Traugott & Dasher 2002).

Do ponto de vista semântico, há uma primeira mudança semântica, que vai de um significado que descreve uma situação externa do mundo real (a conclusão de uma acção tipicamente física ou a preparação de alguém ou de algo para realizar determinada acção) para um significado que descreve uma situação interna de âmbito cognitivo e orienta a interpretação da informação (uma conexão conclusiva/resultativa, uma explicação, uma concordância), ou de âmbito avaliativo (tipicamente emotivo). Dá-se, a seguir, uma segunda mudança semântica, em direcção a um significado que descreve uma situação discursivo-textual e orienta a estruturação do discurso e da conversação (segmentação, reformulação, alternância de vez). Estas mudanças seguem as tendências evolutivas de *subjectivização*, tal como têm sido exploradas por Traugott & König (1991). Tendo em conta estas tendências e a des-referencialização envolvida, os usos pragmático-discursivos são posteriores aos usos epistémicos, embora os mais epistémicos tragam já funções de estruturação discursiva. No seu conjunto, temos uma mudança semântica de ordem tanto metafórica, pelo já referido mapeamento de domínios, como metonímica, por convencionalização de implicaturas conversacionais das ideias de 'acção acabada', 'preparação/disponibilização' para a realização de uma acção e 'rapidez'. E uma mudança em que a perda de conteúdo lexical é largamente compensada por vários e diferenciados ganhos pragmático--discursivos.

Sintacticamente, a mudança pode ser assim descrita:

adjectivo > [advérbio > conjunção >] marcador discursivo

Pronto passa de adjectivo à categoria heteróclita de marcador discursivo, sendo aí um marcador argumentativo, de segmentação, de reformulação, fático, de alternância de vez e ainda, cumulativamente, uma interjeição. Mas entre a descategorização adjectival e a recategorização discursiva há estádios intermédios, mas efémeros e/ou mal definidos: o de advérbio (de tempo e de modo), mas cedendo o seu lugar ao derivado *prontamente* e às locuções *de pronto, num pronto*; e o de conjunção (conclusiva, causal, consecutiva, explicativa), mas mais com valor de marcador discursivo. Como marcador discursivo, *pronto* altera e amplia as suas propriedades combinatórias, pode ocupar diferentes posições no enunciado e é marcado por diferentes contornos entoacionais. Apresenta ainda uma variante recente – a forma plural *prontos* –, indicando, assim, um grau de gramaticalização parcial. Como pudemos verificar, esta forma não difere semanticamente, marcando antes uma certa variação geográfica e social, em que *prontos* é mais frequentemente usado na linguagem juvenil.

Toda esta poligramaticalização e polipragmatização de *pronto* é um fenómeno da conversação coloquial e um fenómeno relativamente recente – provavelmente dos meados do séc. XX.[4] Mais recentemente, através do seu uso pontuante, *pronto* tornou-se num bordão e num marcador de incompetência oral. De referir ainda que a polissemia discursiva de *pronto* não tem nenhum equivalente noutras línguas românicas.[5]

10.5. Polissemia dos marcadores discursivos

Vamos destacar quatro resultados ou implicações para a análise dos marcadores discursivos. Primeiro, a variedade de sentidos e funções de um item que depreciativamente tomamos como bordão. *Pronto* exibe uma polissemia funcional, cognitiva e pragmaticamente motivada, lamentavelmente desprezada pelos nossos melhores dicionários, que envolve os mesmos mecanismos de conceptualização e categorização que se encontram nas categorias lexicais (e gramaticais), tipicamente polissémicas. Isto justifica a aplicação de um modelo *lexicológico* aos marcadores discursivos.

Segundo, o alcance da Semântica Cognitiva na descrição da polissemia dos marcadores discursivos: conceitos descritivos como o mapea-

---

4 Relativamente aos *corpora* consultados, não encontrámos nenhum uso de *pronto* como marcador discursivo anterior aos anos 30/40 do séc. XX. Documentando a primeira fase do processo de gramaticalização de *pronto* (de adjectivo a advérbio), encontra-se o seguinte uso claramente adverbial: "Debaixo dos candeeiros e em frente das lojas, bafos de luz salpicavam as pessoas que paravam, entravam, saíam e pronto se sumiam na neblina", CRPC – *escrito* L0442P (Mário Dionísio, *O dia cinzento e outros contos*, 1944). J. Corominas & J. Pascual (*Diccionario Crítico Etimológico de la Lengua Castellana*) indicam que no Espanhol o uso de *pronto* como advérbio é bem mais recente do que como adjectivo e era já frequente nos finais do séc. XVIII.

5 Nem mesmo no Italiano: de entre todos os usos discursivos do Português *pronto*, o único que se encontra no Italiano *pronto* é o de resposta a uma chamada telefónica, típico do Português Brasileiro.

mento metafórico de domínios, a convencionalização metonímica de implicaturas conversacionais, os esquemas imagéticos, a subjectivização, a rede de domínios conceptuais e comunicativos envolvidos numa situação de interacção verbal; princípios como a natureza enciclopédica do significado; e métodos interpretativos com base no uso efectivo das unidades linguísticas e de integração de propriedades formais, semânticas e pragmáticas; todos permitem explicar o que falta em muitos estudos sobre marcadores discursivos: não só os factores que determinam os diferentes usos contextuais de um marcador e todo o espectro de funções que pode desempenhar, como também o modo como esses factores interagem na produção e interpretação desse marcador e como esses diferentes sentidos e funções coerentemente se associam numa mesma categoria.

Terceiro, a polissemia funcional dos marcadores discursivos resulta, como teoriza Fischer (2000), da referência a diferentes *domínios comunicativos* (tais como a estruturação do discurso e do texto, a percepção e compreensão do fluxo de informação, a relação interpessoal entre os interlocutores, a alternância de vez, as atitudes emotivas ou outras dos falantes, etc.) e da relevância destes domínios do ponto de vista do falante na realização das suas tarefas orientadas para o seu parceiro de comunicação. É na referência a um destes domínios que *pronto* adquire um sentido discursivo particular e é do número de domínios considerados relevantes que depende a sua polissemia; é na realização dessas tarefas que *pronto* adquire as funções discursivas que desempenha.

Acrescenta Fischer (2000) que igualmente determinante é a "invariante semântica" do respectivo item lexical, na medida em que essa invariante permite compreender porque é que o marcador discursivo desempenha determinadas funções e não outras. A mesma posição é assumida por Travis (2005). Todavia, e é este o quarto resultado/implicação deste estudo, embora a polissemia funcional de *pronto* ganhe alguma coerência à luz dos seus sentidos denotacionais, isso não implica a condição de Fischer (2000) e de Travis (2005). Na verdade, qualquer formulação de um significado invariante, monossémico ou esquemático de *pronto*, ou deixa de ser onomasiologicamente distintiva, ou acaba por ser ambivalente (entre a imagem conclusiva/retrospectiva e a imagem prospectiva). A solução que preconizamos constitui um compromisso entre dois preconceitos semânticos: o *preconceito monossémico*, que leva a puxar o significado para cima, em direcção ao nível de abstracção e esquematização, mesmo que não se encontre a chamada "invariante semântica"; e o *preconceito polissémico*, que leva a puxar o significado para baixo, para o nível dos usos particulares, psicologicamente (mais) reais. A escolha do *modelo polissémico* justifica-se sempre que se encontrarem factores de variabilidade e coerência semânticas na estrutura interna de uma categoria (como prototipicidade, esquemas imagéticos, metáfora, metonímia). Isto é relevante quer para categorias em tensão homonímica latente, como o verbo *deixar* (cf. cap. 7), quer para categorias sujeitas a uma tensão monossémica, como *pronto* e a maioria dos marcadores discursivos.

Capítulo 11

Polissemia na Fonologia: a entoação descendente e ascendente

11.1. O problema do significado entoacional

Qualquer falante reconhecerá que a entoação contribui para o sentido de um enunciado. Mas não é fácil ao linguista explicar este contributo. Para esta tarefa, ele confronta-se com três problemas.

O primeiro tem a ver com a identificação dos elementos formais (*significantes*, na terminologia saussuriana) da entoação. Identificam-se duas práticas tradicionais: a americana, em termos de 'níveis' de "pitch" e junturas terminais, e a britânica, na forma de um conjunto de tons ou 'contornos'. Seguindo a primeira, o problema é saber quantos níveis distintos e quantos padrões combinatórios existem; optando pela segunda, é necessário identificar um inventário de tons, um conjunto restrito de tons básicos e um outro mais extenso de variantes. Por exemplo, Halliday (1970) identifica cinco tons básicos no Inglês Britânico (descendente, ascendente-alto, ascendente-baixo, descendente-ascendente e ascendente--descendente), ao passo que Cruttenden (1997) propõe sete (descendente--alto, descendente-baixo, ascendente-descendente, ascendente-baixo, ascendente-alto, descendente-ascendente e posição intermédia). Há ainda a abordagem auto-segmental, que tenta combinar as duas tradições; mas surge aí o problema do acento, designadamente a análise deste independentemente do "pitch", na linha da tradição americana, ou, seguindo a prática britânica, em termos de "pitch movement".

O segundo problema, que reúne ainda menos consenso, é determinar o contributo semântico de cada elemento formal da entoação para o sentido de um enunciado. Para alguns linguistas a entoação contribui principalmente para a coesão do texto, ao passo que para outros ela releva primariamente da atitude do falante. Uns consideram a entoação um fenómeno primariamente gramatical, ao passo que outros tomam-na como exclusivamente interaccional. Resultam três diferentes abordagens da semântica da entoação: duas mais antigas, a gramatical (típica das gramáticas e dos manuais de linguística; e a de Halliday 1970, por exemplo) e a atitudinal (p. ex., Pike 1945 e Kingdon 1958), e outra mais recente, a discursiva (Brazil 1975, Brazil *et al.* 1980).

O terceiro problema, ainda mais complexo, tem a ver, já não com a natureza do significado entoacional (gramatical, atitudinal ou discursiva), mas com a pluralidade de sentidos ou *polissemia* de determinada forma entoacional. Concretamente, deverá a análise colocar-se num nível mais abstracto e postular um único significado fundamental para cada forma entoacional, tal como procedem, por exemplo, Brazil *et al.* (1980) e Cruttenden (1981, 1997); ou então privilegiar o nível dos usos mais específicos e intuitivos? E como é que os vários sentidos se associam numa mesma forma e quais as suas motivações?

É deste terceiro problema (em parte, também do segundo) que trataremos aqui. Quanto aos outros, assumiremos a divisão básica entre tons nucleares descendentes (isto é, curvas que terminam numa qualquer descida) e tons nucleares ascendentes (curvas que terminam numa qualquer subida) e evidenciaremos o entrelaçamento de conteúdos gramaticais, atitudinais e discursivos no significado entoacional.

11.2. Os sentidos das curvas descendente e ascendente

Consideremos os pares de enunciados (1)-(14), grande parte dos quais é adaptada de Cruttenden (1981: 79). Utilizamos as seguintes convenções de transcrição: / indica os limites de um grupo ou unidade entoacional, \descida, /subida, ˅descida-subida, ˄subida-descida, sinais sobrepostos indicam uma variedade alta e sinais subpostos uma variedade baixa.

(1) a. O João \vem.

b. O João /vem?

(2) a. Fui ao ˌPorto / e vi o con \certo.

b. Fui ao \Porto / e vi o con \certo.

(3) a. ˅Penso que está ali.

b. \Sei que está ali.

(4) a. Vou pela auto-es \trada / geral ˌmente.

b. Vou pela auto-es \trada / \sempre.

(5) a. Al ˇguns atletas / chegaram à ˋmeta.
 b. ˋTodos os atletas / chegaram à ˋmeta.
(6) a. Eu su ˇponho que sim.
 b. É tudo o que há ˆpara ti.
(7) a. ˌPão / ˌqueijo / ˌágua / ˌfruta
 b. ˌPão / ˌqueijo / ˌágua / ˌfruta
(8) a. Vocês ˋsabem / não ˋé?
 b. Vocês ˋsabem / não ˌé?
(9) a. Vão ser ˇvinte / em ˇJulho.
 b. Vão ser ˋvinte / em ˇJulho.
(10) a. O ˇZé comeu o ˋbolo.
 b. Quanto ao ˇZé / comeu o ˋbolo.
(11) a. O ˋZé comeu o ˇbolo.
 b. Quanto ao ˇbolo / o ˋZé comeu-o.
(12) a. ˇCobras / não gosto de ˋver.
 b. Às seis ˇhoras / o ˋZé saiu.
(13) a. A tese está ˋboa.
 b. A tese está ˌboa.
(14) a. Real ˋmente / ele não é tão bom como ˋpensa.
 b. Real ˇmente / ele não é tão bom como ˋpensa.

O par (1) é o tipo de exemplo em que a curva entoacional descendente (1a) exprime uma 'asserção', afirmativa, neste enunciado, ou negativa, no mesmo com o advérbio de negação, e uma subida acentuada da curva entoacional (1b) significa uma 'pergunta' ou qualquer pedido de informação. Esta é o que geralmente se reconhece como a função *gramatical* da entoação, na medida em que envolve uma distinção que, de outro modo, é marcada por meios sintácticos. E é aqui que a entoação carreia uma significação *denotacional* (conceptual), nomeadamente uma oposição entre um enunciado que descreve o mundo (1a) e um enunciado que pede informação (1b). Mas aquela mesma distinção gramatical pode envolver uma oposição de significação *discursiva*: por exemplo, em (1b) o falante espera informação adicional do ouvinte. Ou então uma oposição de significação *emotiva* ou atitudinal: (1a) exprime certeza e (1b) dúvida, surpresa. É em relação a esta última distinção, mas despida do seu carácter emotivo, que Halliday (1970) estabelece uma oposição entre o que considera como o significado fundamental ("core meaning") de cada um dos contornos entoacionais: o descendente significa 'certeza' e o ascendente 'incerteza', e ambas as noções em relação à *polaridade* do enunciado, isto é, ao sim/não do que se diz. Assim, em (1a) a polaridade é conhecida (afirmativa), tal como o é o enunciado correspondente com o advérbio de negação; por isso, quer um quer outro recebem uma entoação descendente. Pelo contrário, em (1b) é a polaridade que é posta em questão e, por isso, o enunciado recebe uma entoação ascendente. Conclui Halliday (1970: 23): "Descemos quando sabemos se algo é positivo ou negativo; subimos quando não sabemos".

O par (2), com (2a) bem mais normal do que (2b), mostra que a primeira de duas orações coordenadas recebe uma entoação (ligeiramente) ascendente, a indicar 'continuidade' do que se está a dizer. Precisamente por isso, é atípico o uso de uma entoação descendente no mesmo contexto, como em (2b), dando a impressão de uma frase 'acabada, terminada' no momento em que é seguida pela conjunção coordenativa *e*. Está aqui uma outra oposição básica entre os dois contornos entoacionais: a curva descendente indica 'terminação', 'conclusão' e a ascendente 'continuação', 'suspensão', 'não-acabamento'. Esta função da entoação é reconhecida como gramatical, mas é também ou sobretudo discursiva.

No par (3), *penso*, e vale o mesmo para *acho* ou *suponho*, toma tipicamente um tom ascendente, melhor, descendente-ascendente, ao passo que *sei* é dito com um tom descendente. Uma distinção entoacional que está em sintonia com o traço 'certeza' ou 'reforço', 'ênfase' do verbo *saber*, em contraste com o traço 'dúvida' ou 'limitação', 'restrição' dos verbos *pensar, achar, supor*. O mesmo se aplica aos pares (4) e (5): *geralmente* limita, ao passo que *sempre* enfatiza; *alguns* restringe e *todos* reforça. Nos três exemplos, a escolha da curva entoacional é determinada pelo significado de um determinado item lexical.

O par (6) pretende ilustrar a distinção semântica associada aos esquemas de entoação com mudança de tom, designadamente a curva descendente-ascendente (6a) e a curva ascendente-descendente (6b). Seguindo a explicação de Halliday (1970), estes esquemas híbridos contêm duas componentes semânticas com uma "mudança de pensamento" no meio: a curva descendente-ascendente significa 'embora pareça que tudo está claro, há efectivamente algo mais envolvido', sendo assim usada com expressões que denotam acordo com reservas, como (6a); a curva ascendente-descendente significa 'parece haver dúvidas, mas efectivamente está tudo certo', sendo por isso usada em enunciados que denotam uma convicção não comprometedora, como (6b).

No par (7), o contorno final ascendente (7a) indica uma 'listagem não-concluída, aberta' e o contorno final descendente (7b), uma 'listagem concluída, fechada'. E no par (8), a interrogativa "tag" com curva descendente (8a) pressupõe que o falante tem relativa certeza no que diz e vale como um pedido de acordo, ao passo que a mesma interrogativa com curva ascendente (8b) pressupõe menos certeza e introduz o desacordo do ouvinte. Na classificação de Cruttenden (1981: 80), (8a) é uma "tag" 'conducente' e (8b) uma "tag" 'não-conducente'. Em ambos os pares (7) e (8), a função da entoação é discursiva, na medida em que desencadeia diferentes tipos de resposta verbal.

Discursivo ou interaccional é também o sentido da entoação dos pares (9)-(12). O contraste de (9) é elucidativo. Em (9a), diz-se quando é que serão vinte e, em (9b), quantos serão em Julho. O tom descendente vem, pois, acrescentar nova informação à 'base comum' a locutor e alocutário – essa nova informação é Julho, em (9a), e vinte, em (9b) –, ao passo que o tom descendente-ascendente marca informação como fazendo parte dessa 'base comum' – vinte, em (9a), e Julho, em (9b). Generalizando, Brazil *et al.* (1980) falam de duas funções centrais da entoação na criação do texto: a de "proclaiming" (nova informação) e a de "referring" (informação já partilhada). Esta mesma explicação serve para os pares (10)-(12), tomados de Jackendoff (1972: 258ss.), que envolvem a distinção clássica entre tópico e comentário. Assim, tópicos e especialmente topicalizações, quer as que são marcadas por determinadas expressões, como (10b) e (11b), quer as que o são apenas pela ordem, como (12a) e (12b), são geralmente enunciados com uma curva descendente-ascendente.

Finalmente, os pares (13) e (14) representam casos em que o sentido da entoação é de natureza mais propriamente atitudinal ou emotiva. A ligeira curva descendente-ascendente de (13b) sugere determinadas 'reservas' por parte do locutor em relação à mesma asserção, mas claramente enunciada em (13a). Mas se essa mesma curva for acentuada, isso pode significar um elogio. O par (14) exemplifica investimentos entoacionais em sintagmas adverbiais. Uma entoação descendente (14a) denota uma atitude mais agressiva ou então defensiva, ao passo que uma entoação ascendente ou descendente-ascendente (14b) exprime uma atitude mais cortês; nas palavras de Cruttenden (1981: 81), a primeira é mais 'dogmática' e a segunda mais 'conciliadora'. Mas outras atitudes e emoções, como surpresa, espanto, censura, aborrecimento, etc., podem ser veiculadas pelas curvas entoacionais; por outro lado, a uma mesma curva entoacional podem associar-se diferentes emoções.

Resumindo, os enunciados (1)-(14) exemplificam os sentidos das entoações descendente e ascendente, sistematizados no Quadro 1. Em grande parte, estes sentidos são dados por Cruttenden (1981: 81) como *universais* semânticos da entoação.

descida	*subida*
ASSERÇÃO	PERGUNTA
CERTEZA	INCERTEZA
COMPLETUDE	INCOMPLETUDE
CONCLUSÃO	SUSPENSÃO
REFORÇO	LIMITAÇÃO
INFORMAÇÃO NOVA	INFORMAÇÃO PARTILHADA
CONDUCENTE	NÃO-CONDUCENTE
ASSERÇÃO	ASSERÇÃO COM RESERVAS
DOGMÁTICO	CONCILIADOR

Quadro 1. Sentidos das entoações descendente e ascendente

Importa notar que a oposição entre a descida e a subida de entoação é, nos termos da classificação clássica das oposições fonológicas, gradual e privativa (Cruttenden, 1981: 81-82). Gradual, porque existem diferentes graus (amplitudes, durações) de descida e de subida, a que corresponderão diferentes graus de assertividade e não-assertividade. Por exemplo, a descida de um tom alto para um tom baixo é geralmente mais assertiva e mais emotiva (denota maior envolvimento e maior interesse) do que a descida de um tom médio para um tom baixo. Mas também sucede que tons altos e tons baixos, quer na descida quer na subida de entoação, estejam associados a vários e diferentes sentidos específicos (Cruttenden, 1997: 91-106). Privativa, visto que em muitos casos a curva descendente é a que denota o sentido 'não-marcado' (por exemplo, 'asserção', frente a 'asserção com reservas' da curva ascendente) e, por outro lado, são os tons descendentes os que sistematicamente são usados pelas crianças na produção das suas primeiras frases.

Refira-se ainda que em casos de potencial conflito entre um sentido que, por regra, exige uma entoação ascendente e um outro que requer uma entoação descendente, geralmente os factores de ordem emotiva, lexical ou discursiva anulam as constrições gramaticais. Por exemplo, no enunciado (2b) e no final do seu primeiro grupo entoacional, a curva ascendente, implicada pelo factor gramatical da continuidade, é preterida em favor da curva descendente, exigida pela atitude do locutor em querer ser bastante assertivo. Outras excepções ou irregularidades podem encontrar-se. Por exemplo, perguntas marcadas lexical ou gramaticalmente, como *Onde vais?*, recebem, não uma entoação ascendente, mas descendente. Todavia, para Halliday (1970) esta é uma aparente irregularidade, pois este tipo de perguntas não diz respeito à polaridade sim-não: enunciar *Onde vais?* é pedir informações sobre o destino do alocutário, e não sobre se ele vai ou não a algum lado.

Uma última observação para dizer que esta oposição envolve tons simples e que os tons complexos, nomeadamente os esquemas descendente-ascendente e ascendente-descendente, esses podem ter outros sentidos, mais específicos e muito variados entre si.[1]

11.3. A estrutura semântica da entoação descendente e ascendente

Vamos agora analisar as relações entre os sentidos de cada grupo, as dimensões que organizam cada um dos espaços semânticos, numa palavra, a *estrutura* de cada um dos complexos semânticos. Para começar, verifique-se que as soluções minimalistas monossémicas que têm sido encontradas carecem de pertinência: propor as noções de 'fechado' e 'aberto' como sentidos fundamentais das entoações, respectivamente, descendente e ascendente, como faz Cruttenden (1981: 81; 1997: 163), ou os sentidos discursivos de 'proclaiming' e 'referring', como estabele-

---

[1] Cruttenden (1997: 91-106) identifica dois sentidos específicos do esquema ascendente--descendente, designadamente 'impressionado' e 'provocante', e encontra dois grupos de sentidos no esquema descendente-ascendente, nomeadamente 'reservas', 'contraste' e 'contradição', de um lado, e 'auto-justificação', 'apelo' e 'aviso', do outro. Mas outros sentidos há nestes tons complexos, ligados a diferentes tipos de frases e a grupos entoacionais finais e não-finais.

cem Brazil *et al.* (1980), é de facto abstrair demais e dizer pouco sobre a semântica destas curvas entoacionais.

Os vários sentidos de cada uma das curvas entoacionais estão ligados entre si por uma complexa rede de mecanismos cognitivos metafóricos e metonímicos, de que Taylor (1995a: 161) dá alguns exemplos. Na base desta rede, representada mais adiante na Figura 1, está a metáfora que projecta o *esquema imagético* EM CIMA – EM BAIXO do domínio espacial para o domínio prosódico da entoação. As próprias designações *entoação/curva ascendente* e *entoação/curva descendente* e *subida/ /descida da (curva de) entoação* realizam esta metáfora espacial ou *orientacional* (Lakoff & Johnson 1980: 14). Uma segunda metáfora aplica as orientações deste esquema às noções de 'completude' e 'incompletude', ou 'conclusão' e 'suspensão/continuidade': algo que ainda não terminou ou ainda não se concluiu e que, portanto, está incompleto está 'em cima', ao passo que algo que já chegou ao seu termo está 'em baixo'. Enunciando a metáfora, O INCOMPLETO ESTÁ EM CIMA e O COMPLETO/ /CONCLUÍDO ESTÁ EM BAIXO. É uma metáfora que se fundamenta na experiência que temos dos objectos voadores. Um objecto lançado ao ar descreve uma trajectória em arco antes de se imobilizar, subindo primeiro e depois descendo. O movimento descendente indica a trajectória de aproximação ao ponto de chegada e o movimento ascendente uma trajectória que continua. Assim também, a entoação descendente assinala a aproximação ao termo do enunciado e a entoação ascendente a necessidade de continuar o discurso. Por outro lado, é uma metáfora que se apoia nas próprias características fisiológicas e aerodinâmicas da produção da fala: a entoação descendente acompanha naturalmente a redução da pressão sub-glotal que se verifica quando o falante se aproxima do fim de um momento sem inspirar.

É a partir desta segunda metáfora que se dão várias extensões semânticas por implicaturas ou inferências metonímicas das noções de completude e incompletude. Algo que ainda não terminou traz consigo alguma incerteza ou dúvida, algum desconhecimento sobre se vai ou não ocorrer o que falta verificar-se, justamente porque não podemos conhecer aquilo que ainda não existe; naturalmente, a pergunta, o enunciado interrogativo é a implicação linguística deste desconhecimento. Pelo contrário, algo que está completo não está sujeito à incerteza, pode ser assertado, constituir uma afirmação ou uma negação. O esquema EM CIMA – EM BAIXO é assim metonimicamente aplicado às noções de 'certeza' e 'incerteza', 'asserção' e 'dúvida'. Por outro lado, algo que ainda não terminou tem que continuar para chegar ao seu termo. Ora, uma pergunta ou pedido de informação implica a continuação do discurso por parte do alocutário, introduz uma trajectória que continua e termina na resposta deste. Pelo contrário, uma afirmação ou uma negação, isto é, um enunciado assertivo constitui um todo, uma unidade de informação completa. Declaração e pergunta ou asserção e não-asserção são, na sua forma, o meio de verbalização, respectivamente, de uma certeza e incerteza, de uma trajectória completa e incompleta de pensamento/informação. Deste modo, o esquema EM CIMA – EM BAIXO é metonímica e metaforicamente *gramaticalizado* para a oposição fundamental entre tipos de frase, nomeadamente asserção e pergunta.

De outras implicaturas ou inferências metonímicas das noções de 'completo/incompleto' e 'certo/incerto' resultam mais sentidos das entoações descendente e ascendente. Um processo que não está completo espera-se que continue e um processo que continua é, por definição, um processo aberto – 'implicacional'. É assim que a entoação ascendente evoca um sentido prospectivo implicacional, uma asserção com implicações, ao passo que a entoação descendente se associa a uma asserção sem mais. Por outro lado, o que está completo e o que é certo merecem ser evidenciados, enfatizados, reforçados (evidenciar uma certeza), ao passo que o que não está completo e é duvidoso é naturalmente limitado e limitador. É assim que a entoação descendente pode 'reforçar' (uma ideia, pedir acordo e confirmação nas interrogativas "tag") e a ascendente 'limitar', restringir, condicionar (restringindo um conjunto, pondo reservas, deixando incertezas ou dúvidas, introduzindo desacordo nas interrogativas "tag", etc.). Em terceiro lugar, o que está acabado passa a existir como uma nova entidade, a poder ser adicionado ao que já existe, ao passo que o que ainda não terminou e o que continua são partes de um todo e, como partes, cada uma delas ou outra pode ser seleccionada, pode contrastar. Daqui os sentidos discursivos de 'informação nova' (adicionada ao plano de fundo informativo comum aos participantes da interacção verbal) vs. 'informação dada e partilhada' (seleccionada ou contrastada como parte do plano de fundo informativo partilhado), associados, respectivamente, às entoações descendente e ascendente.

Finalmente, uma nova metáfora projecta as noções de 'completo--fechado' e 'incompleto-aberto' no domínio atitudinal e emotivo, designadamente DOGMÁTICO É FECHADO e CONCILIADOR É ABERTO. 'Dogmático' e 'conciliador' são noções genéricas, a cada uma das quais corresponderão várias especificações.

Os sentidos atitudinais-emotivos e os sentidos discursivos da entoação descendente e ascendente constituem exemplos ilustrativos de *subjectivização*, tanto no sentido de Langacker (1990a) como no de Traugott (1989) – processo de extensão semântica que encontrámos nas categorias lexicais e gramaticais.

Sintetizando, a Figura 1 representa a teia de metáforas e metonímias envolvidas na polissemia da entoação descendente e ascendente.

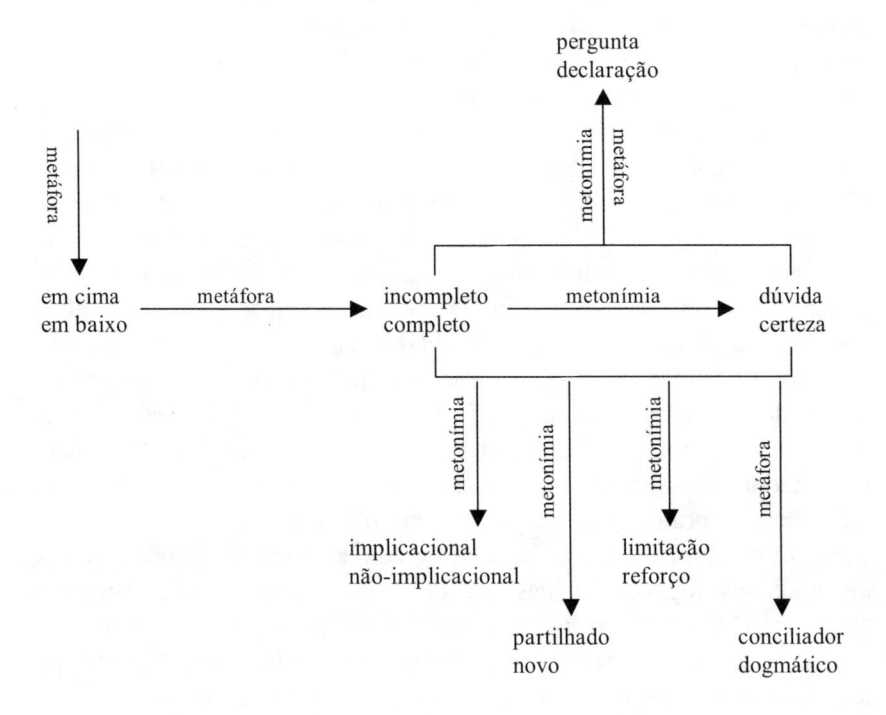

Figura 1. Rede de metáforas e metonímias na entoação descendente e ascendente

Consideremos ainda a estrutura destes complexos semânticos, esquematicamente representada, mais adiante, na Figura 2. Uma estrutura, tal como a de muitas outras categorias polissémicas, *radial*, com base num centro prototípico, e *multidimensional*. A entoação descendente tem por significado central (prototípico) uma declaração (afirmação ou negação), uma unidade não-continuativa ou completa e uma certeza; e a entoação ascendente, o oposto, designadamente uma pergunta, um segmento continuativo ou incompleto e uma dúvida/incerteza. Estamos perante protótipos tridimensionais: uma primeira dimensão conceptual ou conceptuo-gramatical (conteúdo assertivo vs. não-assertivo), uma segunda dimensão espácio-temporal discursiva (completo vs. incompleto, não-continuativo vs. continuativo) e uma terceira dimensão emotiva/atitudinal (certeza vs. dúvida). E os respectivos conteúdos destas três dimensões estão, como vimos, metonimicamente relacionados.

Destes protótipos dimanam os restantes sentidos, por vários mecanismos de extensão semântica. Por gramaticalização e pragmatização de todo o centro prototípico e, assim, dos seus aspectos conceptuais, discursivos e emotivos – porventura com maior incidência nos primeiros –, resultam os sentidos gramaticais e pragmáticos de tipo de frase declarativo vs. interrogativo e acto ilocutório assertivo vs. não-assertivo e, por generalização, ordem e exclamação vs. pedido. Uma outra extensão conduz aos sentidos discursivos e interaccionais de 'informação nova' vs. 'informação partilhada', 'adição' vs. 'selecção' de informação, 'independente' vs. 'dependente', e esta é uma extensão metonímica particularmente dos aspectos discursivos do protótipo. Uma terceira extensão leva aos sentidos mais claramente emotivos de 'dogmático' vs. 'conciliador' e suas diferentes especificações, e consiste numa metáfora e também metonímia ligadas, sobretudo, aos aspectos emotivos do protótipo. Outros sentidos, como os de 'neutro' vs. 'com implicações' e 'reforço' vs. 'restrição', resultam de extensões, por generalização, no primeiro caso, e metonimização, no segundo, de aspectos conceptuais, discursivos e emotivos do protótipo.

Há ainda outros dois tipos particulares de extensão do protótipo. Um envolve a combinação e/ou graduação de tons descendentes e ascendentes e seus respectivos sentidos. O outro tem mais a ver com a variação do que com a orientação da entoação, e conduz à função *meta-semântica* da (variação) da entoação: ou seja, a entoação (descendente ou ascendente) indica que determinado elemento (palavra, enunciado ou outra unidade) deve ser entendido num sentido não-literal – um sentido contrário (por ironia e antífrase), figurado, eufemístico, favorável ou desfavorável, de não compromisso, etc. Esta extensão envolve a gramaticalização da própria variação da entoação.

A Figura 2 representa a estrutura semântica das duas formas entoacionais.

294 O Mundo dos Sentidos em Português

```
            tipo de frase,         informação
            acto ilocutório,       partilhada,
            pedido                 selecção          conciliador
                    ↑                  ↑                ↑
                    │       c/         │
                    │   implicações    │  restrição
                    │       ↑          │     ↑
       gramaticalização,    │       metonímia │
       pragmatização   generalização        metonímia   metáfora-metonímia
                                                                        combinação,
  meta-semântica                                                        graduação
          ↖                                                        ↗
              ╭─────────────────────────────────────────╮
             (    pergunta ↔ incompletude ↔ incerteza    )
             (               SUBIDA                      )
             (─────────────────────────────────────────  )
             (               DESCIDA                     )
             (   declaração ↔ completude ↔ certeza       )
              ╰─────────────────────────────────────────╯
          ↙                                                        ↘
  meta-semântica                                                        combinação,
                                                                        graduação
       gramaticalização,
       pragmatização   generalização   metonímia    metonímia   metáfora-metonímia
                           ↓               ↓            ↓              ↓
                        neutro                       reforço
                                       
            tipo de frase,         informação
            acto ilocutório,       nova,             dogmático
            ordem, excl.           adição
```

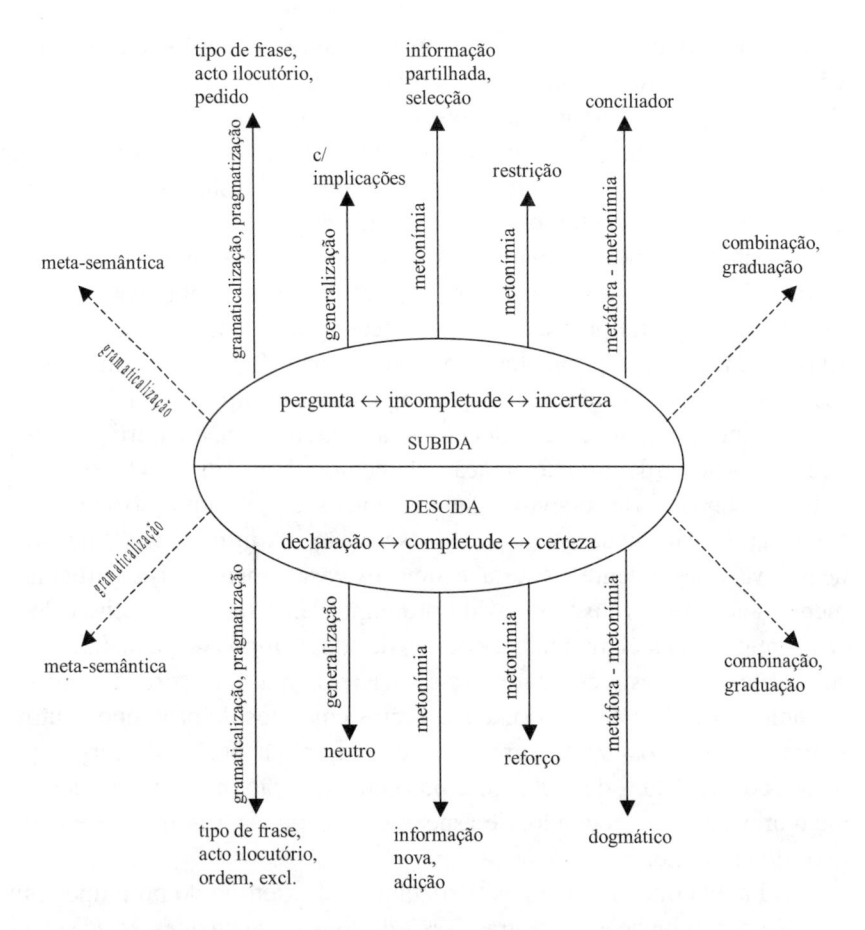

Figura 2. A estrutura semântica da entoação descendente e ascendente

11.4. A polissemia da entoação

As duas categorias prosódicas entoacionais em Português (e noutras línguas) são categorias polissémicas, prototípica e multidimensionalmente estuturadas e fundamentadas em imagens mentais e experienciais. Esperamos ter demonstrado que as entoações descendente e ascendente se deixam analisar, não em termos minimalistas de significados abstractos ditos "fundamentais" – concepção monossémica, frequente nos estudos sobre os valores da entoação, como os de Brazil *et al.* (1980) e Cruttenden (1981, 1997) –, mas como categorias plenas de sentidos e funções inter-relacionados. Ontologicamente bem distintas, as categorias prosódicas são, afinal, conceptual e funcionalmente idênticas às demais categorias linguísticas – complexos polissémicos coerentes e flexíveis.

São várias as funções da entoação, em geral, e da entoação descendente e ascendente, em particular: gramatical (para um estudo cognitivo, ver Croft, 1995), emotiva, discursiva e também meta-semântica; e estas funções não alternam, mas antes implicam-se e sobrepõem-se. Na polifuncionalidade e polissemia das curvas descendente e ascendente intervêm mecanismos cognitivos metafóricos e metonímicos, protótipos multidimensionais, esquemas imagéticos, a subjectivização, inferências pragmáticas, ou seja, os mesmos mecanismos que se encontram na polissemia das categorias lexicais e gramaticais. A polissemia das entoações descendente e ascendente fundamenta-se no conhecimento enciclopédico de objectos voadores. A descrição que aqui apresentámos para o Português carece, porém, de maior desenvolvimento, particularmente a análise dos sentidos dos tons complexos ou variações das duas formas entoacionais básicas e, assim, da maneira como estas se combinam para formar os modelos de entoação da frase.

Queremos deixar um desafio: a abordagem cognitiva em Fonologia, já iniciada e desenvolvida sobretudo para o Inglês, em trabalhos como os de Nathan (1986, 1994, 1996), Bybee (1994, 2001), Taylor (1995a: 222--238, 2002: capp. 5, 8), Kristiansen (2003) e Mompeán (2004). A fonologia cognitiva analisa os fonemas e outras entidades fonológicas e prosódicas como categorias *conceptuais*, através das quais o conhecimento fonético é organizado e estruturado no sistema conceptual; *experienciais*, porque fundamentadas na nossa experiência perceptiva e nas nossas interacções; *prototípicas*, ou estruturadas com base em protótipos e efeitos prototípicos; e, no que diz respeito às entidades prosódicas, *polissémicas*.

CAPÍTULO 12

O que é que a polissemia nos mostra acerca do significado e da cognição?

> A extrema flexibilidade que se observa na semântica lexical sugere uma concepção procedimental (ou talvez 'processual') do significado, em vez de uma concepção reificada (Geeraerts 1993a: 260)
>
> por inerência, a polissemia envolve questões de flexibilidade cognitiva, organização da memória e categorização. Assim, poderia ser desnecessário estabelecer uma teoria específica da polissemia: as suas propriedades deveriam surgir no seguimento da estrutura da cognição. (Deane 1988: 327)
>
> O pensamento não é transcendente: está dependente do corpo e do cérebro. É *corporizado*. O significado surge da relação com as necessidades e funções físicas. (Edelman 1992: 234)

Toda a linguagem é, afinal, acerca do significado. E o significado linguístico é *flexível* (adaptável às mudanças inevitáveis do mundo), *perspectivista* (não espelha, mas constrói o mundo), *enciclopédico* (intimamente associado ao conhecimento do mundo) e *baseado na experiência e no uso* (experiência individual e colectiva e experiência do uso actual da língua). São estes os princípios fundacionais da Linguística Cognitiva. E a polissemia é uma das evidências maiores destes princípios.

12.1. Protótipos, flexibilidade e multidimensionalidade

Uma das primeiras e fundamentais realidades que a polissemia nos mostra é a nossa capacidade cognitiva de *categorização* e o modo como realizamos este processo vital de identificação, classificação, nomeação, organização da imensa variedade do mundo que nos cerca, enfim, de "redução" da complexidade do mundo em que vivemos. A polissemia é um efeito da categorização. E o significado linguístico e, com ele, toda a linguagem envolvem necessariamente categorização – quer como meio quer como objecto de categorização. Seguramente o meio mais eficaz de categorização, a linguagem não é um espelho da realidade, mas antes uma construção e interpretação, impondo estruturas e formas ao conhecimento do mundo. Os conceitos, os significados não são, pois, rótulos das coisas nem objectos mentais aprioristicamente dados, mas *categorias* e, como tal, criações da cognição humana que servem para *dar sentido* ao mundo.

A polissemia é uma forte evidência de que categorizamos, pelo menos na maior parte das vezes, não na forma de condições individualmente necessárias e conjuntamente suficientes e, portanto, não à maneira das chamadas *categorias clássicas*, mas na base de *protótipos*, tal como têm sido entendidos e estudados pela Psicologia Cognitiva (Rosch 1978) e pela Semântica Cognitiva, através da semântica do protótipo (Taylor 1995a, Geeraerts, 1997). Se a categorização se processasse na base de propriedades comuns e segundo o princípio aristotélico do "terceiro excluído", pelo qual uma entidade ou exibe ou não exibe determinada característica, ou pertence ou não pertence a determinada categoria, então a infinidade e diversidade de coisas, processos, relações, etc. que constituem o nosso mundo exigiria não só categorias monossémicas ou, pelo menos, mais simples, como também um número infinitamente superior de categorias, o que garantidamente comprometeria a aprendizagem e o uso de uma língua. A naturalidade e frequência com que a maior parte das categorias tende para o sentido múltiplo mostra bem como elas se estruturam à volta de um centro prototípico; como diferentes 'coisas' se podem assemelhar, de diferentes modos, ao protótipo e assim serem integradas numa mesma categoria; e como a pertença a uma categoria não requer a verificação de todas as propriedades 'esperadas', donde os seus membros não precisarem de partilhar um conjunto de propriedades comuns.

A polissemia permite evidenciar, não só os problemas epistemológicos, como também os problemas conceptuais da teoria clássica da categorização (Taylor 1995a). Um dos problemas conceptuais prende-se com a famosa ideia dos *primitivos* semânticos, assumida por vários semanticistas, desde Katz & Fodor (1963) até Wierzbicka (1996), com a sua Metalinguagem Semântica Natural, constituída por 60 ou mais primitivos, passando por Jackendoff (1990, 1997), embora com posições mais moderadas. Ora, esta ideia traz vários problemas. Primeiro, raramente os primitivos poderão dar conta da totalidade do significado de um item. Depois, muitos dos alegados primitivos estão longe de o serem realmente: por exemplo, 'causa' é um conceito altamente complexo e diferenciado (Lakoff & Johnson 1980, 1999; Silva 2004b); conceitos como 'macho, masculino', 'fêmea, feminino', 'animado' e 'não animado' fundamentam-se em teorias complexas sobre a vida e a sexualidade; "domínios básicos" (Langacker 1987) como a temperatura ou a cor, embora fenomenologicamente irredutíveis, são compreendidos na base de um conjunto variado de domínios conceptuais – conceptualizamos, por exemplo, a temperatura tendo em conta as suas funções e os seus efeitos no clima, no ciclo das estações, no uso de roupas, nos estados emocionais, nas relações sociais, etc. Quer isto dizer que construímos e apreendemos as categorias, não por decomposição e reunião dos seus componentes, nem a partir de determinados conceitos contidos na sua definição, mas holisticamente e sempre, como veremos nas secções seguintes, no contexto de domínios de conhecimento, das nossas teorias acerca do mundo e das nossas práticas de interacção com o mundo.

Sendo a polissemia uma evidência da categorização *prototípica*, então também o é das origens psicológico-funcionais e dos efeitos cognitivo-linguísticos da prototipicidade. Quanto às origens, a prototipização e a polissemização são a resposta a três tendências funcionais do sistema cognitivo humano (Geeraerts 1988c), já referidas noutros lugares (cf. capp. 3 e 4): a *densidade informativa*, propiciando a formação de categorias com muita informação e pouco esforço cognitivo; a *flexibilidade*, tornando as categorias adaptáveis a novas condições ou realidades do mundo e a novas necessidades expressivas dos falantes; e a *estabilidade estrutural*, garantindo a permanência das categorias já formadas e a sua utilização na apreensão da mudança. A polissemia mostra assim como as categorias estruturadas com base em protótipos têm a enorme vantagem de facilmente se adaptarem à inevitável variação e mudança, mas também a não menos importante vantagem de funcionarem como modelos interpretativos dessas novas condições, situações ou necessidades. Ou seja: as conceptualizações já existentes não só se adaptam à mudança e à novidade, como influenciam novas conceptualizações. Reside aqui um dos aspectos mais singulares e mais eficientes da cognição humana: a capacidade de adaptação a mudanças no mundo exterior e interior, acomodando essas mudanças às categorias existentes e interpretando-as através do conhecimento já existente.

A polissemia é um dos efeitos da categorização *prototípica* e espelha outros efeitos da prototipicidade, determinantes da estrutura das categorias conceptuais e linguísticas. Uma das consequências mais directas da prototipicidade é a própria existência de diferenças de saliência entre os membros de uma categoria: alguns sentidos e/ou referentes são mais centrais, mais típicos do que outros. Outra é a flexibilidade contextual da categoria, de adaptação à infinidade e variedade de contextos, propiciada pela não-discrição entre os elementos de uma categoria ou entre diferentes categorias, de que resultam os complicados problemas de diferenciação de sentidos (discutidos no cap. 2) e a própria *intratabilidade* da polissemia através de critérios coerentes de estabelecimento de diferentes sentidos (lembremos os resultados contraditórios dos testes de diferenciação de sentidos, discutidos no cap. 2). Uma terceira consequência é a estruturação radial e multidimensional dos sentidos e referentes de uma categoria. Tomando a polissemia como ponto de referência, a indesmentível existência de palavras ou outras categorias com vários sentidos é sinal de que, em cada categoria, alguns sentidos são mais prototípicos do que outros, os sentidos são contextualmente flexíveis e estão organizados de forma radial e não linear nem bi-dimensional, mas por co-determinação de diferentes dimensões. Uma quarta consequência da prototipicidade, e que a polissemia também mostra, é o facto de estas três características estruturantes dos sentidos se verificarem igualmente a nível dos referentes, donde a homologia das estruturas de sentidos e de referentes – sinal de que ambos os níveis, intensional (de sentidos) e extensional (de referentes), estão bem menos afastados do que o que tradicionalmente se pensava e, ainda, que não é apenas o primeiro mas ambos que devem ser objecto do estudo linguístico.

Os problemas de diferenciação de sentidos, a ausência de critérios coerentes de polissemia, a impossibilidade de precisar o número de sentidos de uma palavra, a instabilidade ou flexibilidade da polissemia, enfim, os "mil e um problemas" que a polissemia traz ao linguista (cap. 2), empiricamente comprovados na parte descritiva deste estudo (capp 7--11), são a evidência de uma das propriedades mais características do significado linguístico: a sua *flexibilidade*, entendida nas suas diversas dimensões e manifestações, a que nos referimos no capítulo 3. A flexibilidade do significado é a sua adaptabilidade e abertura à mudança, a sua intrínseca contextualidade, a sua natureza não reificada mas processual e dinâmica, a sua variabilidade, a sua indeterminação, a sua negociabilidade, o potencial de significado, o poder ser puxado ora 'para cima' ora 'para baixo' – enfim, a sua condição de logicamente 'imperfeito', mas cognitiva e comunicativamente 'perfeito'! A polissemia é pois significação flexível (Raukko 2003, Nerlich & Clarke 2003). Mas deve entender-se também, como argumentámos no capítulo 3, que o significado é tão flexível quanto possível.

E esta flexibilidade explica uma outra característica do significado linguístico e das próprias categorias conceptuais e linguísticas, de que a polissemia é um exemplo perfeito: a sua complexidade, a sua multilineariadade, o seu carácter holístico, a pluralidade transversal de domínios cognitivos em que o significado se fundamenta, a sua radialidade, esquematicidade e *multidimensionalidade* estruturais.

12.2. Significado e conceptualização

A flexibilidade da polissemia e os mecanismos cognitivos que ela envolve mostram que das três principais concepções do significado – estruturalista (da semântica estrutural e neo-estrutural ou generativa), referencialista ou logicista (da semântica formal) e conceptualista (da semântica cognitiva) – é a última a que melhor o consegue explicar.[1] Dificilmente o significado de uma palavra pode ser definido paradigmaticamente pelo significado de outras palavras do sistema linguístico, em termos de *oposições distintivas*. Nem o significado pode ser adequadamente descrito em termos de *condições-de-verdade* ou correspondências directas entre elementos linguísticos e entidades ou situações do mundo. O significado deve ser entendido como *conceptualização*, no sentido amplo de qualquer tipo de 'experiência mental', estabelecida ou nova, abstracta ou sensório-motora e emotiva, incluindo a apreensão do contexto físico, social e linguístico (Langacker 1988a: 6, 2000b). Por outras palavras, o significado linguístico deve ser visto como produto da

---

1 O mesmo se diga das tradicionais teorias do significado, nomeadamente das 4 expostas em Alston (1964: 10-49): (i) teoria referencial, ou significado como referente; (ii) teoria ideacional, ou significado como ideia; (iii) teoria behaviorista, ou significado como função do comportamento dos participantes num acto de comunicação; e (iv) teoria do significado como função do uso, mais especificamente, como *regra* para o uso – que Lima (2006) designa por teoria *convencional* (tomando *convenção* no sentido de *regra*) e considera como a mais adequada. É à concepção (ii) que a semântica cognitiva se reporta, embora não deixe de incorporar a perspectiva funcional da concepção (iv).

actividade mental (processamento cognitivo, actividade neurológica) de mentes humanas fisicamente corporizadas e sócio-culturalmente situadas. Afinal, os significados não podem estar noutro lugar senão nas nossas cabeças! [2]

Uma das evidências empíricas do papel fundamental da conceptualização e, ao mesmo tempo, do fracasso da concepção *vericondicional* do significado é a existência de expressões com as mesmas condições-de-verdade mas conceptual e semanticamente diferentes. Por exemplo, *manter as coisas como estão* e *deixar as coisas como estão* são verdadeiras nas mesmas condições – as coisas continuam a existir como existiam antes –, mas diferem em dois aspectos essenciais: *manter* envolve aplicação de 'força' (física ou abstracta), ao passo que *deixar* é não exercer essa força; o resultado da 'oposição de forças' para o objecto é contrário ao da sua tendência, com *manter*; mas é o mesmo do da sua tendência, com *deixar* (Silva 2004f).

Entender o significado como conceptualização não o torna misterioso nem o coloca para além do estudo científico. Naturalmente que não se poderá esperar uma descrição rigorosamente formalizada, justamente por causa da flexibilidade do significado e da polissemia. E entender o significado assim também não o torna caótico nem absolutamente relativista: a conceptualização faz-se através de determinados mecanismos e organiza-se em determinadas estruturas semânticas, de que a polissemia é um exemplo; e os mecanismos de conceptualização são comuns à espécie humana.[3]

---

2 Naturalmente, a Linguística Cognitiva entende o significado como conceptualização, conteúdo conceptual, fenómeno mental, desenvolvendo assim uma semântica *conceptualista* ou *cognitiva*: "O significado é um fenómeno mental que deve eventualmente ser descrito em relação ao processamento cognitivo" (Langacker 1987: 97); "A semântica refere-se simplesmente ao *conteúdo conceptual*, tal como este está organizado na linguagem" (Talmy 2000, Vol. I: 4).

3 Lima (2006), continuando a posição de Lima (1989), encontra na Semântica Cognitiva o grande problema da comparação de conteúdos mentais individuais, por outras palavras, o perigo do solipsismo. Ora, as mentes individuais são, até certo ponto, comensuráveis e mutuamente acessíveis, já que os indivíduos têm a mesma estrutura biológica e interagem num universo basicamente igual para todos. É, aliás, através desta interacção e acomodação mútua que surgem, se mantêm e continuamente se ajustam padrões convencionais de actividade a que chamamos 'linguagem' (cf. Langacker 1997). Em relação à segunda grande crítica de Lima (2006) à Semântica Cognitiva, designadamente o facto de que a comunicação linguística não pode reduzir-se a uma "troca de ideias" e que há unidades linguísticas que não exprimem nenhum conceito,

Se o significado é conceptualização, então o significado de uma expressão inclui, não apenas o 'conteúdo' conceptual que ela representa (as propriedades inerentes da entidade ou situação designada), mas também o 'modo' como esse conteúdo é construído – o que em Semântica Cognitiva se designa por "construal" e que pode ser traduzido por *perspectivação conceptual*. O que efectivamente se passa é que podemos conceber e representar uma mesma situação da realidade de perspectivas alternativas. Além disso, as próprias expressões linguísticas, tanto lexicais como gramaticais, impõem uma perspectivação conceptual particular no 'conteúdo' conceptual que representam, pelo que a escolha de uma entre outras possíveis de modo algum é arbitrária. É esta capacidade de o ser humano, através de determinadas operações de perspectivação conceptual, impor uma estrutura no conteúdo conceptual e poder conceber e representar uma mesma situação da realidade de modos alternativos, uma componente crucial do significado de qualquer expressão linguística. É nisto que o significado é, por natureza, *perspectivista*. É desta capacidade cognitiva que resulta a polissemia das expressões linguísticas. E é esta capacidade cognitiva a razão maior para adoptar uma perspectiva *conceptualista* do significado.

As operações de perspectivação conceptual ("construal") têm sido consistentemente estudadas em Semântica Cognitiva. Destacam-se três abordagens complementares e que, em alguns pontos, são variações dos mesmos fenómenos: Langacker (1987, 1990b, 1991, 1999) sobre o que designa como *imagética convencional* ("imagery"), Talmy (1983, 1988a, b, 2000) sobre *sistemas imagéticos* ("imaging systems") e Lakoff e associados (Lakoff & Johnson 1980, 1999; Lakoff 1987; Johnson, 1987; Lakoff & Turner 1989) nos seus estudos sobre a linguagem figurada. As duas primeiras, de Langacker e de Talmy, são as mais representativas da perspectivação conceptual como função central da linguagem e da natureza perspectivista do significado.

---

veja-se o que se diz nas duas próximas secções (a conceptualização é intrinsecamente contextual e interaccional) e reconheça-se a distinção entre significado conceptual e significado não-conceptual (cf. secção 2 do cap. 4) e o papel da conceptualização da realidade social na constituição dos factos sociolinguísticos, expressa, por exemplo, na variação entre sinónimos com o mesmo significado conceptual, como *avançado, atacante, dianteiro, forward, ponta-de-lança* para o conceito do futebol 'avançado' (ver em Silva 2004e, 2005c, Geeraerts 2004, 2005 e Kristiansen & Dirven 2006 a justificação de uma sociolexicologia e sociolinguística cognitivas).

Langacker é o que mais explora a capacidade de conceber e representar determinada situação de modos alternativos, a que dá o nome de "imagery" – um dos pilares da sua Gramática Cognitiva e provavelmente um dos constructos mais geniais da linguística dos últimos tempos (Silva 2001b). Langacker identifica várias dimensões da *imagética convencional*, nomeadamente *esquematicidade, escaneamento* ("scanning") *sequencial* vs. *sumário, plano de fundo* ("background"), *perspectiva* – que inclui o *ponto de vista* ou *posição estratégica*, o *arranjo de visão* ("viewing arrangement", Langacker 2001b) e *objectividade/subjectividade* (determinada entidade ou situação é construída como *objecto* ou *sujeito* de per/concepção: cf. Langacker 1990a e secção 6 do cap. 4) – e ainda a *proeminência* – compreendendo os alinhamentos assimétricos *perfil/base* ou *figura/fundo* e *trajector/marco* ("trajector", "landmark") (ver síntese em Langacker 1990b: 5-12 e Silva 1995). Langacker (1987: cap. 3.3) classifica esta variação de estruturação conceptual de uma situação como *ajustamentos focais* de (i) *selecção* de determinados aspectos em detrimento de outros, (ii) *perspectiva* a partir da qual a situação é vista e (iii) *abstracção* ou grau de esquematicidade/especificidade com que conceptualizamos a situação. Lembremos o impacto destes ajustamentos na extensão semântica e polissemia de uma palavra ou outra unidade linguística: a formação de sentidos diferentes correlaciona-se com a variação de selecção de facetas e de domínios cognitivos de uso, com a variação da perspectiva, com a variação do grau de esquematicidade/especificidade.

Além de outros trabalhos dedicados também à *perspectiva* e à *esquematização*, Talmy explorou dois *sistemas imagéticos* fundamentais. Um é a *distribuição da atenção*: compreende diversos mecanismos, como centro ou foco de atenção, objectivo de atenção, *janelas de atenção* ("windowing"), e estratégias, tais como segmentação em figura//fundo, distância conceptual, atribuição de relações causais. Os ajustamentos focais de que fala Langacker não deixam de ser manifestações de distribuição da atenção. A extensão semântica ou polissemia correlaciona-se, portanto, também com a distribuição da atenção.

O outro sistema cognitivo teorizado por Talmy (1988a) é o que o próprio denominou como *dinâmica de forças*. Na sua forma mais básica, este sistema envolve uma oposição entre uma entidade que exerce força, a entidade focal ou *Agonista*, e outra que exerce uma contra-força, o *Antagonista*. Talmy elabora um sistema de padrões de dinâmica de forças na base de quatro dimensões: (i) tendência intrínseca de força do

Agonista para o movimento vs. para o repouso; (ii) mudança no tempo vs. não-mudança, ou oposição de forças mutável (início/cessação da influência) vs. estável (continuação/não-ocorrência da influência); (iii) influência ('causar') vs. não-influência ('deixar'); e (iv) entidade mais forte: Antagonista vs. Agonista. Este sistema, com origem na força física mas metaforicamente projectado em muitos domínios abstractos, permite explicar importantes sistemas conceptuais, como os conceitos causativos em toda a sua diversidade – Talmy (1988a) apresenta, aliás, a teoria da dinâmica de forças como uma generalização do conceito linguístico tradicional de 'causativo' – ou os conceitos modais e, num plano mais geral, a própria estruturação conceptual dos eventos. Lembremos como as noções de dinâmica de forças desempenham um papel essencial na polissemia e no desenvolvimento semântico do verbo *deixar* (cf. cap. 7).[4]

Finalmente, um outro tipo de operações de perspectivação conceptual ("construal") compreende a metáfora e a metonímia conceptuais, com as quais fundamentalmente se 'faz' o pensamento e a linguagem figurados. Como vimos nos capítulos 4 e 5 e ao longo dos capítulos 7 a 11, metáfora e metonímia são importantíssimos mecanismos de conceptualização e de geração de sentidos. Grande parte dos fenómenos de polissemia e de mudança semântica envolve um destes mecanismos ou, mesmo, ambos. Igualmente mecanismo de projecção conceptual, próximo da metáfora, como vimos (cap. 5), é o processo de *mesclagem* ou *integração conceptual* ("blending") de formação de novas conceptualizações por integração de elementos de diferentes espaços mentais (Fauconnier & Turner 2002), também ele naturalmente responsável pela polissemia (Fauconnier & Turner 2003).

Também a categorização, quer por protótipos quer por esquemas, envolve operações de perspectivação conceptual de abstracção, selecção e proeminência.

Referência ainda aos *esquemas imagéticos* ("image schemas") ou padrões não-proposicionais e dinâmicos dos nossos movimentos no espaço, da nossa manipulação dos objectos e de interacções perceptivas, explorados inicialmente por Johnson (1987) e Lakoff (1987, 1990) e recentemente revalorizados na obra colectiva organizada por Hampe

---

4 Sobre a aplicação do modelo talmyano de dinâmica de forças à semântica da causação em Português, ver também Silva (1999a, 2000c, 2003a, 2004b, f, 2005f) e Mendes (2005).

(2005). Vimos como a coerência semântica interna do verbo *deixar* reside numa inversão de esquemas imagéticos de movimento (físico ou abstracto) de afastamento ou não-aproximação, ora do sujeito ora do objecto do evento; ou como a polissemia discursiva de *pronto* se deixa compreender em termos dos esquemas imagéticos retrospectivo e prospectivo.

Como as próprias designações encontradas por Langacker, Talmy e Lakoff/Johnson revelam, estas operações, invariavelmente *imagéticas,* não são exclusivas da capacidade para a linguagem, antes se encontram noutras capacidades cognitivas, mormente e sobretudo a percepção visual. Langacker e Talmy mostram que estas operações linguísticas têm muito a ver com a psicologia da percepção visual. Croft & Wood (2000), retomado em Croft (2004), propõem uma reclassificação das operações linguísticas de perspectivação conceptual ("construal"), procurando mostrar que elas constituem manifestações de quatro processos cognitivos gerais, que têm sido estudados em psicologia e fenomenologia: *atenção* (saliência), *juízo* (como conceito filosófico equivalente ao conceito psicológico de *comparação*), *situação* ou localização, no sentido de Heidegger de estar-no-mundo (perspectiva), e *constituição* ("gestalt") da experiência. As representações cognitivas linguísticas e não linguísticas são, portanto, construídas da mesma forma e utilizam as mesmas capacidades de conceptualização.

Tudo isto evidencia que a percepção visual e a actividade sensório--motora têm um papel crucial na conceptualização e na linguagem. Consequentemente, os significados fundamentam-se, em larga medida, na percepção, na conceptualização *geométrica* ou *espacialização*.

Daqui se conclui também que estamos perante processos de conceptualização que são universais: como assinala Lakoff (1987: 311), as pessoas partilham a mesma capacidade geral de conceptualização, não obstante as diferenças que possa haver entre os seus sistemas conceptuais. A especificidade semântica de uma língua residirá na combinação de uma espécie particular de conceptualização, corporizada numa categoria lexical ou construção gramatical particular, com uma classe particular de experiências humanas que essa categoria/construção codifica (Croft & Wood 2000: 77). Qualquer língua possui muitas perspectivas alternativas de codificar a mesma experiência (Lakoff 1987: 306) e diferentes línguas codificam a mesma experiência de diferentes perspectivas. Mas há restrições, preferências interlinguísticas e, mais do que isso – e evitando cair nas malhas da versão forte do relativismo linguístico –, os efeitos das operações de conceptualização linguisticamente impostas poderão ser bastante superficiais (Langacker 1998).

Em suma, é por tudo isto que *a mente é necessária* (Langacker 2000b), que a linguagem é *significado* e o significado é *conceptualização*, que a semântica tem que ser *conceptualista* e que, seguindo o slogan de Langacker (1999), a *gramática é conceptualização*. Esta tese fundamental inviabiliza as pretensões da tradicional distinção de níveis de análise, designadamente o nível psicológico dos conceitos e o nível linguístico dos significados, também conhecida como teoria dos "dois níveis", através da qual vários semanticistas, como Bierwisch (1983), Wunderlich (1993), Kirsner (1993), e mais exemplarmente Ruhl (1989), de diferentes modos, artificialmente conseguiram defender a autonomia do significado e minimizar ou mesmo negar a polissemia. Recentemente, Rakova (2003) reconstrói esta distinção para defender uma perspectiva não polissémica dos *conceitos* e afirmar que "uma teoria dos conceitos não tem que ser ao mesmo tempo uma teoria dos significados (linguísticos)" (Rakova 2003: 142), mas acaba por cair numa concepção *idealista* dos próprios conceitos, equivalente à posição assumida por Wierzbicka (1996) com o postulado dos primitivos semânticos.

12.3. Significado e experiência

Se o significado é conceptualização, então inevitavelmente tem tudo a ver com a experiência humana. Contrariamente a uma ideia relativamente generalizada, a focalização na conceptualização não implica uma perspectiva descontextualizada da cognição e da linguagem. Bem pelo contrário, como consistentemente argumenta Langacker (1997). Conceptualizamos e verbalizamos através de mentes *corporizadas* ("embodied") e em constante interacção como o mundo e com os outros. Não existe cognição fora do contexto, mas sempre *cognição em contexto*, bem como não existe linguagem humana independentemente da interacção e do contexto sócio-cultural.

Esta perspectiva plenamente contextualizada da cognição e da linguagem está paradigmaticamente expressa no que Lakoff e Johnson (Lakoff 1987, Johnson 1987, Lakoff & Johnson 1999, Johnson & Lakoff 2002) caracterizam como *experiencialismo* ou *realismo corporizado* ("embodied realism") e apresentam como a posição filosófica e epistemológica do movimento da linguística cognitiva:[5]

> O pensamento é *corporizado*, isto é, as estruturas usadas para unificar os nossos sistemas conceptuais derivam da experiência corporal e têm sentido nos termos dela; além disso, o cerne dos nossos sistemas conceptuais está directamente fundado na percepção, no movimento corporal e na experiência de carácter físico e social [...] o pensamento e a razão dotados de significado dizem essencialmente respeito à natureza do organismo que faz o pensamento – incluindo a natureza do seu corpo, da sua interacção com o seu ambiente, do seu carácter social, e assim por diante (Lakoff 1987: xiv, xvi)

No que à compreensão do significado linguístico mais especificamente diz respeito, esta filosofia experiencialista está expressa na assunção de uma semântica *enciclopédica* (Haiman 1980, Langacker 1987: 154-166). Quer dizer: uma expressão só é *significativa* na medida em que evocar um conjunto de conhecimentos – os chamados *domínios cognitivos* (Langacker 1987), *modelos cognitivos idealizados* (Lakoff 1987), *espaços mentais* (Fauconnier 1985) ou *enquadramentos* (Fillmore 1977). Qualquer tipo de conceptualização pode funcionar como domínio de experiência e qualquer faceta do nosso conhecimento de uma entidade ou situação pode, em princípio, ser evocada como parte do significado da expressão que a designa. Estes domínios de experiência envolvem o conhecimento geral do mundo e o conhecimento contextual

---

5 Esta filosofia experiencialista, assumida também por outras ciências cognitivas (Varela, Thompson & Rosch 1991; Edelman 1992; Damásio 1995, 2000; Gibbs 2005), tem sido objecto de algumas críticas relacionadas com a questão crucial da conexão entre linguagem, cognição e cultura. Para uma discussão crítica, ver o terceiro fascículo do volume 13 da revista *Cognitive Linguistics*, de 2002, nomeadamente a crítica de Rakova (2002), continuada em Rakova (2003), e as respostas de Johnson & Lakoff (2002); ver Zlatev (1997), Sinha & Jensen de López (2000), Harder (2003) e Bernárdez (2004, 2005) para uma reinterpretação sócio-cognitiva; ver ainda Martins (2003) e Silva (2004d). A ideia crucial é a de que o experiencialismo da Linguística Cognitiva deve referir-se não somente a factores materiais (tomando *corporização*, "embodiment" num sentido físico e fisiológico), mas também ao contexto cultural e à natureza socialmente interactiva da linguagem (ver a secção seguinte). A interpretação de Lakoff & Johnson (1999) é parcial: a tese da *corporização* ("embodiment") do pensamento e da linguagem ou a *filosofia na carne* foca a vertente individual e universal da cognição humana (o corpo é um universal da experiência humana), o seu lado físico e neurofisiológico, recentemente explorado na Teoria Neural da Linguagem de Lakoff (2003a).

e, nesta última vertente, a apreensão completa do contexto imediato, incluindo as dimensões discursivas e pragmáticas. Estes domínios consistem, em larga medida, em conhecimentos culturais, sejam construções culturais sejam entidades cuja apreensão é de algum modo culturalmente influenciada (Langacker 1997, 2001a).

O significado linguístico não pode pois ser dissociado do conhecimento do mundo, da experiência humana, donde a sua natureza inevitavelmente *enciclopédica*. Não se pode postular a existência de um nível estrutural ou sistémico de significação linguística distinto do nível em que o conhecimento do mundo está associado às formas linguísticas. O mesmo é dizer: perde sentido a famosa dicotomia entre conhecimento *linguístico* e conhecimento *enciclopédico*[6] e, num plano mais geral, caiem por terra as teses maiores da linguística estruturalista e generativista, designadamente a autonomia do significado e da linguagem e a modularidade da mente. Efectivamente, o significado que construímos na e através da língua não é um módulo separado e independente da mente; pelo contrário, reflecte a nossa experiência global de seres humanos e envolve conhecimento do mundo integrado noutras das nossas capacidades cognitivas.

Os significados são assim categorias de experiência humana, categorias de conhecimento enciclopédico. A polissemia é bem a prova da natureza enciclopédica do significado linguístico: quantitativamente, a extensão de sentido, a formação de novos sentidos é o resultado de novas experiências e conceptualizações, é a resposta à constante variação e inovação; qualitativamente, a possibilidade de coerentemente associar os diferentes usos de uma expressão depende da própria utilização do conhecimento enciclopédico e de processos cognitivos.

---

6 Peeters (2000) relança o velho debate sobre a distinção entre "conhecimento linguístico" e "conhecimento enciclopédico" (ou léxico vs. enciclopédia, semântica vs. pragmática), actualmente mantida por autores de formação estruturalista, generativa ou outra, como Wierzbicka ou Jackendoff, mas rejeitada (como distinção rígida) pela Linguística Cognitiva no seu conjunto. Peeters assume a posição dos que defendem esta distinção. Convém notar que a defesa da natureza enciclopédica do significado linguístico, que aqui fazemos no quadro da Linguística Cognitiva, não implica a rejeição linear da distinção, mas o reconhecimento de que as fronteiras entre os dois pólos têm que ser difusas. Certamente que há conhecimento enciclopédico que é independente do conhecimento linguístico, mas o inverso já não é verdadeiro: como faz notar Taylor, num apêndice ao seu estudo de 1995, republicado em Peeters (ed.) (2000), para se saber mudar um pneu é irrelevante o conhecimento linguístico, mas para se descrever como mudar um pneu (por exemplo, instruir alguém a mudar um pneu) ambos os conhecimentos (enciclopédico e linguístico) são necessários.

Se os significados são categorias de experiência, cabe saber que experiência é esta e como é que está organizada? Também aqui a polissemia é elucidativa.

A experiência de que o significado linguístico se constitui é, não só a experiência individual, biológica e corpórea (de tipo sensório-motor), mas também a experiência colectiva, social e cultural, incluindo a experiência histórica. Como nota mais crítica à interpretação marcadamente neurológica do *experiencialismo* feita por Lakoff & Johnson (1999) e sobretudo por Lakoff (2003a), na sua Teoria Neural da Linguagem, é necessário nele inserir ou, pelo menos, tornar mais evidente esta segunda componente da experiência humana e, deste modo, não reduzir a filosofia experiencialista e o princípio da *corporização* ("embodiment") a operações neurais meramente individuais.

Mais especificamente, e seguindo as propostas linguísticas de Violi (1997) no seu estudo precisamente sobre significado e experiência e as propostas semióticas de Brandt (1998, 2000, 2004) sobre a arquitectura *transversal* dos domínios semânticos (descrita, acima, na secção 4 do cap. 3), há três *formas* principais de experiência: (i) a experiência perceptiva, orientada para o mundo físico; (ii) a experiência social, relativa ao mundo cultural e intersubjectivo; e (iii) a experiência psíquica (psicológico-emotiva) do mundo individual e interno. O facto crucial é que estes três tipos de experiência se interpenetram de tal maneira que a experiência não é nunca de um só tipo e dificilmente se pode imaginar uma experiência perceptiva que não seja ao mesmo tempo cultural ou uma experiência psíquica desligada da intersubjectividade – basta pensar na natureza eminentemente social e cultural das emoções e sentimentos. E o facto semântico crucial é a polissemia, variando, expandindo, associando, integrando experiências. E é também a já referida natureza *multidimensional* do significado linguístico, integrando dimensões perceptivas, funcionais, interaccionais, subjectivas e axiológicas. Naturalmente que determinada forma de experiência poderá ser predominante, o que está na base da diferenciação de tipos de conceitos. Além disso, as próprias classes linguísticas impõem a sua própria forma de experiência: a experiência perceptiva no substantivo, a experiência social no verbo e a experiência psíquica no adjectivo e no advérbio (ver Brandt 1995). Um outro aspecto tem que ver com o papel fundamental da experiência perceptiva na cognição e na linguagem, que esperamos ter ficado demonstrado na secção anterior.

Lembremos como as categorias polissémicas analisadas combinam diferentes experiências. O verbo *deixar* é um complexo de experiências – física, de movimento de afastamento e não-aproximação, psicológica, social e moral, de relações interpessoais, de permissão, de normas, etc. – e a dinâmica prototípica do significado causativo de *deixar* não é a da interacção física (como sugere Talmy 1988), mas a da interacção psico--social. O protótipo do objecto indirecto combina a experiência física da direccionalidade do processo de transferência e a experiência social da funcionalidade benefactiva do mesmo processo. O diminutivo combina experiências perceptivas, afectivas, axiológicas, sociais, interaccionais.

Quanto à questão da organização, importa esclarecer, em primeiro lugar, que o significado de uma palavra ou outra expressão não é simplesmente a totalidade do conhecimento enciclopédico associado. Há, como vimos na secção anterior, graus de centralidade e de convencionalidade nesse conhecimento. Por outro lado, diferentes contextos actualizarão diferentes parcelas desse conhecimento. Em segundo lugar, e teoricamente mais importante, o conhecimento advém, não só da experiência que vamos realizando, mas também de sistemas conceptuais preexistentes, que funcionam como *modelos interpretativos* dessas experiências. É assim que protótipos, estereótipos, modelos culturais e modelos cognitivos, isto é, conceptualizações já existentes e salientes são factores igualmente determinantes do conhecimento e do próprio desenvolvimento cognitivo.

12.4. Significado e intersubjectividade

Pensamento e linguagem existem em mentes individuais, mas constroem-se na interacção social. A conceptualização é, pois, necessariamente interactiva: os nossos conceitos, as nossas 'realidades' são produto de mentes individuais em interacção entre si e com os nossos contextos físicos, sócio-culturais, políticos, morais, etc. A linguagem desempenha uma função não só *semiológica*, permitindo que as conceptualizações sejam simbolizadas por meio de sons e gestos, como também *interactiva*, envolvendo comunicação, manipulação, expressividade, comunhão social. Afinal, o conhecimento da linguagem emerge do uso da linguagem e, portanto, da interacção social ou discurso!

A polissemia de *deixar* ou a polissemia do diminutivo mostram bem esta intersubjectividade do significado e da cognição. E muitos fenómenos de polissemia por convencionalização de inferências desencadeadas (ou implicaturas conversacionais) são outra evidência.

Uma ideia que procura dar conta do nexo entre o individual ou psicológico e o colectivo ou sócio-cultural é a noção, explorada por Bernárdez (2004, 2005), de *cognição colectiva, cognição social* ou *cognição-para-a-acção*. Ao contrário do que a cultura ocidental faz acreditar, pensar e fazer estão intimamente ligados e é neste sentido que a maior parte da cognição humana depende da acção humana.[7] Lembremos a inseparabilidade entre cognição e emoção, exemplarmente demonstrada por Damásio (1995, 2000).[8]

Vem aqui a propósito a recorrente e bem complexa questão das relações entre linguagem, cultura e cognição. Encontraremos resposta na célebre (e profícua) *hipótese da relatividade linguística*, de Sapir e Whorf? Não, porque, no essencial, esta hipótese acaba por deixar de fora a questão da cultura (Silva 2004a). Langacker (1994) propõe a seguinte chave interpretativa: linguagem e cultura são facetas *imbricadas* da cognição. Sem a linguagem, um certo nível de conhecimento/desenvolvimento cultural não poderia ocorrer e, inversamente, um alto nível de desenvolvi-

---

7 Outros linguistas têm explorado de modos diferentes (mas equivalentes) este nexo. Shore (1996) desenvolve uma teoria etnográfica da mente e uma teoria cognitiva da cultura ou, simplesmente, uma teoria da *cultura-na-mente* e mostra que os modelos culturais são uma parte integrante do processamento mental e são inevitavelmente condicionados por este. Zlatev (1997) combina a perspectiva biológica do significado com a tese da *corporização situada* e propõe o conceito de *mimese* (uso intencional do corpo para fins representacionais) para a articulação entre o significado público e convencional e o significado privado e subjectivo. Tomasello (1999, 2000, 2003) investiga as origens culturais da cognição humana e desenvolve um modelo da aquisição da linguagem baseado no uso. Harder (1999, 2003) assinala a autonomia limitada da cognição (individual). E Sinha & Jensen de López (2000), entre outros, argumentam que a ideia central da *corporização* ("embodiment") significa que a cognição não pode funcionar sem a realidade física do corpo, abrindo-se inevitavelmente, portanto, para o contexto.

8 Efectivamente tem havido, nos últimos vinte ou mais anos, um alargamento significativo do âmbito da *cognição*: desde uma perspectiva puramente interna com a primeira geração das ciências cognitivas, à actual perspectiva *corporizada* aberta ao exterior, referida na secção anterior, e, mais recentemente (mas já presente em propostas bem mais antigas, como a da escola soviética de psicologia dos anos 20 e 30, de Vygotski, Luria e Leont'ev – cf. Bernárdez 2004), a esta inclusão (cf. nota anterior) da situação, interacção e cultura na cognição e, assim, ao entendimento da cognição como *cognição social*.

mento linguístico só se obtém através da interacção sócio-cultural. Por outro lado, certos aspectos da linguagem são não-culturais, porque capacidades psicológicas provavelmente inatas (como a capacidade para articular sons); inversamente, certos aspectos da cultura são basicamente não-linguísticos, na medida em que são apreendidos por meios não-linguísticos e são culturalmente específicos. Mas aspectos linguísticos não--culturais não deixam de ser culturalmente manifestados e convencionalizados e, inversamente, o conhecimento cultural originariamente não-linguístico não deixa de poder ser considerado como fazendo parte do significado convencional, mesmo que não chegue a ser verbalizado. Quer isto dizer que a compreensão correcta das relações entre linguagem e cultura requer uma perspectiva dinâmica e um entendimento da natureza cíclica do desenvolvimento cognitivo, balanceado entre capacidades psicológicas inatas – como as referidas na secção anterior – e estruturas mentais estabelecidas a partir da experiência prévia, umas pré-culturais (as que emergem bastante cedo) e outras marcadamente culturais. Assim se compaginam e interligam, na cognição e na linguagem, factores *universais*, directamente ligados ao facto de os indivíduos terem a mesma estrutura biológica e interagirem num mundo basicamente igual, e factores *culturalmente específicos*.

Tudo isto mostra que os significados não são *objectos mentais* depositados nessa caixa (ainda) misteriosa do cérebro/mente, mas *processos* ou *actos* – *actos de significação*, no sentido de Bruner (1990) – subjectivamente construídos para fazerem sentido em universos do discurso *intersubjectivamente* partilhados (Sinha 1999). Por isso mesmo, a 'linguagem do pensamento' ou o *mentalês*, de que fala Fodor (1975), dificilmente poderá existir.[9]

Não há, pois, nenhuma incompatibilidade entre uma perspectiva conceptualista do significado e uma perspectiva pragmático-discursiva do

---

9 Fodor (1975) postula entidades mentais para representar a informação linguística, mas concebe-as como constituindo uma *linguagem* com estruturas sintácticas governadas por um conjunto recursivo de regras. É assim que, relativamente à *semântica* deste "mentalês", Fodor assume a posição 'objectivista' da Semântica Formal, ao entendê-la como uma questão de referências no mundo externo e de condições-de-verdade. Para uma comparação das posições filosóficas acerca da natureza da mente de Fodor, Frege e da Linguística Cognitiva, ver Miguens (2004). Cabe acrescentar que Fodor é defensor de uma filosofia *objectivista* e de uma concepção *computacional* do cérebro: como refere Edelman (1992: 228), a aceitação deste ponto de vista "é um dos equívocos mais surpreendentes na história da ciência".

mesmo. A prova maior é que todas as unidades linguísticas se constituem, por abstracção e convencionalização, a partir de *eventos de uso*, isto é, instâncias actuais do uso da linguagem (os comummente designados *enunciados*). Consequentemente, faz parte da base conceptual do significado de uma unidade linguística *qualquer* aspecto recorrente do contexto interaccional e discursivo.[10]

Sendo verdade que o significado se constrói na interacção, não é menos verdade, porém, que o seu lugar próprio é a conceptualização individual, sem a qual a própria interacção linguística não poderia ocorrer. Parafraseando Langacker (1997: 248), se as mentes são modeladas por interacções, é igualmente verdade que estas dependem das mentes daqueles que apreendem e estão envolvidos nessas interacções. Quer isto dizer que estudar as interacções linguísticas sem estudar as suas bases cognitivas dificilmente poderá conduzir a uma compreensão adequada do significado.

12.5. Polissemia na mente?

Já acima (secção 5 do capítulo 2), abordámos a problemática da *representação mental* e referimos o debate em aberto entre Croft (1998), Sandra (1998) e Tuggy (1999) e os resultados inconclusivos dos estudos psicolinguísticos (Williams 1992, Gibbs *et al.* 1994, Sandra & Rice 1995, Frisson *et al.* 1996, Raukko 1999a, Gibbs & Matlock 2001, Brisard, Rillaer & Sandra 2001), divididos entre representações *polissémicas* e representações *monossémicas*.

Embora os linguistas devam ser cautelosos quanto ao formato representacional dos elementos linguísticos na mente dos falantes, para além de qualquer opção dever sustentar-se, em definitivo, na confluência de dados psico-experimentais, neurofisiológicos e linguísticos de observação de *corpora*, daí não se segue que eles possam dizer pouco ou nada sobre a mente humana, ao contrário do que Sandra (1998) chega a afirmar. Podem – e é aliás nisso que a linguística cognitiva é especificamente 'cognitiva' (Gibbs 1996, Silva 2004a) –, e sobretudo em relação aos

---

10 Sobre o comprometimento da Semântica Cognitiva com o discurso e para a articulação entre conceptualização e estruturas linguísticas, de um lado, e discurso, do outro, ver Langacker (2001a) e Silva (2004g).

conteúdos mentais que tornam a linguagem possível. Ora, a polissemia é uma janela importante para alguns desses conteúdos. Ela é sinal evidente de que os significados não são *objectos mentais* estáticos, desencarnados ou descontextualizados e objectivamente dados e depositados no cérebro/mente, mas *actos de criação de sentido* subjectiva e intersubjectivamente construídos e situados num vasto contexto de experiência vivida, tanto fisiológica/biológica como cultural. Ela é um efeito cognitivo real da maneira como categorizamos o mundo, não em termos de condições necessárias e suficientes, mas na base de protótipos. Ela revela-nos importantes e diversos mecanismos cognitivos e processos e estratégias de conceptualização.

Esperamos ter deixado evidências *linguísticas* suficientes da polissemia do verbo *deixar*, do diminutivo, do objecto indirecto e da construção ditransitiva, do marcador discursivo *pronto* e da entoação ascendente e descendente na língua portuguesa e, possivelmente, na mente. E com esta diversidade, abrangendo todas as áreas da estrutura e do funcionamento de uma língua, esperamos ter deixado evidências da língua portuguesa em favor da polissemia das categorias linguísticas e, possivelmente, das categorias mentais.

Estas evidências linguísticas encontram fundamentação biológica nas teorias neurobiológicas da consciência de Edelman (1992) e Pöppel (1997). Ambos demonstram que o mundo a que a consciência tem acesso sobretudo através da linguagem não preexiste como etiquetado e dividido em categorias, mas é formal e substancialmente diferenciado em níveis (de categorização). O neurobiólogo alemão E. Pöppel mostra que existem diferenças temporais de processamento neural, desde o mais rápido (30 milisegundos), nas percepções "gestalt" uni-modais, até ao mais lento (3 segundos), nas experiências multi-modais. Estas diferenças têm a ver com a complexidade crescente do processo de categorização. O neurobiólogo americano G. Edelman elaborou uma teoria da formação das categorias e, por extensão, da consciência e da linguagem, com base nos factos da evolução e do desenvolvimento. Segundo Edelman, a consciência (ou melhor, a sua evolução) envolve três diferentes níveis, que emergem de uma relação dinâmica entre o cérebro e o mundo ou entre diferentes áreas do cérebro.

A Figura 1 sistematiza o modelo da consciência proposto por Edelman. O primeiro nível é o da *categorização perceptiva*, que emerge de uma interacção dinâmica entre a *percepção*, situada no córtex primário, e um *sistema de valor*, ligado ao sistema límbico, isto é, ao hipotálamo e ao tronco cerebral. Uma categorização não consciente e que trata mensagens do mundo exterior. É neste nível gestáltico e icónico, funcionando à velocidade mais rápida de 30 milisegundos, que se formam as categorias perceptivas imediatas, de resposta a estímulos e resultantes da experiência individual sensório-motora. Revejam-se aqui os *esquemas imagéticos* pré-conceptuais, importantes, como vimos, na polissemia do verbo *deixar* e do marcador *pronto*. O segundo nível é o da *categorização conceptual* e esta emerge da interacção entre a categorização perceptiva e o que Edelman designa como *memória de valor-categoria*, situada no córtex frontal, temporal e parietal, isto é, uma memória conceptual de experiências anteriores que, num processo de recategorização, correlaciona e liga as categorizações perceptivas a um *cenário*. Desta interacção surge a *consciência primária* e é neste nível cénico e conceptual, funcionando à velocidade mais lenta de 3 segundos, que surgem os *conceitos* como produtos pré-linguísticos do cérebro ao categorizar as suas próprias actividades (em particular as suas categorizações perceptivas), e definidos por Edelman como misturas de relações envolvendo o mundo real, as memórias e o comportamento anterior. O terceiro nível é o da *semântica, sintaxe e fonologia* e emerge da relação entre a categorização conceptual e a *memória simbólica*, situada nas áreas de Broca e de Wernicke, isto é, o armazenamento de relações simbólicas a longo prazo, adquirido através de interacções com outros indivíduos e que torna possí-

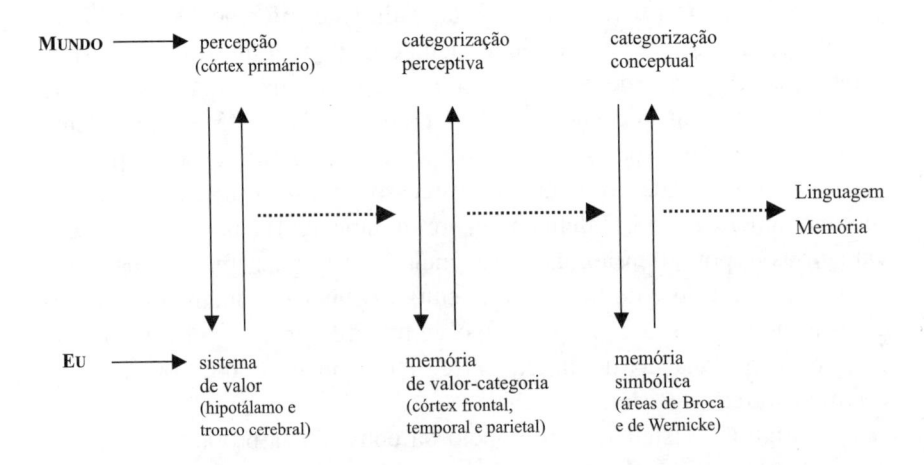

Figura 1. Emergência e evolução da consciência e da linguagem

vel o desenvolvimento de um conceito de 'eu' e de um modelo do mundo. É neste nível simbólico e discursivo, cuja velocidade de processamento é de janelas combinadas de 3 segundos, que surgem a linguagem e a *consciência elaborada*.

Apoiando-se nestes dados neurobiológicos, Brandt (1998) distingue três níveis na experiência humana da realidade, correspondentes a outros tantos níveis do real (natural, fenomenal e conceptual): identifica um nível intermédio em que os níveis da *a*presentação e da *re*presentação se encontram e em que *a cognição tem acesso a si própria como tendo acesso ao mundo*, experienciando assim o que a linguagem designa por *consciência*. É a este nível intermédio de *auto-cognição* e de integração dos níveis natural e fenomenal que a noção de *significado* se fundamenta e se define como o resultado da combinação de distintas estruturas e respectivos conteúdos. Estes *significados básicos* evocam, pois, uma auto-cognição, um acesso do organismo a si mesmo e à sua experiência – aquilo que Damásio (2000) designa por *consciência nuclear* e Edelman (1992) por *consciência primária*. Significados de ordem superior são ainda conceptuais, mas são também expressivamente determinados, controlados e 'artificialmente' produzidos.

Os resultados da investigação neurobiológica de Damásio (2000) sobre a consciência convergem com os resultados de Edelman e Pöppel e a interpretação de Brandt (à parte a divergência relativamente à natureza da consciência de ordem superior ser estritamente humana ou não e implicar ou não a linguagem). Também Damásio mostra que significados básicos e de ordem superior (ou estruturas de primeira ordem e de segunda ordem) resultam da combinação de conteúdos de ordem inferior e têm um fundamento experiencial. Também Damásio distingue dois níveis, pelo menos, de consciência (a consciência nuclear e a consciência alargada, correspondentes à consciência primária e à consciência elaborada da proposta de Edelman). E Damásio mostra a natureza pré-consciente dos significados básicos, bem como a natureza heterogénea destes e de estruturas de ordem superior, resultante de processos de integração de conteúdos de origens e níveis diferentes.

Num trabalho sobre as bases neurais da recuperação lexical, Damásio *et al.* (1996) consideram ter reunido evidência experimental suficiente para sugerir que o conhecimento lexical está organizado categorialmente em distintas áreas do hemisfério cerebral esquerdo e que existe um sistema neural intermédio de representação lexical ou *regiões lexicais intermédias* cuja estrutura e actividade parecem ser adquiridas e modificadas pela aprendizagem.[11] Estas regiões lexicais interpõem-se entre o sistema neural que suporta o conhecimento conceptual (significado) e o sistema neural que suporta o conhecimento fonológico (sons) das palavras. E é este nível lexical intermédio (e não o nível conceptual nem o nível fonológico) que está organizado por categorias no lobo temporal esquerdo. Ele desempenha a importante função de fornecer pontos focais para a recolha de dados conceptuais e fonológicos. Todo o sistema neural envolvido no conhecimento das palavras requer a interacção de múltiplas estruturas e regiões cerebrais. A nomeação de uma entidade parece depender, por um lado, das características físicas globais dessa entidade, pois definem os canais sensoriais proeminentes e as correspondentes regiões lexicais intermédias recrutadas, e, por outro lado, das características físicas específicas e dos vínculos contextuais dessa entidade, que são informação necessária para a definição lexical apropriada pela região lexical intermédia recrutada. Presumindo que a organização e o funcionamento destas áreas lexicais intermédias varie com a aprendizagem, é previsível (i) uma ampla variação individual do funcionamento destas regiões; e (ii) os mesmos indivíduos registam o mesmo tipo de funcionamento para uma dada região lexical intermédia em diferentes tempos da sua vida. Esta hipótese, generalizada por Damásio (2000: 210) na hipótese do padrão neural de segunda ordem e não verbal como base para o nosso *sentir que conhecemos*, responde à questão complexa de saber como é que o conhecimento das palavras está organizado no cérebro ou *dicionário do cérebro* (Caramazza 1996) – pelo menos, em relação a conceitos concretos, aos quais a hipótese se restringe, aguardando confirmação relativamente a conceitos abstractos – e oferece uma fundamentação neurobiológica de muitas das características do significado linguístico evidenciadas nas secções anteriores.

Em síntese, tudo isto sugere a *criação* da realidade através de operações de perspectivação pré-conceptual e conceptual; a *corporização* dos sentidos na experiência individual, colectiva e histórica; a complexidade e flexibilidade da categorização humana; a predisposição do cérebro para a formação de categorias (perceptivas, conceptuais e linguísticas) complexas e, por que não dizer, *polissémicas*.

---

11 Agradeço a António Mendes ter-me dado a conhecer esta referência e as observações a ela feitas.

12.6. Implicações metodológicas

Vamos destacar algumas implicações metodológicas para a análise semântica. Se os significados não são *objectos mentais* mas *interpretações*, então impõe-se à Semântica uma metodologia, não só *não-objectivista* ou *experiencialista*, como defendem Lakoff e Johnson (Lakoff 1987, Johnson 1987), mas também *hermenêutica*, no sentido atribuído por Dilthey às ciências humanas, como teoriza Geeraerts (1997). E a resposta ao crucial *problema da interpretação* (na expressão de U. Eco, isto é, a questão dos critérios de interpretação, por forma a evitar a arbitrariedade) consistirá em fundamentar *empiricamente* as interpretações das expressões linguísticas na experiência individual, colectiva e histórica nelas fixada, no comportamento dos falantes que as usam e na fisiologia do aparato conceptual humano. Tais critérios implicam naturalmente a observação do uso real das expressões linguísticas e daí a importância dos métodos quantitativos baseados no *corpus*.[12] Por exemplo, a análise de *deixar* com base num *corpus* de 5.000 registos permitiu-nos verificar o que é que as pessoas efectivamente fazem (os *actos de significação* que realizam, o suporte experiencial que os determina, todo o campo de aplicação da palavra) quando usam o verbo *deixar*. De notar que, por vezes, as análises em Semântica Cognitiva correm o risco de se perderem numa abordagem introspectiva idealista e incontrolável (Geeraerts 1999b).

Se os sentidos e, consequentemente, a polissemia são inerentemente flexíveis, então a mutabilidade é uma componente de qualquer estádio

---

12 Assumindo-se a Linguística Cognitiva como *modelo baseado no uso* (Langacker 1988c, 2000a), então não poderá evitar uma metodologia empírica, sendo o *corpus* o objecto mais natural de observação do uso linguístico e o desenvolvimento de métodos quantitativos e multivariacionais uma necessidade para a análise consistente do *corpus*. Esta implicação não tem sido, porém, plena e devidamente assumida pela Linguística Cognitiva no seu conjunto. É conhecida, aliás, uma certa divergência dentro da Linguística Cognitiva entre o ramo europeu, mais adepto da metodologia empírica de *corpus*, e o ramo americano, mais inclinado para a metodologia introspectiva, qual herança da Gramática Generativa. Para uma visão de conjunto e actualizada da importância dos *corpora* em Linguística Cognitiva, ver Tummers, Heylen & Geeraerts (2005) e o volume organizado por Gries & Stefanowitsch (2006). Para uma introdução aos métodos empíricos em Linguística Cognitiva (*corpus*, dados psico-experimentais e dados neurofisiológicos), ver González-Márquez *et al.*, no prelo. Para a utilização de métodos de *corpus* quantitativos e multivariacionais no estudo da variação do Português, ver Silva (2005c, 2006a, Silva & Duarte 2005).

sincrónico de língua e daí a integração natural das perspectivas sincrónica e diacrónica. O nosso estudo sobre *deixar* mostra como a situação actual deste verbo (tensão homonímica entre dois centros prototípicos, mas ainda ligados entre si) é o resultado de um processo histórico de desprototipização e reestruturação de protótipos. E se a polissemia é um efeito da categorização, então o estudo semasiológico (da flexibilidade semântica dentro de uma categoria) tem que ser complementado com o onomasiológico (da escolha entre categorias alternativas para nomear determinado referente), e este último deve orientar-se, não só *estruturalmente* (para os contrastes), mas também *pragmaticamente* (para os factores da escolha lexical ou nomeação). No nosso estudo sobre *deixar*, por exemplo, mostrámos como a estrutura e o uso deste verbo são condicionados, sincrónica e diacronicamente, pelos verbos alternativos *abandonar* e *permitir*.

Se os sentidos e as categorias polissémicas são instáveis e flexíveis, então temos que puxar o significado tanto 'para cima', para o nível dos conteúdos esquemáticos, reveladores de coerência semântica interna, como 'para baixo', para o nível dos usos específicos, psicologicamente mais reais. Procurámos mostrar como a descrição e explicação das categorias polissémicas exige a combinação destas trajectórias inversas, e como são artificiais quer a ideia do significado unitário quer a ideia da polissemia infinita.

Se a estrutura interna das categorias é multidimensional, então é preciso analisar, não apenas as extensões do centro prototípico para os usos particulares, mas também as várias dimensões que estão na base dessas extensões, e por isso a abordagem bidimensional deve dar lugar a uma abordagem multidimensional. Mostrámos como as estruturas semânticas de *deixar*, do diminutivo, do objecto indirecto e da construção ditransitiva, de *pronto* e da entoação descendente e ascendente são espaços multidimensionais.

Se a estrutura semântica das categorias gramaticais (sintácticas, morfológicas, fonológicas/prosódicas) envolve os mesmos mecanismos cognitivos que as categorias lexicais, então justifica-se um modelo *lexicológico* da gramática. Esperámos ter deixado uma boa prova nas análises do objecto indirecto e da construção ditransitiva, do diminutivo e da entoação.

Se os limites da polissemia são os limites da coerência semântica interna de uma categoria, então a *coerência* é uma questão semântica essencial e é preciso investigar quais são os factores de coerência semântica. Esperamos ter mostrado que são, em larga medida, factores cognitivos diversos e interactuantes – protótipos, esquemas imagéticos, metáfora e metonímia conceptuais, integração conceptual, subjectivização; enfim, factores que têm sido estudados pela Semântica Cognitiva.

Finalmente, a opção pelo *modelo da polissemia* (em detrimento do modelo da homonímia e do modelo da monossemia/vaguidade) como modelo de análise linguística, sempre que se encontrarem factores de coerência semântica na estrutura interna de uma categoria.

12.7. Implicações filosóficas e epistemológicas

A realidade da polissemia, com tudo o que ela nos mostra sobre o significado e a cognição, traz naturalmente implicações filosóficas e epistemológicas. Seguindo a formulação de Albertazzi (2000: 6) sobre três grandes questões de qualquer semântica, tanto linguística como filosófica, designadamente

1. terá a linguagem significância *ontológica*?
2. se tem, essa ontologia é *lógico-formal* (das ciências lógico--formais) ou *material* (das ciências psicológicas e biológicas)?
3. qual a contribuição das *operações cognitivas* e dos *conteúdos* na formação e desenvolvimento das estruturas linguísticas?

pode concluir-se que

1'. A linguagem tem uma significância ontológica, mas não numa relação directa com o mundo.
2'. Essa ontologia é *material*: o mundo da percepção, imaginação e (inter)acção, incluindo o mundo da experiência pré-categorial//linguística – posição fenomenológica, portanto, na linha de Merleau-Ponty e da psicologia da *Gestalt*.
3'. O significado linguístico é função tanto do conteúdo *experiencial* (perceptivo, psíquico, sócio-cultural), como de operações de *conceptualização*.

Estas são as respostas da Semântica Cognitiva, diametralmente opostas às da Semântica Formal, tanto linguística como filosófica, e às da Gramática Generativa, que com esta partilha os mesmos princípios. Concluímos com as seguintes implicações filosóficas e epistemológicas:

- a linguagem não é uma capacidade autónoma, o que quer dizer que o conhecimento linguístico é basicamente estrutura conceptual

e os processos cognitivos que governam a linguagem são os mesmos dos de outras capacidades cognitivas; consequentemente, tanto a linguística pode lançar mão dos resultados de outras ciências cognitivas, como a cognição pode ser analisada com evidência linguística;
- a linguagem está intrinsecamente relacionada com outras capacidades cognitivas como a percepção, os esquemas imagéticos, as experiências corporais e mentais, a atenção, a memória, a emoção, a categorização, o pensamento abstracto, o raciocínio, a inferenciação, etc.; pelo que percepção, linguagem e acção estão intrinsecamente inter-relacionadas como especificações funcionais da cognição;
- o significado e toda a linguagem são conceptualização, pelo que nem a estrutura conceptual nem a estrutura linguística podem ser reduzidas a simples correspondências vericondicionais com o mundo; um aspecto maior da capacidade cognitiva humana é a conceptualização da experiência a ser comunicada;
- o conhecimento linguístico emerge do uso linguístico, donde a adequação de um *modelo baseado no uso* (Langacker 1988c, 2000a; Barlow & Kemmer 2000; Tomasello 2000, 2003), orientado de baixo-para-cima, maximalista e não-redutivo (em ruptura com a perspectiva de cima-para-baixo, minimalista e redutiva da Gramática Generativa);
- o pensamento não é abstracto nem lógico (no sentido filosófico de perfeitamente formalizável), mas *corporizado* e imaginativo; não há 'razão universal pura', não há conceitos dados 'a priori';
- substituição da concepção *objectivista* do pensamento e da linguagem pela concepção *experiencialista*;
- *experiencialismo* ou *realismo corporizado* reinterpretado numa articulação entre factores individuais, neurofisiológicos e universais, de um lado, e factores interindividuais, sócio-culturais e variacionais, do outro: mentes não só *corporizadas* como também *sociais*, *cognição-para-a-acção* ou *cognição social* – evitando, assim, cair no perigo do solipsismo epistemológico ou do que Sinha (1999) designa como "solipsismo neural";
- resposta à dicotomia pós-cartesiana empiricismo/racionalismo: integração de factores *subjectivos* (experiência) e *objectivos* (operações de conceptualização, conhecimento preexistente) (Geeraerts 1993b);

- *re*contextualização do significado (conceptualização, experiência e interacção) e regresso às posições 'psicologista' e 'fenomenológica';
- restabelecimento das interdependências entre linguagem, percepção e cognição e regresso ao mundo *pré-categorial* e *pré-linguístico* das operações de conceptualização e das condições perceptivas e/ou neurofisiológicas – é este o novo *compromisso ontológico* (Albertazzi 2000: 20-24);
- assunção da centralidade da semântica;
- e uma semântica fenomenológica, conceptualista, experiencialista, sócio-cultural, enciclopédica e plenamente (re)contextualizante.

CAPÍTULO 13

Implicações lexicográficas e computacionais

"Não acredito nos sentidos das palavras" (Kilgarriff 1997: 91)

13.1. Implicações lexicográficas

O que é que a Semântica Cognitiva e, em particular, o modelo cognitivo da polissemia têm a oferecer à lexicografia? Quais os seus contributos para o tratamento lexicográfico da polissemia? Quais as suas respostas às grandes questões da elaboração de dicionários, nomeadamente que sentidos de uma palavra são relevantes, que tipo de significado definir, como definir o significado de uma palavra, que formato devem ter as definições?

A resposta geral a estas questões podemo-la situar em três níveis. Primeiro, a Semântica Cognitiva oferece à lexicografia uma concepção da estrutura semântica em vários aspectos mais realista do que as que outras teorias semânticas, mormente de orientação estruturalista ou generativista, têm proporcionado. Segundo, a Semântica Cognitiva legitima determinadas práticas lexicográficas algo suspeitas de determinados pontos de vista teóricos. Finalmente, a Semântica Cognitiva e o modelo cognitivo da polissemia oferecem respostas específicas aos problemas referidos.

Geeraerts (2001) identifica três aspectos da concepção cognitiva da estrutura semântico-lexical com consequências específicas para a prática lexicográfica: (i) a prototipicidade ou importância dos *efeitos prototípicos* na estrutura lexical, (ii) a flexibilidade da polissemia, e (iii) a natureza estruturada da polissemia. Aspectos que foram aqui explorados, de um ponto de vista quer teórico quer descritivo, nos capítulos anteriores.

A importância da prototipicidade ofusca, como vimos, a tradicional e estrita distinção entre informação semântica e informação enciclopédica e, consequentemente, leva a que seja natural que os dicionários incluam o nível referencial ou extensional (e não apenas o nível semântico ou intensional) da estrutura semântica e dêem informações sobre os exemplares prototípicos e as propriedades prototípicas (e também sobre os periféricos) de uma palavra.

Atente-se nas seguintes definições do *Dicionário Houaiss* (versão electrónica):

> **álcool** 3 *p.ext.* qualquer bebida alcoólica, esp. vinhos e bebidas brancas
>
> **cardápio** *B* 1 nos restaurantes e afins, relação das iguarias disponíveis para consumo, freq. seguida dos seus preços e por vezes com a descrição da sua composição
>
> **carnaval** 3 conjunto de festejos, desfiles e divertimentos típicos dessa época do ano, nos quais os participantes tipicamente vestem fantasias e usam máscaras
>
> **corrupto** *adj.s.m.* 5 que ou aquele que age desonestamente, em benefício próprio ou de outrem, esp. nas instituições públicas, lesando a nação, o patrimônio público etc.
>
> **martírio** 1 tormentos e/ou morte infligidos a alguém em conseqüência de sua adesão a uma causa, a uma fé religiosa, esp. à fé cristã
>
> **modelo** 4 reprodução tridimensional, ampliada ou reduzida, de qualquer coisa real, us. como recurso didático (p.ex., partes do corpo humano, do universo etc.)
>
> **rito** 1 conjunto das cerimônias e das regras cerimoniais que usualmente se pratica numa religião, numa seita etc.

Em cada uma destas definições, como em muitas outras, ocorrem expressões como *especialmente* (*esp.*), *frequentemente* (*freq.*), *tipicamente, p.ex., usualmente*, com a função de introduzir aspectos descritivos que identificam propriedades ou instâncias prototípicas da palavra definida. De um ponto de vista estruturalista, esta prática de definição lexicográfica, perfeitamente usual, seria inadmissível, na medida em que remete para o nível enciclopédico e não para o nível semântico.

Quererá isto dizer que temos que abandonar a distinção entre dicionários e enciclopédias? Não: o que temos que abandonar é a distinção rígida, postulada pela doutrina estruturalista, entre informação semântica e informação enciclopédica (ver Haiman 1980, Geeraerts 1985c e, mais recentemente, Peeters 2000). Há naturalmente diferenças entre enciclopédias e dicionários. Macro-estruturalmente, uma enciclopédia centra-se em nomes próprios, substantivos e eventualmente outros elementos de classes lexicais abertas, ao passo que um dicionário inclui todas as classes de palavras, excluindo todos ou a maior parte dos nomes próprios. Micro-estruturalmente, uma enciclopédia oferece informação especializada, científica ou técnica, ao passo que esta informação é apenas um dos tipos de descrição semântica que um dicionário pode incluir, a par de toda a informação que tem que dar sobre os usos quotidianos das palavras.

Para a distinção entre a informação tipicamente incluída nas enciclopédias e a informação tipicamente incluída nos dicionários, convirá dispor de uma teoria *sócio-semântica*, que dê conta da distribuição do conhecimento dentro de uma comunidade linguística. Um bom ponto de partida é a combinação da teoria de Putnam (1975) sobre a "divisão do trabalho linguístico", particularmente a sua distinção entre *conceitos extensionais* (conhecimento especializado) e *estereótipos*, e a teoria do protótipo (Geeraerts 1985c, 1987 e 2001, para esta combinação). Neste contexto, é possível distinguir três produtos lexicográficos (Geeraerts 1985c, 1987, 2001), cujas diferenças são mais pragmáticas do que teóricas e, além disso, representam pontos de um *continuum*:

- enciclopédias e dicionários terminológicos: tratam do conhecimento técnico, profissional e científico;
- dicionários de grande escala: dão conta de todo o conjunto de sentidos de uma palavra organizados em termos de protótipos, incluindo usos menos frequentes ou mais especializados. Exemplos: *Dicionário Houaiss da Língua Portuguesa* e, um pouco menos, *Dicionário da Língua Portuguesa Contemporânea* (Academia das Ciências de Lisboa);
- dicionários padrão: seleccionam os sentidos mais centrais e mais frequentes, vinculando-se, por isso, mais com a noção de estereótipo.

Como segunda característica com implicações lexicográficas, a flexibilidade da polissemia exprime-se, como vimos, nos problemas de determinação dos sentidos de uma palavra e no facto de não ser possível tratar os sentidos como entidades estáveis e discretas. Resulta daqui que os dicionários terão que usar várias técnicas de definição para conseguirem dar conta da flexibilidade do significado, muitas das quais serão inadmissíveis se se assumir que os sentidos têm que ser definidos em termos de características "necessárias e suficientes".

Atente-se nas seguintes definições de *protótipo*, de novo do *Dicionário Houaiss* (versão electrónica):

protótipo
1 primeiro tipo criado; original
2 algo feito pela primeira vez e, muitas vezes, copiado ou imitado; modelo, padrão, cânone

3 *fig.* o exemplar mais exato, mais perfeito, mais típico, de alguma categoria de coisas ou indivíduos
4 GRÁF m.q. *tipômetro*
5 INF versão preliminar, ger. reduzida, de um novo sistema de computador ou de um novo programa, para ser testada e aperfeiçoada
6 INDÚS produto fabricado unitariamente ou feito de modo artesanal segundo as especificações de um projeto, com a finalidade de servir de teste antes da fabricação em escala industrial

Encontramos técnicas não ortodoxas de definição, como a disjunção, presente em quase todas as acepções: 2 'algo feito pela primeira vez e, muitas vezes, copiado *ou* imitado', 3 'o exemplar [...] de alguma categoria de coisas *ou* indivíduos', 5 'versão preliminar de um novo sistema de computador *ou* de um novo programa', 6 'produto fabricado unitariamente *ou* feito de modo artesanal'. Encontramos definições 'abertas', isto é, com alguma vaguidade ou indeterminação, marcada por expressões indeterminadas como *algo*, em 2, e *alguma*, em 3. Uma outra técnica idêntica é a das enumerações abertas, terminadas em *etc.* ou reticências, como a que se encontra na mesma entrada do Dicionário da Academia de Lisboa, numa acepção correspondente à primeira e à última das do Dicionário de Houaiss: "3. Primeiro exemplar de um modelo de automóvel, avião ... construído com vista ao seu fabrico em série". Refira-se, aliás, que a expressão *etc.* entra em 9.668 verbetes do Dicionário de Houaiss, a que corresponderá o triplo, ou provavelmente mais, de acepções com a mesma expressão. Ainda uma outra técnica não ortodoxa é a justaposição de quase-sinónimos. Por exemplo, na acepção 2 *modelo, padrão* e *cânone* não têm exactamente o mesmo sentido; e na acepção 3 *exacto, perfeito* e *típico* estão ainda mais longe de serem sinónimos. Ou seja, estas práticas lexicográficas de definição na forma de disjunções, enumerações e acumulações de quase-sinónimos são legitimadas e, mais do que isso, potenciadas pela inegável realidade da flexibilidade da polissemia.

Em terceiro e último lugar, a natureza estruturada da polissemia, sob a forma de redes multidimensionais, como mostrámos em capítulos anteriores, implica o reconhecimento daquilo que Geeraerts (1990) designa como o *problema lexicográfico da linearização*. Quer dizer: o desafio que se coloca ao lexicógrafo é o de conseguir projectar uma estrutura multidimensional no formato linear do dicionário.

Vejamos os sentidos de *fonte* dados no Dicionário Houaiss (por razões de economia, excluímos os mais técnicos e as expressões fixas):

fonte
1 nascente de água; olho-d'água; mina, minadouro
1.1 *p.ext.* local de onde vem ou onde se produz algo; procedência, origem, proveniência
1.2 *p.metf.* (*da acp. 1*) aquilo que dá origem; matriz, nascedouro
1.3 *fig.* pessoa que fornece informações secretas ou privilegiadas, esp. à imprensa; procedência
1.4 *fig.* algo que brota em abundância; manancial, torrente
1.5 *fig.* aquilo que causa (algo) em quantidade; motivo, razão
2 instalação para aproveitar a água nascente natural, ou mesmo água encanada, em que antigamente a população das cidades ia buscar água e que ainda existe em alguns bairros, em parques etc.; bica, chafariz
3 em praças públicas e parques, chafariz ornamental, freq. com esculturas, em que a água é jogada em jatos para cima ou para os lados, ou simplesmente flui num lago ou tanque
4 cicatriz de queimadura; cautério
5 ANAT parte lateral da cabeça, entre os olhos e as orelhas; têmpora

O verbete exibe uma ordenação essencialmente linear das acepções. Não obstante a ordenação hierárquica e a identificação de relações semânticas entre as acepções de 1-1.5, isso não explicita todas as relações que existem entre as diferentes acepções. Assim, as relações entre 1 e 1.5 são de natureza mais metafórica do que hierárquica: as acepções 1.1-1.5 relacionam-se todas com o sentido básico e prototípico 1 'nascente de água', por similaridade metafórica. A relação hierárquica de generalização, aqui marcada por *p.ext.*, é mais uma consequência do que uma causa da associação. Ao mesmo tempo, porém, entre estas acepções metafóricas há uma certa hierarquia correspondente à menor ou maior distância em relação ao sentido básico: 1.1 e, em parte, 1.4 estão mais próximas de 1, ao passo que 1.2 e 1.5 são metáforas mais abstractas; e 1.3 é também o resultado de uma especialização no domínio da difusão de informações e, além disso, está metonimicamente relacionado com a acepção de 'documento', ausente no verbete. Em segundo lugar, há relações semânticas entre as acepções 1, 2 e 3, não expressas no verbete (o que mostra que os dicionários não aplicam sistematicamente as etiquetas de relacionamento semântico entre acepções): uma relação metonímica entre as acepções 2 e 1 e uma relação de especialização entre 3 e 2. Finalmente, as acepções 4 e 5 estão metaforicamente relacionadas com 1 e caracterizam-se por uma forte especialização no domínio da anatomia.

Sem desenvolver mais a descrição semântica, estes elementos são suficientes para concluir que os sentidos de *fonte* se associam radial e multidimensionalmente. Como poderá o lexicógrafo resolver então o problema da linearização e dar conta da multidimensionalidade estrutural? Através de várias técnicas, como agrupamentos hierárquicos, etiquetas identificando relações semânticas (*fig., metáf., meton.*, mas também *espec., gener.*) e ainda referências cruzadas entre diferentes acepções ou grupos de acepções.

Naturalmente que não se pode esperar que um dicionário faça uma descrição da estrutura radial e multidimensional de palavras mais polissémicas com a amplitude das que, em capítulos anteriores, apresentamos para *deixar*, *pronto* ou o diminutivo. Todavia, o aspecto crucial é mais teórico do que prático: importa fundamentar teoricamente a prática lexicográfica numa teoria linguística que explicitamente reconheça a multidimensionalidade das estruturas polissémicas.

Para além destes três tipos de contributos e implicações, outros instrumentos da Semântica Cognitiva poderão contribuir para o aperfeiçoamento da prática lexicográfica. É o caso da *teoria do enquadramento* ("frame theory") de Fillmore, sobretudo em relação à descrição dos sentidos dos verbos: ver Fillmore & Atkins (1992, 1994, 2000) e, particularmente, as aplicações lexicográficas do projecto *FrameNet* de Berkeley, em <http://www.icsi.berkeley.edu/~framenet>; sobre a importância da teoria do enquadramento para a lexicografia descritiva, ver Atkins (1994) e Fontenelle (2003). É ainda o caso da abordagem *colocacional* ("collostructional") da polissemia, que consiste em identificar diferentes sentidos através de diferenças de padrões de colocações em construções gramaticais (Stefanowitsch & Gries 2003, 2005; Gries & Stefanowitsch 2004; Gries, Hampe & Schönefeld 2005; Gries & Stefanowitsch 2006).

13.2. Implicações computacionais

Uma das maiores implicações da Semântica Cognitiva e do modelo cognitivo da polissemia tanto para a lexicografia como para a linguística computacional, e muito em particular na tarefa empreendida por esta última de desambiguação automática dos sentidos das palavras, é, parafraseando Kilgarriff (1997), *não acreditar nos sentidos das palavras*. Em vez de 'sentidos de palavras' – entenda-se: sentidos estáticos e bem determinados –, o que há são abstracções de redes de usos de palavras a partir de *corpora* representativos, isto é, potenciais de sentido. Eis, portanto, uma grande implicação ontológica: 'sentidos de palavras', no sentido tradicional, não existem!

No âmbito do processamento da linguagem natural e especialmente em relação à questão da desambiguação automática de sentidos de palavras, que ultimamente tem sido objecto de grande investigação (ver Ravin & Leacock 2000 e Agirre & Edmonds 2006), o facto é que por mais sentidos que um programa computacional de desambiguação possa conter, mesmo na ordem dos muitos milhões, jamais ele realizará cabalmente a missão a que está destinado no sentido tradicional de desambiguação de 'sentidos de palavras'. Ravin & Leacock (2000: 25-26) citam os resultados de avaliação de sistemas de desambiguação, projecto conhecido pelo nome de *Senseval* e dirigido por Adam Kilgarriff e seus colegas (Kilgarriff & Palmer 2000): 80% das palavras polissémicas são correctamente desambiguadas, o que significa, não que os 20% que faltam consigam ser resolvidos com um esforço de investigação proporcionalmente idêntico, mas que esses 20% finais implicam muito mais trabalho do que todo o que foi realizado para os 80% iniciais – situação a que Bar-Hillel (1960) chamou a *falácia dos 80%*. Continua a ser este o problema que se coloca aos recentes métodos de desambiguação baseados em *corpora*, que incluem dicionários electrónicos e análises estatísticas de padrões de co-ocorrência e de colocações relativamente a palavras polissémicas. Naturalmente que é mais fácil identificar automaticamente os sentidos de palavras homónimas ou de casos de ambiguidade sintáctica. As dificuldades surgem na identificação automática do sentido de palavras polissémicas.

Mais recentemente, com o desenvolvimento da linguística computacional no sentido quer do processamento em larga escala em relação a vastíssimas colecções de textos *on-line*, quer da aplicação a novos domínios, como dicionários e enciclopédias electrónicos e bibliotecas digitais, não só se tornam necessários novos métodos de compreensão computacional de textos, como se agudizam os problemas de identificação automática de sentidos de palavras. Em 1998, a revista *Computational Linguistics* dedicou um número especial ao problema da desambiguação automática de sentidos: pode aí encontrar-se, no estudo de Ide & Véronis (1998), o respectivo estado da arte.

Estes e outros problemas (identificados na secção 7 do capítulo 2) não devem dissuadir os linguistas computacionais de construir algoritmos de desambiguação e selecção de sentido (exemplos da maior relevância e actualidade encontram-se em Stevenson 2001 e Agirre & Edmonds 2006). Mas esta tarefa terá, porém, que incorporar todo o tipo de conhecimento enciclopédico necessário para a caracterização dos sentidos e aplicar esquemas conceptuais que assegurem a plausibilidade de diferentes interpretações possíveis. Quer isto dizer que o programador terá que inserir uma quantidade massiva de codificação e, particularmente, atribuir a cada palavra do sistema não só diferentes sentidos, como também o conhecimento enciclopédico associado. Naturalmente que há limitações/ /restrições nesta tarefa: será, em princípio, impossível construir um sistema computacional com uma base de conhecimento enciclopédico *necessário e suficiente*. Vem a propósito repetir o que dissemos noutro lugar (capítulo 3, secção 5) sobre o problema fundamental do modelo computacional (do *léxico generativo* e do mecanismo generativo de *coerção*) de Pustejovsky (1995): não ser capaz de pressupor ou de construir todo o conhecimento enciclopédico necessário para o bom uso do significado das palavras.

Uma maneira de passar por cima dos problemas da selecção de sentido e da desambiguação tem sido o recurso aos dados estatísticos do uso da palavra. Trata-se de caracterizar os sentidos em termos de padrões de contextualização distintos, tendo em conta a probabilidade de uma palavra em determinado sentido co-ocorrer com certas palavras e não com outras. É esta a solução proposta por Schütze (2000). Em relação ao problema específico de identificação automática de sentidos, em vez de atribuir um sentido discreto a uma palavra polissémica, Schütze agrupa usos que são *semelhantes* na medida em que partilham um contexto semelhante, definindo assim estes grupos como sendo os *sentidos* da palavra. Este tratamento implica que (i) as palavras são semelhantes em sentido na medida em que os seus padrões de contextualização sejam semelhantes, e (ii) uma palavra é polissémica na medida em que os usos dessa palavra correspondam a diferentes padrões de contextualização. Schütze (2000) desenha, assim, um algoritmo de identificação de sentidos psicologicamente plausível e de aplicação genérica, mostrando a sua aplicabilidade a vastíssimas colecções de textos (500 megabytes de texto do "Wall Street Journal").

Esta abordagem estatístico-computacional sugere a ideia de que o significado de uma palavra se identifica com o contexto linguístico em que ela é usada. Ora, os padrões de contextualização de uma palavra são sintomáticos do seu significado, mas não podem simplesmente ser identificados com o significado dessa palavra. Além disso, e como segundo problema da mesma abordagem, a questão de saber se diferentes usos de uma palavra representam um ou mais sentidos depende do grau de tolerância que é permitido na identificação de diferentes padrões de contextualização: tolerar muito levará a um amontoado de diferentes padrões; tolerar pouco resultará numa proliferação de diferentes sentidos (ver Taylor 2002: 474). Na verdade, visto que muitos dos contextos de uso serão únicos, então o número de sentidos diferentes será em princípio uma questão em aberto. Ou seja: quantos sentidos diferentes estão associados a uma palavra dependerá, e utilizando uma metáfora fotográfica e cinematográfica, de quanto *zoom* é posto nas instanciações e não nos esquemas unificadores.

Será, porém, preferível a proliferação de padrões de contextualização e, desta forma, de *sentidos* da palavra, a abstracções de alto nível de generalidade. Na verdade, a pessoa que aprende uma língua não precisa de aprender os significados maximamente esquemáticos das palavras; precisa, sim, de aprender os padrões de uso da palavra, naturalmente mais específicos e apropriados a circunstâncias particulares. A questão crucial é, pois, o nível de abstracção: abstracções de baixo nível, naturalmente em maior número e com mais detalhe contextual, são melhores do que abstracções de alto nível. Afinal, a ideia computacional da proliferação dos padrões de contextualização combina-se bem com a ênfase posta pela Semântica Cognitiva num modelo baseado no uso.

Concluindo, os sistemas computacionais de desambiguação e selecção de sentido deverão desenvolver-se na base de três pressupostos gerais: (i) não existem sentidos estáticos ou bem determinados das palavras, mas sim abstracções de usos de uma palavra a partir de *corpora* de grande extensão; (ii) os padrões de contextualização de uma palavra são importantes para a identificação dos seus sentidos, mas estes não devem reduzir-se àqueles e, além disso, deve operar-se com abstracções de baixo nível; (iii) é preciso incorporar uma verdadeira base de conhecimento enciclopédico associado aos sentidos de uma palavra, embora seja, em princípio, impossível construir um sistema computacional com o conhecimento enciclopédico necessário e suficiente.

REFERÊNCIAS BIBLIOGRÁFICAS

Abrantes, Ana Margarida
   1999   O regresso às emoções: a expressão da raiva em Português. *Revista Portuguesa de Humanidades* 3, Faculdade de Filosofia da Universidade Católica Portuguesa, 101-138.
   2002   *É a Guerra: O Uso do Eufemismo na Imprensa. Um estudo contrastivo em Linguística Cognitiva*. Viseu: Passagem Editores.

Agirre, Eneko & Philip Edmonds (eds.)
   2006   *Word Sense Disambiguation. Algorithms and Applications*. Berlin: Springer.

Albertazzi, Liliana
   2000   Which semantics? In: Liliana Albertazzi (ed.), *Meaning and Cognition*. Amsterdam: John Benjamins, 1-24.

Allwood, Jens
   2003   Meaning potentials and context: Some consequences for the analysis of variation in meaning. In: Hubert Cuyckens, René Dirven & John Taylor (eds.), *Cognitive Approaches to Lexical Semantics*. Berlin/New York: Mouton de Gruyter, 29-66.

Almeida, Maria Clotilde
   2002   Polissemia: a chave de acesso ao sistema conceptual das línguas. In: Isabel M. Duarte *et al.* (orgs.), *Encontro Comemorativo dos 25 Anos do Centro de Linguística da Universidade do Porto*. Porto: Centro de Linguística da Universidade do Porto, 69-81.
   2003   Processos de compressão em construções mescladas: análise semântica de ocorrências do português. In: Amália Mendes & Tiago Freitas (orgs.), *Actas do XVIII Encontro da Associação Portuguesa de Linguística*. Lisboa: Associação Portuguesa de Linguística, 67-76.
   2004   More about blends: blending with proper names in the Portuguese media. In: Augusto Soares da Silva, Amadeu Torres & Miguel Gonçalves (orgs.), *Linguagem, Cultura e Cognição: Estudos de Linguística Cognitiva*. Vol. 2. Coimbra: Almedina, 145-158.
   2005   A poética do futebol: análise de representações mescladas à luz do paradigma das Redes de Espaços Mentais. In: Graça M. Rio-Torto, Olívia Figueiredo & Fátima Silva (orgs.), *Estudos em Homenagem ao Professor Doutor Mário Vilela*. Porto: Faculdade de Letras do Porto, 557-569.

Almeida, Maria Lúcia Leitão de
   2005   Cruzamento vocabular no Português: aspectos semântico-cognitivos. In: Neusa Salim Miranda & Maria Cristina Name (orgs.), *Lingüística e Cognição*. Juiz de Fora, Brasil: Universidade Federal de Juiz de Fora, 157-170.

Almeida, Maria Lúcia Leitão & Carlos Alexandre Gonçalves
   2005   Polissemia sufixal: o caso das formas X-eiro – propostas e problemas. In: Inês Duarte & Isabel Leiria (orgs.), *Actas do XX Encontro Nacional da Associação Portuguesa de Linguística*. Lisboa: Associação Portuguesa de Linguística, 237-246.

Alonso, Amado
1974[1954] Noción, emoción, acción y fantasía en los diminutivos. In: Amado Alonso, *Estudios Lingüísticos. Temas Españoles*. Madrid: Gredos, 161-190.
Alston, William P.
1964 *Philosophy of Language*. Englewood Cliffs, N.J.: Prentice-Hall.
Apresjan, Juri D.
1974 Regular polysemy. *Linguistics* 142, 5-32.
1992 *Lexical Semantics: User's Guide to Contemporary Russian Vocabulary*. Ann Arbor: Karoma.
Aristóteles
1844-46*Aristotelis Organon*. Ed. de Th. Waitz. 2 Vols. Leipzig.
1950-65*Organon I (Catégories), II (De l'Interprétation), V (Les Topiques), VI (Les Réfutations Sophistiques)*. Trad. fr. de J. Tricot. Paris: Vrin.
1974 *La Métaphysique*. Trad. fr. de J. Tricot. Paris: Vrin.
1967-73*Rhétorique*. Paris: Les Belles Lettres.
1979 *Poétique*. Paris: Les Belles Lettres.
Athanasiadou, Angeliki, Costas Canakis & Bert Cornillie (eds.)
2006 *Subjectification. Various Paths to Subjectivity*. Berlin/New York: Mouton de Gruyter.
Atkins, Beryl T. S.
1994 Analyzing the verbs of seeing: A frame semantics approach to lexicography. *Proceedings of the Twentieth Annual Meeting of the Berkeley Linguistics Society*. Berkeley: Berkeley Linguistics Society, 42-56.
Bakema, Peter
1998 *Het Verkleinwoord Verklaard. Een Morfosemantische Studie over Diminutieven in het Nederlands*. Ph.D. Dissertation. Katholieke Universiteit Leuven.
Bakema, Peter, Patricia Defour & Dirk Geeraerts
1993 De semantische structuur van het diminutief. *Forum der Letteren* 34-2, 121-137.
Bar-Hillel, Yehoshua
1960 The present status of automatic translation in language. In: F. L. Alt (ed.), *Advances in Computers, Appendix III*. New York: Academic Press, 158-163.
Barcelona, Antonio
2000 On the plausibility of claiming a metonymic motivation for conceptual metaphor. In: Antonio Barcelona (ed.), *Metaphor and Metonymy at the Crossroads: A Cognitive Perspective*. Berlin/New York: Mouton de Gruyter, 31--58.
2002 Clarifying and applying the notions of metaphor and metonymy within cognitive linguistics: An update. In: René Dirven & Ralf Pörings (eds.), *Metaphor and Metonymy in Comparison and Contrast*. Berlin/New York: Mouton de Gruyter, 207-277.
2004 Metonymy in discourse-pragmatic inferencing. In: Augusto Soares da Silva, Amadeu Torres & Miguel Gonçalves (orgs.), *Linguagem, Cultura e Cognição: Estudos de Linguística Cognitiva*. Coimbra: Almedina, 159-174.
Barcelona, Antonio (ed.)
2000 *Metaphor and Metonymy at the Crossroads: A Cognitive Perspective*. Berlin//New York: Mouton de Gruyter.

Barlow, Michael & Susanne Kemmer (eds.)
2000   *Usage-based Models of Language*. Stanford: CSLI Publications.
Bartsch, Renate
1998   Dynamic Conceptual Semantics. A Logico-Philosophical Investigation into Concept Formation and Understanding. Stanford: CSLI Publications.
2002   Generating polysemy: Metaphor and metonymy. In: René Dirven & Ralf Pörings (eds.), *Metaphor and Metonymy in Comparison and Contrast*. Berlin/New York: Mouton de Gruyter, 49-74.
Batoréo, Hanna Jakubowicz
2000   *Expressão do Espaço no Português Europeu. Contributo Psicolinguístico para o Estudo da Linguagem e Cognição*. Lisboa: Fundação Calouste Gulbenkian e Fundação para a Ciência e a Tecnologia.
2001   O espaço das emoções no Português Europeu: reflexões metodológicas sobre a ponte entre neurociências e linguística cognitiva. In: Augusto Soares Silva (org.), *Linguagem e Cognição: A Perspectiva da Linguística Cognitiva*. Braga: Associação Portuguesa de Linguística & Universidade Católica Portuguesa, 445-463.
2003   Expressão dos afectos: polarização ou intensidade? In: Ivo Castro & Inês Duarte (orgs.), *Razões e Emoção. Miscelânea de estudos em homenagem a Maria Helena Mira Mateus*. Lisboa: Imprensa Nacional-Casa da Moeda, 27--35.
2004a   The taboo of war and WAR metaphoric conceptualisation: song lyrics of the Portuguese colonial war. In: Augusto Soares da Silva, Amadeu Torres & Miguel Gonçalves (orgs.), *Linguagem, Cultura e Cognição: Estudos de Linguística Cognitiva*. Vol. 2. Coimbra: Almedina, 185-201.
2004b   *Linguística Portuguesa: Abordagem Cognitiva*. CD-ROM. Lisboa: Universidade Aberta.
2005   Como não "pôr o pé em ramo verde" ou do papel da polissemia na construção do sentido. In: Graça M. Rio-Torto, Olívia Figueiredo & Fátima Silva (orgs.), *Estudos em Homenagem ao Professor Doutor Mário Vilela*. Porto: Faculdade de Letras do Porto, 237-251.
Benveniste, Émile
1966   *Problèmes de Linguistique Générale*. Paris: Gallimard.
Bergen, Benjamin K. & Nancy Chang
2005   Embodied construction grammar in simulation-based language understanding. In: Jan-Ola Östman & Mirjam Fried (eds.), *Construction Grammars: Cognitive Grounding and Theoretical Extensions*. Amsterdam: John Benjamins, 147-190.
Berlinck, Rosane de Andrade
1996   The Portuguese dative. In: William van Belle & Willy van Langendonck (eds.), *The Dative. Volume 1. Descriptive Studies*. Amsterdam: John Benjamins, 119-151.
Bernárdez, Enrique
1998   Catastrophes, chaos, and lexical semantics. In: Barbara Lewandowska-Tomaszczyk (ed.), *Lexical Semantics, Cognition and Philosophy*. Lódz, Poland: Lódz University Press, 11-28.
2004   Intimate enemies? On the relations between language and culture. In: Augusto Soares da Silva, Amadeu Torres & Miguel Gonçalves (orgs.), *Linguagem,*

Cultura e Cognição: Estudos de Linguística Cognitiva. Vol. I. Coimbra: Almedina, 21-45.
2005   Social cognition: variation, language, and culture in a cognitive linguistic typology. In: Francisco J. Ruiz de Mendoza & Sandra Peña Cervel (eds.), *Cognitive Linguistics. Internal Dynamics and Interdisciplinary Interaction.* Berlin/New York: Mouton de Gruyter, 191-222.

Bierwisch, Manfred
1983   Semantische und konzeptuelle Repräsentationen lexikalischer Einheiten. In: Rudolf Ruzicka & Wolfgang Motsch (eds.), *Untersuchungen zur Semantik.* Berlin: Akademie Verlag, 61-99.

Bierwisch, Manfred & Ewald Lang (eds.)
1987   *Grammatische und konzeptuelle Aspekte von Dimensionsadjektiven.* Berlin: Akademie Verlag.

Bierwisch, Manfred & Rob Schreuder
1992   From concepts to lexical items. *Cognition* 42, 23-60.

Black, Max
1962   *Models and Metaphors. Studies in Language and Philosophy.* Ithaca: Cornell University Press.

Blank, Andreas
1997   *Prinzipien des lexikalischen Bedeutungswandels am Beispiel der romanischen Sprachen.* Tübingen: Max Niemeyer.
1999a   Why do new meanings occur? A cognitive typology of the motivations for lexical semantic change. In: Andreas Blank & Peter Koch (eds.), *Historical Semantics and Cognition.* Berlin/New York: Mouton de Gruyter, 61-89.
1999b   Co-presence and succession: A cognitive typology of metonymy. In: Klaus-Uwe Panther & Günter Radden (eds.), *Metonymy in Language and Thought.* Amsterdam: John Benjamins, 169-191.
2003   Polysemy in the lexicon and in discourse. In: Brigitte Nerlich, Zazie Todd, Vimala Herman & David D. Clarke (eds.), *Polysemy: Flexible Patterns of Meaning in Mind and Language.* Berlin/New York: Mouton de Gruyter, 267-293.

Blank, Andreas & Peter Koch
1999   Onomasiologie et étymologie cognitive: l'exemple de la TÊTE. In: Mário Vilela & Fátima Silva (orgs.), *Actas do 1º Encontro Internacional de Linguística Cognitiva.* Porto: Faculdade de Letras do Porto, 49-71.

Blank, Andreas & Peter Koch (eds.)
1999   *Historical Semantics and Cognition.* Berlin/New York: Mouton de Gruyter.

Blank, Andreas, Peter Koch & Paul Gévaudan
2003   Onomasiologie, sémasiologie et l'étymologie des langes romanes: esquisse d'un projet. In: Fernando Sánchez Miret (ed.), *Actas del XXIII Congreso Internacional de Lingüística y Filología Románica.* Vol. IV. Tübingen: Max Niemeyer Verlag, 103-114.

Brandt, Per Aage
1995   *Morphologies of Meaning.* Aarhus: Aarhus University Press.
1998   Domains and the grounding of meaning. In: José Luis Cifuentes Honrubia (ed.), *Estudios de Lingüística Cognitiva.* Vol. II. Alicante: Universidad de Alicante, 467-478.

2000 The architecture of semantic domains. A grounding hypothesis in Cognitive Semiotics. *Revista Portuguesa de Humanidades* 4, Faculdade de Filosofia da Universidade Católica Portuguesa, 11-51.
2001 Mental space networks and linguistic integration. In: Augusto Soares Silva (org.), *Linguagem e Cognição: A Perspectiva da Linguística Cognitiva*. Braga: Associação Portuguesa de Linguística e Universidade Católica Portuguesa, 63-76.
2004 *Spaces, Domains, and Meaning. Essays in Cognitive Semiotics*. Bern, Berlin, Frankfurt a.M., New York: Peter Lang.

Brazil, D.
1975 *Discourse Intonation*. University of Birmingham: English Language Research.

Brazil, D., M. Coulthard & C. Johns
1980 *Discourse Intonation and Language Teaching*. London: Longman.

Bréal, Michel
1924[1897] *Essai de sémantique. Science des significations*. Paris: Gérard Monfort.

Brinton, Laurel & Elizabeth Closs Traugott
2005 *Lexicalization and Language Change*. Cambridge: Cambridge University Press.

Brisard, Frank, Gert Van Rillaer & Dominiek Sandra
2001 Processing polysemous, homonymous, and vague adjectives. In: Hubert Cuyckens & Britta Zawada (eds.), *Polysemy in Cognitive Linguistics*. Amsterdam: John Benjamins, 261-284.

Brown, Cecil H. & Stanley R. Witkowski
1983 Polysemy, lexical change, and cultural importance. *Man* 18, 72-89.

Brugman, Claudia
1981 *The story of over*. MA thesis. University of California at Berkeley.
1990 What is the Invariance Hypothesis? *Cognitive Linguistics* 1-2, 257-266.

Bruner, Jerome
1990 *Acts of Meaning*. Cambridge: Harvard University Press.

Bybee, Joan
1994 A view of phonology from a cognitive and functional perspective. *Cognitive Linguistics* 5, 285-306.
2001 *Phonology and Language Use*. Cambridge: Cambridge University Press.

Bybee, Joan & Paul Hopper (eds.)
2001 *Frequency and the Emergence of Linguistic Structure*. Amsterdam: John Benjamins.

Caballero, Rosario
2004 Thinking and seeing the world through metaphor: Cultural constraints in architectural metaphors. In: Augusto Soares da Silva, Amadeu Torres & Miguel Gonçalves (orgs.), *Linguagem, Cultura e Cognição: Estudos de Linguística Cognitiva*. Vol. II. Coimbra: Almedina, 203-215.

Cadiot, A. et al.
1985 *Enfin*, marqueur metalinguistique. *Journal of Pragmatics* 9, 199-239.

Caramazza, Alfonso
1996 The brain's dictionary. *Nature* 380, 485-486.

Caramazza, Alfonso & Ellen Grober
  1976   Polysemy and the structure of the subjective lexicon. In: Clea Rameh (ed.), *Semantics: Theory and Application*. Washington, DC: Georgetown University Press, 181-206.
Castilho, Ataliba T. de
  2005   *Funcionalismo, Cognitivismo e Mudança Linguística. Para uma Teoria Multissistêmica da Língua*, a publicar.
Chierchia, Gennaro & Sally MacConnell
  1990   *Meaning and Grammar: An Introduction to Semantics*. Cambridge, Mass.: The MIT Press.
Chilton, Paul
  2004   *Analysing Political Discourse: Theory and Practice*. London/New York: Routledge.
Chomsky, Noam
  1965   *Aspects of the Theory of Syntax*. Cambridge, Mass.: The MIT Press (trad. portuguesa, introdução e notas de José António Meireles & Eduardo Paiva Raposo, *Aspectos da Teoria da Sintaxe*. Coimbra: Arménio Amado, 1978).
  1986   *Knowledge of Language. Its Nature, Origin and Use*. New York: Praeger (trad. portuguesa de Anabela Gonçalves & Ana Teresa Alves, *O Conhecimento da Língua. Sua Natureza, Origem e Uso*. Lisboa: Caminho, 1994).
  1995   *The Minimalist Program*. Cambridge, Mass.: The MIT Press (trad. portuguesa, apresentação e notas de Eduardo Paiva Raposo, *O Programa Minimalista*. Lisboa: Caminho, 1999).
Christiano, Mª Elizabeth & Dermeval Hora
  1999   O valor semântico do item lexical *pronto* no discurso oral do Português do Brasil. In: Ana Cristina M. Lopes & Cristina Martins (orgs.), *Actas do XIV Encontro Nacional da Associação Portuguesa de Linguística*. Braga: Associação Portuguesa de Linguística, 299-307.
Cifuentes Honrubia, José Luis
  1990   La polisemia como prototipo diacrónico. *Anales de Filología Hispánica* 5, 99-119.
  1994   *Gramática Cognitiva. Fundamentos Críticos*. Madrid: Eudema.
  2003   *Locuciones Prepositivas. Sobre la Gramaticalización Preposicional en Español*. Alicante: Publicaciones de la Universidad de Alicante.
Cifuentes Honrubia, José Luis & J. Llopis Ganga
  1996   *Complemento Indirecto y Complemento de Lugar. Estructuras Locales de Base Personal en Español*. Alicante: Universidad de Alicante.
Clark, Eve V.
  1978   Discovering what words can do. *Papers from the Parasession on the Lexicon. Chicago Linguistic Society* 14, 34-57.
Clausner, Timothy & William Croft
  1997   Productivity and schematicity in metaphors. *Cognitive Science* 21, 247-282.
  1999   Domains and image schemas. *Cognitive Linguistics* 10-1, 1-31.
Coimbra, Rosa Lídia
  1999   *Estudo Linguístico dos Títulos de Imprensa em Portugal: A Linguagem Metafórica*. Dissertação de Doutoramento. Universidade de Aveiro.

Cornillie, Bert
2004   *Evidentiality and Epistemic Modality in Spanish (Semi-) Auxiliaries. A Functional-pragmatic and Cognitive-linguistic Account*. Ph.D. dissertation. University of Leuven.
Coseriu, Eugenio
1952   *Sistema, Norma y Habla*. Montevideo: Facultad de Humanidades y Ciencias de la Educación.
1958   *Sincronía, Diacronía e Historia. El problema del cambio lingüístico*. Montevideo: Universidad de la República.
1977   L'étude fonctionnelle du vocabulaire: Précis de Lexématique. *Cahiers de Lexicologie* 29, 5-23.
1981   *Principios de Semántica Estructural*. Madrid: Gredos.
1990   Semántica estructural y semántica "cognitiva". *Profesor Francisco Marsá. Jornadas de Filología*. Barcelona: Universidad de Barcelona, 239-282.
Coseriu, Eugenio & Horst Geckeler
1981   *Trends in Structural Semantics*. Tübingen: Gunter Narr Verlag.
Coulson, Seana
2001   *Semantic Leaps: Frame-shifting and Conceptual Blending in Meaning Construction*. Cambridge: Cambridge University Press.
Coulson, Seana & Todd Oakley (eds.)
2000   *Conceptual Blending*. Special issue of *Cognitive Linguistics* 11-3/4.
Croft, William
1990   Possible verbs and the structure of events. In: Savas L. Tsohatzidis (ed.), *Meanings and Prototypes: Studies on Linguistic Categorization*. London: Routledge, 48-73.
1991   *Syntactic Categories and Grammatical Relations: The Cognitive Organization of Information*. Chicago: The University of Chicago Press.
1993   The role of domains in the interpretation of metaphors and metonymies. *Cognitive Linguistics* 4-4, 335-370.
1995   Intonation units and grammatical structure. *Linguistics* 33, 839-882.
1998   Linguistic evidence and mental representations. *Cognitive Linguistics* 9-2, 151-173.
2000   *Explaining Language Change: An Evolutionary Approach*. London: Longman.
2001   *Radical Construction Grammar: Syntactic Theory in Typological Perspective*. Oxford: Oxford University Press.
2004   Conceptualization and construal operations. In: William Croft & D. Alan Cruse, *Cognitive Linguistics*. Cambridge: Cambridge University Press, cap. 2, 40-73.
Croft, William & Esther J. Wood
2000   Construal operations in linguistics and artificial intelligence. In: Liliana Albertazzi (ed.), *Meaning and Cognition*. Amsterdam: John Benjamins, 51-78.
Croft, William & D. Alan Cruse
2004   *Cognitive Linguistics*. Cambridge: Cambridge University Press.
Cruse, D. Alan
1986   *Lexical Semantics*. Cambridge: Cambridge University Press.

1995   Polysemy and related phenomena from a cognitive linguistic viewpoint. In: P. Saint-Dizier & E. Viegas (eds.), *Computational Lexical Semantics*. Cambridge: Cambridge University Press, 33-49.
2000   Aspects of the micro-structure of word meanings. In: Yael Ravin & Claudia Leacock (eds.), *Polysemy: Theoretical and Computational Approaches*. Oxford: Oxford University Press, 30-51.
2004   Polysemy: the construal of sense boundaries. In: William Croft & D. Alan Cruse, *Cognitive Linguistics*. Cambridge: Cambridge University Press, cap. 5, 109-140.

Cruttenden, Alan
1981   Falls and rises: meanings and universals. *Journal of Linguistics* 17, 77-91.
1997   *Intonation*. Cambridge: Cambridge University Press.

Cuenca, Maria Joseph
2000   L'estudi dels connectors en el marc de la Lingüística Cognitiva. In: M. Teresa Cabré & Cristina Gelpí (eds.), *Lèxic, Corpus i Diccionaris*. Barcelona: Publicacions de la Universitat Pompeu Fabra, 201-223.
2001   Los conectores parentéticos como categoría gramatical. *Lingüística Española Actual* 23-2, 211-235.
2002   *Els Connectors Textuals*. Barcelona: Santillana.
2006   *La Connexió i els Connectors. Perspectiva Oracional i Textual*. Universitat de Vic: Eumo Editorial.

Cuenca, Maria Josep & Joseph Hilferty
1999   *Introducción a la Lingüística Cognitiva*. Barcelona: Ariel.

Cuenca, Maria Josep & Àngels Massip
2004   Connectors i gramaticalització. *II Simposi Internacional "Vers una sintaxi històrica del català: metodologia i objectius"*. La Nucia. 10-12 Novembro 2004.

Cuyckens, Hubert & Britta Zawada (eds.)
2001   *Polysemy in Cognitive Linguistics*. Amsterdam: John Benjamins.

Cuyckens, Hubert, René Dirven & John Taylor (eds.)
2003   *Cognitive Approaches to Lexical Semantics*. Berlin/New York: Mouton de Gruyter.

Damásio, António
1995   *O Erro de Descartes. Emoção, Razão e Cérebro Humano*. Mem Martins: Publicações Europa-América.
2000   *O Sentimento de Si. O Corpo, a Emoção e a Neurobiologia da Consciência*. Mem Martins: Publicações Europa-América.

Damásio, Hanna, Thomas J. Grabowski, Daniel Tranel, Richard D. Hichwa & António Damásio
1996   A neural basis for lexical retrieval. *Nature* 380, 499-505.

Deane, Paul D.
1987   *Semantic Theory and the Problem of Polysemy*. Ph.D. Dissertation. Chicago, Illinois: The University of Chicago.
1988   Polysemy and cognition. *Lingua* 75, 325-361.
1992   Polysemy as the consequence of internal conceptual complexity: The case of *over*. *Proceedings of the Eastern States Conference on Linguistics (ESCOL)* 9. Ohio State University: CLC Publications, 32-43.

Delbecque, Nicole & Béatrice Lamiroy
- 1996 Towards a typology of the Spanish dative. In: William van Belle & Willy van Langendonck (eds.), *The Dative. Volume 1. Descriptive Studies*. Amsterdam: John Benjamins, 73-117.

Dewell, Robert B.
- 1994 Over again: On the role of image-schemas in semantic analysis. *Cognitive Linguistics* 5, 351-380.

Dionísio, Marília da Conceição Rodrigues
- 2002 *O Corpo na Mente: Metáforas de 'comer' e de 'beber' em Português*. Dissertação de Mestrado. Braga: Faculdade de Filosofia da Universidade Católica Portuguesa.

Dirven, René
- 1985 Metaphor as a basic means for extending the lexicon. In: Wolf Paprotté & René Dirven (eds.), *The Ubiquity of Metaphor*. Amsterdam: John Benjamins, 85-119.
- 1993 Metonymy and metaphor: Different mental strategies of conceptualisation. *Leuvense Bijdragen* 82, 1-28.
- 1994 *Metaphor and Nation: Metaphors Afrikaners Live by*. Frankfurt: Peter Lang.
- 1999 Conversion as a conceptual metonymy of event schemata. In: Klaus-Uwe Panther & Günter Radden (eds.), *Metonymy in Language and Thought*. Amsterdam: John Benjamins, 275-287.
- 2002 Metonymy and metaphor: Different mental strategies of conceptualisation. In: René Dirven & Ralf Pörings (eds.), *Metaphor and Metonymy in Comparison and Contrast*. Berlin/New York: Mouton de Gruyter, 75-111.

Dirven, René & Ralf Pörings (eds.)
- 2002 *Metaphor and Metonymy in Comparison and Contrast*. Berlin/New York: Mouton de Gruyter.

Dirven, René & Marjolijn Verspoor (eds.)
- 2004 *Cognitive Exploration of Language and Linguistics*. Second revised edition. Amsterdam: John Benjamins.

Dowty, David R.
- 1979 *Word Meaning and Montague Grammar*. Dordrecht: Reidel.
- 2000 'The garden swarms with bees' and the fallacy of 'argument alternation'. In: Yael Ravin & Claudia Leacock (eds.), *Polysemy: Theoretical and Computational Approaches*. Oxford: Oxford University Press, 111-128.

Du Marsais, César Chesneau
- 1977[1730] *Traité des Tropes, ou des différents sens dans lesquels ou peut prendre un même mot dans une même langue*. Paris: Le Nouveau Commerce.

Edelman, Gerald M.
- 1992 *Bright Air, Brilliant Fire: On the Matter of the Mind*. New York: Basic Books (trad. port. *Biologia da Consciência. As Raízes do Pensamento*. Instituto Piaget, 1995).

Erdmann, Karl Otto
- 1910 *Die Bedeutung des Wortes*. Leipzig: Haessel.

Faria, Isabel Hub
- 1999 Expressões idiomáticas, metáforas, emoções, sentidos figurados e sujeitos experienciadores. In: Isabel Hub Faria (org.), *Lindley Cintra. Homenagem ao Homem, ao Mestre e ao Cidadão*. Lisboa: Edições Cosmos, 377-402.

Fauconnier, Gilles
　1985　　*Mental Spaces*. Cambridge, Mass.: The MIT Press.
　1997　　*Mappings in Thought and Language*. Cambridge: Cambridge University Press.
Fauconnier, Gilles & Mark Turner
　1996　　Blending as a central process of grammar. In: Adele Goldberg (ed.), *Conceptual Structure, Discourse and Language*. Stanford: CSLI Publications, 113--130.
　1998　　Conceptual Integration Networks. *Cognitive Science* 22-2, 133-187.
　2002　　*The Way We Think: Conceptual Blending and the Mind's Hidden Complexities*. New York: Basic Books.
　2003　　Polysemy and conceptual blending. In: Brigitte Nerlich, Zazie Todd, Vimala Herman & David D. Clarke (eds.), *Polysemy: Flexible Patterns of Meaning in Mind and Language*. Berlin/New York: Mouton de Gruyter, 79-94.
Ferrão, Maria Clara Teodoro
　2005　　*O Corpo na Língua: Metáfora Conceptual e Corporização no Discurso Televisivo de Marcelo Rebelo de Sousa (Abordagem Cognitiva)*. Dissertação de Mestrado. Lisboa: Universidade Aberta.
Ferrari, Lilian Vieira
　2005　　Integração conceptual em construções epistêmicas no Português do Brasil. In: Neusa Salim Miranda & Maria Cristina Name (orgs.), *Lingüística e Cognição*. Juiz de Fora, Brasil: Universidade Federal de Juiz de Fora, 141-156.
Feyaerts, Kurt
　1999　　Metonymic hierarchies: The conceptualization of stupidity in German idiomatic expressions. In: Klaus-Uwe Panther & Günter Radden (eds.), *Metonymy in Language and Thought*. Amsterdam: John Benjamins, 309-332.
　2000　　Refining the inheritance hypothesis: Interaction between metaphoric and metonymic hierarchies. In: Antonio Barcelona (ed.), *Metaphor and Metonymy at the Crossroads: A Cognitive Perspective*. Berlin/New York: Mouton de Gruyter, 59-78.
Fillmore, Charles J.
　1977　　Scenes-and-frames semantics. In: A. Zampolli (ed.), *Linguistic Structures Processing*. Amsterdam: North Holland, 55-81.
　1985　　Frames and the semantics of understanding. *Quaderni di Semantica* 6, 222--254.
Fillmore, Charles, Paul Kay & Catherine O'Connor
　1988　　Regularity and idiomaticity in grammatical constructions: the case of *let alone*. *Language* 64, 501-38.
Fillmore, Charles J. & Beryl T. S. Atkins
　1992　　Toward a frame-based lexicon: The semantics of *risk* and its neighbours. In: Adrienne Lehrer & Eve F. Kittay (eds.), *Frames, Fields, and Contrasts: New Essays in Semantic and Lexical Organization*. Hillsdale, N.J.: Erlbaum, 75-102.
　1994　　Starting where dictionaries stop: The challenge of corpus lexicography. In: Beryl T. S. Atkins & Antonio Zampolli (eds.), *Computational Approaches to the Lexicon*. Oxford: Oxford University Press, 349-393.

2000 Describing polysemy: the case of *crawl*. In: Yael Ravin & Claudia Leacock (eds.), *Polysemy: Theoretical and Computational Approaches*. Oxford: Oxford University Press, 91-110.

Finegan, Edward
1995 Subjectivity and subjectivisation: an introduction. In: Dieter Stein & Susan Wright (eds.), *Subjectivity and Subjectivisation. Linguistic Perspectives*. Cambridge: Cambridge University Press, 1-15.

Fischer, Kerstin
2000 *From Cognitive Semantics to Lexical Pragmatics: The Functional Polysemy of Discourse Particles*. Berlin/New York Mouton de Gruyter.

Florescu Becken, Cristina
2002 *Expressão da Alegria no Português Europeu. Abordagem Cognitiva*. Dissertação de Mestrado. Lisboa: Universidade Aberta.

Fodor, Jerry
1975 *The Language of Thought*. Cambridge, Mass.: Harvard University Press.

Fontenelle, Thierry (ed.)
2003 FrameNet and Frame Semantics. Thematic issue of the *International Journal of Lexicography* 16, 233-361.

Fraser, Bruce
1999 What are discourse markers? *Journal of Pragmatics* 31, 931-952.

Frazier, Lyn & Keith Rainer
1990 Taking on semantic commitments: processing multiple meanings vs. multiple senses. *Journal of Memory and Language* 29, 181-200.

Frisson, Steven, Dominiek Sandra, Frank Brisard & Hubert Cuyckens
1996 From one meaning to the next: The effects of polysemous relationships in lexical learning. In: Martin Pütz and René Dirven (eds.), *The Construal of Space in Language and Thought*. Berlin/New York: Mouton de Gruyter, 613-647.

Gabelentz, Georg von der
1891 *Die Sprachwissenschaft, ihre Aufgaben, Methoden und bisherigen Ergebnisse*. Leipzig: Tauchnitz.

García-Miguel, José M.
2005a Aproximación empírica a la interacción de verbos y esquemas construccionales, ejemplificada con los verbos de percepción. *Estudios de Lingüística Universidad de Alicante* 19, 169-191.

2005b Verbos aspectuales en español: la interacción de significado verbal y significado construccional. In: Graça M. Rio-Torto, Olívia Figueiredo & Fátima Silva (orgs.), *Estudos em Homenagem ao Professor Doutor Mário Vilela*. Vol. 1. Porto: Faculdade de Letras do Porto, 405-418.

García-Miguel, José M. & Susana Comesaña
2004 Verbs of cognition in Spanish: constructional schemas and reference points. In: Augusto Soares da Silva, Amadeu Torres & Miguel Gonçalves (orgs.), *Linguagem, Cultura e Cognição: Estudos de Linguística Cognitiva*. Vol. I. Coimbra: Almedina, 399-419.

García-Miguel, José M., Lourdes Costas & Susana Martínez
2005 Diátesis verbales y esquemas construccionales. Verbos, clases semánticas y esquemas sintáctico-semánticos en el proyecto ADESSE. In: Gerd Wotjak &

Juan Cuartero Otal (eds.), *Entre Semántica Léxica, Teoría del Léxico y Sintaxis*. Frankfurt am Main: Peter Lang, 373-384.

Geckeler, Horst
1976   *Semántica Estructural y Teoría del Campo Léxico*. Madrid: Gredos.

Geeraerts, Dirk
1983   Reclassifying semantic change. *Quaderni di Semantica* 4-2, 217-240.
1985a   *Paradigm and Paradox. Explorations into a Paradigmatic Theory of Meaning and its Epistemological Background*. Leuven: Leuven University Press.
1985b   Cognitive restrictions on the structure of semantic change. In: Jacek Fisiak (ed.), *Historical Semantics. Historical Word-Formation*. Berlin/New York: Mouton de Gruyter, 127-153.
1985c   Les données stéréotypiques, prototypiques et encyclopédiques dans le dictionnaire. *Cahiers de Lexicologie* 46-1, 27-43.
1987   Types of semantic information in dictionaries. In: Robert F. Ilson (ed.), *A Spectrum of Lexicography*. Amsterdam: John Benjamins, 1-10.
1988a   Cognitive Grammar and the history of Lexical Semantics. In: Brygida Rudzka-Ostyn (ed.), *Topics in Cognitive Linguistics*. Amsterdam: John Benjamins, 647-677. (republicado em Geeraerts 2006, cap. 15)
1988b   Katz revisited. Aspects of the history of Lexical Semantics. In: Werner Hüllen & Rainer Schulze (eds.), *Understanding the Lexicon. Meaning, Sense and World Knowledge in Lexical Semantics*. Tübingen: Max Niemeyer Verlag, 23-35.
1988c   Where does prototypicality come from? In: Brygida Rudzka-Ostyn (ed.), *Topics in Cognitive Linguistics*. Amsterdam: John Benjamins, 207-229. (republicado em Geeraerts 2006, cap. 2)
1988d   Prototypicality as a prototypical notion. *Communication and Cognition* 21, 343-355.
1989   Prospects and problems of prototype theory. *Linguistics* 27, 587-612. (republicado em Geeraerts 2006, cap. 1)
1990   The lexicographical treatment of prototypical polysemy. In: Savas L. Tsohatzidis (ed.), *Meanings and Prototypes. Studies in Linguistic Categorization*. London/New York: Routledge, 195-210. (republicado em Geeraerts 2006, cap. 13)
1992a   Polysemy and prototypicality: on G. Kleiber, *La Sémantique du Prototype*. *Cognitive Linguistics* 3-2, 219-231.
1992b   The semantic structure of Dutch *over*. *Leuvense Bijdragen* 81, 205--230. (republicado em Geeraerts 2006, cap. 3)
1993a   Vagueness's puzzles, polysemy's vagaries. *Cognitive Linguistics* 4-3, 223--272. (republicado em Geeraerts 2006, cap. 5)
1993b   Cognitive semantics and the history of philosophical epistemology. In: Richard A. Geiger & Brygida Rudzka-Ostyn (eds.), *Conceptualizations and Mental Processing in Language*. Berlin/New York: Mouton de Gruyter, 53-79.
1994   Classical definability and the monosemic bias. *Rivista di Linguistica* 6-2, 189-207. (republicado em Geeraerts 2006, cap. 6)
1995   Representational formats in Cognitive Semantics. *Folia Linguistica* 29/1-2, 21-41.

1997   *Diachronic Prototype Semantics. A Contribution to Historical Lexicology.* Oxford: Clarendon Press.
1998   The semantic structure of the indirect object in Dutch. In: Willy van Langendonck & William van Belle (eds.), *The Dative. Volume 2. Theoretical and Contrastive Studies.* Amsterdam: John Benjamins, 185-210. (republicado em Geeraerts 2006, cap. 7)
1999a   Hundred years of Lexical Semantics. In: Mário Vilela & Fátima Silva (orgs.), *Actas do 1º Encontro Internacional de Linguística Cognitiva.* Porto: Faculdade de Letras do Porto, 123-154.
1999b   Idealist and empiricist tendencies in cognitive semantics. In: Theo Janssen & Gisela Redeker (eds.), *Cognitive Linguistics: Foundations, Scope, and Methodology.* Berlin/New York: Mouton de Gruyter, 163-194. (republicado em Geeraerts 2006, cap. 17)
2001   The definitional practice of dictionaries and the Cognitive Semantic conception of polysemy. *Lexicographica* 17, 6-21. (republicado em Geeraerts 2006, cap. 14)
2002a   The theoretical and descriptive development of Lexical Semantics. In: Leila Behrens & Dietmar Zaefferer (eds.), *The Lexicon in Focus. Competition and Convergence in Current Lexicology.* Frankfurt am Main/Berlin: Peter Lang, 23-42. (republicado em Geeraerts 2006, cap. 16)
2002b   The scope of diachronic onomasiology. In: Vilmos Ágel, Andreas Gardt, Ulrike Hass-Zumkehr & Thorsten Roelcke (eds.), *Das Wort: Seine strukturelle und kulturelle Dimension.* Tübingen: Max Niemeyer, 29-44.
2003   Decontextualising and recontextualising tendencies in 20th century linguistics and literary theory. In: Ewald Mengel, Hans-Jörg Schmid e Michael Steppat (eds.), *Anglistentag 2002 Bayreuth.* Trier: Wissenschaftlicher Verlag, 369--379.
2004   Cultural models of linguistic standardization. In: Augusto Soares da Silva, Amadeu Torres & Miguel Gonçalves (orgs.), *Linguagem, Cultura e Cognição: Estudos de Linguística Cognitiva.* Vol. I. Coimbra: Almedina, 47-84.
2005   Lectal variation and empirical data in Cognitive Linguistics. In: Francisco J. Ruiz de Mendoza & Sandra Peña Cervel (eds.), *Cognitive Linguistics. Internal Dynamics and Interdisciplinary Interactions.* Berlin/New York: Mouton de Gruyter, 163-189.
2006   *Words and other Wonders. Papers on Lexical and Semantic Topics.* Berlin//New York: Mouton de Gruyter.

Geeraerts, Dirk (ed.)
2006   *Cognitive Linguistics: Basic Readings.* Berlin/New York: Mouton de Gruyter.

Geeraerts, Dirk & Hubert Cuyckens (eds.)
no prelo *Handbook of Cognitive Linguistics.* New York: Oxford University Press.

Gibbs, Raymond W.
1994   *The Poetics of Mind. Figurative Thought, Language, and Understanding.* Cambridge: Cambridge University Press.
1996   What's cognitive about cognitive linguistics? In: Eugene Casad (ed.), *Cognitive Linguistics in the Redwoods. The Expansion of a New Paradigm in Linguistics.* Berlin/New York: Mouton de Gruyter, 27-53.

2005   *Embodiment and Cognitive Science.* Cambridge: Cambridge University Press.
Gibbs, Raymond W., Dinara Beitel, Michael Harrington & Paul Sanders
1994   Taking a stand on the meanings of *stand*: bodily experience as motivation for polysemy. *Journal of Semantics* 11, 231-251.
Gibbs, Raymond W. & Teenie Matlock
2001   Psycholinguistic perspectives on polysemy. In: Hubert Cuyckens & Britta Zawada (eds.), *Polysemy in Cognitive Linguistics.* Amsterdam: John Benjamins, 213-239.
Gibbs, Raymond W. & Gerard J. Steen, (eds.)
1999   *Metaphor in Cognitive Linguistics.* Amsterdam: John Benjamins.
Giora, Rachel
1997   Understanding figurative and literal language: The graded salience hypothesis. *Cognitive Linguistics* 8-3, 183-206.
2003   *On our Mind: Salience, Context, and Figurative Language.* New York: Oxford University Press.
Gleick, James
1988   *Chaos: Making a New Science.* New York: Penguin Books (trad. port. *Caos: A Construção de uma Nova Ciência.* Lisboa: Gradiva, 1989).
Goddard, Cliff
1998   *Semantic Analysis: A Practical Introduction.* Oxford: Oxford University Press.
2000   Polysemy: a problem of definition. In: Yael Ravin & Claudia Leacock (eds.), *Polysemy: Theoretical and Computational Approaches.* Oxford: Oxford University Press, 129-151.
Goldberg, Adele
1992   The inherent semantics of argument structure: the case of the English ditransitive construction. *Cognitive Linguistics* 3, 37-74.
1995   *Constructions. A Construction Grammar Approach to Argument Structure.* Chicago: The University of Chicago Press.
1997   The relationships between verbs and constructions. In: Marjolijn Verspoor, Kee Dong Lee & Eve Sweetser (eds.), *Lexical and Syntactical Constructions and the Construction of Meaning.* Amsterdam: John Benjamins, 383-398.
2006   *Constructions at Work. The Nature of Generalization in Language.* Oxford: Oxford University Press.
González Fernández, Mª Jesús
2002   La red polisémica del marcador de cierre *en fin*. Comunicação apresentada no *III Congreso de la Asociación Española de Lingüística Cognitiva.* Valencia: Universidad de Valencia. 15-17 Maio 2002.
González Fernández, Mª Jesús & Ricardo Maldonado
2004   Marcadores discursivos, aspecto y subjetividad. In: Augusto Soares da Silva, Amadeu Torres & Miguel Gonçalves (eds.), *Linguagem, Cultura e Cognição. Estudos de Linguística Cognitiva.* Vol. II. Coimbra: Almedina, 411--431.
González-Márquez, Mónica, Irene Mittelberg, Seana Coulson & Michael J. Spivey (eds.)
no prelo *Methods in Cognitive Linguistics.* Amsterdam: John Benjamins.

Goossens, Louis
1990　Metaphtonymy. The interaction of metaphor and metonymy in expressions for linguistic action. *Cognitive Linguistics* 1-3, 323-340.
2002　Metaphtonymy. The interaction of metaphor and metonymy in expressions for linguistic action. In: René Dirven & Ralf Pörings (eds.), *Metaphor and Metonymy in Comparison and Contrast*. Berlin/New York: Mouton de Gruyter, 349-377.
Grady, Joseph
1997a　*Foundations of Meaning: Primary Metaphors and Primary Scenes*. Ph.D. dissertation. University of California, Berkeley.
1997b　THEORIES ARE BUILDINGS revisited. *Cognitive Linguistics* 8, 267-290.
1999　A typology of motivation for conceptual metaphor: Correlation vs. resemblance. In: Raymond W. Gibbs & Gerard J. Steen (eds.), *Metaphor in Cognitive Linguistics*. Amsterdam: John Benjamins, 79-100.
Grady, Joseph & Christopher Johnson
2002　Converging evidence for the notions of *subscene* and *primary scene*. In: René Dirven & Ralf Pörings (eds.), *Metaphor and Metonymy in Comparison and Contrast*. Berlin/New York: Mouton de Gruyter, 533-554.
Grady, Joseph, Todd Oakley & Seana Coulson
1999　Blending and metaphor. In: Raymond W. Gibbs & Gerard J. Steen (eds.), *Metaphor in Cognitive Linguistics*. Amsterdam: John Benjamins, 101-124.
Grady, Joseph, Sara Taub & Pamela Morgan
1996　Primitive and compound metaphors. In: Adele Goldberg (ed.), *Conceptual Structure, Discourse, and Language*. Stanford: CSLI Publications, 177-187.
Gries, Stefan Th.
2003　*Multifactorial Analysis in Corpus Linguistics: A Study of Particle Placement*. London: Continuum Press.
Gries, Stefan Th. & Anatol Stefanowitsch
2004　Extending collostructional analysis: A corpus-based approach on 'alternations'. *International Journal of Corpus Linguistics* 9, 97-129.
Gries, Stefan Th. & Anatol Stefanowitsch (eds.)
2006　*Corpora in Cognitive Linguistics. Corpus-based Approaches to Syntax and Lexis*. Berlin/New York: Mouton de Gruyter.
Gries, Stephan Th., Beate Hampe & Doris Schönefeld
2005　Converging evidence: Bringing together experimental and corpus data on the association of verbs and constructions. *Cognitive Linguistics* 16-4, 635-676.
Grondelaers, Stefan & Dirk Geeraerts
2003　Towards a pragmatic model of cognitive onomasiology. In: Hubert Cuyckens, René Dirven & John Taylor (eds.), *Cognitive Approaches to Lexical Semantics*. Berlin/New York: Mouton de Gruyter, 67-92.
Guiraud, Pierre
1956　Les champs morpho-sémantiques. *Bulletin de la Société de Linguistique de Paris* 52, 265-288.
Haiman, John
1980　Dictionaries and encyclopedias. *Lingua* 50, 329-357.
Halliday, Michael A. K.
1970　*A Course in Spoken English: Intonation*. Oxford: Oxford University Press.

Hampe, Beate (ed.)
  2005 *From Perception to Meaning. Image Schemas in Cognitive Linguistics*. Berlin/New York: Mouton de Gruyter.
Harder, Peter
  1999 Partial autonomy. Ontology and methodology in Cognitive Linguistics. In: Theo Janssen & Gisela Redeker (eds.), *Cognitive Linguistics: Foundations, Scope, and Methodology*. Berlin/New York: Mouton de Gruyter, 195-222.
  2003 The status of linguistic facts. Rethinking the relation between cognition, social institution, and utterance from a functional point of view. *Mind and Language* 18, 52-76.
Haspelmath, Martin
  1999 Why is grammaticalisation irreversible? *Linguistics* 39, 1043-1068.
Heine, Bernd
  1993 *Auxiliaries. Cognitive Forces and Grammaticalization*. Oxford: Oxford University Press.
  1997 *Possession: Cognitive Sources, Forces and Grammaticalization*. Cambridge: Cambridge University Press.
Heine, Bernd, Ulrike Claudi & Friederike Hünnemeyer
  1991 *Grammaticalization: A Conceptual Framework*. Chicago: The University of Chicago Press.
Hentschel, Elke & Harald Weydt
  1989 Wortartenprobleme bei Partikeln. In: Harald Weydt (ed.), *Sprechen mit Partikeln*. Berlin/New York: Mouton de Gruyter, 3-18.
Herculano de Carvalho, José Gonçalo
  1973 *Teoria da Linguagem. Natureza do Fenómeno Linguístico e a Análise das Línguas*. 2 Vols. Coimbra: Atlântida Editora.
Hopper, Paul J.
  1998 Emergent grammar. In: Michael Tomasello (ed.), *The New Psychology of Language: Cognitive and Functional Approaches to Language Structure*. Mahwah, NJ: Erlbaum, 155-175.
Hopper, Paul J. & Elizabeth Closs Traugott
  1993 *Grammaticalization*. Cambridge: Cambridge University Press.
Horn, Laurence R.
  1985 Metalinguistic negation and pragmatic ambiguity. *Language* 61, 121-174.
Householder, Fred W.
  1995 Plato and his predecessors. In: E.F.K. Koerner & Ronald E. Asher (eds.), *Concise History of the Language Sciences*. Oxford: Pergamon, 9-93.
Howard, Harry
  1998 Spanish diminutives and neocognitron-type neural processing. Comunicação apresentada no *I Congreso de la Asociación Española de Lingüística Cognitiva*. Alicante: Universidad de Alicante, 4-6 Maio 1998.
Ide, Nancy & Jean Véronis
  1998 Introduction to the special issue on word sense disambiguation: the state of the art. *Computational Linguistics* 24-1, 1-40.
Jackendoff, Ray
  1972 *Semantic Interpretation in Generative Grammar*. Cambridge, Mass.: The MIT Press.

1983 *Semantics and Cognition*. Cambridge, Mass.: The MIT Press.
1990 *Semantic Structures*. Cambridge, Mass.: The MIT Press.
1997 *The Architecture of the Language Faculty*. Cambridge, Mass.: The MIT Press.
2002 *Foundations of Language. Brain, Meaning, Grammar, Evolution*. Oxford: Oxford University Press.

Jäkel, Olaf
   1999a Is metaphor really a one-way street? One of the basic tenets of the cognitive theory of metaphor put to the test. In: Leon de Stadler & Christoph Erych (eds.), *Issues in Cognitive Linguistics: 1993 Proceedings of the International Cognitive Linguistics Conference*. Berlin/New York: Mouton de Gruyter, 367-388.
   1999b Kant, Blumenberg, Weirich: Some forgotten contributions to the cognitive theory of metaphor. In: Raymond W. Gibbs & Gerard J. Steen (eds.), *Metaphor in Cognitive Linguistics*. Amsterdam: John Benjamins, 9-27.
   1999c Metonymy in onomastics. In: Klaus-Uwe Panther & Günter Radden (eds.), *Metonymy in Language and Thought*. Amsterdam: John Benjamins, 211--229.

Jakobson, Roman
   1936 Beitrag zur allgemeinen Kasuslehre: Gesamtbedeutungen der russischen Kasus. In: Roman Jakobson, *Selected Writings*, Vol. 2. The Hague: Mouton, 23-71.
   1956 Two aspects of language and two types of aphasic disturbances. In: Roman Jakobson & Maurice Halle, *Fundamentals of Language*. Den Hague, Paris: Mouton, 67-96.

Janda, Richard D.
   2001 Beyond "pathways" and "unidirectionality": on the discontinuity of language transmission and the counterability of grammaticalization. *Language Sciences* 23, 265-340.

Janssen, Theo
   2003 Monosemy versus polysemy. In: Hubert Cuyckens, René Dirven & John Taylor (eds.), *Cognitive Approaches to Lexical Semantics*. Berlin/New York: Mouton de Gruyter, 93-122.

Johnson, Christopher Ronald
   1997 Learnability in the acquisition of multiple senses: SOURCE reconsidered. *Proceedings of the 22nd Annual Meeting of the Berkeley Linguistics Society*. Berkeley: Berkeley Linguistics Society, 469-480.
   1999 Metaphor vs. conflation in the acquisition of polysemy: the case of *see*. In: Masako Hiraga, Chris Sinha & Sherman Wilcox (eds.), *Cultural, Psychological and Typological Issues in Cognitive Linguistics*. Amsterdam: John Benjamins, 155-170.

Johnson, Mark
   1987 *The Body in the Mind: The Bodily Basis of Meaning, Imagination, and Reason*. Chicago: The University of Chicago Press.
   1993 *Moral Imagination: Implications of Cognitive Science for Ethics*. Chicago: The University of Chicago Press.

Johnson, Mark & George Lakoff
   2002 Why cognitive linguistics requires embodied realism? *Cognitive Linguistics* 13-3, 245-263.

Jurafsky, Dan
   1996   Universal tendencies in the semantics of the diminutive. *Language* 72-3, 533-578.

Katz, Albert, Cristina Cacciari, Raymond W. Gibbs & Mark Turner
   1998   *Figurative Language and Thought*. Oxford: Oxford University Press.

Katz, Jerold J.
   1972   *Semantic Theory*. New York: Harper and Row.

Katz, Jerold J. & Jerry A. Fodor
   1963   The structure of a semantic theory. *Language* 39, 170-210.

Kay, Paul
   1997   *Words and the Grammar of Context*. Stanford: CSLI Publications.

Keller, Rudi
   1994   *On Language Change: The Invisible Hand in Language*. London/New York: Routledge.

Kemmer, Suzanne
   1992   Grammatical prototypes and competing motivations in a theory of linguistic change. In: G. Davis & G. Iverson (eds.), *Explanation in Historical Linguistics*. Amsterdam: John Benjamins, 145-166.

Kempson, Ruth
   1977   *Semantic Theory*. Cambridge: Cambridge University Press.

Kilgarriff, Adam
   1992   *Polysemy*. Ph.D. dissertation. School of Cognitive and Computing Science, University of Sussex.
   1997   "I don't believe in word senses". *Computers and the Humanities* 31-2, 91--113.

Kilgarriff, Adam & Martha Palmer (eds.)
   2000   Special issue on SENSEVAL: evaluating word sense disambiguation programs. *Computers and the Humanities* 34/1-2.

Kingdon, R.
   1958   *The Groundwork of English Intonation*. London: Longman.

Kirsner, Robert S.
   1993   From meaning to message in two theories. Cognitive and Saussurean views of the Modern Dutch demonstratives. In: Richard Geiger & Brygida Rudzka-Ostyn (eds.), *Conceptualizations and Mental Processing in Language*. Berlin/New York: Mouton de Gruyter, 81-114.

Kleiber, Georges
   1990   *La Sémantique du Prototype. Catégories et sens lexical*. Paris: Presses Universitaires de France.
   1999   *Problèmes de Sémantique: La Polysémie en Questions*. Villeneuve d'Ascq: Presses Universitaires du Septentrion.

Koch, Peter
   1997   La diacronia quale campo empirico della semantica cognitiva. In: Marco Carapezza, Daniele Gambarara & Franco Lo Pipaparo (eds.), *Linguaggio e Cognizione. Atti del XXVIII Congresso della Società di Linguistica Italiana*. Roma: Bulzoni, 225-246.
   1999   Frame and contiguity: On the cognitive bases of metonymy and certain types of word formation. In: Klaus-Uwe Panther & Günter Radden (eds.),

Metonymy in Language and Thought. Amsterdam: John Benjamins, 139-167.
2001   Metonymy: Unity in diversity. *Journal of Historical Pragmatics* 2, 201--244.

Kövecses, Zoltán
1986   *Metaphors of Anger, Pride, and Love. A Lexical Approach to the Structure of Concepts.* Amsterdam: John Benjamins.
1988   *The Language of Love.* Lewisburg: Bucknell University Press.
1990   *Emotion Concepts.* New York: Springer-Verlag.
2000   *Metaphor and Emotion. Language, Culture, and Body in Human Feeling.* Cambridge/Paris: Cambridge University Press.
2002   *Metaphor. A Practical Introduction.* Oxford: Oxford University Press.
2005   *Metaphor in Culture: Universality and Variation.* Cambridge: Cambridge University Press.

Kövecses, Zoltán & Günter Radden
1998   Metonymy: developing a cognitive linguistic view. *Cognitive Linguistics* 9--1, 37-77.

Kreitzer, Anatol
1997   Multiple levels of schematization. A study in the conceptualization of space. *Cognitive Linguistics* 8, 291-325.

Kristiansen, Gitte
2003   How to do things with allophones: Linguistic stereotypes as cognitive reference points in social cognition. In: René Dirven, Roslyn Frank & Martin Pütz (eds.), *Cognitive Models in Language and Thought: Ideologies, Metaphors, and Meanings.* Berlin/New York: Mouton de Gruyter, 69-120.

Kristiansen, Gitte & René Dirven (eds.)
2006   *Cognitive Sociolinguistics.* Berlin/New York: Mouton de Gruyter.

Kuteva, Tania
2001   *Auxiliation. An Enquiry into the Nature of Grammaticalization.* Oxford: Oxford University Press.

Lakoff, George
1970   A note on vagueness and ambiguity. *Linguistic Inquiry* 1, 357-359.
1982   Categories: An essay in Cognitive Linguistics. In: The Linguistic Society of Korea (ed.), *Linguistics in the Morning Calm,* 139-193.
1986   The meanings of literal. *Metaphor and Symbolic Activity* 1, 291-296.
1987   *Women, Fire, and Dangerous Things: What Categories Reveal about the Mind.* Chicago: The University of Chicago Press.
1990   The Invariance Hypothesis: is abstract reason based on image-schemas? *Cognitive Linguistics* 1-1, 39-74.
1992   Metaphors and war: The metaphor system used to justify war in the gulf. In: Martin Pütz (ed.), *Thirty Years of Linguistic Evolution. Studies in Honour of René Dirven on the Occasion of his Sixtieth Birthday.* Amsterdam: John Benjamins, 463-481.
1993   The contemporary theory of metaphor. In: Andrew Ortony (ed.), *Metaphor and Thought.* Cambridge: Cambridge University Press, 202-251.
1994   What is a conceptual system? In: W. F. Overton & D. S. Palermo (eds.), *The nature and ontogenesis of meaning.* Hillsdale, NJ: Lawrence Erlbaum.

1996   *Moral Politics: What Conservatives Know that Liberals Don't*. Chicago: The University of Chicago Press.
2003a   The brain's concepts. The role of the sensory-motor system in reason and language. *Working papers of the NTL Group at the International Computer Science Institute (ICSI)*. Berkeley: University of California, Berkeley.
2003b   Metaphor and war, again. http://www.alternet.org/story.html

Lakoff, George & Mark Johnson
1980   *Metaphors We Live By*. Chicago: The University of Chicago Press.
1999   *Philosophy in the Flesh: The Embodied Mind and its Challenge to Western Thought*. New York: Basic Books.

Lakoff, George & Mark Turner
1989   *More than Cool Reason: A Field Guide to Poetic Metaphor*. Chicago: The University of Chicago Press.

Lakoff, George & Rafael Núñez
2000   *Where Mathematics Comes from: How the Embodied Mind Brings Mathematics into Being*. New York: Basic Books.

Lamiroy, Beatrice
1999   Auxiliaires, langues romanes et grammaticalisation. *Langages* 135, 33-46.

Lang, Ewald
1991   A two-level approach to projective prepositions. In: Gisa Rauh (ed.), *Approaches to Prepositions*. Tübingen: Gunter Narr, 127-167.

Langacker, Ronald W.
1977   Syntactic reanalysis. In: Charles Li (ed.), *Mechanisms of Syntactic Change*. Austin: University of Texas Press, 57-139.
1978   The form and meaning of the English auxiliary. *Language* 54, 853-882.
1984   Active zones. *Proceedings of the Annual Meeting of the Berkeley Linguistics Society* 10, 172-188 (republicado em Langacker 1990b, 189-201).
1986   Abstract motion. *Proceedings of the Annual Meeting of the Berkeley Linguistics Society* 12, 455-471 (republicado em Langacker 1990b, 149-163).
1987   *Foundations of Cognitive Grammar*, Vol. 1: *Theoretical Prerequisites*. Stanford: Stanford University Press.
1988a   An overview of Cognitive Grammar. In: Brygida Rudzka-Ostyn (ed.), *Topics in Cognitive Linguistics*. Amsterdam: John Benjamins, 3-48.
1988b   A view of Linguistic Semantics. In: Brygida Rudzka-Ostyn (ed.), *Topics in Cognitive Linguistics*. Amsterdam: John Benjamins, 49-90.
1988c   A usage-based model. In: Brygida Rudzka-Ostyn (ed.), *Topics in Cognitive Linguistics*. Amsterdam: John Benjamins, 127-161. (republicado em Langacker 1990b, 261-288)
1990a   Subjectification. *Cognitive Linguistics* 1-1, 5-38. (republicado em Langacker 1990b, 315-342)
1990b   *Concept, Image, and Symbol. The Cognitive Basis of Grammar*. Berlin/New York: Mouton de Gruyter.
1991   *Foundations of Cognitive Grammar*, Vol. 2: *Descriptive Application*. Stanford: Stanford University Press.
1993   Reference-point constructions. *Cognitive Linguistics* 4, 1-38. (republicado em Langacker 1999, 171-202)
1994   Culture, cognition, and grammar. In: Martin Pütz (ed.), *Language Contact and Language Conflict*. Amsterdam: John Benjamins, 25-53.

1997 The contextual basis of cognitive semantics. In: Jan Nuyts & Eric Pederson (eds.), *Language and Conceptualization*. Cambridge: Cambridge University Press, 229-252.
1998 Conceptualization, symbolization, and grammar. In: Michael Tomasello (ed.), *The New Psychology of Language. Cognitive and Functional Approaches to Language Structure*. New Jersey: Lawrence Erlbaum.
1999 *Grammar and Conceptualization*. Berlin/New York: Mouton de Gruyter.
2000a A dynamic usage-based model. In: Michael Barlow & Susanne Kemmer (eds.), *Usage-based Models of Language*. Stanford: CSLI Publications, 1-63. (republicado em Langacker 1999, 91-145)
2000b Why a mind is necessary. Conceptualization, grammar and linguistic semantics. In: Liliana Albertazzi (ed.), *Meaning and Cognition*. Amsterdam: John Benjamins, 25-38.
2001a Discourse in Cognitive Linguistics. *Cognitive Linguistics* 12-2, 143-188.
2001b Viewing and experiential reporting in Cognitive Grammar. In: Augusto Soares da Silva (org.), *Linguagem e Cognição: A Perspectiva da Linguística Cognitiva*. Braga: Associação Portuguesa de Linguística e Universidade Católica Portuguesa, 19-49.
2004 Form, meaning, and behavior: The cognitive grammar analysis of double subject constructions. In: Ellen Contini-Morava, Robert S. Kirsner & Betsy Rodríguez-Bachiller (eds.), *Cognitive and Communicative Approaches to Linguistic Analysis*. Amsterdam: John Benjamins, 21-60.
2005 Construction grammars: Cognitive, radical, and less so. In: Francisco J. Ruiz de Mendoza & Sandra Peña Cervel (eds.), *Cognitive Linguistics: Internal Dynamics, and Interdisciplinary Interaction*. Berlin/New York: Mouton de Gruyter, 101-159.
2006 On the continuous debate about discreteness. *Cognitive Linguistics* 17-1, 107-151.

Lehmann, Christian
1985 Grammaticalization: synchronic variation and diachronic change. *Lingua e Stile* 20, 303-318.
1995 *Thoughts on Grammaticalization*. München: Lincom.
2002 New reflections on grammaticalization and lexicalization. In: Ilse Wischer & Gabriele Diewald (eds.), *New Reflections on Grammaticalization*. Amsterdam: John Benjamins, 2-18.

Lehrer, Adrienne
1974 Homonymy and polysemy: measuring similarity of meaning. *Language Sciences* 3, 33-39.
1990 Polysemy, conventionality, and the structure of the lexicon. *Cognitive Linguistics* 1-2, 207-246.
2003 Polysemy in derivational affixes. In: Brigitte Nerlich, Zazie Todd, Vimala Herman & David D. Clarke (eds.), *Polysemy: Flexible Patterns of Meaning in Mind and Language*. Berlin/New York: Mouton de Gruyter, 217-232.

Levin, Beth
1993 *English Verb Classes and Alternations*. Chicago: The University of Chicago Press.

Lewandowska-Tomaszczyk, Barbara
1985 On semantic change in a dynamic model of language. In: Jacek Fisiak (ed.),

Historical Semantics. Historical Word Formation. Berlin/New York: Mouton de Gruyter, 297-323.
1998   Dynamic perspective on antonymous polysemy. In: R. Schulze (ed.), *Making Meaningful Choices in English.* Tübingen: Günter Narr, 121-137.
2002   Polysemy: mechanisms and research methodology. In: Barbara Lewandowska-Tomaszczyk & Kamila Turewicz (eds.), *Cognitive Linguistics Today.* Frankfurt am Main: Peter Lang, 81-96.

Lima, José Pinto de
1989   *"Significado Avaliativo": Para uma Clarificação à luz de uma Semântica Prática.* Dissertação de Doutoramento. Lisboa: Faculdade de Letras da Universidade de Lisboa.
1997   Caminhos semântico-pragmáticos da gramaticalização: o caso de *embora.* In: Ana M. Brito *et al.* (orgs.), *Sentido que a Vida Faz. Estudos para Óscar Lopes.* Porto: Campo das Letras, 643-655.
1998   A temporalidade como ponto de chegada de um processo de gramaticalização. *Revista Portuguesa de Filologia* 22, Faculdade de Letras da Universidade de Coimbra, 341-361.
1999   Neither by metaphor nor really by metonymy: the shortcomings of these concepts as explanatory of language change processes. In: Mário Vilela & Fátima Silva (orgs.), *Actas do 1º Encontro Internacional de Linguística Cognitiva.* Porto: Faculdade de Letras do Porto, 207-221.
2001   Sobre a génese e a evolução do futuro com *ir* em Português. In: Augusto Soares Silva (org.), *Linguagem e Cognição: A Perspectiva da Linguística Cognitiva.* Braga: Associação Portuguesa de Linguística e Universidade Católica Portuguesa, 119-145.
2002   Grammaticalization, subjectification and the origin of phatic markers. In: Ilse Wischer & Gabriele Diewald (orgs.) *New Reflections on Grammaticalization.* Amsterdam: John Benjamins, 363-378.
2006   Convention, cognition and linguistic meaning. In: José Pinto de Lima, Maria Clotilde Almeida & Bernd Sieberg (eds.), *Questions on the Linguistic Sign.* Lisboa: Edições Colibri, 131-147.

Lopes, Ana Cristina Macário
2004   A polifuncionalidade de *bem* no PE contemporâneo. In: Augusto Soares da Silva, Amadeu Torres & Miguel Gonçalves (orgs.), *Linguagem, Cultura e Cognição: Estudos de Linguística Cognitiva.* Vol. 2. Coimbra: Almedina, 433-457.

Lutzeier, Peter Rolf
1997   Gegensinn als besondere Form lexikalischer Ambiguität. *Linguistische Berichte* 171, 381-397.

Lyons, John
1977   *Semantics.* Cambridge: Cambridge University Press.

Maldonado, Ricardo
1998   Datividad y distancia conceptual. In: José Luis Cifuentes Honrubia (ed.), *Estudios de Lingüística Cognitiva II.* Alicante: Universidad de Alicante, 687-705.
2002   Objective and subjective datives. *Cognitive Linguistics* 13, 1-65.

Martins, Helena
2003   Sobre linguagem e pensamento no paradigma experiencialista. *Veredas. Revista de Estudos Lingüísticos* 6, 75-90.
McNeill, David
1992   *Hand and Mind: What Gestures Reveal about Thought*. Chicago: The University of Chicago Press.
Meillet, Antoine
1912   L'évolution des formes grammaticales. In: Antoine Meillet, *Linguistique Historique et Linguistique Générale*. Paris: Champion, 1958, 130-148.
1921[1905] *Linguistique Historique et Linguistique Générale*. Paris: Champion.
Mendes, Amália
2004   *Predicados Verbais Psicológicos do Português. Contributo para o Estudo da Polissemia Verbal*. Lisboa: Fundação Calouste Gulbenkian e Fundação para a Ciência e a Tecnologia.
Mendes, António Ângelo Marcelino
2005   *Causação e Dinâmica Sinergética de Forças. Análise da estruturação conceptual de eventos causativos através dos verbos derivados de* -duzir. Dissertação de Mestrado. Braga: Faculdade de Filosofia da Universidade Católica Portuguesa.
Miguens, Sofia
2004   Language and thought (the nature of mind from G. Frege and J. Fodor to cognitive linguistics). In: Augusto Soares da Silva, Amadeu Torres & Miguel Gonçalves (orgs.), *Linguagem, Cultura e Cognição: Estudos de Linguística Cognitiva*. Vol. II. Coimbra: Almedina, 657-667.
Monpeán-González, José A.
2004   Category overlap and neutralization: The importance of speakers' classifications in phonology. *Cognitive Linguistics* 15-4, 429-469.
Morais, Maria da Felicidade Araújo
2004   Elementos para uma descrição semântico-pragmática do marcador discursivo *já agora*. In: Augusto Soares da Silva, Amadeu Torres & Miguel Gonçalves (orgs.), *Linguagem, Cultura e Cognição: Estudos de Linguística Cognitiva*. Vol. 2. Coimbra: Almedina, 477-495.
Mosegaard Hansen, Maj-Britt
1998   The semantic status of discourse markers. *Lingua* 104, 235-260.
Muñoz Núñez, Mª Dolores
1999   *La Polisemia Léxica*. Cádiz: Universidad de Cádiz, Servicio de Publicaciones.
Naigles, Letitia
1990   Children use syntax to learn verb meanings. *Journal of Child Language* 17, 357-374.
Nathan, Geoffrey S.
1986   Phonemes as mental categories. *Proceedings of the Berkeley Linguistics Society* 12, 212-223.
1994   How the phoneme inventory gets its shape: Cognitive grammar's view of phonological systems. *Rivista di Linguistica* 6, 275-287.
1996   Steps towards a Cognitive Phonology. In: Bernhard Hurch & Richard Rhodes (eds.), *Natural Phonology: The State of the Art*. Berlin/New York: Mouton de Gruyter, 107-120.

Nerlich, Brigitte & David D. Clarke
1997   Polysemy. Patterns of meaning and patterns in history. *Historiographia Linguistica* 24-3, 349-385.
2003   Polysemy and flexibility: introduction and overview. In: Brigitte Nerlich, Zazie Todd, Vimala Herman & David D. Clarke (eds.), *Polysemy: Flexible Patterns of Meaning in Mind and Language*. Berlin/New York: Mouton de Gruyter, 3-30.

Nerlich, Brigitte, Zazie Todd & David D. Clarke
1998   The function of polysemous jokes and riddles in lexical development. *Cahiers de Psychologie Cognitive/Current Psychology of Cognition* 17-2, 343--366.
2003   Emerging patterns and evolving polysemies: the acquisition of *get* between four and ten years. In: Brigitte Nerlich, Zazie Todd, Vimala Herman & David D. Clarke (eds.), *Polysemy: Flexible Patterns of Meaning in Mind and Language*. Berlin/New York: Mouton de Gruyter, 333-357.

Nerlich, Brigitte, Zazie Todd, Vimala Herman & David D. Clarke (eds.)
2003   *Polysemy: Flexible Patterns of Meaning in Mind and Language*. Berlin/New York: Mouton de Gruyter.

Nerlich, Brigitte & Robert Dingwall
2003   Deciphering the human genome: The semantic and ideological foundations of genetic and genomic discourse. In: René Dirven, Roslyn Frank & Martin Pütz (eds.), *Cognitive Models in Language and Thought. Ideology, Metaphors and Meanings*. Berlin/New York: Mouton de Gruyter, 395-428.

Newman, John
1996   *GIVE: A Cognitive Linguistic Study*. Berlin/New York: Mouton de Gruyter.

Norrick, Neal R.
1981   *Semiotic Principles in Semantic Theory*. Amsterdam: John Benjamins.

Novais, António Afonso A.
2002   *Para a Semântica do Diminutivo: Análise Cognitiva do Sufixo -inho*. Dissertação de Mestrado. Braga: Faculdade de Filosofia da Universidade Católica Portuguesa.

Nunberg, Geoffrey
1979   The non-uniqueness of semantic solutions: Polysemy. *Linguistics and Philosophy* 3, 143-184.

Nyrop, Kristoffer
1913   *Grammaire Historique de la Langue Française. IV. Sémantique*. Copenhagen: Gyldendalske Boghandel Nordisk Forlag.

Palmer, Frank R.
1976   *Semantics. A New Outline*. Cambridge: Cambridge University Press.

Palmer, Gary B.
1996   *Toward a Theory of Cultural Linguistics*. Austin: University of Texas Press.

Panman, Otto
1982   Homonymy and polysemy. *Lingua* 58/1-2, 105-136.

Panther, Klaus-Uwe
2005   The role of conceptual metonymy in meaning construction. In: Francisco J. Ruiz de Mendoza & Sandra Peña Cervel (eds.), *Cognitive Linguistics: Internal Dynamics and Interdisciplinary Interaction*. Berlin/New York: Mouton de Gruyter, 353-386.

Panther, Klaus-Uwe & Linda Thornburg
1998 A cognitive approach to inferencing in conversation. *Journal of Pragmatics* 30, 755-769.
1999 The potentiality for actuality metonymy in English and Hungarian. In: Kaus-Uwe Panther & Günter Radden (eds.), *Metonymy in Language and Thought*. Amsterdam: John Benjamins, 333-357.
2000 The effect for cause metonymy in English grammar. In: Antonio Barcelona (ed.), *Metaphor and Metonymy at the Crossroads: A Cognitive Perspective*. Berlin/New York: Mouton de Gruyter, 215-231.
2002 The roles of metaphor and metonymy in English *-er* nominals. In: René Dirven & Ralf Pörings (eds.), *Metaphor and Metonymy in Comparison and Contrast*. Berlin/New York: Mouton de Gruyter, 279-319.
2003 *Metonymy and Pragmatic Inferencing*. Amsterdam: John Benjamins.
Panther, Klaus-Uwe & Günter Radden (eds.)
1999 *Metonymy in Language and Thought*. Amsterdam: John Benjamins.
Paul, Hermann
1920[1886] *Prinzipien der Sprachgeschichte*. Wiederabdruck der 9. Auflage. Tübingen: Niemeyer (trad. port. *Princípios Fundamentais da História da Língua*. Lisboa: Fundação Calouste Gulbenkian, 1983).
Pauwels, Paul
1999 Putting metonymy in its place. In: Klaus-Uwe Panther & Günter Radden (eds.), *Metonymy in Language and Thought*. Amsterdam: John Benjamins, 255-273.
Peeters, Bert
2000 Setting the scene: Some recent milestones in the lexicon-encyclopedia debate. In: Bert Peeters (ed.), *The Lexicon-Encyclopedia Interface*. Oxford: Elsevier Science, 1-52.
Peeters, Bert (ed.)
2000 *The Lexicon-Encyclopedia Interface*. Oxford: Elsevier Science.
Peirsman, Yves & Dirk Geeraerts
2006 Metonymy as a prototypical category. *Cognitive Linguistics*, in press.
Pike, Kenneth Lee
1945 *The Intonation of American English*. Ann Arbor: University of Michigan Press.
Pires, Maria Conceição Pena Lemos
2001 *Para a Semântica do Desejo. Análise Cognitiva de alguns Aspectos da sua Expressão Nominal e Verbal*. Dissertação de Mestrado. Braga: Faculdade de Filosofia da Universidade Católica Portuguesa.
Pöppel, Ernst
1997 Consciousness versus states of being conscious. *Behavioral and Brain Sciences* 20-1.
Postal, Paul M.
1970 On the surface verb *remind*. *Linguistic Inquiry* 1-1, 37-120.
Pustejovsky, James
1995 *The Generative Lexicon*. Cambridge, Mass.: The MIT Press.
Pustejovsky, James & Branimir Boguraev
1993 Lexical knowledge representation and natural language processing. *Artificial Inteligence* 63, 193-223.

1996   *Lexical Semantics: The Problem of Polysemy*. Oxford: Clarendon Press.

Putnam, Hilary
1975   The meaning of 'meaning'. In: Hilary Putnam, *Mind, Language, and Reality. Philosophical Papers*. Vol. 2. Cambridge: Cambridge University Press, 215--271.

Queller, Kurt
2003   Metonymic sense shift: Its origins in hearers' abductive construal of usage in context. In: Hubert Cuyckens, René Dirven & John Taylor (eds.), *Cognitive Linguistic Approaches to Lexical Semantics*. Berlin/New York: Mouton de Gruyter, 211-241.

Quine, Willard V.O.
1960   *Word and Object*. Cambridge, Mass.: The MIT Press.

Quinn, Naomi
1991   The cultural basis of metaphor. In: J.W. Fernandez (ed.), *Beyond Metaphor. The Theory of Tropes in Anthropology*. Stanford: Stanford University Press, 56-93.

Radden, Günter
2002   How metonymic are metaphors? In: René Dirven & Ralf Pörings (eds.), *Metaphor and Metonymy in Comparison and Contrast*. Berlin//New York: Mouton de Gruyter, 407-434.

Radden, Günter & Zoltán Kövecses
1999   Towards a theory of metonymy. In: Klaus-Uwe Panther & Günter Radden (eds.), *Metonymy in Language and Thought*. Amsterdam: John Benjamins, 17-59.

Rakova, Marina
2002   The philosophy of embodied realism: A high price to pay? *Cognitive Linguistics* 13-3, 215-244.
2003   *The Extent of the Literal. Metaphor, Polysemy and Theories of Concepts*. New York, NY: Palgrave Macmillan.

Rastier, François
1987   *Sémantique Interprétative*. Paris: Presses Universitaires de France.

Raukko, Jarno
1999a   A critical evaluation of experimental methods for studying polysemy. Example from Finnish. Comunicação apresentada ao *6th International Cognitive Linguistics Conference*, Universidade de Estocolmo, 10-16 Julho.
1999b   An intersubjective method for cognitive-semantic research on polysemy: the case of *get*. In: Masako Hiraga, Chris Sinha & Sherman Wilcox (eds.), *Cultural, Psychological and Typological Issues in Cognitive Linguistics*. Amsterdam: John Benjamins, 87-105.
2003   Polysemy as flexible meaning: experiments with English *get* and Finnish *pita*. In: Brigitte Nerlich, Zazie Todd, Vimala Herman & David D. Clarke (eds.), *Polysemy: Flexible Patterns of Meaning in Mind and Language*. Berlin/New York: Mouton de Gruyter, 161-193.

Ravin, Yael & Claudia Leacock
2000   Polysemy: an overview. In: Yael Ravin & Claudia Leacock (eds.), *Polysemy: Theoretical and Computational Approaches*. Oxford: Oxford University Press, 1-29.

Ravin, Yael & Claudia Leacock (eds.)
2000   *Polysemy: Theoretical and Computational Approaches*. Oxford: Oxford University Press.

Reddy, Michael J.
1979   The conduit metaphor: A case of frame conflict in our language about language. In: Andrew Ortony (ed.), *Metaphor and Thought*. Cambridge: Cambridge University Press, 284-324.

Reisig, Christian Karl
1890[1839]   *Vorlesungen über lateinische Sprachwissenschaft*. Mit den Anmerkungen von Friedrich Haase. Unter Benutzung der hinterlassenen Manuskripte neu bearbeitet von Hermann Hagen. Zweiter Bd. 1890. *Lateinische Semasiologie oder Bedeutungslehre*. Neu bearbeitet von Ferdinand Heerdegen. Berlin: Calvary.

Rice, Sally
2003   Growth of a lexical network: Nine English prepositions in acquisition. In: Hubert Cuyckens, René Dirven & John R. Taylor (eds.), *Cognitive Approaches to Lexical Semantics*. Berlin/New York: Mouton de Gruyter, 243-280.

Ricoeur, Paul
1975   *La Métaphore Vive*. Paris: Seuil.

Riemer, Nick
2002   When is a metonymy no longer a metonymy? In: René Dirven & Ralf Pörings (eds.), *Metaphor and Metonymy in Comparison and Contrast*. Berlin/New York: Mouton de Gruyter, 379-406.

2005   *The Semantics of Polysemy. Reading Meaning in English and Warlpiri*. Berlin//New York: Mouton de Gruyter.

Rio-Torto, Graça
1998   *Morfologia Derivacional. Teoria e Aplicação ao Português*. Porto: Porto Editora.

Rohrer, Tim
2001   Even the interface is for sale: Metaphors, visual blends and the hidden ideology of the Internet. In: René Dirven, Roslyn Frank & Cornelia Ilie (eds.), *Language and Ideology. Vol II: Descriptive Cognitive Approaches*. Amsterdam: John Benjamins, 189-214.

Rosch, Eleanor
1978   Principles of categorization. In: Eleanor Rosch & Barbara B. Lloyd (eds.), *Cognition and Categorization*. Hillsdale, N.J.: Lawrence Erlbaum, 27-48.

Rosier, Irène (ed.)
1988   *L'Ambiguïté. Cinq études historiques*. Lille: Presses Universitaires de Lille.

Roudet, Léonce
1921   Sur la classification psychologique des changements sémantiques. *Journal de Psychologie* 18, 676-692.

Rudzka-Ostyn, Brygida
1989   Prototypes, schemas, and cross-category correspondences: the case of *ask*. *Linguistics* 27, 613-662.

1995   Metaphor, schema, invariance: The case of verbs of answering. In: Louis Goossens, Paul Pauwels, Brygida Rudzka-Ostyn, Anne-Marie Simon-Vandenbergen & Johan Vanparys (eds.), *By Word of Mouth: Metaphor, Metonymy, and Linguistic Action in a Cognitive Perspective*. Amsterdam: John Benjamins, 205-243.

1996 The Polish dative. In: William van Belle & Willy van Langendonck (eds.), *The Dative. Volume 1. Descriptive Studies*. Amsterdam: John Benjamins. 341-394.

Ruhl, Charles
1989 *On Monosemy. A Study in Linguistic Semantics*. Albany: New York Press.

Ruiz de Mendoza, Francisco José
1998 On the nature of blending as a cognitive phenomenon. *Journal of Pragmatics* 30-3, 259-274.
1999 *Introducción a la teoría cognitiva de la metonimia*. Granada: Método Ediciones.
2000 The role of mappings and domains in understanding metonymy. In: Antonio Barcelona (ed.), *Metaphor and Metonymy at the Crossroads: A Cognitive Perspective*. Berlin/New York: Mouton de Gruyter, 109-132.

Ruiz de Mendoza, Francisco José & Olga Isabel Díez Velasco
2002 Patterns of conceptual interaction. In: René Dirven & Ralf Pörings (eds.), *Metaphor and Metonymy in Comparison and Contrast*. Berlin/New York: Mouton de Gruyter, 489-532.

Ruiz de Mendoza, Francisco José & José L. Otal Campo
2002 *Metonymy, Grammar, and Communication*. Albolote, Granada: Editorial Comares.

Salomão, Maria Margarida Martins
2003 Gramática das construções: a questão da integração entre sintaxe e léxico. *Veredas. Revista de Estudos Lingüísticos* 6, 63-74.

Sandra, Dominiek
1998 What linguists can and can't tell you about the human mind: A reply to Croft. *Cognitive Linguistics* 9-4, 361-378.

Sandra, Dominiek & Sally Rice
1995 Network analyses of prepositional meaning: Mirroring whose mind – the linguist's or the language user's? *Cognitive Linguistics* 6-1, 89-130.

Santos Domínguez, Luis A. & Rosa M. Espinosa Elorza
1996 *Manual de Semántica Histórica*. Madrid: Síntesis.

Sappan, Raphael
1987 *The Rhetorical-Logical Classification of Semantic Changes*. Braunton: Merlin Books Ltd.

Saussure, Ferdinand de
1964[1916] *Cours de Linguistique Générale*. Paris: Payot.

Schmidt-Radefelt, Jürgen
1993 Partículas discursivas e interaccionais no português e no espanhol em contraste com o alemão. In: Jürgen Schmidt-Radefelt (org.), *Semiótica e Linguística Portuguesa e Românica. Homenagem a José Gonçalo Herculano de Carvalho*. Tübingen: Gunter Narr Verlag, 63-78.

Schütze, Hinrich
2000 Disambiguation and connectionism. In: Yael Ravin & Claudia Leacock (eds.), *Polysemy: Theoretical and Computational Approaches*. Oxford: Oxford University Press, 205-219.

Searle, John R.
1979 Metaphor. In: Andrew Ortony (ed.), *Metaphor and Thought*. Cambridge: Cambridge University Press, 92-123.
1983 *Intentionality: An Essay in the Philosophy of Mind*. Cambridge: Cambridge University Press.

Seiler, Hansjakob
1983 *Possession as an Operational Dimension of Language*. Tübingen: Gunter Narr Verlag.

Seto, Ken-ichi
1999 Distinguishing metonymy from synecdoche. In: Klaus-Uwe Panther & Günter Radden (eds.), *Metonymy in Language and Thought*. Amsterdam: John Benjamins, 91-120.

Shore, Bradd
1996 *Culture in Mind: Cognition, Culture, and the Problem of Meaning*. Oxford: Oxford University Press.

Silva, Augusto Soares da
1990 *Polissemia e Homonímia. Contribuições para um estudo funcional*. Trabalho de síntese para Provas de Aptidão Pedagógica e Capacidade Científica. Braga: Faculdade de Filosofia da Universidade Católica Portuguesa.
1992a Metáfora, metonímia e léxico. *Diacrítica* 7, Centro de Estudos Humanísticos da Universidade do Minho, 313-330.
1992b Homonímia e polissemia: análise sémica e teoria do campo léxico. In: Ramón Lorenzo (ed.), *Actas do XIX Congreso Internacional de Lingüística e Filoloxía Románicas*. Vol. 2. A Coruña: Fundación Pedro Barrié de la Maza, 257-287.
1995 A Gramática Cognitiva. Apresentação e uma breve aplicação. *Diacrítica* 10, Centro de Estudos Humanísticos da Universidade do Minho, 83-116.
1996a De Aristóteles a Bréal: da *homonímia* à *polissemia*. *Revista Portuguesa de Filosofia* 52/1-4, Faculdade de Filosofia da Universidade Católica Portuguesa, 797-812.
1996b Dos conceitos lexicais aos conceitos gramaticais: Aspectos da gramaticalização. *Diacrítica* 11, Centro de Estudos Humanísticos da Universidade do Minho, 113-138.
1997 A Linguística Cognitiva. Uma breve introdução a um novo paradigma em Linguística. *Revista Portuguesa de Humanidades* 1, Faculdade de Filosofia da Universidade Católica Portuguesa, 59-101.
1998 Prototipicidad y cambio semántico: el caso ibérico de *deixar/dejar*. In: José Luis Cifuentes Honrubia (ed.), *Estudios de Lingüística Cognitiva*. Vol. I. Alicante: Universidad de Alicante, 279-294.
1999a *A Semântica de* Deixar. *Uma Contribuição para a Abordagem Cognitiva em Semântica Lexical*. Lisboa: Fundação Calouste Gulbenkian e Fundação para a Ciência e a Tecnologia.
1999b Metáfora e conceitos permissivos e proibitivos. In: Mário Vilela & Fátima Silva (orgs.), *Actas do 1º Encontro Internacional de Linguística Cognitiva*. Porto: Faculdade de Letras do Porto, 231-252.
1999c A semântica do objecto indirecto em Português: um espaço cognitivo multidimensional. *Revista Portuguesa de Humanidades* 3, Faculdade de Filosofia da Universidade Católica Portuguesa, 63-99.

2000a   A estrutura semântica do diminutivo em Português. *Volume de Homenagem ao Professor José G. Herculano de Carvalho*. Coimbra: Faculdade de Letras da Universidade de Coimbra, no prelo.

2000b   A estrutura semântica do objecto indirecto em Português. In: Rui Vieira de Castro & Pilar Barbosa (orgs.), *Actas do XV Encontro Nacional da Associação Portuguesa de Linguística*. Braga: Associação Portuguesa de Linguística, 433-452.

2000c   The 'letting' causation: Evidence from Portuguese. Comunicação apresentada no Winter Symposium *Structures of Causal Meaning*. Aarhus: Center for Semiotics, University of Aarhus. 27-29 Janeiro 2000. Disponível em http://www.hum. au.dk/semiotics

2001a   Libertar, partir e permitir: um triângulo evolucionário interlinguístico. *Revista Portuguesa de Humanidades* 5, Faculdade de Filosofia da Universidade Católica Portuguesa, 193-214.

2001b   Recensão crítica de Ronald W. Langacker, Grammar and Conceptualization. *Revista Portuguesa de Humanidades* 5, 513-519.

2002a   Da Semântica Cognitiva à Pragmática Lexical: a polissemia de *pronto*. In: Isabel M. Duarte *et al.* (orgs.), *Encontro Comemorativo dos 25 Anos do Centro de Linguística da Universidade do Porto*. Porto: Centro de Linguística da Universidade do Porto, 83-97.

2002b   Da Semântica Cognitiva à Fonologia: a polissemia da entoação descendente e ascendente. In: Anabela Gonçalves & Clara Nunes Correia (orgs.), *Actas do XVII Encontro Nacional da Associação Portuguesa de Linguística*. Lisboa: Associação Portuguesa de Linguística, 457-467.

2002c   Causação, permissão e negação: um modelo cognitivo de causação. In: Maria Helena Mira Mateus & Clara Correia (orgs*.), Saberes no Tempo: Homenagem a Maria Henriqueta Costa Campos*. Lisboa: Colibri, 485-503.

2003a   Image schemas and category coherence: The case of the Portuguese verb *deixar*. In: Hubert Cuyckens, René Dirven & John R. Taylor (eds.), *Cognitive Approaches to Lexical Semantics*. Berlin/New York: Mouton de Gruyter, 281-322.

2003b   O poder cognitivo da metáfora e da metonímia. *Revista Portuguesa de Humanidades* 7, Faculdade de Filosofia da Universidade Católica Portuguesa, 13-75.

2003c   La structure sémantique de 'laisser' dans les langues romanes. In: Fernando Sánchez Miret (ed.), *Actas del XXIII Congreso Internacional de Lingüística y Filología Románica*. Vol. III. Tübingen: Max Niemeyer Verlag, 441-456.

2003d   Da semântica da construção à semântica do verbo e vice-versa. In: Ivo Castro & Inês Duarte (orgs.), *Razões e Emoção. Miscelânea de estudos em homenagem a Maria Helena Mira Mateus*. Lisboa: Imprensa Nacional Casa da Moeda, 383-401.

2003e   Significado do verbo e esquema valencial: alguns condicionamentos recíprocos. In: Alexandre Veiga (ed.), *Gramática e Léxico em Sincronia e Diacronia. Um contributo da Linguística Portuguesa*. Santiago de Compostela: Universidade de Santiago de Compostela, 17-28.

2004a   Introdução: linguagem, cultura e cognição, ou a Linguística Cognitiva. In: Augusto Soares da Silva, Amadeu Torres & Miguel Gonçalves (orgs.),

Linguagem, Cultura e Cognição: Estudos de Linguística Cognitiva. Vol. I. Coimbra: Almedina, 1-18.

2004b Cultural determinations of causation. In: Augusto Soares da Silva, Amadeu Torres & Miguel Gonçalves (orgs.), *Linguagem, Cultura e Cognição: Estudos de Linguística Cognitiva*. Vol. I. Coimbra: Almedina, 575-606.

2004c Imagery in Portuguese causation/perception constructions. In: Barbara Lewandowska-Tomaszczyk & Alina Kwiatkowska (eds.), *Imagery in Language. Festschrift in Honour of Professor Ronald W. Langacker*. Frankfurt//Main: Peter Lang, 297-319.

2004d Protótipos, imagens e metáforas, ou o experiencialismo da linguagem e do pensamento. In: Alfredo Dinis e José M. Curado (orgs.), *Consciência e Cognição*. Braga: Publicações da Faculdade de Filosofia da Universidade Católica Portuguesa, 79-96.

2004e Léxico e variação Portugal/Brasil: Para uma sociolexicologia cognitiva do Português. *Revista Portuguesa de Humanidades* 8, Faculdade de Filosofia da Universidade Católica Portuguesa, 99-117.

2004f 'Leave vs. keep things as they are' from a force dynamic perspective. In: Andrea Graumann, Peter Holz & Martina Plümacher (eds.), *Towards a Dynamic Theory of Language. A Festschrift for Wolfgang Wildgen on Occasion of his 60th Birthday*. Bochum: Universitätsverlag Dr. N. Brockmann, 211--225.

2004g Semântica Cognitiva e Análise do Discurso. In: Fátima Oliveira & Isabel Margarida Duarte (orgs.), *Da Língua e do Discurso*. Porto: Campo das Letras, 601-622.

2004h Release, leave and let: Cross-linguistic and cognitive evidence for an evolutionary triangle. Comunicação apresentada no *International Conference on Language, Culture, and Mind*, University of Portsmouth, UK, 18-20 Julho 2004.

2005a Semântica Histórica e cognição. In: Maria Aldina Marques, Erwin Koller, José Teixeira & Aida Lemos (orgs.), *Ciências da Linguagem: 30 anos de Investigação e Ensino*. Braga: Universidade do Minho, 307-325.

2005b Palavras e conceitos no tempo: Para uma onomasiologia diacrónica e cognitiva do Português. In: Graça M. Rio-Torto, Olívia Figueiredo & Fátima Silva (orgs.), *Estudos em Homenagem ao Professor Doutor Mário Vilela*. Vol. 1. Porto: Faculdade de Letras do Porto,121-139.

2005c Para o estudo das relações lexicais entre o Português Europeu e o Português do Brasil: Elementos de sociolexicologia cognitiva e quantitativa do Português. In: Inês Duarte & Isabel Leiria (orgs.), *Actas do XX Encontro Nacional da Associação Portuguesa de Linguística*. Lisboa: Associação Portuguesa de Linguística, 211-226.

2005d Gramática, cognição e contexto: descontextualizar ou recontextualizar? In: Miguel Gonçalves, Augusto Soares Silva, Jorge Coutinho, José Cândido Martins & Maria José Ferreira (orgs.), *Gramática e Humanismo. Colóquio de Homenagem a Amadeu Torres*. Vol. I. Braga: Faculdade de Filosofia da Universidade Católica Portuguesa, 665-685.

2005e Revisitando as construções causativas e perceptivas do Português: significado e uso. In: Inês Duarte & Isabel Leiria (orgs.), *Actas do XX Encontro*

Nacional da Associação Portuguesa de Linguística. Lisboa: Associação Portuguesa de Linguística, 855-874.
2005f Semântica e cognição da causação analítica em Português. In: Neusa Salim Miranda & Maria Cristina Name (orgs.), *Lingüística e Cognição*. Juiz de Fora, Brasil: Universidade Federal de Juiz de Fora, 11-47.
2006a O léxico do futebol no Português Europeu e no Português Brasileiro: convergência ou divergência? *Diacrítica. Ciências da Linguagem* 20-1, Centro de Estudos Humanísticos da Universidade do Minho, 167-196.
2006b The polysemy of discourse markers: The case of *pronto* in Portuguese. *Journal of Pragmatics* 38, 2188-2205
no prelo a Verbs of letting: some cognitive and historical aspects. In: Nicole Delbecque & Bert Cornille (eds.), *Data-based Approaches to Transitivity, Motion and Causation*. Amsterdam: John Benjamins.
no prelo b The Portuguese inflected infinitive and its conceptual basis. In: Barbara Lewandowska-Tomaszczyk (ed.), *Asymmetric Events: Cognitive and Functional Aspects*. Amsterdam: John Benjamins.
Silva, Augusto Soares da & Marlene Danaia Duarte
  2005 O léxico do vestuário no Português Europeu e no Português Brasileiro: convergência ou divergência? *Revista Portuguesa de Humanidades* 9, Faculdade de Filosofia da Universidade Católica Portuguesa, 117-136.
Simpson, Gregory
  1994 Context and the processing of ambiguous words. In: Morton Gernsbacher (ed.), *Handbook of Psycholinguistics*. San Diego: Academic Press, 359-374.
Sinha, Chris
  1999 Grounding, mapping, and acts of meaning. In: Theo Janssen & Gisela Redeker (eds.), *Cognitive Linguistics: Foundations, Scope, and Methodology*. Berlin/New York: Mouton de Gruyter, 223-255.
Sinha, Chris & Kristina Jensen de López
  2000 Language, culture, and the embodiment of spatial cognition. *Cognitive Linguistics* 11, 17-41.
Skorge, Silvia
  1956/57 Os sufixos diminutivos em português. *Boletim de Filologia* 16, Faculdade de Letras da Universidade de Lisboa, 50-90, 222-305.
  1958 Os sufixos diminutivos em português. *Boletim de Filologia* 17, 20-53.
Sperber, Dan & Deirdre Wilson
  1995 *Relevance: Communication and Cognition*. 2nd ed. Oxford: Blackwell. (trad. port. de Helen Santos Alves, *Relevância: Comunicação e Cognição*. Lisboa: Fundação Calouste Gulbenkian, 2001)
Sperber, Hans
  1923 *Einführung in die Bedeutungslehre*. Bonn: Schroeder.
Stefanowitsch, Anatol & Stefan Th. Gries
  2003 Collostructions: Investigating the interaction between words and constructions. *International Journal of Corpus Linguistics* 8, 209–243.
  2005 Covarying collexemes. *Corpus Linguistics and Linguistic Theory* 1, 1-43.
Stein, Dieter & Susan Wright (eds.)
  1995 *Subjectivity and Subjectivisation. Linguistic Perspectives*. Cambridge: Cambridge University Press.

Stern, Gustaf
  1931   *Meaning and Change of Meaning.* Göteborg: Elanders.
Stevenson, Mark
  2001   *Word Sense Disambiguation. Combining Knowledge Sources for Sense Resolution.* Stanford: CSLI Publications.
Sweetser, Eve E.
  1986   Polysemy vs. abstraction: Mutually exclusive or complementary? *Proceedings of the Twelfth Annual Meeting of the Berkeley Linguistics Society.* Berkeley: Berkeley Linguistics Society, 528-538.
  1990   *From Etymology to Pragmatics. Metaphorical and Cultural Aspects of Semantic Structure.* Cambridge: Cambridge University Press.
Talmy, Leonard
  1983   How language structures space. In: H. Pick & L. Acredolo (eds.), *Spatial Orientation: Theory, Research, and Application.* New York: Plenum Press, 225-282. (republicado em Talmy 2000, Vol. I, 177-254)
  1985   Lexicalization patterns: semantic structure in lexical forms. In: T. Shopen (ed.), *Language Typology and Syntactic Description. Vol. 3: Grammatical Categories and the Lexicon.* Cambridge: Cambridge University Press, 57--149. (republicado em Talmy 2000, Vol. II, 21-146)
  1988a Force dynamics in language and cognition. *Cognitive Science* 12, 49-100. (republicado em Talmy 2000, Vol. I, 409-470)
  1988b The relation of grammar to cognition. In: Brygida Rudzka-Ostyn (ed.), *Topics in Cognitive Linguistics.* Amsterdam: John Benjamins, 165-205. (republicado em Talmy 2000, Vol. I, 21-96)
  1996   The windowing of attention in language. In: Masayoshi Shibatani & Sandra A. Thompson (eds.), *Grammatical Constructions: Their Form and Meaning.* Oxford: Oxford University Press, 235-286. (republicado em Talmy 2000, Vol. I, 257-309)
  2000   *Toward a Cognitive Semantics.* Vol. I: *Concept Structuring Systems.* Vol. II: *Typology and Process in Concept Structuring.* Cambridge, Mass.: The MIT Press.
Taylor, John R.
  1992   How many meanings does a word have? *Stellenbosch Papers in Linguistics* 25, 133-167.
  1994   The two-level approach to meaning. *Linguistische Berichte* 149, 3-26.
  1995a *Linguistic Categorization. Prototypes in Linguistic Theory.* 2nd edition. Oxford: Clarendon Press.
  1995b Approaches to word meaning: The network model (Langacker) and the two-level model (Bierwisch) in comparison. In: R. Dirven & J. Vanparys (eds.), *Current Approaches to the Lexicon.* Frankfurt am Maim: Peter Lang, 3-26.
  1998   Syntactic constructions as prototype categories. In: Michael Tomasello (ed.), *The New Psychology of Language: Cognitive and Functional Approaches to Language Structure.* Mahwah, NJ: Erlbaum, 177-202.
  1999   Cognitive Semantics and Structural Semantics. In: Andreas Blank & Peter Koch (eds.), *Historical Semantics and Cognition.* Berlin/New York: Mouton de Gruyter, 17-48.
  2002   *Cognitive Grammar.* Oxford: Oxford University Press.

2003a Cognitive models of polysemy. In: Brigitte Nerlich, Zazie Todd, Vimala Herman & David D. Clarke (eds.), *Polysemy: Flexible Patterns of Meaning in Mind and Language*. Berlin/New York: Mouton de Gruyter, 31-47.
2003b Polysemy's paradoxes. *Language Sciences* 25, 637-655.
2005 The mental corpus. Comunicação apresentada no *9th International Cognitive Linguistics Conference*. Seoul, Coreia: Yonsei University. 17-22 Julho.

Taylor, John R., Hubert Cuyckens & René Dirven
2003 Introduction: New directions in cognitive lexical semantic research. In: Hubert Cuyckens, René Dirven & John R. Taylor (eds.), *Cognitive Approaches to Lexical Semantics*. Berlin/New York: Mouton de Gruyter, 1-28.

Tchobánova, Iovka Bojílova
2002 Valores semânticos das unidades lexicais sufixadas em *-eir-* na língua portuguesa. In: Anabela Gonçalves & Clara Nunes Correia (orgs.), *Actas do XVII Encontro Nacional da Associação Portuguesa de Linguística*. Lisboa: Associação Portuguesa de Linguística, 497-508.

Teixeira, José
2001 *A Verbalização do Espaço: Modelos Mentais de frente/trás*. Braga: Universidade do Minho, Centro de Estudos Humanísticos.

Thornburg, Linda & Klaus-Uwe Panther
1997 Speech act metonymies. In: Wolf-Andreas Liebert, Gisela Redeker & Linda Waugh (eds.), *Discourse and Perspectives in Cognitive Linguistics*. Amsterdam: John Benjamins, 205-219.

Tomasello, Michael
1992 *First verbs: A Case Study in Early Grammatical Development*. Cambridge: Cambridge University Press.
1999 *The Cultural Origins of Human Cognition*. Cambridge: Harvard University Press.
2000 First steps toward a usage-based theory of language acquisition. *Cognitive Linguistics* 11, 61-82.
2003 *Constructing a Language: A Usage-Based Theory of Language Acquisition*. Cambridge: Harvard University Press.

Traugott, Elizabeth Closs
1989 On the rise of epistemic meanings in English: an example of subjectification in semantic change. *Language* 65, 31-55.
1995 Subjectification in grammaticalisation. In: Dieter Stein & Susan Wright (eds.), *Subjectivity and Subjectivisation. Linguistic Perspectives*. Cambridge: Cambridge University Press, 31-54.
1999 The rhetoric of counter-expectation in semantic change. A study in subjectification. In: Andreas Blank & Peter Koch (eds.), *Historical Semantics and Cognition*. Berlin/New York: Mouton de Gruyter, 177-196.
2003a From subjectification to intersubjectification. In: Raymond Hickey (ed.), *Motives for Language Change*. Cambridge: Cambridge University Press, 124-139.
2003b Historical pragmatics. In: Laurence R. Horn & Gregory Ward (eds.), *Handbook of Pragmatics*. London: Blackwell, 538-561.

Traugott, Elizabeth Closs & Richard B. Dasher
2002 *Regularity in Semantic Change*. Cambridge: Cambridge University Press.

Traugott, Elizabeth Closs & Bernd Heine (eds.)
1991 *Approaches to Grammaticalization*. Amsterdam: John Benjamins.
Traugott, Elizabeth Closs & Ekkehard König
1991 The semantics-pragmatics of grammaticalization revisited. In: Elizabeth C. Traugott & Bernd Heine (eds.), *Approaches to Grammaticalization*. Amsterdam: John Benjamins, 189-218.
Travis, Catherine
2005 *Discourse Markers in Colombian Spanish. A Study in Polysemy*. Berlin/New York: Mouton de Gruyter.
Tuggy, David
1993 Ambiguity, polysemy, and vagueness. *Cognitive Linguistics* 4-3, 273-290.
1999 Linguistic evidence for polysemy in the mind: a response to William Croft and Dominiek Sandra. *Cognitive Linguistics* 10-4, 343-368.
2003 The Nawatl verb *kīsa*: A case study in polysemy. In: Hubert Cuyckens, René Dirven & John Taylor (eds.), *Cognitive Approaches to Lexical Semantics*. Berlin/New York: Mouton de Gruyter, 323-362.
Tummers, José, Kris Heylen & Dirk Geeraerts
2005 Usage-based approaches in Cognitive Linguistics: A technical state of the art. *Corpus Linguistics and Linguistic Theory* 1, 225-261.
Turner, Mark
1990 Aspects of the Invariance Hypothesis. *Cognitive Linguistics* 1-2, 247-255.
Turner, Mark & Gilles Fauconnier
1995 Conceptual integration and formal expression. *Metaphor and Symbolic Activity* 10-3, 183-203.
2000 Metaphor, metonymy, and binding. In: Antonio Barcelona (ed.), *Metaphor and Metonymy at the Crossroads: A Cognitive Perspective*. Berlin/New York: Mouton de Gruyter, 133-145.
Twardzisz, Piotr
1997 *Zero Derivation in English: A Cognitive Grammar Approach*. Lublin: Wydawnictwo UMCS.
Tyler, Andrea & Vyvian Evans
2003 Reconsidering prepositional polysemy networks: The case of *over*. In: Brigitte Nerlich, Zazie Todd, Vimala Herman & David D. Clarke (eds.), *Polysemy: Flexible Patterns of Meaning in Mind and Language*. Berlin/New York: Mouton de Gruyter, 95-159.
Ullmann, Stephen
1951 *The Principles of Semantics*. Oxford: Blackwell.
1962 *Semantics. An Introduction to the Science of Meaning*. Oxford: Blackwell. (trad. port. *Semântica. Uma Introdução à Ciência do Significado*. Lisboa: Fundação Calouste Gulbenkian, 1977, 4ª ed.)
Ungerer, Friedrich & Hans-Jörg Schmid
1996 *An Introduction to Cognitive Linguistics*. London and New York: Longman.
Van der Leek, Frederike
2000 Caused-motion and the 'bottom-up' role of grammar. In: Ad Foolen & Frederike Van der Leek (eds.), *Constructions in Cognitive Linguistics*. Amsterdam: John Benjamins, 301-331.

Van Hoecke, Willy
  1996   The Latin dative. In: William van Belle & Willy van Langendonck (eds.), *The Dative. Volume 1. Descriptive Studies*. Amsterdam: John Benjamins, 3-37.
Van Langendonck, Willy
  1998   The dative in Latin and the indirect object in Dutch. In: Willy van Langendonck & William van Belle (eds.), *The Dative. Volume 2. Theoretical and Contrastive Studies*. Amsterdam: John Benjamins, 211-259.
Varela, Francisco, Evan Thompson & Eleanor Rosch
  1991   *The Embodied Mind*. Mass.: Massachusetts Institute of Technology (trad. port. *A Mente Corpórea. Ciência Cognitiva e Experiência Humana*. Lisboa: Instituto Piaget, 2001).
Vázquez Rozas, Victoria
  1995   *El Complemento Indirecto en Español*. Santiago de Compostela: Universidad de Santiago de Compostela.
Verhagen, Arie
  2005   *Constructions of Intersubjectivity: Discourse, Syntax, and Cognition*. Oxford: Oxford University Press.
Verspoor, Marjolijn & Wander Lowie
  2003   Making sense of polysemous words. *Language Learning* 53, 547-586.
Victorri, Bernard
  1997   La polysémie: un artefact de la linguistique? *Revue de Sémantique et Pragmatique* 2, 41-62.
Victorri, Bernard & Catherine Fuchs
  1996   *La Polysémie. Construction Dynamique du Sens*. Paris: Hermès.
Vilela, Mário
  1996   A metáfora na instauração da linguagem. Teoria e aplicação. *Revista da Faculdade de Letras da Universidade do Porto - Línguas e Literaturas Modernas* 13, 317-356.
  2002   *Metáforas do nosso Tempo*. Coimbra: Livraria Almedina.
Violi, Patrizia
  1997   *Significato ed Esperienza*. Milano: Bompiani.
Waldrop, M. Mitchell
  1993   *Complexity. The Emerging Science at the Edge of Order and Chaos*. New York: A Touchtone book.
Weydt, Harald
  1972   Le concept d'ambiguïté en grammaire transformationnelle-générative et en linguistique fonctionnelle. *La Linguistique* 8-1, 41-72.
Wierzbicka, Anna
  1980   *Lingua Mentalis. The Semantics of Natural Language*. Sydney: Academic Press.
  1984   Diminutives and depreciatives: semantic representation for derivational categories. *Quaderni di Semantica* 1, 123-130.
  1986   Metaphors linguists live by: Lakoff and Johnson contra Aristotle. *Papers in Linguistics* 19, 287-313.
  1990   'Prototypes save': on the uses and abuses of the notion of 'prototype' in linguistics and related fields. In: Savas L. Tsohatzidis (ed.), *Meanings and Prototypes. Studies in Linguistic Categorization*. London/New York: Routledge, 347-367.

1991   Cross-cultural Pragmatics: The Semantics of Social Interaction. Berlin/New York: Mouton de Gruyter.
1996   Semantics. Primes and Universals. Oxford: Oxford University Press.
Wildgen, Wolfgang
   1982   Catastrophe Theoretic Semantics. An Elaboration and Application of René Thom's Theory. Amsterdam: John Benjamins.
   1994   Process, Image and Meaning. A Realistic Model of the Meaning of Sentences and Narrative Texts. Amsterdam: John Benjamins.
   1999   De la Grammaire au Discours. Une Approche Morphodynamique. Bern, Berlin, Frankfurt a.M., New York: Peter Lang.
   2004   The Evolution of Human Language. Scenarios, Principles, and Cultural Dynamics. Amsterdam: John Benjamins.
Williams, John N.
   1992   Processing polysemous words in context: Evidence for interrelated meanings. Journal of Psycholinguistic Research 21, 193-218.
Wischer, Ilse & Gabriele Diewald (eds.)
   2002   New Reflections on Grammaticalization. Amsterdam: John Benjamins.
Wittgenstein, Ludwig
   1953   Philosophical Investigations. Oxford: Basil Blackwell.
Wunderlich, Dieter
   1993   On German um. Semantic and conceptual aspects. Linguistics 31, 111-133.
Yu, Ning
   1998   The Contemporary Theory of Metaphor: A Perspective from Chinese. Amsterdam: John Benjamins.
Zlatev, Jordan
   1997   Situated Embodiment: Studies in the Emergence of Spatial Meaning. Stockholm: Gotab.
   2003   Polysemy or generality? Mu. In: Hubert Cuyckens, René Dirven & John Taylor (eds.), Cognitive Approaches to Lexical Semantics. Berlin/New York: Mouton de Gruyter, 447-494.
Zwicky, Arnold & Jerrold Sadock
   1975   Ambiguity tests and how to fail them. In: J. Kimball (ed.), Syntax and Semantics 4. New York: Academic Press, 1-36.

ÍNDICE DE AUTORES

Abrantes, Ana Margarida 145
Agirre, Eneko 5, 34, 54, 331, 332
Albertazzi, Liliana 321, 323
Allwood, Jens 6, 30, 33, 46, 66, 67
Almeida, Maria Clotilde 147
Almeida, Maria Lúcia Leitão de 147, 242
Alonso, Amado 219, 230, 231, 232
Alston, William P. 301
Apresjan, Juri D. 26, 141
Aristóteles 3, 9, 15, 16, 17, 18, 39
Athanasiadou, Angeliki 85, 105, 279
Atkins, Beryl T. S. 26, 330

Bakema, Peter 219, 233, 234, 235
Barcelona, Antonio 112, 117, 124, 125, 137, 138, 140, 141, 144, 146, 153
Bar-Hillel, Yehoshua 54, 331
Barlow, Michael 33, 82, 322
Bartsch, Renate 117, 121
Batoréo, Hanna Jakubowicz 4, 103, 145
Beitel, Dinara 52
Benveniste, Émile 106
Bergen, Benjamin K. 261, 262
Berlinck, Rosane de Andrade 246
Bernárdez, Enrique 75, 308, 312
Bierwisch, Manfred 27, 45, 70, 307
Black, Max 131
Blank, Andreas 86, 88, 91, 92, 97, 107, 120, 142, 143
Boguraev, Branimir 5, 34
Brandt, Per Aage 51, 74, 147, 310, 317
Brazil, D. 284, 287, 290, 294
Bréal, Michel 3, 9, 15, 20, 21, 22, 23, 24, 29, 34, 35, 91, 94
Brinton, Laurel 107
Brisard, Frank 5, 52, 314
Brown, Cecil H. 9
Brugman, Claudia 4, 31, 32, 41, 50, 72, 129
Bruner, Jerome 313
Bybee, Joan 104, 295

Caballero, Rosario 135
Cacciari, Cristina 112, 114
Cadiot, A. 278
Campo, José L. Otal 126, 137, 268
Canakis, Costas 85, 105, 279
Caramazza, Alfonso 28, 45, 318
Castilho, Ataliba T. de 75, 103, 104
Chang, Nancy 97, 261, 262
Chierchia, Gennaro 25
Chilton, Paul 136
Chomsky, Noam 3, 25, 30
Christiano, Mª Elizabeth 266, 273, 275
Cifuentes Honrubia, José Luis 100, 103, 252
Clark, Eve V. 262
Clarke, David D. 4, 9, 15, 18, 20, 22, 32, 34, 82, 301
Claudi, Ulrike 86
Clausner, Timothy 127, 128, 129
Coimbra, Rosa Lídia 40, 147
Comesaña, Susana 214
Cornillie, Bert 85, 103, 105, 279
Coseriu, Eugenio 25, 28, 29, 87, 88
Costas, Lourdes 214
Coulson, Seana 147, 150
Croft, William 4, 5, 28, 33, 52, 89, 98, 116, 117, 122, 124, 125, 127, 128, 129, 215, 218, 261, 295, 306, 314
Cruse, D. Alan 4, 38, 39, 42, 76, 77, 79, 116, 124, 139
Cruttenden, Alan 283, 284, 287, 288, 289, 290, 294
Cuenca, Maria Joseph 4, 103, 122, 137
Cuyckens, Hubert 4, 5, 6, 32, 33, 52, 82

Damásio, António 133, 308, 312, 317, 318
Damásio, Hanna 317
Dasher, Richard B. 85, 86, 96, 97, 102, 106, 107, 125, 138, 140, 141, 196, 279

Deane, Paul D. 32, 41, 43, 297
Defour, Patricia 219, 233, 234, 235
Delbecque, Nicole 245, 249
Dewell, Robert B. 32, 41
Diewald, Gabriele 86
Dingwall, Robert 135
Dionísio, Marília da Conceição Rodrigues 134, 280
Dirven, René 4, 5, 6, 32, 33, 82, 111, 112, 115, 116, 117, 120, 135, 137, 138, 303
Dowty, David R. 25, 217
Du Marsais, César Chesneau 19
Duarte, Marlene Danaia 99, 319

Edelman, Gerald M. 133, 297, 308, 313, 315, 316, 317
Edmonds, Philip 5, 34, 54, 331, 332
Elorza, Rosa M. Espinosa 95
Erdmann, Karl Otto 22, 24
Evans, Vyvian 32, 41

Faria, Isabel Hub 145
Fauconnier, Gilles 65, 74, 117, 129, 135, 147, 148, 150, 151, 305, 308
Ferrão, Maria Clara Teodoro 134
Ferrari, Lilian Vieira 147
Feyaerts, Kurt 120, 121, 124, 139
Fillmore, Charles J. 13, 26, 76, 261, 308, 330
Finegan, Edward 105
Fischer, Kerstin 265, 281
Florescu Becken, Cristina 145
Fodor, Jerry A. 25, 298, 313
Fontenelle, Thierry 330
Fraser, Bruce 265
Frazier, Lyn 34
Frisson, Steven 5, 52, 314
Fuchs, Catherine 34

Gabelentz, Georg von der 90
Ganga, J. Llopis 252
García-Miguel, José M. 214
Geckeler, Horst 25, 29
Geeraerts, Dirk 4, 14, 23, 24, 25, 26, 30, 31, 32, 33, 38, 39, 40, 41, 43, 50, 56, 60, 71, 72, 80, 83, 85, 86, 88, 89, 90, 91, 93, 94, 99, 100, 126, 143, 213, 219, 233, 234, 235, 245, 297, 298, 299, 303, 319, 322, 325, 326, 327, 328
Gévaudan, Paul 107
Gibbs, Raymond W. 5, 34, 52, 111, 112, 114, 118, 122, 133, 217, 308, 314
Giora, Rachel 118
Gleick, James 75
Goddard, Cliff 40, 75
Goldberg, Adele 57, 138, 215, 218, 245, 248, 260, 261, 262, 263
Gonçalves, Carlos Alexandre 242
González Fernández, Mª Jesús 278
González-Márquez, Mónica 53, 319
Goossens, Louis 144
Grady, Joseph 115, 127, 132, 134, 147, 150
Gries, Stefan Th. 81, 319, 330
Grober, Ellen 28, 45
Grondelaers, Stefan 99
Guiraud, Pierre 95

Haiman, John 32, 308, 326
Halliday, Michael A. K. 283, 284, 286, 289
Hampe, Beate 185, 305, 330
Harder, Peter 308, 312
Harrington, Michael 52
Haspelmath, Martin 104
Heine, Bernd 86, 102, 103, 104
Hentschel, Elke 265
Herculano de Carvalho, José Gonçalo 67
Herman, Vimala 4, 32, 82
Heylen, Kris 319
Hilferty, Joseph 4, 122, 137
Hopper, Paul J. 65, 86, 102, 103, 104, 279
Hora, Dermeval 266, 273, 275
Horn, Laurence R. 44
Householder, Fred W. 15
Howard, Harry 228
Hünnemeyer, Friederike 86

Ide, Nancy 331

Jackendoff, Ray 26, 287, 298, 309
Jäkel, Olaf 132, 138
Jakobson, Roman 28, 45, 119

Índice de Autores

Janda, Richard D. 104
Janssen, Theo 6, 30, 33
Jensen de López, Kristina 308, 312
Johnson, Christopher Ronald 115, 134
Johnson, Mark 4, 14, 26, 34, 51, 74, 86, 95, 111, 112, 122, 125, 127, 128, 129, 130, 131, 132, 133, 141, 147, 151, 152, 154, 185, 272, 290, 299, 303, 305, 306, 307, 308, 310, 319
Jurafsky, Dan 138, 219, 220, 228, 231, 232, 233, 234, 236, 240, 241

Katz, Albert 112, 114
Katz, Jerold J. 25, 26, 27, 298
Kay, Paul 261
Keller, Rudi 97
Kemmer, Susanne 33, 82, 90, 322
Kempson, Ruth 27
Kilgarriff, Adam 5, 34, 325, 330, 331
Kingdon, R. 284
Kirsner, Robert S. 28, 45, 307
Kleiber, Georges 28, 29, 34, 38, 77, 78, 79
Koch, Peter 85, 86, 107, 120, 138
König, Ekkehard 96, 106, 236, 279
Kövecses, Zoltán 112, 122, 125, 126, 133, 135, 136, 137, 141, 143, 144, 145, 154
Kreitzer, Anatol 32, 41
Kristiansen, Gitte 295, 303
Kuteva, Tania 103

Lakoff, George 4, 5, 14, 26, 31, 32, 39, 41, 50, 51, 55, 72, 74, 76, 86, 95, 111, 112, 113, 114, 122, 125, 127, 128, 129, 130, 131, 132, 133, 134, 135, 136, 141, 142, 144, 147, 151, 152, 154, 185, 258, 272, 290, 299, 303, 305, 306, 307, 308, 310, 319
Lamiroy, Beatrice 103, 245, 249
Lang, Ewald 27, 70
Langacker, Ronald W. 4, 5, 14, 26, 31, 32, 33, 43, 50, 56, 59, 61, 62, 65, 66, 67, 68, 69, 72, 73, 76, 81, 82, 90, 96, 105, 119, 121, 122, 125, 139, 140, 144, 151, 153, 196, 206, 214, 215, 244, 246, 249, 256, 258, 260, 261, 278, 292, 299, 301, 302, 303, 304, 306, 307, 308, 309, 312, 314, 319, 322
Leacock, Claudia 5, 34, 54, 82, 331

Lehmann, Christian 102
Lehrer, Adrienne 44, 79, 157, 160, 161, 162, 166, 167, 214, 241, 243
Levin, Beth 217
Lewandowska-Tomaszczyk, Barbara 62
Lima, José Pinto de 96, 97, 103, 301, 302
Lopes, Ana Cristina Macário 104, 269
Lowie, Wander 5, 34
Lutzeier, Peter Rolf 95
Lyons, John 25, 27, 48

MacConnell, Sally 25
Maldonado, Ricardo 245, 250, 252, 253, 278
Martínez, Susana 214
Martins, Helena 308
Massip, Àngels 103
Matlock, Teenie 5, 34, 52, 217, 314
McNeill, David 113
Meillet, Antoine 20, 23, 102
Mendes, Amália 214
Mendes, António Ângelo Marcelino 305, 318
Miguens, Sofia 313
Morais, Maria da Felicidade Araújo 104
Morgan, Pamela 134
Muñoz Núñez, Mª Dolores 28, 34, 44

Naigles, Letitia 262
Nathan, Geoffrey S. 295
Nerlich, Brigitte 4, 9, 15, 18, 20, 22, 32, 34, 82, 135, 301
Newman, John 245
Norrick, Neal R. 29, 43, 79, 141
Novais, António Afonso A. 138, 219
Nunberg, Geoffrey 29, 43, 79, 141
Núñez, Rafael 28, 34, 44, 135
Nyrop, Kristoffer 24, 141
O'Connor, Catherine 261
Oakley, Todd 147, 150

Palmer, Frank R. 27
Palmer, Gary B. 135
Palmer, Martha 331
Panman, Otto 157, 160, 161, 163, 165, 166, 167
Panther, Klaus-Uwe 96, 112, 125, 126, 136, 137, 138, 140, 241

Paul, Hermann 24, 141
Pauwels, Paul 126
Peeters, Bert 79, 309, 326
Peirsman, Yves 126, 143
Pike, Kenneth Lee 284
Pires, Maria Conceição Pena Lemos 145
Pöppel, Ernst 315, 317
Pörings, Ralf 112, 137
Postal, Paul M. 29
Pustejovsky, James 5, 26, 29, 34, 44, 57, 77, 78, 79, 214, 332
Putnam, Hilary 327

Queller, Kurt 96
Quine, Willard V.O. 38
Quinn, Naomi 131

Radden, Günter 112, 114, 125, 126, 136, 137, 141, 143, 146, 154
Rainer, Keith 34
Rakova, Marina 28, 307, 308
Rastier, François 49
Raukko, Jarno 5, 52, 59, 301, 314
Ravin, Yael 5, 34, 54, 82, 331
Reddy, Michael J. 57, 136, 201, 248
Reisig, Christian Karl 20,24
Rice, Sally 5, 34, 52, 72, 314
Ricoeur, Paul 2
Riemer, Nick 32, 40, 41, 82, 83, 124, 153
Rillaer, Gert Van 5, 52, 314
Rio-Torto, Graça 223
Rohrer, Tim 135
Rosch, Eleanor 4, 33, 133, 298, 308
Rosier, Irène (ed.) 15
Roudet, Léonce 119, 120
Rudzka-Ostyn, Brygida 72, 245, 249, 260, 263
Ruhl, Charles 28, 29, 45, 307
Ruiz de Mendoza, Francisco José 125, 126, 137, 142

Sadock, Jerrold 39
Salomão, Maria Margarida Martins 147
Sanders, Paul 52
Sandra, Dominiek 5, 33, 52, 72, 314
Santos Domínguez, Luis A. 95
Sappan, Raphael 93, 141

Saussure, Ferdinand de 3, 13, 20, 55
Schmid, Hans-Jörg 4, 137
Schmidt-Radefelt, Jürgen 271
Schönefeld, Doris 330
Schreuder, Rob 27, 70
Schütze, Hinrich 75, 332
Searle, John R. 28, 45, 118
Seiler, Hansjakob 199
Seto, Ken-ichi 142
Shore, Bradd 312
Silva, Augusto Soares da 4, 6, 7, 15, 16, 30, 31, 32, 39, 47, 48, 50, 51, 69, 76, 85, 86, 90, 99, 100, 102, 105, 107, 119, 127, 133, 137, 141, 152, 157, 184, 185, 188, 190, 213, 214, 218, 246, 252, 299, 302, 303, 304, 305, 308, 312, 314, 319
Simpson, Gregory 5
Sinha, Chris 308, 312, 313, 322
Skorge, Silvia 219, 230, 239
Sperber, Dan 144
Sperber, Hans 22
Steen, Gerard J. 112
Stefanowitsch, Anatol 81, 319, 330
Stein, Dieter 105
Stern, Gustaf 23, 24
Stevenson, Mark 5, 54, 332
Sweetser, Eve E. 29, 44, 86, 95, 111, 122, 200, 272, 278

Talmy, Leonard 4, 26, 31, 151, 185, 187, 190, 195, 218, 302, 303, 304, 305, 306, 311
Taub, Sara 134
Taylor, John R. 3, 4, 5, 6, 9, 26, 27, 28, 31, 32, 33, 35, 55, 59, 62, 70, 72, 77, 79, 82, 114, 116, 120, 128, 132, 138, 141, 146, 151, 152, 153, 196, 206, 214, 219, 223, 225, 231, 240, 262, 290, 295, 298, 309, 333
Tchobánova, Iovka Bojílova 242
Teixeira, José 75
Thompson, Evan 133, 308
Thornburg, Linda 96, 112, 125, 137, 138, 140, 241
Todd, Zazie 4, 32, 34, 82
Tomasello, Michael 82, 262, 312, 322

Traugott, Elizabeth Closs 85, 86, 96, 97, 102, 103, 104, 105, 106, 107, 125, 138, 140, 141, 196, 236, 278, 279, 292
Travis, Catherine 265, 281
Tuggy, David 4, 5, 6, 33, 38, 41, 52, 61, 62, 81, 314
Tummers, José 319
Turner, Mark 65, 74, 111, 112, 113, 114, 122, 125, 127, 129, 147, 148, 150, 151, 303, 305
Twardzisz, Piotr 138
Tyler, Andrea 32, 41

Ullmann, Stephen 2, 9, 12, 23, 47, 88, 93, 94, 119, 133, 141
Ungerer, Friedrich 4, 137

Van der Leek, Frederike 30
Van Hoecke, Willy 252
Van Langendonck, Willy 252
Varela, Francisco 133, 308
Vázquez Rozas, Victoria 245, 246
Velasco, Olga Isabel Díez 125, 126, 142
Verhagen, Arie 107
Véronis, Jean 331

Verspoor, Marjolijn 4, 5, 34
Victorri, Bernard 28, 29, 34
Vilela, Mário 136
Violi, Patrizia 310

Waldrop, M. Mitchell 75
Weydt, Harald 29, 265
Wierzbicka, Anna 40, 41, 45, 75, 132, 135, 240, 241, 298, 307, 309
Wildgen, Wolfgang 75
Williams, John N. 5, 34, 52, 314
Wilson, Deirdre 144
Wischer, Ilse 86
Witkowski, Stanley R. 9
Wittgenstein, Ludwig 4
Wood, Esther J. 306
Wright, Susan 105
Wunderlich, Dieter 28, 45, 307

Yu, Ning 135

Zawada, Britta 4, 5, 32, 33, 82
Zlatev, Jordan 6, 30, 33, 66, 67, 308, 312
Zwicky, Arnold 39

ÍNDICE DE ASSUNTOS

abstracção 6, 40, 41, 45, 46, 52, 70, 103, 132, 139, 152, 155, 219, 231, 240, 278, 281, 304, 305, 314, 333
acomodação 61, 75, 76, 80
activação mental 122, 125, 126
actividade neurológica 302
acto de fala 12, 105, 107, 138, 237, 256, 273, 278
   acto ilocutório 293
acto de significação 313, 319
   acto de criação de sentido 315
adjectivo 11, 18, 29, 57, 114, 157, 220, 221, 223, 228, 229, 266, 267, 268, 269, 270, 273, 279, 280, 310
advérbio 103, 223, 229, 270, 272, 279, 280, 285, 286, 310
afecto/afectivo 106, 220, 224, 225, 226, 230, 233, 239, 240
afixo 219, 241, 243
   polissemia dos afixos 241, 243
   sufixo 219-226, 228, 234, 235, 239-243
agente/agentivo 78, 79, 97, 141, 142, 213, 218, 242, 245, 250, 255, 261, 262, 270
Agonista 185, 188, 190, 191, 192, 200, 304, 305
ajustamentos focais 304
Alemão 47, 108, 139, 172, 315
alofonia/alofone 43
alossemia/alossema 43, 44
ambiguidade 1, 12, 17, 18, 42, 56, 95, 142, 210, 331
ambivalência 12, 273, 277
anáfora 38, 40
   anafórico 39, 268
análise componencial 25
analogia 16, 17, 37, 43, 92, 97, 243
Antagonista 185, 187, 190, 191, 192, 200, 304, 305
antonímia/antónimo 13, 15, 25, 39, 48, 95, 97, 211, 227, 257
   auto-antonímia 95, 97, 211, 227, 257

apreciativo/depreciativo 106, 219, 225, 226, 228, 234, 235
aquisição da linguagem 21, 22, 82, 312
aquisição de sentidos 72
arbitrariedade 15, 85, 319
Arquitectura 3, 51, 65, 74, 99, 135, 310
arranjo de visão 105, 304
aspecto/aspectual 103, 212, 272
associação 1, 10, 20, 35, 67, 80, 93, 94, 107, 117, 119, 120, 140, 143, 195, 213, 243, 260, 329
atenção
   distribuição da 304
   foco de 32, 60, 304
   ↗ janelas de atenção
atenuação/atenuativo 219, 223, 227, 231, 234, 236
autonomia
   da linguagem 3, 30
   tese da 3, 27

Beneficiário 246, 249, 253, 254
bordão 275, 280

cadeia de acção 65
campo lexical 13, 25, 29, 48, 49, 92
catacrese 17, 19
catáfora/catafórico 268, 273
categoria 1, 4, 6, 7, 8, 11, 14, 15, 18, 28, 32, 33, 37, 38, 45, 49, 50, 51, 53, 56, 57, 60, 64-73, 79, 82, 85, 86, 89, 90, 100, 101, 102, 103, 117, 126, 133, 142, 143, 144, 145, 146, 153, 158, 165, 166, 190, 193, 194, 195, 203, 205, 204, 206, 212, 213, 214, 216, 217, 219, 220, 221, 223, 226, 234, 237, 240, 241, 244, 258-265, 279, 280, 281, 282, 292, 294, 295, 298, 299, 300, 301, 306, 309, 310, 311, 315, 316, 318, 320, 321, 328
   clássica 298
   conceptual 4, 7, 14, 56, 90, 295, 300, 301

de nível básico 133
gramatical 4, 49, 264, 265, 320
lexical 49, 72, 100, 103, 190, 214, 261, 263, 280, 292, 295, 306, 320
linguística 33, 37, 38, 53, 65, 295, 315
morfo-sintáctica 1, 53, 223, 234, 240
polissémica 7, 8, 32, 72, 73, 292, 294, 311, 320
prosódica 294, 295
radial 219, 237
sintáctica 53, 258
categorização 1, 3, 4, 15, 33, 38, 40, 60, 62, 69, 71, 72, 73, 85, 108, 112, 117, 121, 155, 203, 205, 280, 297, 298, 299, 300, 305, 315, 316, 318, 320, 322
conceptual 316
perceptiva 315, 316
prototípica 71, 299, 300
relações de 71
teoria clássica da 298
↗ protótipo

causação 64, 103, 108, 131, 142, 143, 190, 200, 305
negativa 190
causalidade 272
causatividade 218
cena 77, 105, 115, 134, 235
cenário 55, 134, 216, 242, 245, 253, 316
cérebro 297, 313, 315, 316, 318
ciências 3, 133, 135, 168, 266, 308, 312, 319, 321, 322, 327
ciências cognitivas 133, 308, 312, 322
clítico 246, 251
coerção 44, 57, 75, 77, 78, 79, 80, 332
coerção de tipo 78
coerência semântica 7, 49, 51, 69, 185, 306, 320, 321
cognição 2, 3, 6, 9, 10, 21, 23, 31, 51, 65, 74, 85, 108, 109, 297, 298, 299, 307, 308, 310, 311, 312, 313, 317, 321, 322, 323
âmbito da 312
auto-cognição 317
colectiva 312
e cultura 2, 9, 308
e emoção 312

em contexto 307
mudança semântica e 85
-para-a-acção 312, 322
social 312, 322
cognitivo
capacidade 7, 24, 297, 303, 306, 309, 322
-funcional 85, 103
mecanismo 8, 51, 64, 109, 241, 290, 295, 301, 315, 320
modelo 41, 55, 76, 81, 325, 330
modelo cognitivo idealizado 55, 76, 80, 142, 308
operações cognitivas 66, 243, 321
princípio 4, 108,143, 144, 150, 154
processo 126, 145, 151, 154, 306, 322
sistema 8, 60, 85, 89, 185, 299, 304
teoria 111, 117, 118, 119, 124, 125, 129, 141, 312
↗ Linguística Cognitiva, Semântica Cognitiva, Gramática Cognitiva, ciências cognitivas
cognitivismo
↗ Linguística Cognitiva, ciências cognitivas
competência 3, 25, 26, 31, 44, 150, 199, 280
complementação 90, 218
complemento 78, 188, 192, 193, 194, 203, 212, 216, 252
computação/computacional 2, 5, 6, 8, 9, 29, 31, 34, 77, 313, 330, 331, 332, 333
comunicação 55, 56, 57, 90, 91, 106, 119, 131, 132, 147, 278, 281, 301, 302, 311
conceitos 10, 11, 12, 15, 28, 55, 64, 76, 79, 80, 92, 96, 107, 108, 112, 113, 114, 115, 117, 118, 120, 121, 124, 127, 132, 134, 135, 140, 146, 148, 152, 154, 185, 204, 243, 280, 298, 299, 305, 307, 310, 311, 316, 318, 322, 327
causativo 305
culturalmente específico 108
espaciais 108, 243
físicos 108
formação de conceitos 117, 121, 152, 154
metafórico 113

modal 305
sócio-moral 107
universal 108
conceptual
 conteúdo 302, 303
 distância 63, 115, 116,117, 253, 304
 domínio 119, 122, 125, 126
 fusão 213
 integração 32, 51, 65, 74, 117, 147, 148, 149,150, 151,154, 305, 321
 pré-conceptual 316, 318
 sistema 85, 111, 112, 113, 152, 248, 295, 305, 306, 308, 311
 sistemas de estruturação 151
 sobreposição 193
conceptualização 2, 9, 27, 65, 70, 76, 80, 86, 96, 97, 105, 107, 108, 113, 131, 132, 133, 134, 137, 139, 144, 145, 148, 149, 152, 185, 198, 202, 216, 256, 278, 280, 299, 301, 302, 303, 305, 306, 307, 308, 309, 311, 314, 315, 321, 322, 323
 operações de conceptualização 96, 97, 307, 321, 322, 323
 geométrica 306
 mecanismos de 280, 302, 305
 metafórica 133, 198, 278
 significado e 301
conceptualizador 105
condições-de-verdade 25, 26, 38, 193, 194, 301, 313
condições necessárias e suficientes 3, 71, 102, 315
 ↗ categorização
conector 103, 106, 270, 273, 278
conflito homonímico 88
conhecimento
 cultural 309, 313
 do mundo 7, 27, 30, 120, 297, 298, 309
 enciclopédico 3, 30, 32, 54, 59, 78, 79, 120, 243, 295, 309, 311, 332, 333
 experiencial 124, 125, 239
 linguístico 3, 30, 32, 82, 120, 309, 321, 322
 preexistente 322
conjunção 29, 74, 95, 103, 279, 286
conotação 223, 226, 239
 conotação afectiva 223

consciência 107, 132, 134, 152, 167, 175, 315, 316, 317
 alargada 317
 elaborada 317
 nuclear 317
 primária 316, 317
 teorias neurobiológicas da 315
construção
 contrafactual 150
 de infinitivo 188
 de movimento causado 218, 261, 263
 ditransitiva 7, 8, 218, 245, 248, 260, 261, 262, 263, 315, 320
 Gramática de Construções 215, 261, 262, 263
 intransitiva 255, 267
 objectiva 256
 polissemia da 262
 resultativa 263
 semântica da 194, 215, 263
 significado da 215, 261, 262, 263
 sintáctica 1, 48, 57, 204, 212, 215, 259, 260-263
 subjectiva 256
 transitiva 202, 218, 263
contentor 115, 131, 132, 134, 142, 145
 ↗ metáfora ↗ esquema imagético
continuização 65, 66
 ↗ sentido, continuidade de
continuum 4, 41, 46, 49, 52, 62, 64, 66, 81, 114, 115, 117, 118, 158, 167, 244, 327
 entre literal-figurado 114, 115
 monossemia-polissemia-homonímia 62
contexto
 efeitos contextuais 42, 67
 modulação contextual 42, 75, 116
 padrões de contextualização 332, 333
 recontextualizar 3
 variação contextual 75, 77
contiguidade 14, 20, 72, 79, 93, 115, 116, 117, 119, 120, 121, 126, 139, 141, 142, 143, 146, 225, 233, 242
 ↗ metonímia
controlo 136, 142, 188, 189, 199, 216, 245, 246, 249, 262, 275
convencionalização 71, 80, 81, 95, 96, 97, 98, 103, 138, 152, 153, 154, 196, 279,

281, 312, 314
de implicaturas 95, 103, 138, 279
de inferências 96, 312
conversação 21, 279, 280
conversão 97, 138, 234, 237
corpo 51, 74, 107, 116, 117, 118, 120, 133, 134, 135, 145, 146, 207, 224, 297, 308, 312, 326
corporização 133, 134, 135, 308, 310, 312, 318
   princípio da 310
   realismo corporizado 133, 307, 322
corpus/corpora 81, 82, 83, 185, 202, 207, 211, 266, 269, 270, 280, 319, 331, 333
   linguística de corpus 81
corpus mental 82, 83
cultura 2, 3, 7, 9, 21, 23, 31, 124, 135, 175, 186, 225, 308, 312, 313
   linguagem e 312, 313
   linguagem, cognição e 2, 9, 308
   cultura e cognição 312
   cultura-na-mente 312
dativo
   benefactivo 250
   de afectação 251, 252, 253
   de posse
   ético 251, 253, 256, 263
   livre 263
definição
   ideal 45
   lexicografia 2, 20, 325, 330
   teste aristotélico da definição 38, 40
deixis /deíctico 107, 231, 268
deôntico 200, 201
derivação 15, 29, 32, 39, 41, 43, 48, 49, 95, 160, 167, 234
desambiguação 2, 5, 6, 34, 54, 55, 330, 331, 332, 333
desbotamento semântico 102
diacronia/diacrónico 24, 46, 47, 48, 85, 97, 99, 100, 105, 108, 109, 142, 160, 211
dicionário 2, 8, 19, 20, 21, 22, 41, 54, 78, 82, 107, 158, 166, 168, 269, 275, 280, 318, 325- 331
   dicionário do cérebro 318
   e enciclopédias 326, 331
   electrónicos 331

entrada do 328
   ↗ definição
   ↗ lexicografia
diminutivo 7, 8, 45, 53, 106, 219-243, 311, 315, 320, 330
   polissemia do 53, 236, 311
   semântica do 106, 219, 237, 238, 241
dinâmica de forças 108, 148, 151, 152, 185, 187, 189, 190, 198, 200, 218, 304, 305
   ↗ causação
   ↗ Agonista ↗ Antagonista
discretização 65, 66
   ↗ sentido, discrição de
discrição 7, 49, 52, 65, 66, 67, 69, 81, 300
   não-discrição 49, 52, 81, 300
discursivização 104
discursivo
   ↗ marcador discursivo
discurso
   estruturação do 279, 281
   televisivo 134
   ↗ marcador discursivo
domínio
   abstracto 116, 131, 132, 151, 198, 305
   -alvo 113, 119, 123, 125, 129, 131, 132, 135, 146, 148, 149, 152
   arquitectura dos 51
   básico 51, 74, 299
   cognitivo 65, 301, 304, 308
   comunicativo 278, 281
   conceptual 63, 115, 119, 122, 124, 125, 126, 147, 281, 299
   concreto 151
   da experiência 2
   espacial 129, 151, 211, 216, 290
   matriz de 117, 119, 124, 125
   -origem 113, 119, 123, 125, 129, 131, 132, 133, 135, 146, 148, 149, 150, 152, 153
   pragmático 237, 256, 278
   salientação de 122
   semântico 51, 74, 104, 310

Economia 3, 30, 97, 127, 131, 133, 135, 136, 329
eficiência 1, 56, 60, 85, 89, 90, 91, 144

princípios de 89, 90, 91
elaboração 28, 50, 71, 112, 134, 196, 197, 201, 202, 217, 325
elipse 88, 93, 95, 97
emoção 131, 132, 133, 137, 138, 144, 145, 146, 147, 155, 192, 226, 276, 278, 288, 310, 312, 322
↗ sentimento
empiricismo 322
empréstimo 94, 95, 97
enciclopédia 309, 326, 327, 331
↗ dicionário
enquadramento
  semântica do/teoria do 330
entoação 1, 7, 8, 53, 271, 274, 283-295, 315, 320
  ascendente 53, 274, 286-292, 315
  curva entoacional 285, 286, 288
  descendente 7, 8, 271, 274, 283, 286-295, 320
  significado entoacional 283, 284
entrada lexical 43, 261
epistemologia/epistemológico 83, 308, 322
escaneamento 304
espaço/espacial 5, 40, 44, 50, 67, 70, 73, 75, 102, 104, 105, 108, 112, 120, 126, 129, 130, 132, 133, 134, 135, 136, 141, 143, 147, 148, 149, 150, 151, 185, 190, 196, 201, 202, 203, 211, 215, 216, 231, 243, 252, 262, 264, 289, 290, 305, 308, 320
  espacialização 306
espaço genérico 148, 149
espaço integrado/espaço mescla 147, 148, 149, 150
  ↗ integração conceptual
  ↗ mesclagem
espaço input 147, 148, 149, 150
espaço mentais 65, 147, 148, 305, 308
Espanhol 95, 214, 219, 233, 278, 280
esquemas
  esquematicidade 72, 126, 127, 301, 304
  esquematização 50, 66, 69, 72, 121, 139, 153, 205, 260, 281, 304
  ↗ esquema imagético
  ↗ rede esquemática
esquema imagético 4, 36, 51, 64, 128, 129, 130, 132, 148, 151, 152, 185, 191, 192, 194, 195, 196, 197, 201, 202, 209, 210, 213, 214, 217, 228, 266, 268, 281, 282, 290, 295, 305, 306, 316, 320, 322
  transformações de esquemas imagéticos 4, 36, 194, 209, 213, 214
  ↗ imagético
estereótipos 311, 327
estruturalismo 30
  ↗ linguística estrutural
etimologia 19, 20, 48, 93, 97
  etimologia popular 93, 97
eufemismo 203
evento 21, 77, 78, 82, 121, 127, 128, 129, 141, 142, 146, 153, 194, 195, 198, 214, 216, 218, 242, 242, 248, 253, 262, 269, 270, 305, 306, 314
  canónico 216
  de uso 82, 153, 314
evidencialidade 103
evolução 22, 25, 47, 89, 95, 98, 107, 269, 315, 316
experiência
  colectiva 7, 310
  corpórea 7, 133, 310
  histórica 310
  humana 2, 5, 133, 135, 143, 307, 308, 309, 310, 317
  individual 7, 26, 80, 297, 310, 316, 318, 319
  perceptiva 295, 310
  psíquica 310
  significado e 307, 310
  social 310, 311
  tipos de 310
experienciador 246, 250, 251, 253, 256
experiencialismo 133, 307, 308, 310, 322
  filosofia experiencialista 308, 310
  ↗ corporização
  ↗ objectivismo
expressão idiomática 118, 139, 235, 248
expressividade 89, 91, 311
  necessidade expressiva 90, 91, 92, 299
extensão/extensional 11, 37, 50, 62, 64, 65, 72, 95, 102, 111, 113, 114, 143, 153, 198, 202, 207, 211, 223, 242, 243, 247, 248, 253, 256, 258, 260, 262, 263, 264, 290, 293, 300, 320, 325
  mecanismos de 154, 211, 293

metafórica 205, 211, 231, 247
metonímica 196, 198, 205, 222, 225, 231, 253, 255, 293
    por generalização 248
    relação de 67, 71, 121, 157
semântica 51, 72, 105, 146, 153, 154, 211, 239, 255, 256, 257, 292, 293, 304
semasiológica 95

faceta 42, 61, 75, 76, 77, 79, 80, 139, 117, 195, 304, 308, 312
falácia
    da generalidade 32, 46, 69
    da polissemia 5, 33, 52, 69, 70
    da regra/lista 32, 49
    dos 80% 331
fenomenologia 306
figura/fundo 304
filosofia 8, 15, 16, 19, 20, 34, 159, 170, 306, 308, 310, 313, 321, 322
    filosofia grega 15
    filosofia na carne 308
    filosofia objectivista 313
    tradição filosófica 15
fixação 14, 71, 81, 118, 153
    ↗ incrustamento
flexibilidade 5, 32, 59, 60, 61, 64, 66, 69, 70, 77, 80, 85, 89, 90, 102, 103, 104, 270, 297, 299, 300, 301, 302, 318, 320, 325, 327, 328
    semântica 61, 77, 85, 90, 320
    ↗ sentido flexível
fonologia 8, 43, 65, 138, 283, 295, 316
forma linguística 1, 2, 6, 10, 11, 35, 51, 53, 62
formação de palavras 138
Francês 3, 15, 20, 21, 29, 92, 94, 212, 267, 278
frequência 44, 104, 118, 125, 193, 202, 203, 211, 212, 298
funcionalismo
    ↗ Linguística Funcional
futuro 96, 103, 105, 128, 129, 151, 269, 270

generalidade 1, 6, 10, 32, 40, 46, 52, 67, 69, 77, 333

generalização 4, 13, 24, 45, 51, 94, 95, 97, 107, 109, 117, 121, 132, 142, 146, 154, 214, 219, 231, 233, 248-264, 293, 305, 329
generativismo 25, 30
    ↗ Linguística Generativa/Gramática Generativa
Genética 30, 135
gestalt 22, 306, 315, 321
gestos 113, 311
Gramática 3, 17, 18, 23, 25, 30, 31, 32, 34, 56, 82, 103, 104, 105, 175, 215, 244, 261, 262, 263, 304, 307, 319, 320, 321, 322
    arquitectura da 3
    Cognitiva 56, 105, 215, 261, 263, 304
    de Construções 215, 261, 262, 263
    Generativa 23, 25, 30, 31, 32, 34, 319, 321, 322
    modelo lexicológico da gramática 320
gramática emergente 65, 103, 104
gramaticalização 64, 86, 102, 103, 104, 106, 109, 112, 190, 194, 203, 205, 212, 236, 237, 239, 266, 276, 278, 280, 293
    desgramaticalização 104

hermenêutica 109, 319
hierarquia lexical 13
hiponímia/hipónimos 13, 25, 97
hipótese da relatividade linguística 312
Hipótese de Invariância 129
homofonia/homófonos 11
homografia/homógrafos 11
homonímia/homónimos 1, 10, 11, 12, 15, 16, 17, 18, 22, 28, 31, 35, 36, 46, 47, 48, 49, 52, 55, 61, 62, 63, 64, 81, 94, 157, 158, 160, 162, 163, 164, 165, 166, 167, 168, 213, 241, 321
    cisão homonímica 213
    ↗ conflito homonímico
    homonimização 213
    tensão homonímica 90, 203, 213, 282, 320

iconicidade/icónico 90, 91, 316
ideacional 301
    teoria 301
ideal semiótico 3, 56

Índice de Assuntos 385

idiomático ↗ expressão idiomática
imagem 61, 64, 69, 72, 77, 95, 98, 108, 133, 135, 147, 210, 218, 233, 268, 273, 274, 281, 294
   mental 72, 268, 294
imagética 218, 303, 304
imagético 121, 228, 290
   sistemas imagéticos 303, 304
   ↗ esquema imagético
imaginação 1, 19, 36, 48, 112, 321
implicatura 95, 103, 138, 140, 141, 146, 196, 204, 273, 279, 281, 290, 291, 312
   conversacionais 103, 138, 140, 146, 196, 279, 281, 312
inato/inatismo 3, 31, 313
incrustamento 14, 71, 81, 153
   ↗ fixação
indeterminação 1, 10, 11, 12, 63, 73, 158, 300, 328
indo-europeu 220, 252
inferência 80, 96, 97, 140, 141, 147, 196, 219, 231, 290, 291, 295, 312
   desencadeada 96, 97, 140, 196, 312
   metonímia e 140
   pragmática 140, 295
inferenciação 96, 107, 138, 140, 141, 243, 322
   desencadeada 96, 107, 138, 141
   pragmática 96, 140, 141
   teoria da 141
inferencial 103, 125, 140, 147, 270
infinitivo 105, 188, 190, 207, 212
Informática 135
Inglês 47, 74, 97, 98, 105, 138, 144, 145, 157, 179, 185, 214, 219, 241, 242, 248, 260, 263, 267, 283, 295
instanciação 37, 45, 50, 62, 63, 69, 71, 72, 73, 80, 113, 144, 151, 196, 201, 211, 333
integração conceptual 32, 51, 65, 74, 117, 147, 148, 149, 150, 151, 154, 305, 321
   teoria da integração conceptual 117, 147, 148, 150, 154
   ↗ mesclagem
Inteligência Artificial 2, 5, 34
intencionalidade 12, 104, 250
intensão/intensional 11, 13, 101, 102, 203, 300, 325

intensificador/intensivo 106, 219, 229, 230, 231, 234, 237, 240
interacção
   linguística 314
   social 2, 108, 311
intersubjectividade 44, 107, 310, 311
intersubjectivização 107
ironia 88, 293
isomorfismo 90, 91, 97, 217
Italiano 219, 223, 231, 280

janelas de atenção 195, 304
   ↗ atenção

Latim 47, 101, 207, 209, 211, 252
lexicalização 86, 102, 104, 107, 232, 234
léxico 3, 8, 13, 26, 31, 37, 43, 44, 49, 51, 65, 67, 72, 77, 79, 80, 92, 138, 185, 214, 244, 309, 332
léxico generativo 44, 77, 214, 332
lexicografia/lexicográfico 1, 2, 20, 325, 327, 328, 330
   ↗ dicionário
lexicológico 280, 320
   modelo 280, 320
linguística
   antropológica 109
   Cognitiva 3, 4, 5, 6, 7, 9, 23, 31, 32, 33, 34, 37, 46, 51, 52, 53, 55, 65, 67, 81, 82, 85, 111, 122, 124, 147, 151, 154, 258, 297, 302, 308, 309, 313, 314, 319
   computacional 2, 5, 6, 9, 31, 34, 330, 331
   estrutural/estruturalista 3, 23, 27, 34, 65, 309
   funcional/funcionalista 51, 65, 85, 105
   generativa/generativista 3, 27
   geral 20
literatura 90, 119, 134, 141
localismo
   tese localista 252

mapeamento 117, 118, 122, 125, 126, 128, 129, 131, 132, 133, 150, 279, 280
marcador discursivo 7, 8, 103, 104, 106, 138, 265, 266, 270, 274, 279, 280, 281, 282, 315

Matemática 135, 172
memória 66, 82, 297, 316, 322
mental
   acesso mental 126, 140
   espaço 65, 147, 148, 305, 308
   léxico 37, 44, 49, 51, 67, 72, 80
mentalês 313
mente 1, 2, 5, 6, 7, 8, 22, 24, 30, 37, 43, 44, 51, 82, 108, 112, 120, 131, 146, 207, 284, 285, 307, 309, 312, 313, 314, 315
   corporizada/corpórea 302, 306, 307, 322
   modularidade da 309
   polissemia na 314
mesclagem 65, 95, 147, 149, 151, 305
   ↗ integração conceptual
meta-teórica
   função 3, 109
metáfora 4, 13, 14, 16, 17, 19, 20, 21, 22, 24, 26, 32, 36, 48, 51, 55, 56, 57, 59, 60, 65, 66, 67, 68, 69, 73, 80, 82, 85, 86, 94, 95, 96, 97, 109, 111, 112, 113, 115-139, 144-155, 198, 201, 214, 219, 225, 226, 227, 228, 231, 233, 241, 243, 248, 255, 257, 263, 282, 290, 291, 292, 293, 305, 321, 329, 333
   conceptual 26, 86, 95, 109, 113, 122, 124, 127, 128, 131, 133, 134, 135, 136, 145, 147, 148, 149, 153, 154, 155, 198, 225, 226, 248
   convencional/convencionalizada 133, 152
   da continuidade 65
   da discrição 65
   da economia 97
   da estrutura de evento 127, 128
   da rede 67, 73
   de imagem 135
   do campo contínuo 67
   do conduto 55, 57, 59, 82, 136, 147, 201, 248
   ↗ do corpus mental
   do cume da montanha 68, 69
   do holofote 60, 80
   do vírus 135
   dos blocos de construção 55, 56, 57, 59, 82, 136
   espacial 133, 290
   primária 134
   literária 113
   estrutural 132
   ontológica 132
   orientacional 132
   pós-metáfora 153
   primária 115, 134, 154
   metaforização 72, 95, 97, 107, 152, 201, 247, 248, 250, 251, 252
   não-metáfora 151
   poder cognitivo da 136
   teoria da metáfora conceptual 26, 95, 109, 131, 147, 148, 149
   teoria lakoviana da 154
   teoria neural 112, 129, 308, 310
   tipos de metáfora 132
metaftonímia 144, 145
metalinguagem 40, 298
Metalinguagem Semântica Natural 40, 298
método
   colocacional 81, 330
   empírico 32, 53, 72„81, 319
   multivariacional 319
   quantitativo 81, 319
metodologia/metodológico 1, 8, 25, 27, 32, 35, 41, 54, 81, 83, 108, 219, 241, 319
   metodologia empírica 32, 81, 319
metonímia 4, 13, 14, 19, 20, 24, 32, 36, 48, 51, 76, 79, 80, 85, 94, 96, 97, 109, 111-126, 136, 137, 138, 139, 140, 141, 142, 143, 144, 146, 147, 151, 152, 153, 154, 155, 204, 206, 214, 241, 243, 253, 254, 255, 256, 257, 260, 263, 282, 292, 293, 305, 321
   conceptual 14, 32, 112, 113, 123, 137, 139, 146, 153
   fisiológica 137, 138, 145, 146
   ilocutória 125
   integrada 79, 80
   predicativa 125
   metonimização 95, 96, 97, 106, 107, 293
   pós-metonímia 153
   pré-metonímica 116
   tipos de metonímia 142, 143, 150
mimese 312
modalidade 98, 103, 152, 200

modelo
  dos blocos de construção 56
  semiótico 55, 56, 57, 59, 82
  topográfico 68
modelo cognitivo 31, 54, 55, 58, 59, 80, 82, 111, 120, 142, 261, 263, 308, 311
  ↗ cognitivo
modelo cultural 127, 146, 147, 204, 311, 312
modelo interpretativo 299, 311
modulação 41, 42, 75, 100, 102, 116
  ↗ contextual
modularidade 31, 309
  da mente 309
  teoria da 31
monossemia 1, 4, 10, 29, 31, 35, 38, 41, 46, 52, 61, 62, 63, 64, 70, 77, 81, 157, 158, 160, 163, 164, 165, 166, 167, 321
  abordagem monossemista 2, 29, 56, 240
moral 101, 104, 127, 155, 177, 200, 211, 226, 311
morfema 1, 6, 53, 56, 138, 219, 244
morfologia 8, 37, 138, 219, 241
  derivacional 241
motivação 49, 69, 88, 91, 126, 132, 144, 146, 153, 234, 248, 252, 260
  ↗ arbitrariedade
  ↗ predizibilidade
movimento 19, 45, 64, 103, 105, 108, 128, 131, 134, 147, 148, 151, 152, 188, 191, 192, 193, 194, 195, 196, 198, 205, 210, 213, 218, 246, 252, 261, 262, 263, 290, 305, 306, 308, 311
  abstracto 105, 148, 151, 252
mudança
  causas da 86, 88
  lexical 86, 89, 94, 98, 99, 278
  linguística 21, 22, 75, 87, 88, 89, 90, 91, 97, 104
  mecanismos de/da 86, 92, 95, 97
  mecanismos lexicogenéticos 86, 87, 94, 99, 100, 107, 108
  mecanismos sociolexicológicos 87, 97
  motivações da 86, 87, 89, 91, 92
  onomasiológica 87, 93, 95, 212
  referencial 121
  regularidades da 107

semântica 15, 20, 22, 23, 24, 85, 86, 87, 88, 89, 91, 92, 96, 97, 100, 101, 102, 104, 105, 106, 107, 108, 112, 141, 153, 236, 247, 257, 278, 279, 305
  semasiológica 24, 87, 94, 95, 97, 100
  tendências da 108
multidimensionalidade 37, 73, 104, 297, 301, 330
  espaço multidimensional 50, 73, 215, 264, 320
  estrutura multidimensional 215, 241, 258, 259, 260, 328
multissemia 62

Neerlandês 213, 219, 233, 240, 245
negação 12, 44, 52, 103, 108, 218, 285, 286, 290, 291, 292
  negação metalinguística 44
neologia/neologismo 19, 95
neural
  operações neurais 310
  processamento 228, 315
  sistema 317, 318
  solipsismo 302, 322
  ↗ teoria
Neurociências 2, 154
nível básico 14, 26, 133
  ↗ categorização
nomeação 87, 297, 318, 320

objectivismo 83
  ↗ filosofia objectivista
  ↗ experiencialismo
objectivização 105, 107
  ↗ subjectivização
objecto indirecto 7, 8, 53, 57, 138, 199, 204, 212, 216, 227, 245, 252, 253, 260, 261, 311, 315, 320
  polissemia do 260
  ↗ construção ditransitiva
onomasiologia/onomasiológico 14, 25, 46, 86, 87, 94, 95, 99, 100, 153, 203, 211, 212, 263, 320
  escolha onomasiológica 99
  onomasiologia pragmática 99
  ↗ semasiologia/semasiológico

onomástica 138
ontologia 2, 321
   compromisso ontológico 323

papéis temáticos 246
parecenças de família 4, 33, 71, 101, 217
parseamento 54
parte-todo 80
participante
   activo 204, 217, 246
   passivo 189, 192, 213, 250
partitivo 220, 231, 233, 234, 250
pensamento 16, 19, 21, 65, 91, 111, 112, 114, 122, 126, 131, 132, 133, 134, 135, 136, 137, 151, 154, 155, 275, 276, 278, 286, 291, 297, 305, 308, 311, 322
   abstracto 131, 132, 154, 322
   e linguagem/linguagem e 135, 311
   figurado 126, 155
   literal 155
   metafórico 111, 136
percepção/perceptivo 74, 90, 95, 105, 106, 108, 109, 115, 124, 129, 131, 133, 142, 160, 167, 185, 188, 217, 248, 250, 281, 305, 306, 308, 310, 311, 315, 316, 318, 321, 322, 323
   interacção perceptiva 108, 129, 185, 305
   ↗ sensório-motor
perfil/base 304
periferia 65, 204
periférico 223, 231, 233
   ↗ categorização ↗ protótipo
perífrase 103, 190, 212, 272
permissão 41, 108, 152, 188, 200, 204, 254, 262, 311
perspectivação conceptual 66, 303, 305, 306
perspectivação de uma implicação 96, 141, 196
polaridade 286, 289
poli-isotopia 12
polifuncionalidade 278, 295
poligénese semântica 102
polireferência 11, 16
polissemia
   abordagem polissémica 64

centralidade da polissemia 3
complexo polissémico 36, 37, 49, 50, 51, 71, 217
conceito de polissemia 1, 9, 22, 55
critérios de polissemia 42
da entoação 292, 294
das construções 261
derivada 43
do objecto indirecto 260
do verbo 214, 215, 217, 315, 316
dos afixos 241
dos marcadores discursivos 280
e conceitos correlatos 10
e homonímia 1, 10, 12, 15, 16, 35, 36, 46, 48, 49, 61, 62, 64, 157, 158, 160, 165, 167
e monossemia 1, 4, 35, 41, 61, 62
e vaguidade 18, 36, 41, 42, 83
eliminação da 25, 27, 28, 30
estratégias de minimização 25
evidência convergente da 82
evidências da 59, 81
falácia da 5, 33, 52, 69, 70
flexibilidade da 300, 301, 325, 327, 328
funcional 266, 280, 281
instabilidade da 61, 69
gramatical 14
lexical 7, 243
lógica 77
minimização da 32
modelo cognitivo da 325, 330
modelo derivacional da 43, 44
na linguística moderna 23
na mente 314
na tradição filosófica 15
paradoxos da 35, 55
problemas da 23, 34, 35, 38, 54
regular 26, 43, 214
significado e19, 27, 58, 59, 66, 75, 302
teoria da polissemia 7
testes de polissemia 4, 38, 44, 61
tipos de polissemia 16, 150
ubiquidade da 6
violenta 5, 33
polissemização 20, 23, 89, 121, 299
Política 45, 74, 123, 127, 131, 136, 170, 177, 311

ponto de referência 119, 122, 123, 125, 126, 139, 140, 143, 144, 153, 260, 300
ponto de vista 23, 36, 37, 38, 47, 54, 75, 82, 91, 104, 118, 203, 211, 279, 281, 304, 313, 325, 326
Português 7, 47, 97, 99, 102, 145, 147, 159, 168, 175, 202, 203, 207, 211-214, 219, 220, 232, 233, 236-241, 245, 246, 247, 258, 259, 260, 263, 266, 269, 275, 280, 294, 295, 305, 319
posição estratégica 304
posse 102, 104, 108, 142, 152, 187, 188, 189, 197, 198, 199, 204, 209, 217, 251, 254
pragmática 8, 29, 43, 82, 85, 95, 96, 98, 99, 103, 104, 124, 125, 140, 141, 219, 230, 239, 265, 309
  histórica 85
pragmático 29, 43, 52, 89, 90, 96, 97, 102, 103, 106, 108, 223, 230, 231, 232, 236, 237, 239, 256, 266, 278, 279, 293, 313
pragmatização 102, 106, 112, 141, 237, 276, 278, 293
pré-conceptual 316, 318
  ↗ conceptual
pré-linguístico 316, 323
preconceito monossémico 30, 46, 281
preconceito polissémico 52, 282
predizibilidade 43, 44, 214, 261
preposição 4, 32, 50, 54, 73, 103, 246, 250, 252, 267
  locução prepositiva 103
pressuposição 114, 141
primitivo semântico 75, 298, 307
problema da interpretação 319
processamento cognitivo 145, 151, 154, 302, 306, 309, 322
processamento da linguagem natural 2, 53, 54, 55, 331
processo de mão invisível 97
produtividade 126, 128, 130, 137, 223, 243
proeminência 216, 304, 305
projecção
  metafórica 127, 131, 146, 198, 278
protótipo 7, 32, 60, 62, 64, 66, 68, 71, 72, 85, 86, 89, 90, 95, 96, 100, 101, 102, 117, 126, 143, 202, 210-213, 220, 221, 237, 245-258, 260, 262, 293, 295, 297-299, 305, 311, 315, 320
  mudança de protótipos 211
  reorganização de protótipos 212
  ↗ categorização
  teoria do protótipo 26, 33, 38, 86, 100, 109, 327
prototipicidade 13, 33, 37, 60, 71, 80, 85, 87, 90, 91, 92, 100, 101, 108, 193, 196, 201, 202, 203, 205, 262, 282, 299, 300, 325
  efeitos de 13, 37, 60, 71, 87, 100, 203
prototípico 4, 13, 33, 37, 44, 50, 60, 64, 65, 67, 70, 71, 73, 85, 89, 100, 126, 143, 190, 193, 195, 196, 202, 203, 205, 206, 207, 212, 213, 218, 219, 231, 237, 241, 242, 243, 245, 246, 248, 249, 257, 256, 257, 258, 261, 262, 278, 292, 293, 294, 295, 298, 299, 300, 311, 320, 325, 326, 329
  centro 4, 37, 50, 60, 64, 70, 71, 73, 89, 100, 203, 207, 237, 241, 243, 278, 292, 293, 298, 320
  efeito 325
  instância 326
  ↗ sentido
  ↗ significado
prototipização 89, 101, 102, 207, 210, 211, 213, 299, 320
  desprototipização 101, 207, 211, 213, 320
psicolinguística 2, 5, 33, 34, 37, 52, 77, 118
psicologia/psicológico 2, 5, 9, 20, 21, 22, 23, 24, 25, 34, 48, 88, 89, 107, 112, 119, 134, 143, 154, 153, 161, 201, 214, 298, 299, 306, 307, 310, 312, 313, 321
  associacionista 22
  da Gestalt 22, 321
  do inconsciente 22
  fisiológica 22

qualia 77, 78, 79

raciocínio 121, 130, 131, 152, 155, 272, 275, 322

racionalismo 322
realidade psicológica 8, 37, 72
realismo corporizado ↗ corporização
reanálise 92, 102
recipiente 216, 245, 246, 247, 249, 250, 251, 252, 253, 257, 261, 262
rede
    esquemática 5, 50, 51, 62, 69, 71, 72, 73, 121, 206, 258, 260, 264
    modelo da rede 50, 62, 69, 70, 71, 72, 73, 121, 206, 258, 260, 263
    radial 5, 50, 51, 72, 73, 258
referência 17, 103, 122, 125, 142
referencialização 236, 237, 239, 278, 279
    des-referencialização 236, 237, 239, 278, 279
referente 13, 38, 40, 93, 99, 221, 223, 227, 228, 231, 234, 239, 301, 320
reificação 46, 55, 67
relação
    antonímica 195
    de extensão 67, 71, 121, 157
    estática 142, 256
    hierárquica 121, 205, 263, 329
    metafórica 260, 263
    metonímica 125, 140, 141, 142, 146, 217, 329
    semântica 46, 47, 49, 13, 36, 167, 196, 204, 260, 329, 330
    sinonímica 263
relativismo linguístico 307
    ↗ hipótese da relatividade linguística
relevância
    princípio de 144
representação mental 2, 5, 28, 32, 33, 46, 51, 52, 53, 81, 314
    modelos de 52
    problema da/questão da 2, 5,51, 81
    resumitivo 271
retórica 3, 15, 17, 19, 20, 112, 141
rotinização 80, 104, 153

saliência
    cognitiva 108, 139, 140, 144
    efeitos de 205

semântica 1, 2, 3, 4, 5, 6, 7, 8, 9, 11, 12, 13, 14, 15, 17, 18, 20, 21, 22, 23, 24, 25, 26, 27, 28, 29, 33, 34, 35, 36, 37, 38, 39, 40, 41, 42, 45, 46, 47, 48, 49, 50, 51, 53, 54, 55, 56, 60, 61, 64, 65, 66, 67, 69, 72, 73, 75, 76, 77, 78, 80, 83, 85, 86, 87, 88, 89, 90, 91, 92, 94, 95, 96, 97, 99, 100, 101, 102, 104, 105, 106, 107, 108, 109, 112, 113, 119, 120, 121, 133, 136, 141, 146, 153, 154, 159, 162, 167, 185, 189, 190, 191, 194, 203, 206, 207, 211, 214, 215, 219, 220, 234, 235, 236, 237, 238, 239, 240, 241, 245, 247, 255, 256, 257, 258, 260, 261, 262, 263, 264, 267, 268, 269, 277, 278, 279, 280, 281, 283, 286, 289, 290, 292, 293, 294, 295, 297, 298, 301, 302, 304, 305, 306, 307, 308, 309, 313, 316, 319, 320, 321, 323, 325, 326, 327, 329, 330, 333
    cognitiva 6, 7, 23, 24, 25, 26, 27, 28, 29, 33, 36, 37, 38, 50, 66, 67, 81, 85, 105, 109, 113, 119, 120, 133, 136, 280, 298, 301, 302, 303, 314, 319
    conceptual/conceptualista 302
    diacrónica 23, 24, 91, 95, 141
    enciclopédica 308
    estrutural 23, 25, 26, 27, 28, 301
    fenomenológica 323
    formal 23, 26, 301, 313, 321
    generativa 23
    histórica 20, 26, 99, 86, 108, 109
    lógica 25
    neo-estrutural 25, 27, 301
    neo-generativa 24
    teoria 41
    vericondicional 302
semântica lexical 2, 4, 5, 13, 14, 23, 24, 25, 26, 27, 33, 38, 56, 60, 66, 297
semantização 31, 102, 104
    des-semantização 31, 102
semasiologia/semasiológico 13, 14, 20, 24, 25, 46, 50, 86, 87, 93, 94, 95, 97, 100, 153, 194, 196, 201, 202, 205, 207, 211, 212, 241, 258, 320
    ↗ onomasiologia, onomasiológico
semiótica 43, 67, 310

Índice de Assuntos   391

semiótico 3, 29, 31, 55, 56, 57, 59, 820
sensório-motor 310

sentido
  afectivo 230, 239
  apreciativo 225, 234
  desambiguação e selecção de 331, 333
  diferença de 157, 167
  diferenciação de 1, 4, 16, 28, 35, 38, 54, 61, 70, 81, 300
  discrição de 7, 65
  discursivo 281
  extensão de 8, 19, 157, 309
  geração de 51, 154, 305
  múltiplo 9, 42, 77, 298
  normativo 101, 203
  relação de/entre sentidos 36, 49
  similaridade de 157, 164
sentimentos 132, 133, 137, 138, 145, 164, 226, 310
  ↗ emoção
significação
  actos de significação 313, 319
  e conceptualização 70
  flexível 301
  virtual 67
significado
  abstracto 45, 155, 241, 265, 294
  avaliativos 106
  básico 37, 48, 160, 232, 236, 317
  central 168, 221, 292
  concepção enciclopédica do 26, 124
  concepção monossémica 295
  concepção polissémica 6
  concepção processual e experiencial do 5
  concepção psicológica do 24, 26
  concepção reificada do 4, 59, 60, 297
  concepções do 301
  conceptual 94, 303
  contextualidade do 75, 80
  continuum de 46, 66
  denotacional 285
  derivado 160
  do verbo 69, 215, 216, 217, 263
  e conceptualização 70
  e intersubjectividade 311

  esquemático 37, 69, 187
  figurado 37, 118
  flexibilidade do 59, 61, 66, 69, 70, 85, 270, 300,302, 327
  fundamental 69, 240, 284, 286
  geral 6
  global 2
  gramatical 14
  invariante 281
  lexical 6, 66, 67, 80, 102
  literal 19, 37, 155
  não-referencial 86, 87, 94, 95
  natureza do 7, 284
  natureza enciclopédica do 32, 281, 309
  natureza perspectivista do 303
  perspectivista 7, 297, 303
  potencial de 30, 44, 46, 66, 67, 300
  pragmático-discursivos 106, 266, 278, 279
  privado 312
  prototípico 37, 262
  público 312
  referencial 86, 87, 94, 237, 23
  unitário 28, 29, 44, 69, 320
significante 13, 17, 55, 56
símbolo/simbólico 244, 261, 316, 317
similaridade 14, 20, 25, 33, 48, 49, 62, 72, 82, 93, 115, 116, 117, 119, 120, 121, 126, 146, 151, 155, 157, 158, 160, 161, 162, 164, 165, 166, 167, 168, 195, 204, 205, 206, 329
  não-metafórica 204, 206
sincronia/sincrónico 1, 14, 25, 36, 46, 47, 48, 85, 97, 99, 100, 105, 142, 219, 236, 252, 320
sinédoque 19, 20, 142
sinestesia 111, 146
sinonímia/sinónimo 2, 13, 15, 17, 19, 25, 30, 39, 48, 55, 56, 165, 203, 303, 328
  quase-sinónimo 328
sintáctico 1, 6, 12, 18, 25, 48, 53, 57, 65, 92, 94, 102, 188, 192, 194, 204, 212, 214, 215, 216, 217, 223, 229, 233, 234, 237, 240, 246, 258, 259, 260, 261, 262, 263, 264, 265, 279, 313, 320, 331
sintaxe 8, 65, 138, 159, 194, 245, 261, 316
sociolexicologia 98, 99, 303

cognitiva 99
pragmática 99
sociolinguística 303
cognitivas 303
solipsismo 302, 322
   epistemológico 322
   neural 322
subjectividade 2, 48, 105, 106, 107, 304
subjectivização 51, 85, 91, 96, 102, 103, 104, 105, 106, 107, 108, 109, 151, 236, 239, 241, 243, 256, 263, 278, 279, 281, 292, 295, 321
   tendências de 236
   teoria da 104, 109

taxionomia 13
tempo 103, 128, 129, 131, 132, 143, 152, 155, 201, 221, 228, 230, 236, 243, 279, 305
teoria clássica da categorização ↗ categorização
teoria da gramaticalização ↗ gramaticalização
teoria da integração conceptual ↗ integração conceptual
teoria da inferenciação ↗ inferenciação
teoria da metáfora conceptual ↗ metáfora conceptual
teoria da modularidade ↗ modularidade
Teoria da Mudança Semântica baseada na Inferência 97
teoria da relevância ↗ relevância
teoria da subjectivização ↗ subjectivização
teoria das catástrofes 51, 74
teoria das metáforas primárias 134, 154
teoria do caos 75
teoria do enquadramento ↗ enquadramento
teoria do protótipo ↗ protótipo
teoria dos "dois níveis" 28
teoria dos espaços mentais ↗ espaço mental
Teoria Neural da Linguagem 129, 308, 310
teoria neural da metáfora 112
texto
   coesão do 283

tradução 2, 15, 54
   automática 2, 54
trajector 196, 304
   trajector/marco 304

unidireccionalidade 104, 131, 148
universais 86, 108, 135, 288, 306, 313, 322
uso
   avaliativo 229, 223, 225, 227, 228, 231
   discursivo 270, 272, 276, 278, 280
   discursivo-pragmático 231, 236
   eventos de 82, 153, 314
   modelo baseado no uso 33, 319, 322, 333
   potencial de uso 67

vaguidade 1, 10, 11, 12, 14, 18, 23, 28, 29, 36, 38, 39, 40, 41, 42, 49, 55, 61, 62, 63, 77, 81, 83, 158, 163, 165, 166, 167, 321, 328
valência 246, 250, 253
variação
   contextual 75, 77
   cultural 135
   semântica 42, 67, 219
verbo
   auxiliar 103
   permissivo 200
   causativo 188
   de movimento 103
   de percepção 74, 95
   modal 29, 74, 200
   perceptivos 188, 217
   polissemia do verbo 214, 215, 217
   semântica do verbo 51, 60, 90, 141, 185, 215
   verbos psicológico 214
visão/visual 6, 7, 55, 61, 77, 86, 96, 97, 104, 105, 122, 124, 135, 141, 173, 241, 228, 304, 306, 319

zeugma 40
zona activa 61, 76, 122, 125, 139, 143